KB079210

중국 신외교전략과
당면한 이슈들

이 도서의 국립중앙도서관 출판시도서목록(CIP)은 서지정보유통지원시스템 홈페이지(http://seoji.
nl.go.kr)와 국가자료공동목록시스템(http://www.nl.go.kr/kolisnet)에서 이용하실 수 있습니다.
(CIP제어번호: CIP2013000999)

중국 외교안보독서회 총서 제3권

중국 신외교전략과
당면한 이슈들

김흥규 엮음

이동률 · 이정남 · 김애경
김예경 · 전병곤 · 황재호
박병광 · 신종호 · 최지영

China's New Foreign Policy Strategy and Rising Issues

Edited by
Heungkyu KIM

ORUEM Publishing House
Seoul, Korea
2013

"중국의 신외교전략과 당면한 이슈들" 발간에 부쳐

중국의 부상은 현재이자 미래의 영역이다. 중국은 이미 G2라 불릴 정도로 급부상하였고, 향후에도 계속 부상할 것으로 보는 시각이 일반적이다. 중국은 아마도 2020년이 되기 이전에 규모에 있어서 미국을 제치고 세계 제1의 경제강국이 될 것이다. 그러나 부상하는 중국의 외교안보가 어떠한 형태로 전개될지는 여전히 불확실하고 불안정하다. 통일이라는 현상변경을 추구하는 한국의 입장에서는 더 이상 변수가 아니라 상수로 다가온 중국에 대한 이해는 아무리 강조해도 지나치지 않을 것이다.

중국은 변화의 속도가 너무나 빠르고, 그 외교안보적인 함의는 복합적이어서 전문가라고 자부하는 사람들에게도 이해하기 어려운 영역으로 남아 있다. 중국을 이해한다고 자부하는 순간부터 이미 중국에 대한 몰이해가 시작된다는 말을 해도 과언이 아닐 정도다. 결국, 중국을 이해하기 위해서는 중국의 변화와 더불어 보폭을 맞추면서 지속적으로 면밀하게 관찰하고 연구하면서 서로 지혜를 나누는 방식이 필요하지 않나 싶다.

중국 외교안보독서회(이하 외안독회)는 2005년 4월 12일 외교안보연구원에서 중국을 연구하는 싱크탱크 연구자 7인이 모여 제1기 모임을 출범시켰다. 이후 오늘에 이르기까지 매 2개월마다 이 분야의 싱크탱크 관계자는 물론이고 정책실무 책임자 및 학자들이 함께 모여 당면한 중국 외교·안보 분야를 연구하고 토론하는 장으로 자리매김하였다. 2013년 새로이 시작한 제9기 회원들의 수는 40여 명에 이르고 있다. 그런 의미에서 '외안독회' 모임은 대단히 소중한 자산이다. 정책입안자, 실무자, 학자들이 각자의 입장에서 분석하면서 사안을 복합적으로 조망하려 노력하고 있다. 비공개이고 비당파적인 모임의 원칙을 유지하면서 하나의 정답을 구하기보다는 모든 대안들을 놓고 격의 없이 토론하고 있다.

외안독회는 공공의 목적에 기여하기 위해, 그간 두 권의 공동연구서를 부족하나마 출간한 적이 있다. "중국의 현대국제관계(오름, 2008)"와 "중국의 영토분쟁(동북아 역사재단, 2008)"이 그것이다. 그리고 이 책이 그 세 번째 결실이다. 외안독회는 다시 중국 양자 외교의 최근 상황들을 반영하고 중국과 아프리카 및 중동의 관계를 첨가한 "중국의 현대국제관계" 제2판을 준비 중이다. "중국과 영토분쟁" 역시 비공개 연구서였으나 그간의 호평에 힘입어 '확대한 공개판'을 출판할 계획을 가지고 있다.

이 책은 2008년부터 기획하여 준비해 온 것이다. "중국의 현대국제관계"가 중국의 주요 양자외교관계를 정리한 것이라면, 이 책은 주요 이슈들을 중심으로 중국 외교의 흐름을 이해하고자 한 시도였다. 그러나 지난 4년여의 기간은 결코 평탄했다고는 할 수 없다. 각 주요 국책연구기관이나 대학에서 연구하는 필자들이 아무런 대가 없이 바쁜 일정을 쪼개 글을 쓰다 보니 시간은 계속 지체되었다. 일부 회원은 결국 글을 다 마치지 못하고 중도포기하기도 하였다. 그럼에도 이 책이 빛을 보게 된 것은 참여한 회원들의 헌신적인 노력의 결과이다. 우리는 이 어려운 과정을 통해 서로에 대한 신뢰와 유대를 확인할 수 있었다. 그리고 이 과정을 묵묵히 지켜보면서 이 책이 출간될 수 있도록 배려해주신 도서출판 오름의 부성옥 대표와 그 편집진께 지면을 빌어 깊은 감사의 말씀을 전한다.

　중국 대외정책 분야를 이해하는 데 이 책이 활용이 된다면 더할 나위 없이 기쁘겠다. 이 모임의 회장으로서 이 모임에 열성적으로 참여해주고, 더불어 고민하면서, 중국 외교안보라는 불확실한 영역의 밭을 일궈온 모든 회원들에게도 다시금 깊은 감사와 경의를 표한다.

2013년 1월
외안독회 필진들을 대표하여
외안독회 회장 김흥규

차례

제1부 신외교전략의 형성

| 제1장 | 중국 동반자외교와 한 · 중 관계 · 김흥규

제3부 중국 외교의 도전영역들

제1부

신외교전략의 형성

중국 동반자외교와 한·중 관계*

김흥규

I. 서론

오늘날 중국외교에서 가장 흔히 쓰이는 단어 중 하나가 동반자(伙伴)관계라는 표현이다. 중국은 이미 1990년대 초반부터 중국외교의 새로운 전략을 반영하는 개념으로서 "동반자"라는 표현을 쓰기 시작하였고, 2000년대 들어와서는 보다 적극적으로 동반자외교에 "전략적"이란 개념을 부가하면서 동반자외교를 질적으로 강화하고 있다.

한국은 중국과 1998년 "협력동반자"관계를 채택하여 한·중 관계를 동반자관계로 격상한 바 있고, 노무현 대통령시기인 2003년에는 공동 이익의 범위를 진일보 확대 해석한 "전면적 협력동반자"관계를 수립한 바 있다. 특히 2008년 이명박 대통령의 방중 시 "전략적 협력

---

* 이 글은 『한국정치학회보』 43집 2호(2009)에 게재된 내용을 새로이 수정 보완한 것임.

동반자"관계를 수립하여 양국관계를 "전략적" 수준까지 격상시켰다.

이처럼 중국과 동반자관계를 체결한 지 10년 이상의 시간이 흘러갔지만 우리는 여전히 중국외교에서 자주 사용하는 동반자 개념에 대한 이해가 부족한 실정이다. 국내에서 출판된 중국외교와 관련한 수많은 글 중 중국 동반자외교를 주목하여 쓴 글은 거의 찾아보기 어렵다(예외적으로, 조영남, 231-235). 이러한 상황은 서구의 문헌에서도 예외가 아니다. 중국 양자외교를 주제로 하는 글들이 설사 동반자(partnership) 개념을 사용하고는 있다 할지라도, 중국외교에서 사용하고 있는 동반자 개념에 대한 이해를 전제로 하기보다는 일반적인 명사로서 동반자 개념을 사용하고 있다.[1] 중국에서는 주로 1990년대 말에 동반자외교에 대한 논의가 활성화되지만, 중국학자들조차도 동반자관계에 대한 이해가 부족하거나 일관성이 부족하여 오히려 혼란을 가중시키는 측면이 존재한다.

동반자관계에 대한 이해부족과 왜곡은 종종 그릇된 정책적 사고를 할 개연성을 제고시킨다. 동반자 개념은 본래 중국적인 개념인가? 중국 외교당국은 이 개념을 어떻게 이해하고 사용하고 있는가? 이 개념이 중국 외교전략에서 의미하는 바는 무엇인가? 이 개념은 한·중 관계에서 구체적으로 어떠한 실천적 내용을 함의하는가? 등등 여전히 풀리지 않는 의문으로 가득 차 있다. 이는 외교 일선에서 근무하는 실무자들에게도 마찬가지의 난제일 것이다. 비록 한국과 중국이 "전략적 협력동반자"관계를 수립하였지만, 협상의 당사자들조차도 이 개

---

1) 예를 들면, Alexander Zhebin, "Russia and North Korea: An Emerging, Uneasy Partnership," *Asian Survey,* Vol. XXXV, No. 8, August 1995, pp. 726-739; Jeseph Chin Yong Liow, "Malaysia-China Relations in the 1990s: The Maturing of a Partnership," *Asian Survey,* Vol. XL, No. 4, July/August 2000, pp. 672-691; Melvin Gurtov, "Fragile Partnership: The United States and China," *Asian Perspective,* Vol. 23, No. 2 (1999), pp. 111-141; Pieter Bottelier, "China and the World Bank: how a partnership was built," *Journal of Contemporary China,* 16(51), May 2007, pp. 239-258.

념의 내용을 충분히 이해하고 합의에 이르렀는지는 미지수이다. 이 글은 이러한 의문에 대한 해답을 모색하고자 하는 초보적인 시도이다.

이 글은 우선, 1990년대 중국 동반자외교의 채택과 연관된 국제적 맥락, 개념 및 적용을 다루고, 다음 절에서는 21세기 중국 동반자외교의 전개 및 특수성을 이해하고자 하였고, 마지막으로 한·중 관계에 대한 함의를 이해하고자 하였다.

II. 1990년대 중국 동반자외교 전략

1. 중국 '동반자'외교의 의미

1) 국제무대에서 동반자 개념의 등장

사전적 의미로는 동반자(partnership)는 사업상의 동업자, 공동의 참여자 등의 의미로 사용된다(Macmillan English Dictionary, 1089). 국제관계에서 동반자란 표현이 쓰이기 시작한 것은 미국의 닉슨(Nixon) 대통령이 미국의 주도적 지위를 전제로 한 서구와 일본 등 동맹국들과의 협력관계를 규정하는 용어로 사용하면서부터이다(王巧榮, 53). 그러나 이 개념이 본격적으로 국제관계에 적용된 시기는 탈냉전 이후라고 할 수 있다.

냉전시기 미국과 소련은 세계의 주도권을 놓고 각기 나토와 바르샤바 조약기구로 동맹체제를 형성하면서 대립하였고, 전 세계를 동맹체제의 망으로 엮어 놓았다. 이러한 냉전체제의 붕괴는 미국이라는 단일 초강대국의 출현을 가져왔다고 평가되기도 하지만, 이데올로기적 구속력에 얽매이지 않는 강대국관계의 출현을 동시에 가져왔다. 아울러 미국 경제력이 세계에서 차지하는 비중은 점차 줄어들고, 상호의존적인 경제체제가 심화되면서 세계 각국의 상호 민감성과 취약성도 동시에 강화되었다. 세계 강대국들은 이러한 상황에서 실용적이고 기능적 측면을 중시하고, 적대적이기보다는 상호 협력을 중시하는 새로운 국제관계 유형으로서 "파트너십(partnership)" 개념을 적극적으로 받아들였다(申义懷 1998).

예를 들면, 미국은 1994년 러시아와 "성숙한 전략동반자" 관계를 수립하여 양국 관계를 안정시키는 계기로 활용하였으며, 1997년 러시아-인도는 "전략적 동반자" 관계, 러시아-프랑스는 "우선적 동반자" 관계, 일본-러시아는 "상호 신뢰하는 동반자" 관계로 그리고 1998년에는 다시 "평화와 발전의 우호동반자" 관계를 수립하였다(孫寶珊, 84). 특히 경제영역에서 동반자관계의 수립이 활발하게 이뤄졌는데, 1994년 5월 미국 등 서방 7개국과 러시아 등 9개 동구권 국가 간에 "경제동반자" 관계의 수립이 제시되었고, 1995년부터는 유럽연합과 지중해 남부 연안의 국가들 사이에 "경제 · 무역 동반자" 관계가 수립되었으며, 1996년 아시아-유럽 국가들은 방콕에 모여 경제 · 무역 분야에서의 협력강화를 주요 내용으로 한 "신형 동반자" 관계를 형성하였다(孫寶珊, 85-88). 이처럼 1990년대 후반기는 국제정치 무대에서 강대국과 강대국, 강대국과 약소국, 강대국과 지역기구들 간에 협력증진을 목적으로 한 동반자관계의 체결이 보편화되기 시작한 시기라고 할 수 있다.

2) 중국의 동반자 개념

중국 역시 1990년대 탈냉전의 과정에서 당시 국제관계에서 유행하기 시작한 새로운 개념인 "partnership"을 훠반(伙伴, 동반자) 관계로 재해석하고 적극 수용하였다. 훠반(伙伴) 개념은 중국의 고대병제에서 유래되는데, 10인을 하나의 훠(火)로 묶고, 같은 '훠'에서 밥을 먹는 그룹을 훠반(火伴)이라 하였다. 오늘날에는 조직에 공동 참여하거나 모종의 활동을 같이 도모하는 사람들을 일반적으로 훠반이라고 한다(中國社會科學院語言硏究所詞典編輯室(編), 576). 그러나 중국의 대외전략과

정책에 있어서 '동반자' 개념의 수용은 전통적 개념에 입각하기보다는 중국이 1990년대 이후 새로운 대외전략을 정립하는 과정에서 외부 세계에 대한 학습을 통해 체계화한 것이다.

1990년대 중국의 동반자관계 개념의 수용은 냉전체제가 종결되고, 중국 역시 새로운 국제정세 인식을 담은 '신안보관(新安全觀)'의 등장과 궤를 같이하고 있다.[2] 이 개념은 아군과 적군(友敵)이라는 이분법적 구분을 우선시하고 동맹관계를 중심으로 전개되었던 냉전시대의 국제관계에서 벗어나, 탈냉전이라는 상황 속에서 새로운 형태의 국제관계를 어떻게 정립하느냐 하는 고민을 반영하고 있다.

동반자관계에 있어서 가장 핵심적인 내용은[3] 냉전시대와는 달리 '동맹'을 추구하지 않고, 외교관계의 형성에 있어 이데올로기를 전제하지 않고, 국가 간에 상호 적대시하지 않는다는 원칙을 전제하고 있다는 점이다. 동반자개념은 강대국 중심의 국제관계에 대한 비판을 담고 있는 국가 간 '평등성'의 원칙을 전제하고 있다. 이는 기존의 일반 수교국 관계나 '우호협력(友好合作)' 국제관계보다 진일보한 관계이며, 이론적으로는 강대국 중심의 국제관계를 벗어나 약소국을 포함하는 보다 포용적인 개념이다.[4] 동시에 중국이 전통적으로 즐겨 채택했던 원교근공(遠交近攻) 전략을 포기하고 주변국과의 관계를 개선하겠다는 의지도 적극적으로 내포하고 있다.

각국은 공동의 이해관계를 지니고 있다는 점을 적극 인정하고 있다는 것도 하나의 주요한 발상의 전환이라고 할 수 있다. 동반자관계란

---

2) 중국의 신안보관을 자유주의적 사고의 수용이란 측면에서 해석한 국내논의는 한석희, pp. 97-114.

3) 이 내용은 필자가 한중 "전략적 협력동반자" 관계 수립을 위해 2009년 2월 북경에서 수행한 당 및 외교부 고위 관부들과의 인터뷰 내용을 재확인하는 것이다(필자의 북경 인터뷰, 2008년 2월).

4) 강대국 간의 동반자관계를 독립자주외교노선의 연속선상에서 해석하는 견해로는 焦洋·张海军, pp. 57-60.

상호공동의 이익을 전제하면서 이를 달성하기 위한 수단은 무력이 아니라 협상과 타협을 통해 협력을 추구한다는 것을 원칙으로 하고 있다 (陸璐, 86). 중국은 실제로 1990년대 중반 이후 동반자관계 형성을 통해 상호 교류를 제도화 및 일상화하고, 불신을 해소하며, 이견에 대해서는 대화와 협력을 확대하여 갈등과 분쟁을 막아 양자 간 관계의 안정을 확보하고자 노력하였다.

정황적 맥락에서 볼 때, 중국의 동반자외교 전략의 채택과 추진은 단기적으로는 1989년 천안문 사태로 인한 중국의 국제적 고립을 탈피하기 위한 전략이 고려된 측면이 존재한다. 그러나 이러한 동반자외교의 채택은 단기전술적인 책략이라기보다는 중장기적인 전략으로서 이해할 필요가 있다. 이는, 탈냉전 시기 기존의 냉전적 동맹 체제를 넘는 것뿐만 아니라, 미국중심의 헤게모니적 세계질서를 극복하고, 보다 다극화된 세계를 추동하는 기제로 활용하고자 했던 중국 외교전략 사고의 적극적 전환을 의미하고 있기 때문이다.

2. 1990년대 중국 동반자외교 전략의 모색

1989년 천안문 사태 및 1990년대 초 사회주의권의 붕괴를 연쇄적으로 겪으면서 중국이 취할 수 있었던 대외전략은 고립전략, 중립전략, 현상유지전략, 동맹전략, 적극적 패권전략 및 유연한 국면타개 전략 등을 상정할 수 있다. 이러한 대외전략의 선택상황에서 중국의 선택은 덩샤오핑이 1989년 9월 4일 중국 제3세대 집단지도체제 성원들에게 제시한 "냉정관찰(冷靜觀察), 온주진각(穩住陣脚), 침착응부(沈着應付) 방침," 1990년 12월 제시한 "부당두(不當頭)방침," 1991년 이후 추가된 "도광양회(韜光養晦) 및 유소작위(有所作爲)의 방침"[5]에서 잘 드러난다.

---

5) 이 방침의 진화에 대해서는 王曉輝, pp. 376-377.

즉, 유연한 국면타개전략을 채택한 것이라 할 수 있다.

이는 당시 중국의 실제적 역량을 감안하고, 경제발전을 위해 세계 경제와 분리할 수 없는 현실을 반영하고, 미국의 압도적 정치·군사적 우위를 인식하면서 대립을 추구하지 않고, 다른 한편으로는 이러한 위상에 만족하지 않고 미래를 위해 준비하려는 의지를 담은 전략이라고 할 수 있다. 중국은 먼저 나서서 다른 나라와 대립적인 정책을 채택하지 않고, 고립정책이나 패권정책 등 그 어느 쪽도 채택하지 않을 것임을 공개적으로 천명한 것이다. 동시에 국제무대에서 중국의 역할을 확대하고 적극적으로 참여하면서 자신의 독립자주 외교정책을 바탕으로 편향되지 않은 외교정책을 수행하겠다는 의지도 드러내었다(金正昆 2000, 44).

중국이 채택한 유연한 국면타개 전략의 구체적인 정책이 "동반자외교"의 강화라고 할 수 있다. 동반자외교는 중국식의 표현대로 하자면 강대국들과의 외교(占), 주변국들과의 외교(線), 세계 여타 우호국들과의 외교(面)를 동시에 강화하자는 것이었다(金正昆 2007, 177-188). 따라서 중국의 동반자외교는 일부에서 강조하는[6] 강대국과의 관계를 대상으로 한 것이라기보다는 이론적으로는 보다 포괄적인 대상에 적용시키고 있다고 평가해야 할 것이다.

중국은 이들 모든 국가군과 동반자관계를 확대함으로써 냉전체제 이후 세계 초강대국으로 부상한 미국 중심 체제의 현실을 인식하고 미국과의 협력관계를 모색하면서도, 패권적 국제질서에 저항하고 기존의 동맹중심 체제에 대한 대안을 제시하려 하였다. 즉, 중국의 외교적 고립을 탈피하고 세계 다극화를 추동하려는 전략적 선택이 동반자외교의 강화로 나타났다. 동시에 동반자외교는 탈냉전 시기의 새로운 현상으로 등장한 경제적 세계화 추세에 대한 인식을 바탕으로 새로운 국

---

6) 국내에서 중국 동반자 관계를 강대국 관계에 국한시켜 보는 주장의 한 예는 조영남, pp. 231-235.

제사회에 편입하고자 하려는 중국의 노력을 반영한 측면도 존재한다는 점을 주목할 필요가 있다.

3. 1990년대 중국 동반자외교의 전개

천안문 사태 이후 중국이 국제적으로 고립된 상황에서 탈피하기 위해 동반자외교를 수용할 수 있는 내부적 전략수정이 이루어졌다. 이러한 동반자외교를 구체적으로 적용한 사례가 1993년 브라질과 "전략적 동반자"관계 수립이다.[7] 당시 중국은 남미의 강대국인 브라질에 상당한 공을 들여 첸지첸(钱其琛) 국무위원 겸 외교부 장관(1993년 3월), 주룽지(朱镕基) 부총리(1993년 5월), 장쩌민(江泽民) 국가주석(1993년 11월)이 잇달아 브라질을 방문하는 등 적극적인 외교를 전개하였다. 이후 중국은 1994년에 러시아와도 "건설적 동반자"관계를 수립하였다. 그러나 중국이 본격적으로 대외관계 정책에서 동반자관계를 수용하기 시작한 것은 1990년대 중반 이후라고 할 수 있다.[8]

1996년 4월 러시아의 옐친 대통령 방중 시 중·러 양국은 "전략적 협업(協作)동반자"관계를 수립하여 중·러관계를 전략적 동반자관계의 수준으로 격상시켰다. 1997년 5월, 유럽의 주요 강대국인 프랑스와 "장기적·전면적 동반자"관계를 수립하였다. 중국외교의 양자관계에서 가장 중요한 국가인 미국과도 1997년 10월에는 장쩌민 주석이 방미하면서 "건설적인 전략동반자"관계 수립에 대한 공동의 노력의지를 발표하였다. 이는 1996년 발생한 대만해협위기로 인한 중·미 양자 간 첨예한 갈등국면을 완화시키기 위해 노력하는 가운데 1996년 11

---

7) http://www.fmprc.gov.cn/chn/wjb/zzjg/ldmzs/gjlb/2013/default.htm(검색일: 2009. 01. 08).
8) 필자의 북경 인터뷰(2007년 7월).

월 미국 클린턴 대통령이 중국과 전략적 동반자관계의 수립을 제시하면서 구체화되었다(李峰 (主編), 150-163). 1997년 11월과 12월에는 각기 캐나다 및 멕시코와 "전면적 협력동반자" 관계를 수립하였고, 12월에는 다자조직인 아세안과 "21세기를 향한 선린과 신뢰의 동반자" 관계를 수립하였으며, 같은 달 인도와는 "건설적 협력동반자" 관계를 수립하였다.

1998년 2월에는 파키스탄과 "전면적 협력동반자" 관계 수립, 10월에는 영국과 "전면적 동반자" 관계를 수립, 11월에는 한국과 "협력동반자" 관계를 수립, 11월에는 장쩌민 주석이 일본을 방문하면서 "평화와 발전을 위해 노력하는 우호협력동반자" 관계를 수립하는 등 세계 각국과 동반자관계의 수립에 박차를 가하였다. 그 결과 유럽연합과도 1998년 "장기 안정적인 건설적 동반자" 관계를 수립하였고, 그 밖에도 중국은 남아프리카, 이탈리아, 라오스, 몽골, 이집트, 사우디아라비아 등 29개에 달하는 국가들과 동반자관계를 형성할 수 있었다(王曉輝, 388).[9] 중국은 탈냉전시기 비영합(non zero-sum)적 특성을 지닌 동반자외교를 활성화하여 천안문 사태 이후 국제적 고립에서 탈피하면서, 국제무대에서의 외교적 공간을 적극적으로 확장해 나갔다고 할 수 있다.

4. 동반자관계의 다양성

중국의 동반자관계 추진은 정책적 편의에 의한 측면보다는 새로운 외교 전략을 채택한 것으로 평가할 수 있다. 그러나 중국이 수립한 동반자관계는 중국의 전략변화에 따른 전략적 가치의 고려뿐만 아니라 양자 간에 형성된 특수 관계에 의해서도 규정되기 때문에 다양한 유형

---

9) 중국의 다극화 추진이라는 각도에서 동반자외교를 본 글은, 謝益顯 主編, pp. 533-536.

이 나타난다.

일부 중국학자들은 이러한 동반자관계의 특성을 전략적 측면의 동반자(미국, 러시아, 프랑스), 지역 측면의 동반자(유럽연합, 아세안, 일본, 영국, 인도, 남아프리카 공화국, 브라질 등), 양자 측면의 동반자(한국, 파키스탄, 캐나다, 멕시코)(倪健民, 陈子舜, 364)관계로도 분류하여 다양성을 설명하고는 있지만, 경험적인 사실로 미뤄볼 때 설득력은 미약하다. 이는 세계화의 추세 속에서 중국외교가 얼마나 빠르게 전략사고를 전환하고 그 전략공간을 확대할 수 있는가를 중국학자들조차도 예측하지 못한 결과이다.[10] 다만, 분명한 것은 그 형식과 사용되는 수사에 따라 다양한 양자 간 관계의 특성을 엿볼 수 있다는 점이다.

물론 중국외교가 수립한 관계의 형식이 반드시 내용을 담보하지는 않는다는 주장도 가능할 여지는 있다(王貴鋒, 胡吉良). 한 예로, "전면적 동반자"관계와 "전면적 협력동반자"관계는 다른 형식을 띠고 있지만 실제, 논리상 동반자관계를 수립했다는 것은 이미 협력관계를 전제한 것이라 할 수 있어 내용상 그 차이를 구별할 수는 없다. 그럼에도 불구하고 다른 형식의 관계는 그에 상응하게 다른 내용의 관계를 보여주고 있다고 보는 것이 더 부합할 것이다(卞慕東, 4-5). 그중에서도 특정한 개념은 일정한 함의를 분명하게 보여주고 있다. 예를 들면, "건설적 전략동반자"관계는 '건설적', '전략' 및 '동반자'라는 세 가지의 다른 함의를 지닌 개념이 결합된 것이며, 이는 양국 관계의 특수성을 설명해 준다.

---

10) 유사한 예들로, 劉正梁은 동반자관계를 구별하여 강대국과의 전략적 동반자관계, 주변국과 선린우호 동반자관계, 발전 중인 국가와 기초성 동반자관계로 분류한다(劉正梁, 299-301). 이와 별도로 顔聲毅은 전략성 동반자관계, 우호협력형 동반자관계, 협조형 동반자관계, 실용주의형 동반자관계로 분류를 하고 있다(顔聲毅, 51-53). 寧騷은 전략동반자관계, 전략적 협업동반자관계, 선린동반자관계, 기초성 동반자관계로 분류하고 있다(寧騷, 4-7). 그 밖에도, 蘇浩나 王巧榮의 전략적 동반자관계, 지역적 동반자관계, 쌍무적 동반자관계 분류법이 있다(蘇浩, 11-12; 王巧榮, 54-56).

우선, 중국에서 사용하는 '전략'이란 개념은 중국 내에도 다양한 해석이 존재하나, 대체로 보다 "중장기적인 차원의 문제를 논의하고, 양자 간의 관계를 넘어서 지역적 및 세계적 이슈들을 다룰 수 있는 관계를 지칭하며, 제3의 대상에 배타성을 전제하지 않는 관계이나 동맹의 수준에는 미치지 못하는 관계"를 지칭한다.[11] 아울러 '전략적'관계의 수립이 반드시 양국 간에 당면한 실무적 문제의 해결을 목표로 하지는 않으며, 동맹과는 달리 공동의 행동을 요구하지도 않는다(寧騷, 5).

이러한 전략 개념을 내포한 동반자관계는 1996년에 중 · 러시아 간 수립한 "전략적 협업 동반자" 관계가 대표적인 것으로 쌍방 간에 이데올로기 등 모든 분야에서 근본적인 이해관계의 충돌이 존재하지 않으며, 각 영역에서 비교적 양호한 협력관계를 발전해 나가는 비교적 심도 깊은 동반자관계라 할 수 있다.[12] 러시아와의 관계에서 특수하게 등장하는 "협업(協作)"이란 개념은 동맹관계는 아니지만 상호 중대한 문제에 대해서는 서로 협상을 통해 공통의 인식에 도달하고, 이후 협력하여 행동을 같이하는 것을 의미한다. '협업'이 '협력(合作)'과 다른 점은 "행동을 같이 한다"는 의미가 내포되어 있다는 것으로 협력보다는 더 강한 유대를 나타내는 개념이다.

중국이 미국이나 유럽연맹과 수립한 관계에서 등장하는 '건설적'이란 개념은 잠재적인 적수이면서, 양자 상호간 전략목표나 정책에 상당한 수준의 갈등과 이해의 충돌이 존재한다는 것을 전제한 개념이다(顏聲毅, 52).[13] 그럼에도 불구하고 양자는 이러한 갈등과 대립의 존재가 양자관계의 큰 흐름에 장애가 되어서는 안 되며, 미래지향적인 태도를 토대로 대화와 타협을 통해 해소해 나가자는 합의를 내포하고 있다.

---

11) 필자가 2008년 2월 북경에서 행한 당(A) 및 관방(B) 인터뷰.
12) 러시아의 입장에서 중 · 러 전략적 동반자관계를 분석한 글은 신범식의 "중 · 러 전략적 동반자관계의 성격과 시사점"을 참조.
13) 이를 顏聲毅는 실용주의형 동반자관계라고 개념화하고 있다.

즉, 양자의 갈등은 존재하지만, 단시일 내에 해소할 수 없다면 일단 유보해두고, 타협하여 협력할 수 있는 영역부터 우선적으로 발전시켜 나가자(求同存異)는 것이 '건설적'인 것으로 해석된다. 이러한 '건설적' 관계는 실제 건설적이란 이름을 붙이지는 않았지만 1990년대 일본 및 인도와의 관계에도 적용될 수 있는 관계였다.

일본과 수립한 "평화와 발전의 우호협력 동반자"관계는 '평화와 발전'이 중·일 협력적 동반자 관계의 기초이자 목적이라는 것을 의미한다. 즉, 중·일 간의 역사는 그간 반목과 불신, 갈등의 역사였다는 것을 인정하고 향후 평화와 발전을 위한 관계로 전화시키자는 합의를 담은 수사인 것이다. 1990년대 후반 중국은 일본과 "전략적"관계를 수립하기를 희망한 바 있으나 "전략"의 개념을 중국과 달리 해석하여 미국과의 관계를 의식한 일본의 부정적인 태도로 인하여 더 이상 추진되지 못했다.[14] 이처럼 중국이 상대방과 수립한 관계에서 보여주는 다양한 수사들은 양국 간의 이해관계를 드러내 주는 주요한 지표와 같은 역할을 한다.

또 다른 형태의 동반자관계는 '우호협력'형의 동반자관계이다. 이 관계는 상호간에 근본적인 이해의 충돌이 없는 상태를 전제하며, 광범위한 공동 이익을 지니고 쌍방이나 혹은 지역에서 협력을 심화해나가는 관계를 의미한다. 이러한 관계는 1990년대 한국, 우크라이나, 카자흐스탄, 캐나다, 멕시코, 남아프리카 공화국, 브라질 등과의 관계를 일반적으로 지칭한다(顔聲毅, 51-52).

그러나 유럽연맹이나 아세안과 같은 지역기구와 체결한 동반자관계는 특정 이슈에 있어서 쌍방 간에 갈등이 존재하고, 상호 신뢰수준도 부족하다는 것을 전제하고 있다. 그러나 쌍방은 양자 간 혹은 국제문제에 있어 적지 않은 공통의 이해관계를 공유하고 있으며, 상호존중과 평등한 관계에서 협력을 심화해 나갈 수 있는 관계를 지향한다는

---

14) 필자의 중국 내 일본전문가와의 인터뷰(2008년 6월 북경 인터뷰C).

것에 합의한 것을 의미한다.

III. 21세기 중국 동반자외교의 전개

1. 전략적 동반자관계의 확산

1990년대 중반 이후 중국외교에서 널리 적용되기 시작한 동반자관계는 21세기 들어서도 유지되면서, 동시에 새로운 양상을 보여주고 있다는 점이 주목된다. 이는 전략적 동반자관계의 급속한 확대이다. 중국은 1990년대 브라질, 러시아, 미국 등과 강대국과의 관계에서 사용하였던 '전략적'이라는 개념을 더욱 적극적으로 채택하여 21세기 들어 강대국들은 물론이고, 주요 지역기구, 자원 부유국, 중간 규모의 주변국 및 지역강국들로 그 대상 범위를 확대하여 적용하였다. 중국은 〈표 1〉에서 보는 바와 같이 현재 20개국과 "전략적 동반자"관계를 수립하여, 국제사회에서 중국의 외교 공간이 급속히 확대되었다.[15]

중국은 2000년 들어 개별국가와의 양자 간 관계뿐만 아니라 다자기구와의 관계에서도 최초로 아프리카 연합과 "지속발전을 위한 전략적 동반자"관계를 채결하였으며, 2003년 아세안 및 유럽연합과도 각각 "평화와 번영을 위한 전략적 동반자"관계, "전면적 전략동반자"관계를 수립하였다. 2003년에는 멕시코와 전략적 관계를 수립하였고, 잇달아 2004년 이탈리아, 영국, 남아프리카 공화국, 알제리와 전략적 혹은

---

15) 전문가들조차도 중국의 전략적 동반자관계 확대에 대한 이해는 대단히 부족한 상황이다. 한 예로, 전 미국 NSC 아시아 담당 선임보좌관 마이클 그린의『중앙일보』, 2008년 6월 10일자 글.

전략성 관계를 수립하였으며, 2005년에 포르투갈, 캐나다, 스페인, 아르헨티나, 베네수엘라, 인디아, 파키스탄, 카자흐스탄, 인도네시아 등과도 전략적 관계를 수립하였으며, 이후에도 그리스, 나이지리아, 한국, 덴마크 등과도 전략적 관계를 발전시켰다.

이상과 같이 21세기 들어 중국외교가 전략적(동반자)관계를 적극적으로 확대한 것은 미국의 부시 행정부가 들어선 이래 군사력에 기초한 일방주의 외교를 전개하는 시기와 궤를 같이하고 있다. 1990년대 장쩌민 시기의 중국외교는 크게 자신의 능력을 감추고 때를 기다리는 '도광양회(韜光養晦)' 외교 전략을 기조로 하고 있어 미국과의 마찰을 가능한 자제하고자 노력하였다. 이러한 중국의 외교방침은 중국을 국제사회에 보다 포용하고자 하는 정책으로 전환하는 이른바 클린턴 행정부의 '포용과 확장(engagement and enlargement)' 정책이라는 비교적 우호적인 국제정치 환경의 지원을 받았다. 하지만 부시 행정부가 소위 '일방주의적' 외교노선을 채택하면서, 중국의 기존 도광양회(韜光養晦) 정책에 대한 재검토가 불가피해졌다.

2002년 제16차 당 대회에서 후진타오(胡錦濤)가 새로운 지도자로 등장하면서 중국외교에 대한 전면적인 재검토가 이뤄졌으며, 중국이 채택한 새로운 대외정책은 기존의 노선에 따라 미국과의 협력을 강화하면서도 다른 한편으로는 새로운 해야 할 바를 적극적으로 찾아서 하겠다는 '유소작위(有所作爲)'적인 외교를 강화하고 있다.[16] 제16차 당 대회의 보고는 중국의 경제발전 성공에 따른 국제적 지위의 향상과 증대된 자신감을 반영하면서 세계적인 강대국으로 부상하려는 중국의 열망을 담아내고 있다. 중국외교의 적극적인 대외참여 및 국방력 강화의 의지를 드러내었다(관련 글로, 이동률·김흥규 2008B).

---

16) 최근 류테와 베이징 외국어대 교수도 이러한 주장을 담은 칼럼을 게재한 바 있다. 『조선일보』, 2008년 1월 26일자 칼럼. 이러한 각도에서 중국의 대외정책을 설명한 글은 김흥규(2008B), pp. 197-236.

<표 1> 중국의 대외관계 유형[17]

유형	나라	특징
전통적 우호 협력관계	북한, 알바니아[18]	사회주의 체제를 유지하는 전통적 우방에 적용되는 관계이며 동맹 관계는 아님. 북한과는 현재 실리에 기초한 정상국가 간 관계로 전환 중임
전략적 협업 동반자관계	러시아	동맹관계는 아님. 제3자를 겨냥하지 않음. 양자관계를 넘어서, 지역적 혹은 세계적 사안들을 논의 단기적인 사안뿐만 아니라 중장기적 사안들도 논의
전면 전략적 협력 동반자관계	영국, 베트남, 파키스탄, 프랑스, 브라질, 유럽연합	
전면 전략적 동반자관계	이탈리아, 스페인, 그리스, 포르투갈, 덴마크, 아프리카 연합	
전략적 협력 동반자관계	인도, 한국, 이집트, 터키	
전략적 동반자관계	독일, 베네수엘라, 아르헨티나, 멕시코, 남아프리카 공화국, 나이지리아, 카자흐스탄, 인도네시아, 캐나다, 아세안, 앙골라	
전략적 호혜관계	일본	일부 사안의 갈등을 전제한 상태에서 상호호혜의 원칙에 입각하여 전략적 문제를 다룸
전략적 협력관계	알제리	일부 사안의 갈등을 전제한 상태에서 전략적인 측면에서 협력을 추구함
전략성 협력관계	말레이시아	
전면적 협력 동반자관계	크로아티아, 스리랑카, 방글라데시, 에디오피아, 페루, 칠레, 루마니아	군사부문을 포함한 모든 부문에서의 협력관계 수립 노력

협력 동반자관계	우즈베키스탄, 헝가리,폴란드	직접적 갈등이 없는 관계
동반자관계	몽골	지역성 문제에 대한 협력 추진
선린우호 관계	타지크스탄, 키르기스스탄, 여타 동남아 국가군들	주변국들과의 관계로 친선우호 관계추구. 베트남, 라오스, 필리핀 등은 모든 분야에서의 협력관계를 추구하나 아직 이해갈등이 존재함을 전제
적극 · 협력 · 전면적 관계[19]	미국	상호 갈등을 인정하면서 다방면에서 협력하기 위해 적극적으로 노력하는 관계
전면협력관계	오스트레일리아	아직 선린우호나 동반자 관계에 이르지 못했으나, 상호 다방면에서 협력을 추진하는 관계
수교관계	기타 수교국들	

후진타오 체제는 보다 구체적으로 중국 대외정책의 목표와 전략을 이론화하고 국제무대에 적극적으로 개입하려는 노력을 강화하여 왔으며, 그 결과는 전략적 동반자관계의 적극적인 확대로 나타났다. 이는 동시에 국제적으로 '중국 위협론'의 성장이라는 새로운 도전을 불러일으켰다.

현재 중국이 채택한 외교관계의 유형은 대체로 전략적 동반자관계, 갈등을 전제한 전략적 관계, 동반자관계, 전통적 선린우호관계, (비전

---

17) 〈표 1〉은 중국 외교부의 지역에 대한 사이트인 http://www.fmprc.gov.cn/chn/pds/gjhdq/gj/ 및 매년 간행되는 中華人民共和國 外交部, 『中國外交』 자료를 바탕으로 2011년 11월 현재 재구성한 것이다.

18) 2009년 체결.

19) 클린턴 정부시절엔 [21세기를 향한 건설적 전략협력 동반자관계]였음. 현재는 이보다 격이 떨어지는 관계임.

략적/비동반자적) 우호협력관계 및 일반 수교관계로 구별할 수 있다. 이러한 유형화 추세는 중국적 세계질서에 대한 인식을 반영한 것으로 보인다. 물론 이는 과거 조공체계처럼 위계적 질서를 의미하는 것으로 볼 수는 없지만, 상대국과 관계형성의 친소관계, 협력의 범위와 정도를 상당 정도 규정하고 있다. 한 예로, 최근 2008년 일본과 정식으로 채택한 "전략적 호혜" 관계란 개념적으로는 '전략적'인 문제를 논하는 상대이기는 하나 상호 이견을 전제하면서 동반자관계의 설정에는 합의하지 못하고, 호혜의 원칙에 따라 관계를 형성해 나가기로 한 관계를 의미한다.

현재 중국이 타국과 체결한 전략적 관계의 유형을 보자면, 유럽의 주요국들과는 "전면적"이란 표현을 추가한 전략적 동반자관계를 맺고 있으며, 주변 주요국가인 인도, 파키스탄 및 한국과는 "협력"을 추가한 전략적 동반자관계를 수립하고 있으며, 여타 주요국가나 자원 강국들과는 별다른 수식어 없이 전략적 동반자관계를 수립하는 패턴을 볼 수 있다. 물론 중국 측의 설명에 따르면, 그 작명에 있어서 부가하는 수식어는 중국이 주도하기보다는 상대방의 의사를 존중하는 경우가 대부분이라고는 하지만 이러한 유형화는 일정 정도 중국의 전략적 사고와 이해가 동시에 접목되었다고 할 수 있을 것이다.[20]

주의할 점은 "전략적 동반자"관계와는 달리 "전략적 호혜" 관계를 맺은 국가가 일반 "동반자"관계를 맺은 국가보다 더 중국과 친밀하다고 반드시 규정할 수는 없다. 그리고 이 두 관계 사이에 위계를 정할 수 있는 것도 아니다. 대신, 이들 개념들이 규정하는 관계를 형성하고 있는 (혹은 하고자 하는) 양국의 실제에 대한 합의와 그 특수성을 반영한 것이라고 해석할 수 있다. 따라서 이들의 관계는 실제 그 내용을 어

---

20) 필자의 전직 외교부 고위관료와의 북경 인터뷰B(2009년 2월). 이 주장과 달리, 일본과 "전략적 호혜"관계 형성 시에는 중국 역시 적극적으로 수식어 형성에 참여했다는 증언도 있다(2009년 2월 북경 인터뷰C).

떻게 채워나가느냐가 양자관계를 규정하는 데 중요하다.

　개념해석에 주의를 요하는 것은 모든 수식어가 양자관계를 정확히 다 설명한다고 할 수는 없다는 사실이다. 예를 들면, "전략적 동반자" 관계에 붙은 수식어도 크게 다양하나, 이들이 위계적 관계나 친소관계를 반드시 정확히 반영한다고 평가하기는 어렵다. 예를 들면, 용어상으로는 "전면적 전략적 동반자"관계가 가장 상위의 개념으로 보이나 "전면적 전략적 동반자"관계를 수립하고 있는 중·베트남과의 관계가 "전략적 협업 동반자" 관계를 수립하고 있는 중·러시아의 관계보다 좋거나 중요하다고 평가할 수는 없다.

　이처럼 중국의 외교관계 유형이 양국관계를 일정 정도 반영하면서도 동시에 이를 전적으로 다 설명하지 못하는 이면에는 이러한 외교관계를 해석하는 다양한 독해법이 공존하기 때문이다. 중국 인민대학 진쩡쿤(金正昆) 교수는 4가지 유형화를 통해 독해법을 비교적 잘 제시하고 있다(金正昆 2007, 181). 우선, 안정형(穩固型) 동반자관계는 양국 간 상당 수준 밀접하고 안정적인 관계를 이미 형성하고 있는 관계를 지칭한다. 두 번째는, 동반자적인 관계가 막 시작되었다는 것을 의미하는 보통형(普通型) 동반자관계가 있을 수 있다. 세 번째로는 동반자관계에 합의는 했지만 아직 충분히 실현되지 못한 관계로 제의형(擬議型) 동반자관계라 할 수 있다. 마지막으로 동반자관계 수준의 관계를 형성하고자 하는 데 합의한 잠재형(潛在型) 동반자를 들 수 있다. 이러한 독해방식은 전략적 동반자관계를 해석하는 데도 적용된다고 할 수 있다.

　즉, 중국은 (전략적) 동반자관계를 수립하는 데 있어 이미 그 내용을 담고 있는 관계, 내용을 막 담은 관계, 담기로 합의하였지만 충분히 담지 못한 관계 및 미래에 담기로 합의한 관계에 다같이 같은 개념을 적용시킬 수 있다. 따라서 같은 개념을 사용한다고 할지라도 이를 이해하기 위해서는 각국 양자관계의 특수성에 따라 추가적인 해석이 필요한 것이며, 그 관계의 내용은 다를 수 있는 것이다. 이를 다시 해석하면, 중국이 수립한 양자관계의 총체성을 보다 더 잘 이해하기 위해서는 형식상의 관계뿐만 아니라 양자 간의 역사와 상황 등 특수성을 동시에 이해할 필요가 있다는 것을 알 수 있다.

아울러 동반자관계의 해석에 주의할 점은 동반자관계가 고정불변의 관계가 아니라는 점이다. 이미 위에 언급한 4가지의 독해법을 통해서도 함축되어 있지만 동반자관계는 기존 양자관계의 국력의 격차, 역사와 특수성을 반영하면서도, 새로운 국제정세의 변화, 양자관계의 변화에 따라 새로이 조정되고 정립될 수 있다는 점이다.

2. 중국외교의 특수 관계들

역사의 상황과 특성을 담아 형식만으로 중국의 양자관계를 설명하기 어려운 여러 관계 중에서도 북·중 관계, 중·미 관계, 중·파키스탄 관계는 부연설명을 할 필요가 있다.

1) 북·중 관계

북·중 관계는 국내에서는 1961년 북중 상호우호협력조약에 군사개입의 조항이 포함되어 있고, 동 조항이 여전히 유효한 상황이라 중국의 부인에도 불구하고 종종 준동맹관계로 평가된다. 그러나 북·중 관계는 공식적으로는 "전통적 우호협력(传统的友好合作)"관계에 속한다.[21] 이는 중국외교 유형으로 평가할 때, 전략적 동반자관계에 속하지 못하고 심지어는 주요 주변국과 체결한 동반자관계에도 속하지 못하는 주변국 일반 국가관계에 적용하는 "우호 협력" 관계에 가깝다.[22]

---

21) http://www.fmprc.gov.cn/chn/pds/gjhdq/gj/yz/1206_7/sbgx/(검색일: 2009. 10. 12).

22) 예를 들어, 中華人民共和國外交部 政策硏究司 編,『中國外交』2007년판, p. 100. 북중 관계를 다른 주변국과 더불어 "우호협력" 관계로 기술하고 있다.

중국은 21세기 들어 북한과의 관계에서 '혈맹'이란 표현을 자제해 왔고, 북한과의 관계를 정상 국가 대 국가의 관계로 전환시키려 노력하고 있는 중이다(전병곤, 182-188). 실제 후진타오 시기 북·중 관계의 큰 흐름은 "특수관계"를 벗어나 정상국가간의 관계로 전환하고 있다는 것이 일반적인 중론이다.[23]

그럼에도 불구하고 "전통적" 관계라는 특별한 수식어가 따르고 있고, 북·중관계의 16자 방침인 "전통을 계승하고, 미래를 지향하며, 선린우호를 도모하고, 협력을 강화하자(継承传统, 面向未来, 睦邻友好, 加强合作)"에서도 전통을 계승한다는 표현이 붙어 그 해석을 놓고 의견이 분분한 상태이다. 중국이 의미하는 전통적인 관계라는 것이 전략적 관계로 규정하는 수준을 뛰어넘는 관계인가 하는 질문이 제기된다. 그러나 중국은 이미 2001년 미얀마와 "전통적 선린우호(传统睦邻友好)" 관계를 수립하여 전통적 관계라는 표현을 쓴 바 있고,[24] 2009년에는 중국이 알바니아와 북한과 동일한 형식의 관계를 수립한 것은 "전통"적 관계가 동맹에 준하는 관계라는 주장을 크게 약화시키고 있다.[25]

북·중 관계에 대한 중국 측의 수사와 대화의 수준을 놓고 볼 때, 북·중은 2009년까지는 상호 중장기적인 비전을 논하는 관계는 아니지만, 양자 간의 관계를 넘어선 이슈를 다루면서 전면적인 협력을 추

---

23) 이러한 논지는 최근 해제한 1960년대 중국 외교문서를 검토한 成曉河, "主義與 安全之爭: 六十年代朝鮮與中蘇關系的演變,"『外交評論』 2009年 第2期; 이종석, 『북한-중국 관계: 1945~2000』(서울: 중심, 2000); 최명해,『중국·북한 동맹관계』(서울: 오름, 2009); 김홍규, "북한의 제2차 핵실험과 중국의 대북정책."『시대정신』 제44호(2009); 그 밖에도, 후나바시 요이치(오영환 외 역),『김정일 최후의 도박』(서울: 중앙일보 시사미디어, 2007); 어우양산(박종철, 정은이 역), 『중국의 대북조선 기밀파일』(서울: 한울, 2008).

24) http://www.fmprc.gov.cn/chn/pds/gjhdq/gj/yz/1206_23/sbgx/(검색일: 2009. 10. 12).

25) 이에 대해서는 http://www.fmprc.gov.cn/chn/pds/gjhdq/gj/oz/1206/sbgx/(검색 일: 2009. 10. 12).

구하는 "전략적 협력동반자" 관계와 "전면적 협력동반자" 관계 사이 정도의 관계로 평가할 수 있다(中華人民共和國外交部政策研究司 編 2008, 83).[26] 다만 북한이 2009년 제2차 핵실험을 한 이후 중국이 보다 적극적인 대북 관여정책을 채택하면서 북·중간의 위상도 달라지고 있다. 2010년 북·중 지도부는 김정일 위원장의 세 차례에 걸친 방중과정에서 전략적 소통을 강화하기로 합의한 바 있다. 이는 북·중 간 관계가 그 수사와 관계없이 실제적으로는 "전략적 협력동반자" 관계에 상응하는 수준에 이르고 있음을 말해준다. 이러한 북·중 관계의 변화는 북한의 전략적 가치에 대한 중국의 인식과 깊이 연관이 있다. 북핵문제의 전개과정 및 최근 불거지고 있는 미·중 관계에서 긴장과 갈등은 중국에게 있어 북한의 전략적 지위를 제고시켰다.

2) 중 · 미 관계

중·미 간 현재 공식적으로 수립된 관계는 2001년 합의한 "건설적 협력"을 추진하는 관계로, 이는 상호 이견(異見)과 갈등을 내포하고 있는 관계를 전제하는 것이다. 관계의 수준면에서는 1997년 장쩌민 주석의 방미 시 합의한 "21세기를 향한 건설적 전략동반자 수립을 위해 노력하는 관계"에 미치지 못하고 있다. 중·미 관계는 중국외교의 유형화 측면에서 볼 때, 개념적으로는 일반 수교관계와 우호협력관계의 사이에 자리매김할 수 있을 것이다.

하지만 이는 미국이 중국식의 유형화 체계 속에 편입되는 것을 받아들이지 않은 결과이기도 하다. 대신 양국은 2005년 8월 개최된 '중·미 고위급대화' 및 2006년 12월 시작된 '중·미 전략경제대화' 등을 통해 전략적 관계를 이미 형성하고 있다고 할 수 있다.[27] 특히 오바마

---

26) 2009년 6월 16일 한중미래포럼에 참여한 중국 청화대 국제문제연구소장 옌쉐퉁(閻學通) 교수의 발표도 이와 같은 맥락에 입각하고 있다. 이에 반해 북·중동맹의 특수성을 주장하는 시각은 조영남(2009).

행정부는 중국을 세계적 범위의 이해상관자로 대하면서 중국과의 전략적 협력관계를 더 강화하고 있다. 2009년 7월 개최될 '중·미전략경제대화'는 기존의 '고위급대화'와 '전략경제대화'를 결합하여 더 높은 전략대화 수준으로 발전시킨 것이다. 중·미 관계는 향후 어떻게 새로이 그 관계를 정의하든 간에, 그 형식과 관계없이 양국 상호간에 가장 중요한 양자관계로 자리매김하고 있는 특별한 전략적 관계에 속한다.

세계화 시대에 장차 세계 제1의 경제대국으로 부상할 것으로 평가되고 있는 중국과의 전략적 타협과 협력은 이제 더 이상 옵션이 아니며, 미국 세계전략을 고려하는 데 필수불가결한 구성요소가 되고 있다.[28] 21세기 미·중 전략적 공동제휴는 경제적으로 민감한 상호의존 상황의 구조적 제약성을 인정하고, 협력을 통해서만 해결 가능한 범세계적인 환경, 기후, 질병, 에너지, 테러 등 현안을 해결해야 하는 과제를 안고 있다. 2011년 1월 워싱턴에서 개최된 미·중정상회담의 결과는 이러한 현실의 구조적인 제약성을 상호 인정하고 양국 관계를 향후 "전략적 경쟁"보다는 "전략적 협력" 관계 위주로 운용하겠다는 가시적인 노력으로 이해해야 한다. 2011년 이후 더욱 명백히 나타나고 있는 미중간의 갈등과 경쟁도 이러한 틀 안에서 이해할 필요가 있다. 미국은 중국의 부상을 인정하면서도 중국의 행태를 자국의 전략적 이해 안에서 관리하게 하기 위하여 가용할 수 있는 자원들을 활용해 중국을 압박하고 있다. 이는 영합게임의 논리에 입각한 극단적인 경쟁이나 갈

---

27) 더 자세히는 김흥규(2009A), pp. 5-7.

28) 중국이 어느 시점에서 세계 제1의 경제대국이 되는 가에 대해서는 의견이 분분하다. 금융위기 이전에는 2040년을 전후한 시점으로 보는 경향이 강했다. 그러나 금융위기 이후에는 2020년 직후로 예측하는 견해가 제시되고 있다. 특히 세계에서 가장 권위 있는 거시 경제 예측기관인 *Global Insight's World Overview*의 2011년 10월 15일 평가에 따르면 중국은 2018년 미국의 경제규모를 앞지르게 된다.

등상황과는 다르다.

중·독 관계 역시 중·미 관계와 유사한 사례로 그 중요성에 비해 형식면에서는 "동반자관계"에 머무르고 있다. 독일은 이미 1972년 중국과 수교하였으며, 지난 30여 년간 유럽에서 중국의 최대 교역국이었으며, 중국은 2002년 일본을 추월하여 독일의 아시아 최대 교역국가로 부상하였다. 그러나 다른 유럽주요국들과는 달리 독일은 중국식의 외교유형에 적극 편입되지 않고 있으며, 주요 서유럽국가들이 중국과 "전면 전략적 동반자" 관계를 수립한 것과 달리 일반 동반자관계에 머무르고 있었다. 중국과 독일은 2010년 7월 독일 메르켈 총리의 중국 방문을 계기로 비로소 "전략적 동반자" 관계를 전면적으로 추진하기로 합의하였다.[29]

3) 중·파키스탄 관계

중·파키스탄의 양자관계는 공식적으로는 2005년 수립한 "전략적 협력동반자" 관계에 속하여 이미 가장 중요한 외교관계 수준에 도달하였다. 그러나 이러한 관계가 중·파키스탄 양국 관계의 역사성과 밀도를 정확히 묘사하는 것은 아니다. 중국 대외전문가들에게 전 세계에서 가장 친밀한 외교관계를 가진 국가를 굳이 지적하라 한다면, 상당수는 파키스탄을 지적할 것이다. 이러한 상호간의 친밀감과 신뢰를 바탕으로 중·파키스탄은 관계를 규정하는 유일한 개념으로서 "전천후(全天候) 우호" 관계라는 표현을 쓰고 있다.[30]

이는 파키스탄이 세계에서 중국과 가장 먼저 외교관계를 수립한 국가 중 하나이며, 중앙·서남아시아에서 전략적으로 중요하며, 중·인

---

29) http://www.fmprc.gov.cn/chn/pds/gjhdq/gj/oz/1206_12/sbgx/(검색일: 2009. 04. 12).

30) 中華人民共和國外交部 政策研究司 編, 『中國外交』 2008년판, p. 149. 그 밖에도 鄭瑞祥 및 胡寶明의 글 참조.

도 간의 경쟁과 알력 과정에서 중·파키스탄은 오랫동안 전략적으로 긴밀한 협력관계를 구축하여 왔기 때문이다. 상황의 유불리(有不利)를 넘어 상호 신뢰하고 지지하는 관계를 의미하는 전천후 관계는 그 긴밀도에 있어서 중국이 북한과 수립하고 있는 "전통적" 관계의 수준을 넘어서고 있다. 따라서 중·파키스탄 관계는 역사적으로 "전략적 협력동반자" 관계로는 다 설명할 수 없는 그 이상의 관계를 형성하고 있다고 평가된다.

IV. 한·중 관계에 대한 함의

지난 2008년 5월과 8월에 개최된 한·중 정상회담에서 이룩한 가장 주요한 '제도적' 성과는 한·중 간 관계를 중국 외교관계의 유형상 최정점에 있는 "전략적 협력동반자" 관계로 격상시킨 것이다. 2003년 노무현 정부 시 체결한 "전면적 협력동반자" 관계를 넘어 "전략적 협력동반자" 관계를 수립한 것은 향후 양국 간 비전 공유의 폭과 깊이에 주요한 영향을 미치는 조치였다. 과거 중국은 한국과 "협력동반자" 관계에서 "전면적 협력동반자" 관계로 재설정하는 과정에서 북한 변수를 의식하여 주저한 바가 있으며, 특히 '전략적' 관계로 격상하는 데에는 부정적이었다. 그러나 이번에는 중국이 보다 적극적으로 '전략적' 관계로서 한·중 관계를 규정하고자 하는 태도를 취한 것으로 평가할 수 있으며, 이는 중국외교 관행으로 볼 때 특수한 경우다.[31]

---

31) 2008년 "한중 전략적 협력동반자" 관계의 형성과정에서 외교관계의 '격상'이란 표현을 처음 한 것은 한국 측이었지만 이를 '전략적 관계'로 해석하고 제시한 것은 중국이었다(필자의 현장관찰 및 실무 담당자와의 인터뷰). 이의 해석을

중국의 적극적 태도는 중국의 제3의 교역국가라는 한국의 경제적 위상 때문이기도 하지만 보다 더 중요한 요인은 외교안보 분야에서 차지하는 한국의 전략적 중요성에 기인한다고 평가할 수 있다. 중국은 지각변동을 하고 있는 동북아 국제정치의 구조에서 한국과의 관계를 잘 운용하는 것이 향후 지역 및 세계 질서 형성에 중요한 영향을 미친다고 인식하였다.

중국은 우선, 이명박 정부의 한·미 동맹 및 한·미·일 협력강화 정책에 즉응(counter-balancing)하려는 측면이 있다. 다른 한편으로는 북핵·북한문제의 해결과정에서 한국과의 협력이 전략적으로 중요하다는 인식도 자리 잡고 있다. 그리고 최근 북한의 대미접근 정책의 결과로 최악의 경우 중국이 고립되는 상황에 대한 우려를 반영하면서, 한국과의 관계 강화가 필요하였기 때문이다. 중국은 한·중 간의 자유무역협정 체결문제 역시 경제적 이해를 넘어 보다 전략적인 차원에서 공을 들이고 있다. 미 의회보고서는 후진타오가 국가주석에 취임한 이래 북한이나 일본은 한 차례만 방문하였으나, 한국은 두 차례(2005년과 2008년)나 방문한 점에서도 한국에 대한 당시 중국의 전략적 관심을 보여준다고 지적한 바 있다(2008 Annual Report to Congress). 올림픽 직후 세계의 스포트라이트가 여전한 가운데 후진타오가 첫 해외 순방지로서 한국을 택한 것도 이러한 중시의 표현으로 해석할 수 있다.

이명박 정부는 "전략적 협력동반자 관계"를 수립하여 두 가지의 정치적 목적을 동시에 추구하였다. 하나는 그간 한미동맹 강화에 따른 중국의 우려를 완화하려 하였다.[32] 다른 하나는 중국과 알력 강화

놓고 한중 양국 간의 이견이 존재하기는 하지만 양국 모두 이해관계의 일치로 성사된 사항으로 해석하는 것이 무난할 것이다.

32) 중국이 북한이나 알바니아와 맺고 있는 "전통적"관계를 전략적 관계보다 더 우위에 놓기도 한다. 그러나 이 관계는 전통적인 우위를 존중하는 것이기는 하나 실제적인 측면에서는 다른 전략적 관계보다 더 중요하다고 볼 근거가 부족하다. 특히 알바니아를 이 범주에 넣었을 때 이는 더욱 명확해진다.

에 대한 한국 내의 우려에 반응하는 것이었다. 이는 어느 정도의 갈등을 상호 인정하면서 호혜의 원칙을 바탕으로 현안들을 처리하기로 합의한 중·일 간 "전략적 호혜"관계보다 '개념적으로'는 우위로 평가할 수 있는 관계를 수립하기로 중국과 합의한 것이다. "전략적 협력동반자"관계의 수립은 북한 변수가 더 이상 한·중 관계에 결정적인 장애요인이 될 수 없음을 의미한다. 중국은 이미 2007년 한국과 "전면적 협력동반자"관계의 정신에 따라 군사 핫라인 개설에 합의함으로써 한·중 군사협력 분야에서도 북한의 변수가 더 이상 장애요인이 아님을 보여준 바 있다. 한중은 이미 수립된 외교 분야뿐만 아니라 2011년 군사부분에서도 고위급대화 체제를 수립하기로 합의한 바 있다. 이제 경제를 포함하여 외교안보 분야를 통합하는 고위급 전략대화의 형성을 남겨 놓고 있다.

단, 한 가지 주의할 점은 한·중은 비록 형식적인 측면에서는 "전략적 협력동반자"관계를 수립하였지만, 이는 현재형이라기보다는 여전히 현재진행형의 성격이기 때문에 새로운 양자관계에 따라 변화될 개연성도 여전히 존재한다. 현재 상황에서 중국 외교에서 차지하는 한국의 위상은 미국, 러시아, 일본, 인도, EU 및 파키스탄과의 관계에는 미치지는 못하고 있다.

예를 들자면, 한·중 관계는 유래를 찾기 힘들 정도로 긍정적인 발전에도 불구하고, 2000년의 마늘파동, 2004년 및 2006년 중국 동북공정과 관련하여 양국 간 중대한 위기가 발생하기도 하였고 한국 내 반(反)중국 정서도 급속히 확산되었다. 2008년에는 중국 내 반한감정 증대가 양국 간 주요 현안이 되기도 하였다. 역사문제가 불거져 나오기 전 한국 내 중국에 대한 선호도는 2004년 61%에서 2005년 29%(동아일보 조사)로 급전직하하였고, 2007년 현재 32%(매일경제, BBC 조사)로 여전히 회복하지 못하고 있다. 한·중 양국은 김치파동(2005) 및 황정일 공사 사태(2007), 제2차 북미사일 발사 및 북핵 실험(2009), 천안함 및 연평도 사태(2010) 등에서 예시하는 바와 같이 한·중 양국은 위기관리 능력을 상호 학습 중에 있다.

천안함·연평도사태를 처리하는 과정에서도 일부 드러난 것처럼 한·중 관계에 상호 불신이 깊이 내재되어 있는 것이 현실이다. 일부에서는 중국 현지의 분위기를 들어 현재 한·중 관계의 상황이 최악으로 악화되었다고 규정하기도 한다. 2011년 12월 19일 김정일 위원장의 사망에 대응하는 과정에서 드러나듯이 한·중 간의 위기관리체제는 제대로 작동하지 못했다. 중국은 거의 일방적으로 자신들의 정책을 관철시켰고, 한국 정부는 중국과 사건발생 이후 가장 긴요한 52시간 동안 중국 측과 소통을 할 수 없었다. 어찌되었든 현재 한·중 관계는 사려 깊고 신중히 다루지 않으면 언제든 폭발적인 갈등으로 전화할 수 있다는 것이 일반적인 인식이다.

그러면 양자관계의 외향적 성장과 발전에도 불구하고 왜 이러한 깊은 불신이 내재되어 있는 것일까? 주기론적 입장에서는 한·중 관계가 현재 초기의 환상을 벗어나 보다 성숙한 단계로 나아가는 과정에서 상호 갈등과 분쟁이 격화되는 시기로 인식할 수 있다. 구조적인 관점에서 한중 경제는 경제적인 상호보완성이 강하였으나 점차 중국의 성장에 따라 경쟁관계로 전환하고 있기 때문이라는 해석도 가능하다. 또한 미·중 간의 갈등강화가 한·중 관계에 부정적인 영향을 미치고 있다는 해석도 가능하다.

그러나 행위자적인 차원에서 제기된 문제점들을 간과할 수 없다. 이명박 대통령의 언행에서 중국을 견제한다는 심리 노출, 이 정부 출범 초기 한미동맹에 대한 지나친 편향성, 정부 고위 대외정책 관계자들과의 접촉에서 경험한 중국인들의 좌절감 등은 이명박 정부를 친미적이고 반중정권이라는 인식을 강화하게 하였다. 또한 천안함 및 연평도사태의 처리과정에서 드러난 한국 측의 중국 측의 이해에 대한 무지 등은 한·중 관계를 악화시키는 데 일조하였다. 중국 측의 입장에서는 한국의 "비핵·개방·3천" 원칙에 입각한 대북정책이 지나치게 경직되어 한반도의 불안정을 조성시키는 원인을 제공하여 중국의 국익을 크게 위협하고 있다는 인식도 작용하고 있다. 연평도 사태시 한국 측이 강조한 북한 도발시 원점 타격에 대한 입장 역시 한반도의 군사적 충돌 및 전쟁가능성을 크게 높이는 것이고, 이는 중국의 핵심적 이익에 커다란 손상을 가져올 수 있는 사안으로 인식하였다.[33]

이러한 다양한 요인들이 모여 최근 한국 정부의 지난한 노력에도 불구하고 중국 측에 선입견을 강화시키거나 재생산하게 하고, 오해의 여지를 안겨주어 한·중 관계에 부정적인 영향을 미친것도 일부 부정할 수 없는 사실일 것이다.

V. 결론

중국의 동반자외교의 수용과정은 중국 대외전략 사고의 근본적인 변화과정과 궤를 같이하고 있다. 1980년대 이전 중국의 전통적인 대외전략 사고는 우적관계를 분명히 하는 것이었다. 우선, 1950~60년대의 양대진영론, 1970년대 3개 세계론, 그리고 1980년대에 이르기까지 지속된 동서남북론의 사고는 이러한 우적의 분류개념에 입각한 것이었다. 중국의 동반자외교는 천안문사태 및 사회주의권의 몰락 이후 1990년대 국제적 고립에서 탈피하고, 냉전적 사고를 넘어 대외관계의 외연을 확대하면서, 궁극적으로는 중국이 희망하는 다극화된 세계를 추동하기 위한 대외전략이었다.

1990년대 중반 이후 중국외교의 수사에서 "번영하고, 안정적이며, 안전하고, 균형을 이룬 하나의 세계"라는 표현이 종종 등장한다(鄭宇碩 等著, 79). 이는 경제적 세계화의 추세에 대한 인식을 반영하면서 동

---

33) 필자의 북경 인터뷰(2011. 1. 15).

시에 국제관계를 우적(友敵) 개념 중심으로 이해하기보다는 공동의 이익과 협력의 영역으로 인식하는 "동반자외교"의 사고를 표현한 것이다. 동반자외교의 구체적인 표현은 강대국 및 주변국과 협력의 영역 확대, 갈등보다는 협상에 의한 평화적 문제해결, 미국 중심의 국제무대 편입을 통한 경제발전과 국력제고, 평화적 방식에 의한 중국의 강대국 부상전략 등으로 나타나고 있다.

중국은 특히 21세기 들어 "조화세계(和諧世界)"라는 대외정책의 이상을 내걸고 동반자외교를 적극 추진하고 있으며, 세계 주요 국가들과 전략적 동반자관계를 광범위하게 확대해가고 있는 중이다. 중국의 동반자외교는 비록 각 국가 간의 평등성을 원칙적으로 전제하고는 있지만 실제로는 국력의 상대적 중요성, 역사 및 특수한 정황에 따라 다양한 형식의 관계를 형성하고 있어 상당 정도 양자 간의 관계의 특수성을 설명하고 있다. 아울러 양자관계의 변화에 따라 진화하는 특성도 보여주고 있다.

동반자외교의 진화하는 특성은 우리에게 두 가지 측면에서 도전을 안겨준다. 첫째는 중국의 국력의 신장과 한국의 상대적 전략적 위상에 따라 그 내용도 달라질 개연성이 존재한다는 것이다. 두 번째는 한국의 대중 정책에 따라 그 내용도 조정되어질 수 있다는 점이다. 한국은 2008년 중국과 중국의 동반자외교 유형 중 가장 상위급에 속하는 "전략적 협력동반자" 관계를 수립하였다. 그러나 이러한 전략적 동반자 관계의 수립이 반드시 중국과 이에 상응하는 관계를 형성하고 있다는 것을 의미하는 것은 아니다. 한ㆍ중 관계는 이제 막 "전략적 협력동반자" 관계를 시작한 제의형이거나 아니면 추후 이러한 관계를 형성하기로 합의한 잠재형 수준의 전략적 동반자 관계에 머물러 있기 때문이다.

동시에 주목할 점은 북ㆍ중 관계는 중국의 외교 유형상 최상위의 지위를 차지하지는 않는다는 사실이다. 북ㆍ중 관계는 일반적으로 인식하는 것처럼 유사동맹 관계를 의미하는 것은 아니다. 그 형식에 있어서는 한국과 맺은 "전략적 협력동반자" 관계보다는 더 낮은 단계에 자리매김하고 있으며, 북핵문제가 아니라면 북한의 전략적 중요성은 크게 감소될 것으로 평가된다. 향후 중국 지도부는 북·중 관계에 대해 현상유지적인 태도를 선호하겠지만, 향후 상황전개에 따른 변화를 완전히 배제하는 것은 아니다. 한·중 간 체결된 "전략적 협력동반자" 관계는 향후 한·중 간의 대화에서 북핵 및 북한문제가 주요의제가 될 수 있는 있다는 것을 의미한다. 이러한 중국의 동반자외교에서 차지하는 남북한의 위상은 향후 한반도 문제의 해결과정에도 많은 시사점을 안겨준다. 즉, 한국의 역할에 따라 북한에 대한 한·중 간에 협력의 여지가 더 확대될 수 있으며, 한반도 통일과정에 있어서도 중국과 협력의 여지가 확대될 수 있는 있다는 것을 함축하고 있다.

| 참고문헌 |

김흥규. "한·중 전략적 협력동반자관계 형성과 한·중관계."『외교안보연구원 주요국제문제분석』No. 2009-16 (6월 12일). 2008A.

_____. "중국공산당 제17차 당대회와 중국의 대외정책." 전성흥 등저.『중국의 권력승계와 정책노선』. 서울: 나남, 2008B.

_____. "미국 오바마 행정부의 출범과 전략적 미·중관계의 형성."『외교안보연구원 주요국제문제분석』No. 2009-27 (2월 16일). 2009A.

_____. "북한의 제2차 핵실험과 중국의 대북정책."『시대정신』제44호. 2009B.

신범식. "중·러 전략적 동반자관계의 성격과 시사점." 서울대 중국연구소 주최 학술회의『한·중 전략적 협력동반자관계 1년의 평가와 전망』(6월 10일, 서울: 프레스센터). 2009.

어우양산(박종철, 정은이 역).『중국의 대북조선 기밀파일』. 서울: 한울, 2008.

이동률. "16대 이후 신지도부의 등장과 외교정책 전망."『新亞細亞』제10권 1호. 2003.

이종석.『북한-중국 관계: 1945~2000』. 서울: 중심, 2000.

전병곤. "중·북관계." 한국국제정치학회 중국분과 편.『중국 현대국제관계』. 서울: 오름, 2008.

조영남.『후진타오 시대의 중국정치』. 서울: 나남, 2006.

_____. "북·중관계와 한·중 전략적 협력동반자관계." 서울대 중국연구소 주최 학술회의『한·중 전략적 협력동반자관계 1년의 평가와 전망』(6월 10일). 서울: 프레스센터, 2009.

최명해.『중국·북한 동맹관계』. 서울: 오름, 2009.

한석희.『후진타오 시대의 중국 대외관계』. 서울: 폴리테이아, 2007.

후나바시 요이치(오영환 외 역).『김정일 최후의 도박』. 서울: 중앙일보 시사미디어, 2007.

Bottelier, Pieter. "China and the World Bank: how a partnership was built." *Journal of Contemporary China* 16(51), May. 2007.

Liow, Jeseph Chin Yong. "Malaysia-China Relations in the 1990s: The Maturing of a Partnership." *Asian Survey* Vol. XL, No. 4, July/August. 2000.

Gurtov, Melvin. "Fragile Partnership: The United States and China." *Asian Perspective,* Vol. 23, No. 2. 1999.

Macmillan English Dictionary(2nd ed.). Oxford: Text A&C Black Publisher, 2007.

Medeiros, Evans. "China's International Behavior, Activisim, Opportunism and Diversification." *Joint Force Quarterly* Issue 47, 4th Quarter. 2007.

US-China Economic and Security Review Commission. "2008 Annual Report to Congress" (November). 2008.

Zhebin, Alexander. "Russia and North Korea: An Emerging, Uneasy Partnership." *Asian Survey,* Vol. XXXV, No. 8, August. 1995.

卞慕東. "全球伙伴戰略與中國的伙伴外交."『五邑大學學報』第6卷 第4期. 2004.

焦洋, 张海军. "江泽民外交思想中的大国伙伴战略."『江苏教育学院学报』第8卷 第2期. 2002.

鄭瑞祥. "簡論中巴全面合作伙伴關係."『國際問題研究』第5期. 2001.

鄭宇碩 等著.『後冷戰時期的中國外交』. 香港: 天地圖書, 1999.

胡寶明. "試論發展中巴關係的重要性."『南亞研究季刊』第1期. 2005.

倪健民, 陈子舜.『中國國際戰略』. 北京: 人民出版社, 2003.

金正昆. "伙伴戰略: 中國外交的理性決策."『教學與研究』第7期. 2000.

_____. "中國伙伴外交戰略初探." 王緝思 總主編,『中國學者看世界』. 北京: 新世界出版社, 2007.

李峰(主編).『當代中國對外關係概論』. 北京: 中國社會科學出版社, 2004.

劉正梁.『全球化時代的國際關係』. 上海: 復旦大學出版社, 2000.

陸璐. "中國外交戰略中伙伴戰略的歷史演變及現實探討."『傳承』第8期. 2007.

寧騷. "選擇伙伴戰略 營造伙伴關係."『新視野』第2期. 2000.

申义懷. "西歐外交進入了與大國建立伙伴關係的新階段."『現代國際關係』第2期. 1998.

成曉河. "主義與安全之爭: 六十年代朝鮮與中蘇關系的演變." 『外交評論』 2009
　　年 第2期.
謝益顯 主編. 『中國當代外交史(1949-2001)』. 北京: 中國青年出版社, 2002.
蘇浩. "中國外交的伙伴關係框架." 『世界知識』 第5期. 2000.
孫寶珊. "試論冷戰後國際關界中的伙伴關系." 『太平洋學報』 第2期. 1999.
王貴鋒. 胡吉良. "論江澤民的伙伴外交戰略." 『社會主義研究』 第3期 (總第161
　　期). 2005.
王曉輝. 『鄧小平戰略思想與21世紀的中國戰略』. 上海: 上海人民出版社, 2005.
王巧榮. "論20世紀90年代中國的伙伴關係外交." 『思想理論敎育導刊』 第2期.
　　2006.
顔聲毅. 『當代中國外交』. 上海: 復旦大學出版社, 2004.
中國社會科學院語言研究所詞典編輯室(編). 『現代漢語詞典』. 北京: 常務印書
　　館, 1998.
中華人民共和國外交部 政策研究司 編. 『中國外交』. 北京: 世界知識出版社,
　　2008.
_____. 『中國外交』. 北京: 世界知識出版社, 2007.

류테와. 『조선일보』 2008년 1월 26일자 칼럼.

http://www.fmprc.gov.cn/chn/wjb/zzjg/ldmzs/gjlb/2013/default.htm(검색
　　일: 2009. 01. 08).
http://www.fmprc.gov.cn/chn/pds/gjhdq/gj/oz/1206_12/sbgx/(검색일:
　　2009. 04. 12).
http://www.fmprc.gov.cn/chn/pds/gjhdq/gj/yz/1206_7/sbgx/(검색일: 2011.
　　08. 30).
http://www.fmprc.gov.cn/chn/pds/gjhdq/gj/yz/1206_23/sbgx/(검색일:
　　2011. 8. 30).

제2장

중국의 부상과 중화민족주의의 부흥[*]

이동률

I. 문제 제기

세계화에 적극적으로 참여하고 있는 중국에서 역설적으로 중화민족주의의 과잉현상이 나타나고 있다. 중화민족주의 과잉 현상은 특별하고 예외적이다. 첫째, 세계적으로 냉전 종식과 더불어 민족주의는 다시금 새롭게 담론의 중심으로 떠오르고 있다. 특히 사회주의권을 중심으로 한 민족주의의 부활은 민족주의의 '제3의 물결'이라 일컬어질 정도로 폭발적이다. 이러한 민족주의에 대한 세계적인 관심의 고조는 중국에서도 예외가 아니다. 그런데 동유럽 민족주의의 부활은 사회주의 몰락과 더불어 갈등, 혼란, 분열을 야기하고 있는 반면에 중국 민족

---

[*] 이 글은 "중화민족주의, 중국 부상의 이데올로기인가?"『지식의 지평』 9호(2010년)에 게재된 내용을 수정 보완한 것임.

주의의 부활은 여전히 사회주의와 동반하고 있으며, 내적 통합과 발전의 이데올로기로 자리 잡고 있다.

둘째, 중국에서의 중화민족주의 과잉 현상은 중국 정부의 의도와는 무관하게 중국위협론, 중국 사회주의 위기론, 개발독재론 등 다양한 논란을 불러오고 있다. 중화제국의 역사, 반식민지화와 근대화의 역정 등을 감안하면 중화민족주의 부흥의 이유를 충분히 발견할 수 있다. 그러나 다른 한편 다민족국가로서 평화적 부상을 지향하는 사회주의 대국 중국의 현주소를 고려한다면 민족주의의 과잉은 역설적이고 이례적이다.

2천년대 이후 중국 당과 정부에서 '중화민족의 위대한 부흥(中華民族的偉大復興)'을 기치로 내세우면서 중국 민족주의 논의는 새로운 국면에 진입하게 되었다. 세계화의 최전선에 선 21세기 중국에서 새삼 중화민족주의가 화두가 되고 있는 이유는 무엇인가?

중화민족주의 재등장은 적지 않은 논란을 야기하고 있다. 특히 중국이 '평화굴기(和平崛起)'을 통해 강대국으로의 부상을 공식화한 시점에 정부가 공공연히 중화민족주의를 들고 나온 것은 새로운 중국 중심의 세계질서를 구축하려는 의도를 표출한 것인가 하는 논란을 낳고 있다.

이 글은 이러한 의문을 기반으로 중국이 이 시점에서 중화민족주의를 주창하는 배경과 의도, 그리고 그것이 지니고 있는 문제에 접근하고자 한다. 현재 한국은 그 어느 때보다도 중국을 냉철하고 객관적으로 이해하려는 노력이 필요한 지점에 와 있다. 중화민족주의는 중국의 과거, 현재 그리고 미래를 관통하는 핵심어이다. 그만큼 중국 제대로 알기 작업에서 놓쳐서는 안 될 주제이다.

II. 중화민족주의의 부흥

1. 중국 민족주의의 형성과 변화[1]

중화민족주의 과잉이라는 현재의 상황을 이해하기 위해서는 중국의 민족주의는 어떻게 형성, 변화되어 왔는가라는 원론적 문제에서부터의 접근이 필요하다. 중국 민족주의는 중국 역사와 그 궤적을 함께 해왔다. 중화민족주의는 제국의 시대, 근대 민족국가 형성 과정, 사회주의 혁명, 그리고 지구화의 참여라는 역사과정을 고스란히 관통하면서 이들 상이한 역사 배경과의 결합을 통해 생산, 변형되어왔다. 요컨대 봉건주의, 제국주의와의 투쟁의 정신으로 등장한 중국의 민족주의는 사회주의와 기묘한 동거를 해왔다. 개혁 개방 이후에는 애국주의의 외형을 지닌 국가주의 속성의 민족주의로 변용되었다. 그리고 다시 중국이 세계화의 과정에서 정체성 혼란을 극복하고 중국의 부상을 실현시키는 국민적 이데올로기로서 중화민족주의가 대두되고 있다.

중국에 근대 서구적 개념의 민족주의가 등장한 것은 20세기 초이다. 그 이전 봉건 왕조시대 중국에는 민족국가 대신에 천하(天下)가, 민족주의 대신에 중화주의라 일컬어지는 문화주의(culturalism)가 존재했다.[2] 문화주의는 중국의 문화적 우월성을 바탕으로 중국인(華)과 외국인(夷)을 구별하고, 통치의 정당성을 유가사상에 의존하고 있다는 점에서 유럽의 민족국가를 기반으로 하는 근대적 민족주의와는 차이가 있다. 중국의 문화주의는 서구와의 충돌을 통해 민족주의로 전환되었

---

1) 이 부분은 이동률, "중국 민족주의가 대외관계에 미치는 영향," 『국제정치논총』 제41집 3호(2001), pp.259-260의 내용을 수정 보완한 것임.

2) 梁啓超, "新民說," 『飮氷室全集』 (香港: 天星出版社, 1974), pp.1-12; 梁漱溟, 『中國文化要義』 (臺灣: 正中書局, 1975), pp.163-168.

다. 서구 열강과 일본의 강력한 군사력 앞에서 기존의 문화주의에 기초한 정치구성체가 크게 훼손되면서 더 이상 자기 정체성을 유지하는데 한계에 직면하게 되자 비로소 근대적 의미의 민족주의가 대두되기 시작한 것이다.[3] 따라서 중국 민족주의의 시작은 배외사상(排外思想)을 지닌 저항의 형태로 나타났다.[4]

그런데 당시 중국의 배외사상은 국가 권위의 상실과 이에 대한 대중의 실망 속에서 등장한 것이기 때문에 국가 주도의 조직적 배외사상과는 달리 지식인과 대중들의 구국의 염원이 담겨진 반응적이며 수세적 성향을 지니고 있었다. 그리고 중국의 민족주의에는 배외사상과 더불어 외세 극복의 필요조건으로서의 부국강병의 실현을 위한 현대화 요구도 내재되어 있었다. 현대화는 중국 사회의 전통 주류 문화인 유가 문화에 대한 비판을 부국강병을 위한 출발점으로 전개함에 따라 서구화를 지향하는 양상을 띠게 되었다. 그 결과 중국인에게 서구는 극복의 대상인 동시에 추종해야 하는 모델이라는 이중적인 존재로 부각되었다.

이처럼 현대화의 정신적 동력으로 부각된 중국의 민족주의는 중화인민공화국이 성립된 이후에는 반제국주의, 또는 애국주의로 표현되면서 대중 동원과 국가 통합의 주요한 수단으로 활용되었다. 마오쩌둥(毛澤東) 시대의 애국주의는 주로 비주류 전통 문화, 예컨대 노동자와 농민의 지혜, 외세 침략에 대한 저항정신 등을 사상적 토대로 삼았다. 그런데 이러한 애국주의는 일종의 소박한 민족주의 요소를 내포하고

---

3) 중국에서 근대적 의미의 '민족'이라는 용어가 처음 사용된 것은 1899년 이후 일본 메이지 시기 저작에서 차용한 량치챠오의 『東籍月旦』에서라고 전한다. 그 이후 20세기 전환기 서구 침략에 식민지의 위험성을 중국인들에게 경고하는 지식인들의 민족주의적 성향의 글들에서 자주 거론되었다고 한다. 金天明 · 王慶仁, "'民族'一詞在我國的出現及其使用問題," 中央民族學院研究所 編, 『民族研究論文集』(1981), pp.41-43.

4) Liao kuang Sheng, Antiforeignism and Modernization in China 1860-1980(Hong Kong: The Chinese University of Hong Kong, 1984), p.79.

있지만 유가사상을 기초로 하는 주류 문화를 '봉건주의 문화의 잔재'로 배척하고 있어 근본적으로 민족의 중심적인 상징역할을 하는 데는 한계를 지닐 수밖에 없었다. 그럼에도 평균주의와 계급투쟁을 강조하던 폐쇄적인 구체제의 특성으로 인해 애국주의가 사회주의 이데올로기에 내재되어 사회 구성원들의 응집력의 수단으로서 그 역할을 수행할 수 있었다.

그리고 대외적으로는 배외사상을 내포하고 있는 민족주의가 사회주의 이데올로기와 결합하면서 반제국주의로 표현되었다. 반제국주의는 레닌의 제국주의론의 영향을 받은 것이지만, 실제로는 중국 공산당의 경험과 실천적 내용을 더욱 중시하는 실천 이데올로기로서 마르크스 레닌주의보다는 역사적 경험과 민족주의적 감정이 더 두드러진다. 그리고 마오 시대 중국의 국가 민족주의는 반제국주의로 표출되기는 했지만 실상은 주로 국내 대중 동원이나 정치투쟁의 수단으로서 활용된 방어적이고 국내지향적인 특성을 띠고 있었다. 이러한 배외사상을 기반으로 한 반제국주의는 1970년대 이후 대외개방정책이 모색되면서부터는 급격히 감소하였다.[5]

2. 중화민족주의의 부흥

개혁개방 이후 중국에서 사실상 실천적, 담론적 차원에서 민족주의가 가장 적극적으로 표출된 시기는 1990년대 중후반이다. 1989년 천안문사건, 사회주의권의 몰락, 그리고 탈냉전 초기 미국을 중심으로 한 서방국가들의 중국에 대한 견제와 봉쇄로 인해 체제 위기에 직면하면서 중국 내에서 1980년대의 낭만적 '서구열(追西熱)'에 대한 반성이 제

---

5) 반외세 운동은 1969년에 362회로 최고조를 이룬 이후 1970년 260회, 그리고 1971년 27회로 크게 감소하고 1978년에는 사라졌다. Liao, 앞의 책, pp.217-219.

기되었다. 특히 1993년 하계올림픽 유치 실패, 1995년 리덩후이(李登輝) 대만 총통의 미국 방문으로 야기된 대만해협 위기, 1999년 주중 유고대사관 피폭사건, 2001년 미국 정찰기와 중국 전투기와의 충돌사건 등이 연이어 발생하면서 중국의 일반 대중은 물론이고 지식인 계층과 정부에서도 민족주의 열기가 고조되었다. 당시 중국 내의 민족주의는 정부, 학계 그리고 일반 대중 사이에서 비록 표출되는 방식은 상이하지만 정부가 주도한 '강국몽(强國夢)'의 실현이라는 동일한 지향점을 향하면서 확산되었다.

중국 대중들 사이에서는 미국의 중국에 대한 봉쇄정책과 이어진 일련의 사건으로 인해 반서방, 특히 반미 민족주의 정서가 광범위하게 확산되었다. 중국학계에서는 전통주의자, 보수주의자, 신좌파를 망론하고 공통적으로 반서구화와 민족주의가 주요 화두가 되었다. 그리고 중국 정부는 이른바 애국주의 운동을 통해 학계와 대중의 민족주의 정서를 주도하고 관리해왔다.[6] 중국 정부는 체제의 정당성 확보, 국가 통합, 그리고 대외 협상력 제고의 수단으로 민족주의를 유효 적절하게 통제하고, 활용해왔다.

2000년대 이후 중국 민족주의가 새로운 환경에서 새로운 형태로 고조되기 시작했다. 우선, 기존에 민족주의를 공개적으로 언급하기를 꺼리던 중국 당과 정부에서 본격적으로 중화민족이라는 용어를 공식적으로 사용했고, 대형 이벤트를 활용하여 중화민족주의를 대내외에 적극적으로 고취시키기 시작했다. 공산당의 공식문건에 '중화민족의 부흥'이 등장한 것은 1997년 제15차 당대회부터이다. 이후 장쩌민(江澤民)은 같은 해 하버드 대학 강연, 그리고 2001년 공산당 창당 80주년

---

6) 중국 정부는 1994년에 "애국주의교육실시강요(愛國主義敎育實施講要)"를 발표하면서 전국적인 애국주의 교육운동을 전개하였다. 애국주의 교육운동의 주요한 내용과 목표에 대해서는 이동률, "90년대 중국애국주의 운동의 정치적 함의,"『중국학연구』 21집(2005), pp.321-344.

기념식 등 주요 행사에서도 주된 화두로 사용했다. 창당 기념식 연설에서 장쩌민은 '민족'과 '중화민족'이라는 단어를 각각 33회, 10회나 반복했다. 그리고 21세기 첫 당 대회였던 2002년 11월 제16차 당대회에서도 장쩌민은 이례적으로 "중화민족의 위대한 부흥"으로 보고의 서두와 말미를 장식하면서 9차례나 반복하였다.[7] 후진타오 체제가 등장한 제17차 당대회도 예외는 아니었다.[8]

중국 정부는 중화민족주의 주창을 통해 이제는 '치욕의 100년'이라는 피해자 의식에서 탈피하고 민족적 자긍심을 가져야 한다는 것을 강조하기 시작했다. 1990년대 중국의 민족주의가 '치욕과 굴욕의 세기'를 거쳐 형성된 피해 의식이 내재된 이른바 '상처 받은 민족주의(wounded nationalism),' 또는 '좌절된 민족주의(frustrated nationalism)'라고 한다면 2천 년 이후 중화민족의 부흥을 주창하며 나타나고 있는 민족주의는 자신감과 성취감이 내재된 자긍적 민족주의(confident nationalism)라고 할 수 있다.[9]

이러한 민족적 자긍심 고취를 지향하는 민족주의는 중국의 우주개발, 베이징 올림픽과 상하이 엑스포 개최, 그리고 건국 60주년 기념 군사퍼레이드 등 세기적 이벤트를 통해 적극적이고 구체적으로 표출되고, 전파되었다. 중국은 2003년과 2005년의 10월 두 차례에 걸쳐 유인

---

7) 중국공산당 제16차 당 대회 연설문 내용은 江澤民,『全面建設小康社會, 開創中國特色社會主義事業新局面』(北京: 人民出版社, 2002).

8) 제17차 당대회 연설문 내용은 胡錦濤, "高擧中國特色社會主義偉大旗幟, 爲奪取全面建設小康社會新勝利而奮鬪: 第17次全國代表大會上的報告,"『人民日報』, 2007.10.26.

9) 중국 민족주의의 특성에 대해서는 Maria Hsia Chang, *Return of the Dragon: China's Wounded Nationalism* (Boulder, Colorado: Westview Press, 2001); Deng Yong and Sherry Gray, "Introduction: Growing Pains-China Debates its International Future," *Journal of Contemporary China* 10, No. 26 (February 2001), pp.5-16; Allen Whiting, "Assertive Nationalism in Chinese Foreign Policy," *Asian Survey*, 23-8 (August 1983), pp.913-933; Michael Oksenberg, "China's Confident Nationalism," *Foreign Affairs*, 65-3 (1986-87), pp.502-526.

우주선 발사에 성공했으며 2007년 10월에는 최초로 달 탐사선을 발사하였다. 실제로 유인우주선 '선저우(神舟)' 5호가 무사 귀환한 뒤 중국의 관영 매체들은 "중화민족 수천 년의 꿈을 실현시켰다"며 민족 자긍심을 고취하는 데 적극적으로 나섰다.[10]

2008년 베이징 올림픽 개막식 행사에서는 공자(孔子)와 세계 4대 발명품을 통해 중화문명의 위대함을 한껏 과시했다. 특히 정화(鄭和)를 중화문명을 전 세계로 전파한 인물로 부각시켜, 중국의 세계 강대국으로의 부상 의지를 암시했다.[11] 동시에 소수민족 복장을 한 어린이들이 오성홍기를 들고 나와 인민해방군에게 건네주는 장면을 통해 56개 민족이 중화민족으로서 공산당의 집권하에 단결하자는 메시지를 전달하였다.[12] 2010년 상하이 엑스포에서도 중국관은 일단 최대 규모의 외형을 통해 융성하는 경제대국 중국의 이미지를 형상화하였다. 내부에는 북송시대 대표적인 국제 도시 카이펑(開封)을 그려낸 '청명상하도(淸明上河图)'를 대표적 상징물로 전시하여 고대 중화제국의 영광에 대한 회상을 통해 민족적 자긍심을 고취하려는 의도를 보여주었다.

반면에 베이징 올림픽 개최 직전에 발생한 티베트(西藏) 사태와 성화 봉송과정의 충돌 사건은 중화민족주의의 고취가 양날의 칼이 될 수 있음을 반증했다. 중국은 베이징 올림픽과 상하이 엑스포 개최를 통해 중화의 위대한 부흥을 실증적으로 중국 내외에 과시하고, 중국인들의 자긍심을 고취시키고, 공산당 체제의 정당성과 안정성, 그리고 중국 부상의 당위성을 강조하고자 하였다. 중국은 국민들에게 티베트 사태로 인해 야기된 서구의 올림픽 개최에 대한 비판 여론에 대해 내정간

---

10) 박병광, "중국 우주개발의 의미와 영향: 정치·군사적 함의를 중심으로," 『국가전략』 제12권 2호(2006), pp.37-38.

11) Kevin Caffrey, "Olympian Politics in Beijing: Games but not just Games," The International Journal of the History of Sport, Vol.25, No.7 (2008), p.811.

12) 이기현, "베이징 올림픽에 대한 정치학적 해석: 중국 국가건설과 스포츠 이벤트," 『신아세아』 16권 4호(2009년 겨울), pp.178-179.

섭으로 몰아가고, 성화 봉송과정에서의 유혈 충돌 사태에 대해서도 서구의 중국 견제로 인식하도록 유도하였다. 이를 통해 중국은 올림픽의 성공적 개최라는 민족적 과제를 완수하기 위한 국민 통합과 지지를 확보하는 데 일정 정도 성과를 거두었다. 그러나 다른 한편 이들 사건으로 인해 부상하는 중국에 대한 국제사회의 이미지가 훼손되고, 중국에 대한 우려와 경계를 촉발시키는 부정적 결과를 초래하기도 했다.

또 하나 주목해야 할 새로운 현상은 중국에서도 인터넷 등 새로운 매체의 급속한 보급으로 인해 이른바 '인터넷 민족주의'가 신속하게 확산되고 있다는 것이다.[13] 이는 1990년대 당정이 주도했던 국가 민족주의, 그리고 정부의 통제범위 내에 있던 대중 민족주의와는 그 성격을 달리하는 새로운 민족주의의 환경이 형성되고 있는 것이다. 이른바 인터넷 세대라 불리는 80년대 이후 출생한 바링허우(八零後) 세대들은 개혁개방 이후 성장한 독자(獨子)들로서 가정과 국가 모두에서 풍요 속에 성장하며 중국의 부상에 대한 높은 긍지와 열망을 지니고 있다. 이들이 지니고 있는 '강한 중국'에 대한 기대를 기반으로 한 민족주의 정서가 인터넷 매체를 통해 새로운 양상으로 확산되고 있다.

실제로 이들은 베이징 올림픽 성화 봉송과정에서 마찰이 발생한 프랑스에 대해 인터넷을 통한 불매운동을 전개하고, 정부에 보다 강경한 대외정책을 요구하기도 했다. 이에 따라 중국 정부에서도 인터넷상에서 과잉 현상을 보이고 있는 대중 민족주의에 대해서는 검열과 통제를 통해 관리하려는 의도를 보여주고 있다. 예컨대 2005년 반일 시위가 급속히 확산되자 중국 정부가 반일 관련 사이트들을 검열, 폐쇄한 사례들이 있다.

중국의 대중 민족주의는 아직은 기본적으로 '강한 국가', '강한 중국'을 지향하고 있기 때문에 일정 정도 중국 정부의 정책 기조와도 부

---

13) 백지운, "전지구화시대 중국의 인터넷 민족주의," 『중국현대문학』 제34호 (2005.9), p.257.

합하고 대외 협상력을 강화시켜주는 역할을 하기도 한다. 그렇지만 중국 사회의 다양성과 자율성이 갈수록 증대되고 있고, 대중 민족주의가 인터넷을 통해 확산되면서 정부 통제가 미치지 않는 영역이 점차적으로 확대되는 추세에 있다. 따라서 향후 대중 민족주의가 국가에서 주도하는 애국주의와 동일한 방향성을 보이지 않을 가능성도 커질 수 있다.

마지막으로, 21세기 중화민족주의는 과거 어느 시기보다도 중국의 국운이 융성하는 시기에 발현되고 있다는 점에서 이전의 민족주의와는 성격을 달리하고 있다. 19세기 민족주의는 중국 국내의 위약함과 국제적 지위의 하강에 대한 저항적 성격을 지니고 있었다. 1990년대는 중국의 국력과 국제적 지위가 상승하는 시기이기는 했지만 역시 국내외의 심각한 도전에 직면해 있었다. 19세기와 같이 주권과 영토가 침해되는 정도는 아니지만 1989년 천안문 사건과 소련 및 동유럽 공산주의의 몰락이라는 국내외의 위기 상황에서 등장한 민족주의로서 여전히 피해 의식이 내재된 저항적 성격을 지니고 있었다.

반면에 21세기 중화민족주의는 외부 위협에 대한 위기 인식은 거의 사라진 반면에, 중국 부상에 대한 열망이 고조된 상황에서 등장하여 국가 발전의 동력으로 활용하고자 하는 의도를 내재하고 있다. 즉 21세기 중화민족주의는 중국의 부상을 실현할 수 있는 내부 통합과 발전을 극대화하는 정치 이데올로기로 등장한 것이다. 중국은 2008년 세계 금융위기 이후 도약을 위한 또 한 번의 중요한 '전략적 호기(戰略機遇期)'를 맞이하고 있다고 보고 있다. 10년 전 아시아 금융 위기 때와는 또 다른 차원의 의미를 갖는 절호의 기회로 인식하고 있다. 중국이 본격적으로 동아시아를 기반으로 글로벌 리더로서의 면모를 과시할 수 있는 기회로 포착하고 있으며, 중화민족주의는 이러한 새로운 도약을 위한 중요한 시점에 고양되고 있는 것이다.

III. 중화민족주의 부흥의 배경과 의도

중국 정부가 21세기에 앞장서 중화민족의 부흥을 주창하고 나선 이유는 무엇인가? 앞서 설명한 대로 중국은 비록 민족주의, 중화민족주의라는 표현을 직접 사용하지는 않았지만 1990년대 중반 이후 당과 정부가 주도해온 애국주의 운동을 통해 이미 사실상 중화민족주의를 고취해왔다. 1990년대 중반 이후 표출된 중국 민족주의의 고조 현상이 기본적으로 2000년대에도 연속되고 있는 것이다. 다만 중화민족주의라는 직접적 표현을 사용할 수 있는 환경이 마련되었고, 그래야만 하는 필요성이 생긴 것이다. 따라서 우리가 주목해야 하는 것은 변화된 환경과 정책 의도이다. 중국 당정부가 민족주의가 아닌 애국주의라는 용어를 고수해온 데는 나름의 이유가 있었다.

첫째, 민족국가와 민족주의의 형성을 자본의 요구, 자본의 원활한 축적과 수탈 구조에서 이해하는 마르크스주의의 영향 때문이었다. 둘째, 중국 자체가 다민족국가라는 현실로 인해 중국 공산당 정권은 민족주의의 강조가 각 소수민족들의 민족의식을 고취시켜, 결과적으로 지방 민족주의, 인종 민족주의를 자극할 수 있다는 우려를 하고 있었다. 셋째, 1990년대 이후 중국 국내의 민족주의 열기가 서방국가들의 중국위협론 주장의 주된 근거로 활용될 수 있다는 우려가 있었다. 2천년대 이후 중국이 중화민족주의를 주창하게 된 것은 앞서 이러한 우려가 해소, 또는 약화되었거나 아니면 중화민족주의의 강조를 통해 얻을 것으로 기대되는 상대적 이익이 더 크다고 판단했기 때문이다.

우선 민족주의와 사회주의와의 이데올로기상의 충돌은 더 이상 큰 문제가 아닌 상황이 되었다. 이미 중국은 지난 30여 년의 개혁개방 과정에서 수차례에 걸쳐 사회주의에 대한 재해석을 시도해왔을 뿐만 아니라 사실상 국가 통치 이데올로기로서의 사회주의의 위상과 역할이 크게 퇴조했기 때문에 현재 이념적 충돌 문제는 상당 부분 해소되었다.

둘째, 다민족국가로서 인종 민족주의 또는 지방 민족주의가 고취되어 국가의 통합을 저해할 수 있다는 우려는 현재진행형이고, 오히려 심화되고 있다. 중국이 급속히 부상하면서 소수민족의 분리 독립 가능성은 크게 줄어들었다. 그렇지만 분리 독립의 의지가 강한 신장(新疆)과 티베트(西藏)지역에서는 동화와 저항의 충돌이 오히려 격화되어 변혁기 중국의 주요한 사회 불안정 요인이 되고 있다. 최근 중국은 이러한 소수민족 지역의 불안정 문제를 해소하고 이들 지역의 '중국화'를 가속화하기 위해 보다 강경한 동화정책을 추진하고 있다. 소수민족정책의 정당성을 강화하고, 강력한 민족 통합의 의지를 표출하기 위해서는 애국주의나 민족주의보다는 중화민족주의라는 보다 직접적인 표현이 필요해진 것이다.

1990년대 이후 사실상 민족주의가 고조되기 시작한 상황에서 자칫 다민족국가인 중국에서 두 종류의 민족주의(兩種民族主義) 논쟁, 즉 대민족주의와 지방민족주의 문제로 전환되는 것을 막아야 한다는 의지를 갖게 된 것이다.[14] 따라서 다민족 국가로서 특히 민족 통합과 국가 통합을 명료하고 강력하게 부각시킬 수 있는 민족주의, 즉 중화민족주의가 필요했던 것이다. 중국의 중화민족으로의 통합은 이른바 '중화민족다원일체론(中華民族多元一體論)'에 이론적 근거를 두고 있다. 즉 '중화민족'은 한족과 55개의 소수민족을 모두 포괄하는 또는 일반적인 민족 개념보다 상위의 개념이다. 그리고 '다원일체'는 중국이 다민족사회라는 현실성을 감안하여 다원의 의미가 있으며 일체는 그럼에도 일체화를 지향해야 한다는 목표를 제시한 것이다.[15] 요컨대 외형적으로는 한족과 소수민족의 공존의 형태를 취하면서 내면적으로는 중화민족으로서의 융합, 특히 정치경제적 차원의 통합을 지향하고 있다.

---

14) 花永蘭, "試論'中華民族的民族主義'," 『廣西民族研究』 第2期 (2007), pp.21-22.
15) "中華民族多元一體論"에 대한 자세한 내용은 費孝通, 『中華民族多元一體格局』 (北京: 社會科學出版社, 1991) 참조.

그리고 정치경제적 차원의 통합은 인구의 절대다수를 차지하고 공산 당에서 지배적 지위를 거의 독점하고 있는 한족이 중화민족의 사실상 의 중심이라 할 수 있기 때문에 현실적으로 한화(漢化)를 지향해가고 있다고 해도 과언이 아니다.

아울러 현 후진타오(胡錦濤) 정부는 소수민족 문제가 체제의 안정성 을 위협하는 복잡하고 다양한 개혁 후기의 현안들과 연계될 수 있다는 우려를 갖고 있다. 특히 계층간, 지역간 격차, 실업, 부정부패 문제 등 으로 인해 지속성장이 어려움에 직면하는 것은 물론이고 자칫 사회의 균열과 체제 위기를 초래할 수도 있다는 우려를 갖고 있다. 따라서 중 국 정부가 이들 현안들을 구조적으로 해결하기까지는 중화민족주의 를 통해서 민족적 자긍심을 고취하고 내적 응집력을 강화하는 방식으 로 대처해야 하는 절실한 이유가 있는 것이다.

셋째, 중화민족주의를 강조하는 것은 서방의 중국위협론을 확증시 켜주는 결과를 초래하고, 중국의 강대국으로의 부상이 강력한 견제에 직면할 수 있다는 문제이다. 1980년대 이후 중국은 줄곧 중국위협론에 대응해 왔고, 여전히 중국위협론은 중국 부상의 가장 큰 외부적 장애 요소의 하나로 인식하고 있다. 그럼에도 중화민족주의를 들고 나온 이 유는 앞서 언급한 대로 국내 정치 이데올로기로서의 효용성이 적지 않 기 때문이고, 그리고 중국정부가 중국위협론에 대한 대응 방식을 근본 적으로 전환시켜 가고 있기 때문이다.

1990년대 중반 이전까지 중국위협론에 대해 중국은 결코 '강하지 않기 때문에 위협이 아니다'라는 논리로 대응해왔다면, 2000년대 이 후에는 '강하지만 위협이 아니다'라는 적극적인 방식으로 대응해 가 고 있다. 이 무렵 중국은 이른바 책임대국론, 평화굴기론 등을 제시하 면서 중국이 국제사회의 책임을 다하는 대국으로서 평화적으로 부상 하고 있기 때문에 결코 위협적이지 않다라는 메시지를 강조하기 시작 했다. 중화민족주의 역시 이러한 맥락에서 수세적으로 중국위협론에 대응하기보다는 적극적으로 중화민족은 '조화세계(和諧世界)'를 추구하는 평화지향 민족이라는 메시지를 강조하는 방식으로 대응하려는 것이다. 요컨대 중화민족주의는 민족적 자긍심 고취를 통해 국내의 통합, 발전 그리고 안정을 추구하는 국내용의 성격이 강하다. 그러면서 외부의 중국위협론에 대해서도 적극적으로 대처하겠다는 의도가 저변에 깔려 있다.

IV. 중화민족주의 동원의 한계와 과제

1. 국내적 한계와 과제

중국은 중화민족주의를 통해 중국이 과거 중화제국의 영광을 되찾기 위해서는 종합 국력의 증강이 절실하고, 부국강병을 실현하기 위해서는 우선적으로 안정과 통합이 전제되어야 하며, 궁극적으로 이를 실현할 수 있는 유일한 대안인 현 공산당 체제가 유지되어야 한다는 논리를 전개하고 있다. 이러한 논리는 또한 개혁 과정 중에 나타난 복잡한 현안들 이를테면 부정부패, 사회의 불평등 현상, 소수민족 문제 등에 대한 국민적 불만과 저항을 희석시키면서 정권의 불안전성을 최소화하는 데도 동원하고 있다. 이러한 국내용 민족주의는 중국의 주권, 영토, 위신과 연관된 외교적 사안이 부각될 경우에는 종종 중화민족주의의 응집력을 대외적으로 과시함으로써 대외 협상력을 강화하는 데 활용되기도 한다.

이처럼 현재 중국 정부는 중화민족주의를 정치 도구로서 기본적으로는 현 집권세력의 손익계산에 따른 통제하에 있다고 보고 있다. 즉 중국 지도자들이 중화민족주의가 국가이익과 그들의 정치권력을 신장하는 데 유익하다고 판단한다면 상황에 따라 적절하게 국내정치에서뿐만 아니라 대외관계에서도 전략적 카드로 활용하고 있다.

그런데 중국 정부가 과연 앞으로 중화민족주의 고취를 통해 의도한 정책 효과를 지속적으로 얻을 수 있을지, 그리고 계속 효과적으로 통제할 수 있을지에 대해서는 적지 않은 의문이 제기된다. 첫째, 앞서 언급한 바와 같이 국가 통합과 응집력의 상징으로서의 중화민족주의는 한족 위주의 공산당이 주도하고 있기 때문에 사실 추진 과정과 그 내용에서 한족 중심주의라는 비판에서 자유롭지 못하다. 따라서 이는 소수민족들의 불만이 팽배해질 경우, 또는 분리주의와 관련된 외부적인 자극이 강하게 작용할 경우, 오히려 소수민족들의 인종 민족주의를 자극, 또는 정당화시킬 개연성이 여전히 남아 있다.

둘째, 중국 정부는 중화민족주의를 동원해서 개혁 후기에 직면하고 있는 다양한 사회적 문제가 돌출되는 것을 억제하면서 공산당 정권의 정당성 확보의 근거로 활용하고 있다. 이러한 정치적 수사를 동원하는 대응 방식은 과도기적 상황이라는 제한된 시점에는 효과적일 수 있다. 그렇지만 현재 중국 사회의 다원화, 자율화가 빠른 속도로 진행되고 있는 것을 감안할 때 장기적으로 그 효용성은 줄어들 수밖에 없을 것이다.

특히 현재 중국이 직면하고 있는 다양한 '성공의 위기'들은 이러한 대중적 처방을 통해서 해결될 수 없는 구조적 사안들이다. 비록 중화민족주의라는 통합의 이데올로기를 통해 문제 발생을 지연시킬 수는 있지만 근본적인 치유책은 아닌 것이다. 중국이 정치 및 사회 시스템의 개혁과 같은 보다 근본적이고 구조적인 수술이 동반되지 않는 상태에서 중화민족주의라는 이데올로기에 의존하여 체제의 정당성을 확보하면서 초강대국으로 부상하려는 시도를 지속할 경우, 장기적으로 오히려 문제를 더 악화시킬 가능성이 있다.

2. 대외적 한계와 과제

중화민족주의 고취가 기본적으로는 국내용이라고 하지만 그럼에도 중국이 향후 국력이 증대되면 될수록 평화부상, 조화세계라는 대외적 지향점과는 현실적으로 상충될 수밖에 없을 것이다. 실제로 타이완, 티베트 문제 등 중국 지도부가 주권의 침해나 내정간섭으로 인식하는 외부의 압력에 직면했을 경우 내부적으로 고양된 중화민족주의가 대외적으로 투사되는 사례가 있어왔다. 이처럼 민족주의의 대외적 투사는 중국위협론과 연계되면서 중국의 대외 팽창 의도에 대한 의구심을 증폭시키며 중국 인접 지역의 안보 환경을 악화시키게 될 것이다.

실제로 중화민족주의 고취가 중국의 부상과 병행하여 진행되면서 중국이 중화민족주의를 기반으로 하는 새로운 중국적 세계질서를 구축하려는 시도를 노골적으로 표출하고 있다는 주장이 제기되고 있다. 즉 중화민족주의를 고취하는 한 중국의 의도와는 상관없이 중국위협론을 불식시키는 것은 현실적으로 한계가 있을 수밖에 없다는 것이다. 중국은 향후 최소한 3~40여 년은 더 기존의 국제질서 속에서 발전을 지속해야 하는 국가적 과제를 안고 있다. 그리고 그 과정에서 산적한 국내 현안, 기존 패권국인 미국과의 관계, 그리고 중국위협론의 확산 등 문제를 해결해가야 한다. 국내적으로 부상의 중요한 정신적 기반이 될 수 있는 중화민족주의를 대외적으로 어떻게 적절하게 관리하고 이해시켜 가느냐 하는 것이 중국 외교의 고민이자 딜레마인 것이다.

이와 관련 부국강병의 실현으로 대변되는 민족주의적 목표가 대외적으로 어떻게 관리될 것인가도 주요한 변수가 될 것이다. 민족주의가 대외적으로 투사될 경우 양날의 칼이 될 수 있다. 예컨대 내부적으로 그 어느 때보다도 강대국으로의 부상에 대한 국민적 열망이 고조되고 있다. 그만큼 대외정책에 대한 국민적 관심과 영향력이 제고될 수 있음을 시사하는 것이다.

2012년 이후 집권할 5세대 리더십은 현 집권세력보다 상대적으로 독점적 통치력이 약화되고 있는 상황에서 중화민족주의를 국내용으로 사용해야 할 필요성은 증대하고 이러한 국내용 중화민족주의가 적절하게 통제되고 관리되지 못한 채 의도하지 않은 대외적 결과를 초래할 가능성이 있다. 이미 기존의 영토, 주권, 안보에 덧 붙여 발전 이익까지 추가하여 소위 '핵심이익'이라는 명제를 제시하고 있으며, 이러한 핵심이익에 대한 정책적 융통성은 5세대 리더십에게 더욱 제한적일 가능성이 높다.[16]

즉, 핵심이익론을 통해 중국의 영토와 주권에 대한 의지를 명확히 한 것이지만 그만큼 대만, 티베트, 그리고 나아가서 남중국해, 조어도 등 영해 영유권 문제에서 융통성을 발휘할 여지가 좁아지면서 미국 및 인접 국가들과의 의도하지 않은 갈등이 증폭될 수 있다. 중국 내의 민족주의 과잉현상, 그리고 정책결정과정의 다양한 이해관계의 투영현상이 향후 5세대 지도부가 소프트 파워 강화를 통한 부상의 국제환경 조성이라는 목표와 상충되는 상황이 전개될 개연성이 커지면서 외교적 딜레마가 될 수 있다.

그리고 향후 대중 민족주의가 중국 정부에 의해 효과적으로 통제되지 않게 될 경우 민족주의의 대외적 활용은 의도하지 않은 부정적 결과를 초래할 가능성이 높다. 국내에서의 강경한 민족주의의 영향으로 대외 관계에서의 유연성이 제한받을 수 있다. 그리고 외교정책분야에 대한 일반인들의 간여와 비판을 무시할 수 없는 상황을 초래할 수 있다. 예컨대 국민들의 민족주의 정서에 반하는 대외정책은 자칫 정부와 당에 대한 대중들의 비판으로 이어지고 이러한 비판이 정부의 부패, 실업 문제 등 여타 정치, 사회 문제에 대한 비판으로 파급되면서 정권

---

16) 중국 외교부 대변인은 기자회견에서 중국의 핵심이익은 "국가의 주권, 안전, 영토 보전 및 발전 이익(中国的核心利益是指国家主权, 安全, 领土完整和发展利益)"이라고 매우 포괄적으로 규정하고 있다(2010년 7월 13일 중국 외교부 대변인 기자회견).

의 정당성을 위협할 개연성도 배제할 수 없다. 실제 2005년 4월 일본의 우익 역사 교과서 문제가 발단이 되어 중국의 반일 시위가 확산되는 과정에서 초기에는 다소 묵인하는 듯한 태도를 취하던 중국 정부가 이후 시위가 장기화되어 자칫 6·4 천안문 사건과 연계될 수 있다는 우려가 제기되면서 신속하게 통제를 했던 사례가 있다.

즉, 중화민족주의가 국내 통합과 체제 정당성의 기제로 활용되고 있지만 역으로 중화민족주의의 고조가 일종의 정치적 광장 효과를 초래할 수 있는 것이다. 물론 아직까지는 중국 정부가 대중 민족주의에 대한 통제력을 상실했다고 보기는 어려우며, 대중들의 정서가 실제 대외 정책에 직접 반영되는 사례도 많지 않다. 그럼에도 중국 사회가 인터넷 등 다양한 매체를 통해 점차 개방화, 자유화됨에 따라 향후 중국 정부의 대중 민족주의에 대한 통제력이 약화될 가능성은 남아 있다.

V. 결론

현재 발전, 통합, 안정의 이데올로기로 적극 동원하고 있는 중화민족주의가 역으로 발전과 통합의 장애가 되고 불안정을 초래할 개연성이 있다. 그리고 급속히 부상하고 있는 중국이지만 초강대국의 조건을 충족시키기까지는 아직 가야 할 길이 멀다. 중국이 현재 직면하고 있는 산적한 국내 과제, 미국과의 국력 차이, 그리고 대외 지향적 발전 전략 등을 고려할 때 가까운 장래에 이른바 중화질서라는 중국 중심의 새로운 국제질서를 구축한다는 것은 현실성이 크지 않다. 사실상 현 국제질서의 최대 수혜자인 중국이 최소한 부상을 실현시켜가는 기간 내에 기존 질서를 전면적으로 부정하기는 어려울 것이다. 갈 길이 먼 입장에서 언제까지 중화민족주의를 발전과 통합의 동력으로 활용할 수만도 없을 것이다.

중국이 스스로 주장하듯 국제사회에 책임을 다하는 신흥대국으로 평화적으로 부상하기 위해서는 국제사회가 수용할 수 있는 새로운 비전을 제시해야 할 것이다. 세계 경제위기가 미국식 자본주의의 실패라는 중국의 주장이 설득력을 얻기 위해서는 기존의 미국식 리더십과는 차별화된 새로운 보편적 리더십을 국제사회에 보여줄 수 있어야 할 것이다. 현재와 같은 중화민족주의, 조화세계론 등 중국의 전통에서 모색된 추상적 비전만으로는 중국의 부상에 대한 국제사회의 자발적 동의와 지지를 얻어내는 데 한계가 있을 수밖에 없다.

| 참고문헌 |

박병광. "중국 우주개발의 의미와 영향: 정치 군사적 함의를 중심으로." 『국가전략』 제12권 2호. 37-38. 2006.

백지운. "전지구화시대 중국의 인터넷 민족주의." 『중국현대문학』 제34호 (2005.9).

이기현. "베이징 올림픽에 대한 정치학적 해석: 중국 국가건설과 스포츠 이벤트." 『신아세아』 16권 4호 (2009년, 겨울).

이동률. "90년대 중국애국주의 운동의 정치적 함의." 『중국학연구』 21집. 2005.

_____. "중국 민족주의가 대외관계에 미치는 영향." 『국제정치논총』 제41집 3호. 2001.

_____. "중화민족주의, 중국 부상의 이데올로기인가?" 『지식의 지평』 9호. 2010.

江澤民. 『全面建設小康社會, 開創中國特色社會主義事業新局面』. 北京: 人民出版社, 2002.

金天明, 王慶仁. "'民族'一詞在我國的出現及其使用問題." 中央民族學院硏究所編. 『民族硏究論文集』. 1981.

費孝通. 『中華民族多元一體格局』. 北京: 社會科學出版社, 1991.

梁啓超. "新民說." 『飮氷室全集』. 香港: 天星出版社, 1974.

梁漱溟. 『中國文化要義』. 臺灣: 正中書局, 1975.

胡錦濤. "高擧中國特色社會主義偉大旗幟, 爲奪取全面建設小康社會新勝利而奮鬪:第17次全國代表大會上的報告." 『人民日報』, 2007.10.26.

花永蘭. "試論 中華民族的民族主義." 『廣西民族硏究』第2期. 2007.

Caffrey, Kevin. Olympian Politics in Beijing: Games but not just Games. The International *Journal of the History of Sport*, Vol.25, No.7 2008.

Hsia Chang, Maria. *Return of the Dragon: China's Wounded Nationalism* Boulder, Colorado: Westview Press, 2001.

Liao, kuang Sheng. *Antiforeignism and Modernization in China 1860-1980* Hong Kong: The Chinese University of Hong Kong, 1984.

Oksenberg, Michael. "China's Confident Nationalism." *Foreign Affairs,* 65-3 (1986-87).

Whiting, Allen. "Assertive Nationalism in Chinese Foreign Policy." *Asian Survey,* 23-8(August) 1983.

Yong, Deng, and Sherry Gray. "Introduction: Growing Pains-China Debates its International Future." *Journal of Contemporary China* 10, No.26 (February) 2001.

조화세계론을 통해서 본 중국의 동아시아질서 구상: 중화질서와의 비교를 중심으로*

이정남

I. 서론

전통적 동아시아 질서는 화이사상(華夷思想)에 기초한 중화질서로 규정지을 수 있다. 이러한 중화질서의 중심에는 중국이 자리하고 있으며, 중국과 조공책봉관계를 형성하고 있는 여타 주변 국가들이 자리하고 있다. 비록 역사적으로 중국의 국력에 따라 그 통제력의 범위와 강도에서 차이가 있었지만, 근대화와 함께 중국이 서구 중심적인 국제질서로 편입되기 전까지 동아시아는 이러한 중화질서가 유지되어 왔다.

동아시아의 근대화과정은 중국 중심의 중화주의질서가 해체되고 이른바 서구 중심적 근대국제질서로 편입되어 가는 과정이었다. 이 과정에서 중국은 과거 중화질서의 종주국으로서의 지위를 상실하고, 서

* 이 글은 『국제정치논총』 제50집 1호(2010년 3월)에 게재된 논문을 수정 보완한 것임.

구 열강과 일본의 반(半)식민지 상태로 전락하였다. 비록 1949년 사회주의혁명의 성공으로 자주독립국가의 길을 걷게 되었지만, 중국은 동아시아의 중심국가로 등장할 수 있는 대외적이고 대내적인 여력이 부재하였다. 한 중국학자의 말대로 중국은 20세기 들어 1990년대 전까지는 동아시아지역에 대해 정치적·경제적으로 체계적인 시각이 없었다고 볼 수 있다.[1] 이는 냉전시기의 중국이 국력상의 한계와 제약으로 인해 체계적이고 독자적인 지역정책을 추구하기 어려웠으며, 미국과 소련이라는 두 초강대국 사이에서 최대한의 생존공간을 확보하는 것이 주요한 전략목표였기 때문이다.[2]

그러나 1990년대 중반 이후 중국은 다시 동아시아를 자신들의 핵심적인 지역으로 간주하고 동아시아의 핵심국가로 부상하고자 하고 있다. 즉 중국은 동아시아 영토의 68%, 인구의 65%를 점하고 있으며, 또한 지난 30여 년 동안의 개혁개방을 통하여 연 9.67%의 경제성장에 기초하여 동아시아질서의 변환을 이끌어낼 수 있는 핵심역량으로 부상하였다. 이처럼 동아시아에 중국의 정치, 안보, 경제적 이익이 집중되어 있어, 중국이 지속적인 발전을 하는 데 있어서 가장 중요한 지역으로 간주하고 있다. 그 결과 동아시아는 현 단계 중국의 대외전략에서 고려해야 할 중점지역으로 간주되고 있다.[3] 특히 1997년 동아시아 금융위기는 중국이 스스로를 동아시아 국가로 인식하고 정체성을 발전시키는 중요한 계기가 되었다. 중국은 동아시아 금융위기의 파급영향을 보면서 동아시아 국가들 사이의 상호의존성 및 이로 인한 운명 공동체적 성격, 중국이 받게 될 영향 등에 대한 분명한 인식을 하게 된 것이다. 이런 과정에서 동아시아 지역 국가로서 정체성을 지켜나가면

1) 龙中英, "中国的亚洲战略: 灵活的多边主义,"『世界经济与政治』2001年 10期, pp.30-35.
2) 张小明, "中国与周边国家关系的历史演变,"『国际政治研究』2006年 第1期, p.10.
3) 门洪华, "中国东亚战略的展开,"『当代亚太』2009年 第1期, p.54.

서 역내 국가로서의 책임의식을 한층 강화하게 되었다.[4]

이처럼 중국이 동아시아국가로서 자신의 정체성을 강조해가고 있지만, 국가적 차원에서 아직까지 뚜렷한 동아시아전략을 형성하고 있지 못한 상황이다.[5] 이에 중국 내의 국제정치학자들은 중국이 세계적인 강대국으로 부상하려면 우선 동아시아 역내에서 자신의 의지를 관철시킬 수 있는 지역강대국이 되고, 이에 기초하여 세계강대국으로 부상할 수 있는 능력과 기반을 확보해야 한다고 주장한다. 이를 위해서는 동아시아에서 정치, 경제, 문화 등 다양한 측면에서 우월적인 지위와 영향력을 확보해야 한다고 주장하고 있다.[6]

그러나 중국은 또한 동아시아지역에서 현재의 국제질서에 도전하는 세력으로 비추어지는 것을 원치 않는다. 따라서 '평화로운 발전'과 '조화세계'를 강조하면서 힘에 기초한 일방주의를 추구해 왔던 미국과 차별성을 강조하고 싶어 한다. 즉 중국은 동아시아 각국이 수용할 수 있는 새로운 국제질서의 규범을 제기하고, 이에 기초하여 각국의 동의에 기초한 지역 강대국으로의 부상을 추구하고 있다.

이른바 "조화세계(和谐世界)"론은 새로운 국제질서에 대한 중국의 구상임과 동시에 동아시아질서에 대한 중국의 구상이기도 하다. 중국의 학자들은 조화세계를 중국의 평화적 발전이 추구할 목표이고, 서구와 다른 새로운 국제질서관의 창조이며, 21세기 새로운 국제질서의 구상으로 간주하고 있다.[7] 더 나아가 조화세계론을 중국의 국력과 지위

4) David Shambaugh, "China Engages Asia: Reshaping the Regional Order," *International Security*, Vol. 29, No.3, Winter 2004/5, p. 68.

5) 박병광, "중국 2020: 중국의 동아시아전략," 동아시아연구원 세미나발표논문 (2009년 8월 18일).

6) 门洪华(2009), pp. 54-55; 叶自成, 『中国大战略』(北京: 中国社会科学出版社, 2003), p.307.

7) 杨宇·熊吴明, "和谐世界思想与中国软实力塑造," 『国际关系学院学报』 2008年 第3期, pp.13-17; 刘清才, "改革开放以来中国国际秩序理论的发展与创新," 『吉林大学社会科学学报』 2008年 第4期(7月), p.83.

가 상승함에 따른 중국의 국제질서에 대한 새로운 구상임과 동시에 새로운 패러다임의 제기로 간주하고 있다.[8] 비록 조화세계론은 중국 내에서도 그 구체적인 내용을 둘러싸고 여전히 논쟁이 진행 중임에도 불구하고, 후진타오(胡錦濤)정권의 대외정책의 기본 방향임과 동시에 국제질서 및 동아시아질서에 대한 중국의 구상임에는 틀림없다.[9]

조화세계론은 아직 이론적으로 발전과정 중에 있고, 또한 미래 중국의 동아시아 질서의 구상임과 동시에 목표이지만, 역사적으로 볼 때 중국의 동아시아질서를 둘러싸고 제기한 두 번째의 거대 담론으로 간주할 수 있다. 첫 번째가 전통적인 동아시아질서의 틀로 자리해온 '중화질서(혹은 화이질서(華夷秩序))'라면, 조화세계론은 중국의 재부상에 따라 두 번째로 제기된 동아시아질서를 구상하는 거대 담론인 것이다. 이 두 담론은 비록 이론이 제기된 역사적인 배경과 조건에서 차이가 있지만, 중국이 주도하는 동아시아 지역질서구상이라는 점에서 공통점이 있다. 따라서 최근 중국이 제기하고 있는 조화세계론에 기초한 동아시아 질서 구상이 어떠한 성격을 띨 것인가를 분석하기 위하여, 역사적으로 중국에 의해서 구성되고 주도된 전통시기 동아시아질서인 중화질서와의 비교를 통한 분석이 요구된다. 다시 말하면 동아시아의 초강대국으로 재부상한 중국이 동아시아질서를 어떻게 구상하고 있는가를 이해하기 위해서는, 조화세계론에 기초한 동아시아질서구상이 전통적인 중화질서와 어떠한 차이가 있는가를 이해해야 한다.

이처럼 조화세계론에 기초한 중국의 동아시아질서구상을 전통시기

---

8) 하도형, "중국의 대외정책의 전환에 관한 연구: 조화세계의 제기와 전략적 의도를 중심으로," 『동아연구』 제54집(2008년 2월), pp.167-192; 王公龙, "和谐世界:国际秩序的新构想和新范式," 『现代国际关系研究』 2007年 第3期.

9) Jean-Marc F.Blanchard and Sujian Guo, "Introduction; "Harmonous World" and China's New Foreign Policy," edited by Jean-Marc F.Blanchard and Sujian Guo, "Harmonous World" and China's New Foreign Policy(Lanham · Boulder · New York · Toronto · Plymouth, UK: A division of Rowman & Littlefield Publishers, Inc., 2008), pp.4-6.

중화질서론과 비교하여 이해하고자 한 시도는 서방이나 중국에서도 이루어지고 있다. 실제로 중국의 동아시아 질서구상과 관련하여 서방의 일부 연구자들은 중국이 동아시아지역에 화이질서를 회복하여 동아시아지역에서 중심이 되는 대국(大國)지위를 확보하려고 하고 있다는 주장을 제기하고 있다.[10] 중국의 연구자들 또한 "조화세계관을 민족국가를 기초로 하면서도 천하주의(天下主義)를 지향하는 수정된 천하주의"로 간주하면서 조화세계론이 전통 중국의 중화주의적인 세계질서와 일정한 연속성을 띠고 있음을 강조하고 있다.[11] 그러나 이들 연구들은 조화세계론을 구성하는 다양한 요소들에 대한 종합적인 분석보다는 특정 구성요소들을 중심으로 한 분석에 기초하고 있다.

따라서 이 글은 역사적으로 중국이 동아시아질서를 사고하는 두 개의 대표적인 이론체계인 중화질서와 조화세계론을 등장 배경, 사상적인 기반, 국제관계의 성격, 외교수단과 방식 등에 대한 종합적인 비교분석을 하고자 한다. 이를 통하여 동아시아의 초강대국으로 재부상한 중국의 동아시아 질서구상은 전통시기 불평등한 국제관계에 기초한 중국 중심의 패권적인 질서와 본질적인 차이가 없는 패권적인 질서의 부활을 꾀하고자 하는가, 아니면 전통적 중화질서와는 근본적으로 다른 새로운 형태의 합리적인 동아시아질서의 모색을 의미하는가에 대한 분석을 진행하고자 한다.

이를 위하여 이 글은 우선, 전통시기 중화주의적 동아시아 질서관과 조화세계의 기치로 내걸면서 제시되고 있는 동아시아질서관의 특

---

10) Michael D. Swaine and Ashley J. Tellis, *Interpreting China's Grand Strategy: Pass, Present and Future*(Santa Monica, Calif: Rand, 2000), p.231; David Shambaugh, "China's New Engagement with Aisa," *Asia Wallstreet Journal*, March 2(2004).

11) 任云仙, "近代以来中国世界秩序观念的变迁," 『西南大学学报(社会科学版)』 2009 年 3月, pp. 184-189; 李宝俊・李志永, "和谐世界观与霸权稳定论-一项比较分析," 『教学与研究』 2008年 第6期, p.81; 江西元, "从新天下主义到和谐世界: 中国外交理念选择及其实践意义," 『当代亚太』 2007年 第12期, pp.20-27.

징과 내용을 살펴볼 것이다. 다음으로, 중화질서와 조화세계를 등장기반, 사상적 기반, 국제관계의 성격에 대한 시각, 외교수단과 방식 등 4개 변수를 중심으로 비교분석하면서, 조화세계론이 제시하고 있는 동아시아질서 구상이 전통적 중화질서와 어떠한 차이점과 유사점을 지니고 있는가를 평가해보고자 한다.

II. 중화질서와 동아시아 국제관계

1. 화이사상과 국제관계

근대 이전의 동아시아지역질서는 중국을 중심으로 하는 중화세계(=동아시아세계)를 화이관념(華夷觀念)과 유교원리로 규율하는 화이질서로 규정할 수 있다. 이처럼 화(華)와 이(夷)를 구분하여 차별하는 이른바 화이사상의 발전은 공간적인 개념과 자질로 설명되었다. 즉, 이(夷)의 위치는 왕기(王畿, 천자의 권력이 미치는 곳)에서 너무 멀기 때문에 사실상 왕화(王化)가 미치기 어려울 뿐만 아니라 실제로 그들은 문명적 가치를 이해할 수 있는 충분한 자질을 구비하지 못한 존재라는 것이다.[12] 이리하여 '화=한족, 왕화된 문명, 이=이민족, 미개한 민족, 야만'으로 간주되었다.

〈그림 1〉로 이것을 도식화해 보면, 중원(中原)은 천자(天子)가 머무는 곳이고, 중원을 차지한 민족은 한족(漢族)이며 천하를 주도하였다는 것이다. 그리고 천하는 왕기가 미치는 곳이고, 천자의 덕이 미치지 못하는 지역을 이(夷)가 분포하고 있는 지역으로 해석하였다. 이렇게 고

---

12) 김성규, "중화사상과 민족주의," 『철학』 379집 5호(한국철학회, 1992), p.32.

대의 천하(天下)는 유일한 문화의 구현 즉 천자의 덕으로서 주변민족을 왕화(王化)시키는 것이었던 만큼 그것의 편입여부는 단순한 정치권력에 대한 참여 또는 복속의 문제가 아니라 문명과 야만의 갈림길로 인식되었다. 이러한 인식하에 전자를 화(華), 후자를 이(夷)로 구분하는 이른바 화이사상으로 발전하였던 것이다.[13]

이 같은 화이관념의 출발점은 은(殷), 상(商)나라시기까지 거슬러 올라갈 수 있지만,[14] 주(周)나라 이전에는 차등관념의 형태를 띠고 있지 않았다. 즉 주나라 이전에는 이적이 하상(夏商), 화하(華夏)인과 문화적으로 큰 차이가 있다기보다는, 오히려 서로 뒤섞여 살았던 것으로 간주되고 있다. 주대에 이르러 무(武)보다는 문(文)을 숭상하며, 고도로 화려한 자신들의 문화를 형용하기 위하여 화하(華夏)라는 말을 만들어내었고, 이적에 대해서는 한없이 탐욕스러운 시랑(승냥이와 이리) 등 금수와 다름없는 존재로 격하시켰다.[15]

〈그림 1〉 일반적 화(華)와 이(夷)의 구분

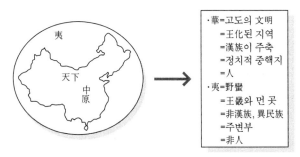

출처: 이홍종 · 공봉진(2000), p.169

---

13) 이홍종 · 공봉진, "중국의 화이사상에서 화이개념의 재해석,"『세계지역연구논총』제15집(2000), pp.168-169.

14) 은대의 갑골문자에는 夷족들을 지칭하는 戎, 夷라는 명칭이 나타나고 있다. 이춘식,『中華思想』(교보문고, 1998), pp.161-162.

15) 권선홍, "유교문명권의 국제관계사상,"『부산외대국제문제논집』9집(1997년 12월), p.12.

그리하여 화이관념에 크게 두 개의 흐름이 형성되었다. 하나는 화이분별·차별론으로서, 중화는 천하의 중심으로 사방의 이적과는 엄격히 분별해야 하며 이적은 중화의 경계 바깥으로 물리쳐야 할 뿐만 아니라, 중국의 군주는 이적의 문제로 인해 중국 백성들을 번거롭게 해서는 안 된다는 주장이다. 또한 이적과 화하가 하나가 되는 것은 근본적으로 불가능할 뿐만 아니라 이적은 화친의 대상이 될 수도 없다고 인식되었다. 더욱이 이적의 땅이나 사람은 중국에 아무런 쓸모가 없으므로 정벌이나 통치의 대상이 되지 않을 뿐만 아니라 중국으로 편입시킬 필요도 없다는 것이다.[16] 이는 강렬한 화하족(華夏族) 중심주의로서 중화족의 자민족 우월감과 이민족 배타의식이 내재되어 있으며, 이적이 중화를 침범하거나 어지럽히지 못하게 방지함으로써 중화문화의 전통을 보위하려는 데 목적이 있었다. 다른 하나는 화이무별, 화이일가, 천하일가(華夷無別, 華夷一家, 天下一家) 또는 왕자무외(王者無外) 등으로 부르는 화이동화·융합론이다. 이 논리는 화하와 이적 간에 간격을 두지 않을 뿐만 아니라, 일시동인(一視同仁)의 원칙에 따라 이적에게도 중화문명의 은택을 베풀고 그들을 덕화·교화시킴으로써 주변의 이적을 중국화하여 마침내 내외원근 즉 천하를 합쳐 하나가 되는 이른바 천하일가(天下一家)를 지향하는 것이었다. 즉, 주변의 이민족도 중화세계의 일원으로 수용 포용하자는 입장이었다.

역사적으로 볼 때 이 두 관념은 중국의 국력이 강성하고 중국인들의 자신감이 충만하던 시기에는 후자의 경향이 강하게 나타나다가, 중국의 국력이 약하거나 외환에 시달리는 시기에는 전자의 경향이 강하게 나타난 것으로 볼 수 있다. 그러나 비록 중국의 화이관념이 시대와 국력의 변화에 따라 차이가 있기는 하였으나, 기본적으로는 대일통(大一統)사상의 주도하에 화이분별론이 강조되었던 것에서 크게 벗어나지

---

16) 金翰奎, "漢대의 天下思想과 羈縻之義," 『중국의 天下思想』(서울: 민음사, 1988), pp. 91-92.

않았다.[17]

상술한 화이관념에 근거한 세계질서는 기능적으로 다원적인 통치관계와 원리로 안과 밖을 통치 규율하는 중층구조를 형성하고 있다. 예컨대 이 질서 안에는 중앙의 조정(朝廷), 조정이 지방에 파견한 관료의 직접통치, 소수민족의 토사(土司), 토관(土官)에 의한 간접통치, 리번원(理藩院)이 관할하는 이민족통치, 그 밖으로 국제관계에 해당하는 조공(朝貢)체계와 호시(互市)체계, 또한 아무런 관계를 맺지 않은 화외(化外)지역이 존재한다.[18]

바로 상술한 화이관념에 근거한 세계질서가 근대 이전의 동아시아 국제질서이다. 이러한 중화세계질서는 천하(天下)=세계(世界)를 하나의 단위로 삼고 그 질서원리가 개인으로부터 가족, 사회, 국가, 국가 간 관계에 이르기까지 규율한다는 의미에서 세계질서의 성격을 띠고 있다. 그 질서원리의 기본은 유가사상에 기초하고 있었다. 이러한 화이질서는 춘추전국시대 이래 중국대륙에서 흥망성쇠한 국가들 사이의 질서로 등장하여 주변 제국에 퍼져나간 후 동아시아지역 국가들을 정치, 문화적으로 포괄하는 세계제국을 건설한 당나라 무렵부터 세계질서의 성격을 띠게 되었다.

2. 화이사상과 국제관계의 제도화: 조공제도

이상에서 살펴본 화이사상은 중국 역대왕조의 대이민족정책(=대외정책)에 핵심적인 영향을 주었다.[19] 전통적으로 중국의 이민족지배방

---

17) 권선홍(1997), pp. 19-26.
18) 김봉진, "화이질서의 재해석,"『전통과 현대』(1997년 겨울호), pp.244-245.
19) 물론 마르크스-레닌주의, 영토 확장과 이민족문화의 흡수, 분열시기 분열된 국가들 사이의 각종 책략과 무자비한 경쟁, 그리고 정복 이민족에 의해 이루어진 동화 등 다양한 요소들이 중국의 외교관계의 전통에 영향을 미치는 요소로 작

식으로는 군현지배와 책봉・조공제도가 있었다. 군현지배는 이민족을 무력으로 제압하여 중국의 판도로 편입시키고 직접 지배하는 방식으로 가장 강도 높은 지배방식이었다. 가장 약한 지배방식은 이민족의 군장에게 관작을 수여하여 명분상의 신복・신속관계를 설정하고 그를 통하여 간접적으로 지배하려는 책봉・조공제도였다. 그러나 한나라 이후 가장 대표적인 것은 책봉・조공제도였다.[20]

비록 역사적으로 중국 중심의 단원적 대외관계만이 아니라, 중국과의 대등한 존재를 인정하는 다원적인 대외관계가 존재한 적도 있지만,[21] 상하차등관계를 전제로 하는 책봉・조공제도는 역대 중국 제왕이나 유학자들의 이상이었으며, 대표적인 외교제도로서 장구한 기간 시행되어 왔다. 이리하여 조공제도는 중국과 주변 민족・국가 간의 관계를 중화사상과 유교원리를 기반으로 차등적인 상하주종관계로서 제도화시킨 것이라고 볼 수 있다.[22]

역사적으로 조공체계는 춘추전국시대의 주(서주와 동주)나라 왕조가 지방의 제후를 책봉함으로써 그 정통성을 확립시켜주는 대신 제후는

_____

용하였다. Michael H. Hunt, *The Genesis of Chinese Communist Foreign Policy* (New York: Columbia University Press, 1996), pp. 1-9.

20) 유경민, "중국・북한관계를 통해서 본 중화사상의 현대적 해석," 연세대학교대학원 정치외교학과 석사논문(2000), pp.18-19.

21) 中村榮孝는 화이관계를 다음 4가지 유형으로 분류하고 있다. 첫째, 양자가 군신관계에 있는 책봉체제, 둘째, 부자, 형제 등 혈연의제적인 맹약(盟約)이 체결되어 있는 회맹(會盟)체제, 셋째, 조공은 행하여지나 군신관계가 없는 수공(修貢)체제, 넷째, 공식외교관계의 성립없이 사적인 통상만이 공인되는 사통상체계 등으로 분류하고 있다. 中村榮孝, 『日朝關係史の研究』上(東京: 吉川弘文館, 1965), p.3, 권선홍(1997), p.186, 재인용. 한편 김봉진은 화이관계를 조공체계와 호시(互市)체계로 구분하고 있다. 그에 따르면 조공체계는 현대적인 의미에서 국가 간 외교체계로서 정치, 경제, 군사 등 우호관계를 수립 유지시키는 체계이고, 호시(互市)체계란 국가 간 무역을 허용, 통제관리하는 체계로서, 이는 현대적인 의미에서 볼 때 경제적 외교관계의 하나로 오늘날의 영사관계 정도에 해당한다고 볼 수 있다. 김봉진(1997), pp.246-248.

22) 권선홍(1997), p.31.

그에 대한 충성의 표시로서 전시에 왕조를 보위하고 평시 일정 시기에 예물(貢)을 가지고 왕조를 참배(朝)한 데서 유래한다. 그 후 이 체계는 대소(大小)의 제후국 사이로, 그리고 한(漢)대에 이르러 주변국에게로 퍼져나가 국제관계를 규정, 규율하는 원칙, 질서의 하나로 발전하였다.[23] 또한 이 제도는 위진남북조(魏晋南北朝)시대를 거쳐 수당시대에 이르러 제도적으로 더욱 성숙되어 중화세계질서의 견실한 기초를 마련하게 되었던 것이다. 그 후 송대(宋代)에 이르러 북방 이민족의 끊임없는 침략으로 한족의 민족적 감정이 크게 자극 받았고, 특히 성리학이 대두하면서 중외관계를 매우 규범적인 것으로 만들어 놓게 된다. 그 결과 중·외 간에 대등관계의 가능성은 근본적으로 부정되고, 오로지 상하차등의 조공관계만이 강조되게 되었다. 이 같은 송대의 태도는 명청시대에 그대로 전수되었을 뿐만 아니라 더 한층 강화된다. 그리하여 중국과 이민족 간에 조공관계 외에도 대등관계나 사적인 통상관계 등 다양한 관계가 존재해 왔지만, 명대에 이르러서는 폐쇄적인 외교정책으로 원칙상 조공관계만이 유일한 것으로 되었다.[24]

이 같은 화하(華夏)중심적 조공관계는 중국과 이민족 간의 관계를 규정하는 일종의 국제관계로, 조공의 전제로서 조공국은 중국으로부터 국왕의 승인 및 책봉을 받아야 하며, 국왕이 교체되거나 경축 등을 위하여 중국을 방문하여 참배를 해야 하고, 중앙정권의 각종 활동에 신복해야 한다. 바로 이러한 것들은 중국과의 관계를 유지하는 기본 방식이었다. 중국은 이 같은 조공국을 근대 서구적인 의미의 외국으로 간주하기보다는 내외 상하로 층을 이루며 황제를 호위하는 울타리로 간주하였다. 따라서 서구의 주권국가체계가 국가 간 평등 및 상호 불간섭을 원칙으로 하는 국제법체계에 근거하고 있지만, 조공체계에서

---

23) 金翰奎, 『古代中國的世界秩序硏究』(서울: 일조각, 1982), pp.113-114.
24) 권선홍(1997), pp. 36-38.

는 중국의 조공국에 대한 간섭은 정당한 것으로 간주한다.[25]

따라서 상술한 조공질서의 특징은 다음 3가지로 살펴 볼 수 있다. 첫째, 종주국인 중국이 국가안전보장을 제공하고, 조공국은 이로 인하여 상설적인 군사역량을 유지할 필요가 없다. 바로 이는 지역내부의 분쟁을 무력을 통하여 해결할 필요가 없음을 의미한다. 둘째, 조공국에게 비관세 교역이라는 특혜를 제공함으로써 외부세계에 대하여 매우 매력적인 상업기회를 제공한다는 점이다. 셋째, 조공질서가 신봉하는 이념은, 중국의 입장에서 보면 황제가 사해(四海)를 은혜와 덕으로 교화하여 다른 성질의 문화를 물리친 것이며, 조공국 입장에서 보면 일정한 절차를 복행하면 조공국이 되어 조공체계 내의 다른 기타의 조공지역과 접촉이 발생하는 것을 의미한다. 이는 중국이 사실상 이질적인 요소 간의 매개역할을 하고 있음을 의미한다. 따라서 중국을 핵심으로 하여 동북아, 동남아, 중앙아시아와 서북아시아 및 인도경제권과 교차되는 지역을 밀접하게 연결한 아시아 전 범위에서 존재하는 조공관계와 조공무역관계는 하나의 유기적인 체계로서, 아시아만이 보유하고 있는 유일한 역사체계라고 볼 수 있다.[26]

결국 이와 같은 조공관계는 바로 종주국이 국제안전보장을 제공하고, 소프트 파워(문필과 덕에 의한 교화 및 무역기회의 제공)를 조공국에게 제공하는 것을 주요 특징으로 하는 세계패권체계라고 볼 수 있다. 즉, 조공관계는 결코 무력이나 수탈에 의한 지배 종속관계가 아니라 온정, 이익공여와 존경, 감사의 교환관계라고 할 수 있으며, 로마제국이나 근대 서구식민지체제와 같은 직접적인 지배 통제관계가 아니라 교화·덕화의 과정이다.[27] 따라서 국가 간 관계가 비록 상하차등적이

25) 喩希來, "重新審視中國歷史大時代,"『戰略與管理』2000年 5期, p.66.
26) 喩希來(2000), p.66.
27) 권선홍, "조선과 중국의 책봉·조공관계," 권선홍·황귀연·김홍구·박장식·우덕찬,『전통시대의 중국의 대외관계』(부산: 부산외국어대학교출판사, 1999), pp. 21-22.

었으나 상호 대립 투쟁하는 것이 아니라 조화와 화합을 이루며 대동 (大同)세계를 추구하는 이른바 유기체적 위계주의가 강조되었다. 이 같은 화이질서 혹은 화하(華夏) 중심적인 동아시아질서는 19세기 중국에 대한 서구제국주의의 침입으로 중화세계가 붕괴되기 전까지 동아시아지역의 국제관계를 이루고 있었다.

III. 조화세계론과 동아시아 국제관계

1. 조화세계론의 등장 과정과 배경

조화세계론은 21세기 초 중국의 세계전략에 대한 새로운 사고로 제기되었고, 국가 대전략의 새로운 패러다임으로 간주되고 있다. 조화세계론에 대한 중국 지도자의 언급은 2003년 12월 10일 원자바오(溫家宝) 총리가 미국의 하버드대학에서 행한 한 연설로 거슬러 올라갈 수 있다. 이 연설에서 그는 중국의 전통문화 중 조화(和諧)사상을 설명하였다.[28] 그 후 2004년 10월 14일 중국과 러시아가 공동성명을 통하여, 양국이 평화와 발전 그리고 조화로운 세계를 건설하기 위하여 공정하고 합리적인 새로운 국제정치경제질서를 실현하도록 지속적으로 노력할 것이라는 점을 언급하면서, 조화세계관념이 처음으로 국제정치영역에서 등장하게 된 것이다.[29]

그러나 조화세계라는 용어가 보다 완결된 형태의 이론으로 등장한 것은 2005년 4월 22일 아시아 아프리카 정상회의에서 후진타오 연설

---

28) 『人民日報』, 2003年 12月 17日.
29) 『人民日報』, 2004年 10月 15日.

에서이다. 그는 이 연설에서 "상이한 문명의 우호적 공존과 평등한 대화, 발전과 번영을 추동하여 조화세계를 구축하자"는 언급을 통하여, 비교적 완성된 형태의 조화세계이론을 처음으로 다자적인 국제조직에서 제기하였다.[30] 그 후 2005년 9월 15일, 후진타오는 또다시 유엔성립 60주년 기념식에서 "지속적 평화와 공동 번영의 조화세계를 건설하기 위하여 노력하자"라는 주제의 연설을 하면서, 조화세계의 함의 및 그 실현 경로, 전략적 함의를 설명하였다. 그리고 중국이 세계를 향하여 평화적 발전 및 책임을 다하는 강대국, 기타 국가와의 평화와 번영, 조화로운 세계를 건설해 나갈 것임을 천명하였다.[31] 2005년 12월 22일 중국정부는 〈중국의 평화적 발전의 길〉이라는 백서에서 민주, 화목, 공정, 포용이라는 4개 단어를 중심으로 하여 조화세계의 함의를 개관하고, 국제정치, 안보, 경제발전, 문명과 대화 등 다양한 각도에서 조화세계 건설에 대한 입장과 관점을 언급하였다.

2006년부터 조화세계이론은 지역협력의 방향으로도 언급되기 시작하였다. 2006년 6월 15일, 후진타오는 상하이협력조직(SCO: Shanghai Cooperation Organization) 수뇌회담에서 "기회와 도전에 직면하여, 우리들은 협력을 전면적으로 강화하고, 본 지역을 평화, 공동 번영의 조화지역으로 건설하도록 노력해야 한다"고 언급하면서 조화세계이론을 지역협력의 방향으로 제기하였다.[32] 이 연설 이후, 중국의 지도자들은 각종 국제무대에서 "조화아시아(和谐亚洲)"[33] "조화중동(和谐中东)"[34] "조화동북아(和谐东北亚)"[35] 등의 다양한 지역적인 구상을 제기하였다.

30) 『人民日報』, 2005年 4月 22日.

31) 『光明日報』, 2005年 9月 19日.

32) 『人民日報』, 2006年 6月 16日(第一版).

33) 胡锦涛, "加强友好合作 创建美好未来,"『人民日報』, 2005年 11月 18日(第一版).

34) 胡锦涛, "促进中东和平 建设和谐世界,"『人民日報』, 2006年 4月 24日(第一版).

35) 吳仪, "中国政府愿与各国共同构建繁荣和谐东北亚," http://www.gov.cn.1dhd/2006-09/02/content_376324.htm(검색일: 2008년 1월 30일).

그리하여 지역질서의 형성방향으로 조화질서의 이념과 함의가 보다 진일보하게 명확해졌다. 2007년 17차 당대회 이후에도 조화세계는 주요 당대회나 공식적인 문건에서 중국의 외교정책의 기본 전략으로 계속해서 제기되어 오고 있다.

중국의 한 학자는 조화세계론은 그동안의 중국의 국제질서이론의 계승이고 새로운 창조로, 중국의 전통적인 사상과 지혜가 공정하고 합리적인 국제질서건설을 추진하고자 하는 조화세계의 기본 이념과 발전 목표가 되었다고 주장한다.[36] 그러나 조화세계론의 제기는 처음부터 일정한 개념적 완결성을 가지고 제기된 것이라기보다는 중국의 부상에 따른 환경적 변화에 부응하는 과정에서 실천적 정책적 방침을 모색하고 운용하는 과정에서 제기된 것이라고 볼 수 있다.

개혁개방정책의 실시 이후, 덩샤오핑(邓小平)은 도광양회(韜光養晦)와 유소작위(有所作为)를 지침으로 삼아 국제사회 주변주에 머물면서 소극적인 대외정책을 취할 것을 강조하였다. 그러나 2002년 16차 당대회이래 중국의 대외정책은 화평굴기(和平崛起)와 평화발전노선을 통하여, 현존하는 국제질서에 적극적으로 참여함으로써 평화적으로 부상할 것임을 명확히 하였다.[37] 그러나 화평굴기론은 많은 논란을 불러일으켰고, 주요하게 중국 위협론의 확산과 미국의 대중 억제정책 강화를 초래하는 역효과를 초래할 수 있으며, 타이완 문제의 해결에서 무력개입이 방해받을 수 있다는 비판이 제기되었다. 그리하여 화평굴기론은 공식석상에서 점차 사라지고 평화발전론으로 대체되었다. 그럼에도 불구하고 평화발전론은 용어상의 차이는 있지만 화평굴기론과 구별되는 외교정책의 방향에 대한 새로운 개념적 함의를 제기하지 못한 한계가 여전히 존재하게 되었다. 결국 화평굴기론과 평화발전론 사이에

---

36) 刘淸才(2008), p. 79.

37) 화평굴기론에 대해서는 김애경, "중국의 화평굴기론 연구: 논쟁과 함의를 중심으로," 『국제정치논총』 제45집 4호(2005), pp.215-233 참조.

발생한 문제를 해결하고, 새로운 정책적, 전략적, 이념적 차별성을 부각시키는 과정에서 조화세계론이 등장하였다.[38]

그렇다면 중국은 조화세계론을 통하여 대외정책에 대한 어떠한 전략적인 목적을 추구하고자 하는가? 한마디로 증강된 국력에 기초하여 세계질서에 대한 거시적인 구상을 제기함으로써, 미국 중심의 단극체계를 변화시키면서 새로운 세계질서를 건설하고자 하는 의도라고 볼 수 있다. 이는 조화세계론의 등장배경에 대한 중국 내의 학자들의 견해가 다음과 같이 종합될 수 있다는 점에서도 알 수 있다.

첫째, 경제의 고속발전을 기초로 하여 중국이 세계에 대한 청사진과 이상으로서 조화세계론을 제기하였다; 둘째, 비록 중국이 세계를 향해 평화적 발전의 길을 갈 것임을 지속적으로 강조하였지만, 이것은 단지 중국이라는 한 국가의 일종의 선서에 불과하며, 중국이 전체 세계의 발전을 어떻게 고려하고 획책하고 있는가, 중국이 어떠한 세계를 구상하고 있는가를 제시하지 못하였고, 이에 대한 질문에 화답하기 위하여 조화세계론이 제기되었다; 셋째, 국내적 차원에서 강조되고 있는 조화사회의 건설은 조화세계의 건설을 위한 가치관적 기반과 이론적 기초를 제공하였고, 동시에 조화세계 건설의 중요한 구성부분이 되었다; 넷째, 중국의 신속하게 상승하고 있는 종합국력과 국제적 영향력은 조화세계 이념을 제기하고 추진하기 위한 중요한 기초와 조건을 창조하였다; 다섯째, 미국이 현재 세계의 유일한 초강대국으로서 장기적으로 국제적인 담론의 주도권을 통제하고 있고, 그리하여 인권, 민주, 자유, 평등 등의 용어들이 미국의 전유물이 되었다. 이러한 미국의 담론 주도권으로부터 다양한 가치와 문명이 공존할 수 있는 기반을 확보하기 위한 기초로 조화세계론이 제기되었다.[39]

---

38) 하도형(2008), pp. 171-177.

39) 肖唏·于海洋, "试论和谐世界理念,"『理论探索』2006年 第3期, pp.41-43; 任晶晶, "中国和平发展国际战略的总钢-和谐世界理论研究述评,"『学术述评』2008年 第3期, p.72.

결국 상술한 내용을 종합해 보면, 조화세계론은 다음 두 가지의 전략적 의도에서 제기되었다. 첫째, 강대국으로서의 이미지 형성이다. 기존의 화평굴기론과 평화발전론을 통하여 완전히 제거하지 못한 중국위협론에 대한 불식전략과 함께 더욱더 능동적인 상황타개를 위해 기존의 화평굴기와 평화발전이 제시하지 못한 보편적 이상과 비전, 청사진을 제시하려는 의도를 가지고 있다. 또한 국제사회의 미래에 대한 보편적인 이상 제시를 중국의 전통문화에서 추출함으로써 강대국의 이미지에 걸맞은 문화적 역량을 가진 국가임을 국제사회에 천명하고자 하는 의도를 포함하고 있다.

둘째, 강대국으로서 국제정치경제의 신질서 수립 시도를 위한 전략으로 볼 수 있다. 급속한 경제발전에 기초하여 부상하고 있는 중국이 자신의 종합국력과 영향력에 기초한 새로운 국제사회의 발전방향 혹은 청사진을 제공할 필요가 있었다는 점이다. 곧 중국적 가치관과 비전을 바탕으로 세계체제와 질서의 보편적 이상과 비전, 청사진을 제시하고 이를 통해 국제사회의 담론권 확대와 게임 규칙의 제정권 확보를 추구하고자 하는 의도라는 것이다.[40]

2. 조화세계론의 내용적 구성

조화세계론의 내용을 파악하기 위해서는 우선 이 용어가 처음으로 비교적 완성된 형태로 제기된 후진타오 주석의 유엔연설에서 언급한 내용을 살펴볼 필요가 있다. 후진타오 주석은 동 연설에서 조화세계론의 내용에 대해 다음과 같이 개괄하였다. 첫째, 다자주의를 견지하여 공동안보를 실현하며, 둘째, 상호이익협력을 견지하여 공동번영을 실현하고, 셋째, 포용정신을 견지하여 조화로운 세계를 함께 건설하고,

---

40) 하도형(2008), pp. 181-183.

넷째, 온당한 방침을 견지하여 유엔개혁을 추진한다.[41]

그러나 이와 같은 개괄은 조화세계를 실현하기 위한 실천방안을 제시한 것에 가까우며, 조화세계가 지향하는 이념적 내용을 구체적으로 제시하지 못하고 있다. 비교적 구체적으로 중국 공산당의 공식 입장이 표명된 것은 2006년 8월에 개최된 중국 공산당 외사공작회의(外事工作會議)라고 볼 수 있는데, 여기에서 제시된 4가지의 구체적 주력방향을 정리하면 다음과 같다.[42] 첫째, 상호존중, 인식공유 확대, 조화로운 공존, 각국 인민의 자주적인 사회제도와 발전경로선택 존중, 각 국가의 평등한 국제 업무참여, 국제관계의 민주화 촉진이다. 둘째, 협력심화, 공동발전, 상호이익과 공영, 경제 글로벌화와 과학기술진보 성과의 공동 향유, 세계의 보편적 번영을 촉진한다. 셋째, 다른 문명과의 교류 강화 및 이해증진과 상호발전 촉진, 세계의 다양성 제창, 인류문명의 발전과 진보를 추동한다. 넷째, 각국과의 상호신뢰 심화 및 대화강화와 협력증진, 인류가 당면한 각종 글로벌 문제에 대한 공동대응, 국제분쟁의 평화로운 해결 촉진, 세계와 지역의 안보와 안정을 수호한다.

또한 2007년 10월 17차 당대회 보고는 조화세계를 정치, 경제, 문화, 안보, 환경보호 등 5가지 방면에서 보다 구체적으로 그 함의를 설명하였다. 첫째, 정치적으로 상호 존중, 평등한 협상, 국제관계의 민주화를 공동으로 추진하고, 둘째, 경제적으로 상호협력과 상보성, 경제의 세계화를 공동으로 추진하여 공동발전을 추진해야 한다. 셋째, 문화적으로 상호 본받고, 차이점을 놔두고 공통점을 추구하며, 세계의 다양성을 존중하고, 인류문명의 번영과 진보를 공통으로 추진한다. 넷째, 안보상으로 상호 신뢰하고, 협력을 강화하고, 전쟁수단을 통한 국제문제의 해결이 아니라 평화적 방식을 통한 국제의 분쟁 해결을 추진해야한다. 다섯째, 환경보호에서 상호 돕고 협력하여 추진하며, 공동으로

---

41) 『人民日報』, 2005年 9月 16日.
42) "中央外事工作會議在京擧行," 『人民日報』, 2006年 8月 24日.

인류의 생존 공간인 지구를 보호한다.[43]

조화세계이론은 이러한 중국 공산당의 공식적 인정과 함께, 언론매체의 홍보 등을 통하여 개념적으로도 점차 풍부해져 갔다. 중국 내 학자들의 주장을 중심으로 하여, 조화세계론의 내용을 살펴보면 다음과 같이 요약할 수 있다. 첫째, 조화세계에서 제기하는 세계 질서관 및 현재 세계질서에 대한 인식이다. 조화세계론은 국제사회의 상태를 무정부상태가 아니라 천하주의(天下主義)로 인식한다. 세계(天下)를 인류의 공동의 정치적인 공간과 자원으로 간주하고, 세계를 척도로 하여 세계에 속하는 정치문제를 고려하고자 한다. 세계를 하나의 분리할 수 없는 선험적 단위로 볼 때, 세계에 속하는 거시적인 이익과 가치와 책임을 바라볼 수 있고 정의할 수 있다는 것이다. 그러나 이러한 천하주의 세계관은 전통적인 천하질서관과는 달리, 민족주의를 초월할 것을 요구하지만 민족주의를 부정하지는 않는다고 주장한다. 따라서 이는 수정된 민족주의와 수정된 천하주의로 간주될 수 있다는 것이다. 이런 관점에서 조화세계론은 국가 간 민족적 이익의 점진적 협조를 통하여 인류의 전체적인 이익이 최종적으로 조화를 이룰 수 있다고 주장한다.[44]

이런 세계질서관을 기초로 하여, 조화세계론을 제기하는 것은 현 시대의 성격과 국제환경에 적절하게 조응하는 대응이라고 주장한다. 조화세계를 실현하는 것은 인류가 보편적으로 추구하는 이상적인 가치로, 오늘날의 국제사회는 조화세계를 건설하기 위한 조건을 이미 구비하고 있어 건설이 가능하다는 것이다. 구체적 근거로 세계화로 인한 국가 간 상호의존의 심화와 이익 다원화, 다극화, 문화적 다양성의 심화를 들고 있다. 그리고 비록 미국 중심의 불공정한 국제정치경제질

---

43) "高举中国特色社会主义大旗帜, 为夺取全面建设小康社会新胜利而夺门: 在中国产党第十七次全国代表大会上的报告,"『人民网』(2007年 10月 15日).
44) 李宝俊·李志永(2008), p. 82.

서가 이러한 추세에 역행하고 있지만, 중국의 부상으로 인해 일어나고 있는 세계적 차원의 평화적인 세력전이 현상으로 조화세계가 건설될 수 있는 중요한 조건이 갖추어지고 있다고 주장한다.[45]

둘째, 국제관계의 성격과 조화세계의 주요 내용이다. 조화세계론은 국제사회에서 국가 간 이익충돌을 제로섬게임이 아니며, 쌍방이 원원할 수 있는 메커니즘은 가능할 뿐만 아니라 필연적이 것이라고 주장한다. 즉 국가 간 이익의 상호 수용성을 믿고 협력과 협상을 통하여 세계의 복리를 증진하는 것에 기초하여, 모든 국가의 국가이익을 증진할 수 있다고 주장한다.[46] 또한 다원적이고 민주적이며 평등한 국제질서의 수립을 강조한다. 중국의 저명한 학자 위커핑(俞可平)에 따르면 이상적인 조화사회는 다원적 세계이고, 민주적인 세계이며, 공정한 세계, 관용적인 세계이고, 진실한 세계, 협력하는 세계, 상호 돕는 세계, 지속적으로 발전하는 세계이다. 또한 지속적으로 발전하는 국제사회이고, 전 세계가 하나의 가정이고, 인간과 자연이 하나가 되는 그런 세계를 추구한다는 것이다.[47]

조화세계론은 이상주의적인 관점에서 국제관계의 성격을 규정짓고 있지만, 동시에 국제관계에서 국력의 차이 및 이로 인한 국가의 역할의 차이가 존재함도 인정한다. 다시 말하면 국가는 서로 다른 능력에 기초하여 책임을 다해야 하고, 이러한 책임에 따른 권리도 주어져야 한다고 주장한다. 이러한 관점에서 국제사회로 본격적으로 진입한 중국은 국제사회에서 지위가 제고되고 있으며, 이러한 변화된 지위에 기초하여 국제사회와 동아시아에 책임을 다하는 강대국 역할을 하면서 새로운 국제질서를 창조해야 한다고 주장한다.[48]

---

45) 俞可平, "'和谐世界'理念下的中国外交,"『中新网』2007年 4月 24日.

46) 李宝俊·李志永(2008), p. 83.

47) 俞可平, "'和谐世界'理念下的中国外交."

48) 秦亚青, "和谐世界: 中国外交新理念,"『前线』2006年 12期, pp.22-23.

이처럼 조화세계론은 국제사회에서 약소국이나 각종 NGO의 기본적인 역할과 권리를 강조하고 국제사회의 민주화, 다양성, 협력적이고 다자적 안보 등을 강조하지만, 동시에 강대국의 역할 및 권리의 중요성도 동시에 강조하고 있다. 이는 결국 중국이 '조화세계론'을 제기한 것은, 협력적이고 다자주의적인 안보환경을 마련하고 협력을 통한 경제발전과 강대국으로서의 국제적 지위 향상을 이끌어냄과 동시에, 이 과정에서 국제사회의 다양성을 강조하면서 미국 중심의 단극체제의 제약요인을 극복하고자 하는[49] 의지의 반영으로 볼 수 있다.

셋째, 화(和)를 기초로 한 가치관이다. 중국의 학자들의 주장에 따르면 조화세계이념은 중국 고대의 조화(和諧)문화와 영속적 평화관을 현실 외교속에 반영하고자 하는 것이다. 즉 "남과 어울리면서도 맹종하지 않고 자기 입장을 고수한다는 사상(和而不同)"의 실현이다. '화이부동'은 중국 고대에 국제관계측면에서 발전된 정치사상으로, "화(和)"가 차별과 모순을 인정하는 조화(和諧)를 말한다면, "동(同)"은 차이를 부정하는 동일성을 의미한다.[50] 이 사상은 국가 간 관계에서 화(和)를 강조하는 동시에 차이(異)의 존재를 견지하고, 차이의 합법적인 존재를 장려하며, 그리고 차이의 비교와 융합을 통해 새로운 조화에 도달한다는 점을 강조한다. 따라서 이 사상은 다른 민족, 국가, 문화가 차이를 인정하는 것에 기초하여 조화를 이루면서 협력할 수 있는 세계를 건설하는 원칙이 될 수 있다는 것이다.[51]

넷째, 외교수단과 조화세계의 추진방식이다. 조화세계론은 새로운

---

49) 吳逃雪·马延深, "构建和谐社会: 中国外交的新理念与新实践," 『安徽前线』 2006年 12期.

50) 李文, "东亚共同体的逻辑与形态," 『东亚合作论坛 2009: 东亚地区主义的现状与展望』(中国人民大学国际关系学院东亚研究中心 主办, 2009年 12日 19日) 發表文, p.6.

51) 王柏松, "中国传统文化中的和谐思想对构健和谐世界的启迪," 『管子学刊』 2009年 第二期, pp.87-91; 徐诚·寿杨宾, "坚持和而不同, 构健和谐世界," 『孔子研究』 2006年 第6期, pp.10-15.

질서는 역사발전과 시대의 진보를 실현하고, 과거시대의 권력정치라는 낡은 길을 그대로 반복해서는 안 된다고 주장한다. 따라서 조화세계를 추진하는 방식으로 첫째, 다자주의적 국제협력을 통하여 세계 평화와 안보를 공동으로 지키는 것을 강조한다. 다자적 집단안보 메커니즘의 건설, 지역공동체의 건설 등을 통하여 상호 협력, 공동 번영의 실현, 포용정신의 견지를 통해 조화세계를 실현해야 한다고 주장한다.[52] 둘째, 국제법이나 국제관계의 기본 준칙의 역할을 강화하고, 국제행위를 규범화하여, 국제관계의 민주화를 추진하고 공정하고 합리적인 국제정치경제질서를 수립해야 한다고 주장한다.[53] 셋째, 중국 전통의 전략문화의 영향력, 친화력, 흡인력(혹은 매력)을 이용하여 조화세계 개념을 세계에 유행하게 하여 강대국의 이미지에 걸맞은 소프트 파워를 가지도록 해야 한다고 주장한다.[54]

IV. 중화질서와 조화세계론의 동아시아 질서관 비교

동아시아지역 질서에 대한 중화주의 질서관은 2천 년에 가까운 긴 역사 속에서 실제로 존재해 왔다면, 조화세계론은 중국이 그리고 있는 미래의 동아시아질서에 대한 청사진이고 전략적인 목표라고 볼 수 있다. 이들 양 질서관을 등장 배경 및 현실적 존재조건, 사상 및 이념, 국제관계의 성격에 대한 시각, 외교적 수단 및 방식 등 4개의 변수를 중

---

52) 秦亚青(2006), pp. 22-23.

53) 孙建社, "构建和谐社会: 中国外交战略的新l理念," 『南京大学学报(社会科学版)』 2007年 第2期, pp. 10-14.

54) 刘国华 · 李阵, "和谐世界理念及其体系构建," 『理论建设』 2006年 第6期, pp. 8-11.

<표 1> 중화질서와 조화세계론의 비교

	중화질서	조화세계
배경 및 현실적 조건	• 중화제국의 존재와 중국의 패권적인 지위의 유지	• 미국 중심의 패권적 질서 속에서 중국의 부상으로 세력전이가 발생
사상, 이념적인 차원	• 화이사상과 사대관념에 기초 • 중국적 가치와 문화를 보편적 가치로 간주	• 和而不同: 차이를 인정하면서 화합을 강조, 가치와 문화의 다양성 강조 • 실제로는 문화와 가치영역에서 중국의 담론 주도권 확보 및 중국적 가치의 보편화 추구
국제관계에 대한 시각	• 천하질서: 폐쇄적인 국가관념을 뛰어 넘는 하나의 거대한 유기체적 문화 문명공동체 • 위계적 국제관계: 유가의 윤리관념에 기초한 일종의 주종관계	• 주권국가를 전제로 한 유기체적 세계(천하)질서 • 제한된 평등주의: 주권국가의 독립성 인정, 동시에 강대국의 우월적인 지위인정 • 중국: 책임을 다하는 강대국으로서 우월적인 지위를 지님
외교수단과 방식	• 힘(무력)+경제(조공무역)+유교적 가치관 • 무력보다 황제의 덕치와 예치를 강조	• 힘(종합안보)+다자적 국제조직+경제+문화자원 • 무력보다 다자외교와 소프트파워외교 강조

심으로 비교해 보면 〈표 1〉과 같이 분류할 수 있다.

첫째, 등장배경과 현실적 조건에 있어서, 중화질서는 중화제국이 존재하면서 주변국가와의 관계에서 패권적인 지위를 누리는 현실적인 조건을 기초로 하고 있다. 반면에 조화세계는 세계화로 국가 간 상호의존의 심화와 국제관계에서 힘의 다원화와 민주화가 이루어지고, 동시에 미국의 패권적인 질서하에서 중국이 새로운 강대국으로 부상하면서 국제질서에서 세력전이가 일어나고 있는 조건하에서 등장하였다. 화이사상과 조공책봉관계를 주요 내용으로 한 중화주의적 질서는 장기간의 역사적 과정을 통하여 만들어졌다. 이 질서는 역대 중국 왕조의 한족 여부 및 유교화 정도, 조공국들의 중국과의 지리적 원근이나 정치 사회적 조건, 특히 유교 문명권의 수용 정도에 따라 다양한 편차가 있지만,[55] 중국의 제국질서가 유지되어 오는 동안 동아시아지역 질서로 자리해 왔다. 한편 조화세계론이 등장한 배경과 현실적인 조건은, 미국 중심의 단극체제가 존재하고 있지만 세계화로 국가 간 상호의존이 강화되면서 다원적이고 민주화된 국제질서의 발전경향이 나타나고 있고, 중국의 부상으로 세계질서의 세력전이가 일어나고 있는 조건을 특징으로 한다.

따라서 중화질서론은 기존의 중국 중심의 제국적인 질서를 공고화하고자 하는 것으로 간주할 수 있다면, 조화세계론은 세계화로 국가 간 상호의존이 심화되는 조건에서 존재하는 현존 질서의 틀을 깨고 새로운 질서로 재편하기 위한 일환으로 제기된 것이다. 따라서 세계질서의 민주화, 다양성, 협력과 공존을 강조하면서 미국 중심의 현존 질서의 틀을 변화시키고, 새로운 강대국으로 부상한 중국의 국력에 부응하는 새로운 세계질서를 재편하고자 하는 것을 특징으로 한다.

둘째, 사상 이념적인 차원에서의 차이로, 중화질서에서는 세계를 하나의 질서로 설명하고 있지만 화이사상에 기초하여 세계 내에서 중국과 주변국가와의 관계는 문화적으로 차등적이고 위계적인 질서로 성격지우고 있다. 중국은 스스로를 지리적이고 정치적으로 천하의 중심일 뿐만 아니라 무엇보다 우수한 문화의 원천이라고 자부한다. 아울러서 중화와 이적의 존재를 전제로 하는 중화사상(화이사상)과 중국과 중국 주변의 조공국들이 중국에 대하여 가졌던 사대관념을 기반으로 하였다. 이를 바탕으로 중국과 조공국들 사이에는 현실적인 외교제도로서 책봉과 조공제도가 형성, 운용되었고, 이러한 이념과 제도 전반을 유교사상, 규범에 따라 인식하고 정당화하였다.[56]

이에 반해 조화세계는 "차이를 인정하는 것에 기초한 조화와 협력

---

55) 권선홍(1999), p. 15.
56) 권선홍(1999), p. 15.

(和而不同)"사상의 실현으로 간주된다. 화이부동은 국제관계에서 화(和)를 강조하는 동시에 차이(异)의 존재를 견지하고, 차이의 합법적인 존재를 장려하고, 그리고 차이의 비교와 융합을 통해 새로운 조화에 도달한다는 점을 강조한다. 바로 이 사상에 입각하여 다른 민족, 국가, 문화가 조화롭게 나아가도록 하면서 화합하는 세계를 이루는 원칙이라는 것이다.[57] 이 점에서 볼 때, 조화사상은 사상적으로 문화와 가치의 다양성의 인정, 평등과 정의에 기초한 국제사회를 구상하는 것으로 보인다.

그러나 중국 내에서는 조화세계론이 기초하고 있는 사상적인 내용이 세계적인 차원에서 보편적 사상과 문화적 가치로 발전되어 가치와 사상의 영역에서 담론의 주도권을 확보해야 한다는 주장이 강조되고 있다. 중국의 한 학자는 포용, 관용, 협력, 조화 등을 동아시아의 문화적 정체성으로 만들어야 하며, 이 정체성을 만드는 과정에서 중국이 중요한 역할을 해야 한다고 주장한다. 또한 이 가치는 전 인류의 가치관이 되어, 전 인류가 공유하도록 해야 한다고 주장한다.[58] 이는 조화세계론을 통하여 문화와 가치의 차이성과 다양성을 강조하지만, 동시에 조화세계라는 중국적 가치를 새로운 가치체계로 확립하고, 이를 전 인류적 차원의 보편적 가치로의 발전을 의도하고 있음을 나타내는 것이다. 이러함 점들은 결국 중화질서의 가치와 사상체계와 비교할 때 조화세계론도 마찬가지로 중국의 가치와 문화를 보편적인 것으로 만들고자 한다는 점에서 본질적인 차이가 없다고 볼 수 있다.

셋째, 국제관계를 바라 보는 시각의 차이로, 양자 모두 세계를 하나의 유기체적인 전체질서로 인식한다는 측면에서 볼 때 천하주의적인 질서관에 기초하고 있다고 볼 수 있지만, 그 구체적인 내용에서 있어서는 차이가 있다. 중화질서론에서는 세계를 서구의 근대 국제사회와

---

57) 王柏松(2009), pp.87-91; 徐诚·寿杨宾(2006), pp.10-15.
58) 俞新天(2008), p.22.

는 달리, 나와 남의 나라를 준별(峻別)하고 대립시키는 관념이 매우 희박하며, 오히려 국가 간의 관계를 군신관계·부자관계로 비유하여 상하포섭관계로 보는, 곧 폐쇄적인 국가 관념을 뛰어넘는 하나의 거대한 유기체적 문화와 문명공동체로 간주한다.[59] 그러나 조화세계론은 전통적인 중화질서처럼 상하간의 차등적인 위계질서를 전제로 한 세계질서가 아니라, 주권국가 간의 평등한 지위를 전제로 한 세계질서 혹은 천하를 상정하고 있다. 중국의 한 학자는 이러한 조화세계론의 특징에 대하여, 민족국가 간 질서가 존재하는 오늘날의 세계에서 민족국가 간의 국제질서를 부정하지 않는다는 점에서 수정된 천하주의로 간주하고 있다.[60] 또한 어떤 학자는 오늘날의 천하주의는 화이와 야만과 문명의 차이에 기초한 천하주의가 아니라, 서로 다른 문명 간의 공존과 평화적 교류를 추구하는 천하주의라고도 주장한다.[61]

또한 중화질서는 국제관계를 유교적 이념에 기초한 위계적 관계로 인식하였다. 중국과 조공국들 사이에 현실적인 외교제도로서 책봉·조공제도가 형성 운용되었고, 이러한 제도 전반을 유교사상, 규범에 따른 상하차등의 관계로 인식하였다. 그러나 중국과 조공국 또는 조공국들과 조공국의 관계는 상호 대립 투쟁하는 것이라기보다는 조화와 화합을 이루며, 대동세계(大同世界)를 추구하는 이른바 유기체적 위계주의가 강조되었다.[62] 따라서 중화질서는 유가의 윤리관념에 기초하여 건설된 일종의 주종관계고, 주종관계를 인정한 것에 기초한 일종의 조화라고 볼 수 있다.[63] 이에 반하여 조화세계론은 주권국가 간의 주권독립과 평등을 강조하면서, 약소국들의 힘이 성장하여 국제법과 국제기구를 통하여 강대국과 힘의 균형정책을 추구할 수 있다고 주장한

---

59) 이용희,『한국 민족주의』(서울: 서문당, 1977), p.156, 173, 177.

60) 李宝俊·李志永(2008), p.82.

61) 盛洪, "从民族主义到天下主义,"『战略与管理』1996年 第1期, p.19.

62) 권선홍(1999), p. 20.

63) 任云仙(2009), pp.188-189.

다.[64] 이런 점에서 주권국가 간 평등에 기초한 조화를 강조하는 것으로 비칠 수 있다. 그러나 동시에 조화세계론은 국가별 능력의 차이는 있으며 국제사회에서 능력에 따른 책임을 다해야 하지만, 동시에 책임은 권리와 일치해야 한다고 주장한다.[65] 그리고 현재 중국은 국제사회에서 지위가 제고되고 있으며, 이러한 변화된 지위에 기초하여 국제사회와 동아시아에서 책임을 다하는 강대국의 역할을 다해야 하며, 새로운 국제질서를 창조해야 한다고 강조한다.[66]

이러한 점들은 비록 중국이 세계질서의 중심이 되어야 한다고 공개적으로 주장하지는 않지만, 세계질서에 대한 새로운 청사진을 제시하고 국제사회에서의 담론 주도권의 쟁취를 강조하는 등 세계질서의 중심으로 부상하고자 하는 의지가 나타내는 것이라고 볼 수 있다. 국제질서에 적극적으로 참여하면서 국제사회에 자신의 목소리를 내고 강대국으로서 책임을 지고 역할을 발휘하면서, 국제질서의 건설자이고, 국제적 규칙제정에 대한 참여자이며, 국제질서의 이익 상관자로서 국제관계를 건설하고자 한다.[67] 결국 국제사회에서 약소국보다 강대국의 역할의 중요성을 강조하고 강대국으로서의 중국의 역할을 강조한다는 점에서, 조화세계론이 강조하는 국제관계 역시 제한된 평등에 기초한 중국 중심의 국제관계로 간주할 수 있다.

넷째, 외교수단과 방식이다. 전통적인 중화질서에서 주요한 외교수단은 힘과 중국의 우수한 문화와 선진문물을 받아들이는 주요한 수단인 조공무역과 유교적 가치였다.[68] 그러나 중화질서는 기본적으로 도덕을 매우 중시하였던 하나의 윤리적 질서였다. 따라서 때로는 무력

64) 俞新天, "和谐世界与中国的和平发展道路," 『国际问题研究』 2007年 第1期, pp.7-9.
65) 吴建民·俞新天 外 12人, "和谐世界与中国外交," 『外交评论』 2006年 第2期, p. 16.
66) 秦亚青(2006), pp.22-23.
67) 苑爽·巩茹敏, "和谐世界与构建国际新秩序," 『边疆经济与文化』 2008年 第3期, pp.77-78.
68) 서진영, 『21세기 중국 외교정책』(서울: 폴리테이아, 2006), p.138.

을 사용하기도 하였지만, 무엇보다도 중국의 우수한 문명과 덕, 특히 황제의 덕화에 기초하였다. 황제는 조공국에 대하여 예로써 위무하고 덕으로써 편안하게 하여 일시동인(一視同仁: 누구나 차별없이 똑같이 대하다)의 모범을 보이며, 중화문명의 은택을 널리 배풀고 교화, 덕화시킴으로써 비중국인까지 중국화하여 마침내 내외·원근 즉 천하를 합쳐 하나가 되는 것이 이상이었다. 무력정복보다는 도덕교화를 통하여 "만방의 협화(協和)"를 추구하고자 하였으며, 조공국들은 종적으로는 중국과 사대·조공을 행하고, 횡적으로는 이웃과 우호교린관계를 유지함으로써, 유교 문명권 내의 상호협력과 평화적 공존을 도모하였다. 한마디로 무력이나 수탈에 의한 지배 종속관계가 아니라 온정, 이익의 공여와 존경과 감사의 교환관계였다.[69]

조화세계론 역시 무력사용을 선호하기보다 경제적 자원과 문화적 자원에 기초한 소프트 파워 외교나 국제기구를 통한 다자주의외교를 강조한다. 이처럼 소프트 파워와 다자주의외교를 강조하는 데에는 군사력을 중심으로 한 전통안보관에서 전통안보와 비전통안보를 종합적으로 고려하는 종합안보관을 기초로 하고 있기 때문이다. 종합안보관에 따르면, 세계화와 정보화시대의 도래로 전통적인 군사력 외에 경제, 과학, 문화, 에너지, 정보 등이 안보의 핵심요소가 되었다.

따라서 세계화시대에는 국가 안보가 모든 영역에 걸쳐서 영향을 받기 때문에 일국적인 차원에서 해결이 불가능하므로 국가들 사이에 상호이익 존중과 신뢰에 기초하여 공동으로 안보조건을 창출하고 집단안보를 실현해야 한다. 그리고 강대국이든 약소국이든 모두 국제사회의 평등한 일원으로 민주화된 국제관계속에서 평화적 담판방식을 통하여 문제를 해결하고, 공동의 안보문제에 대해 협력을 진행하여 충돌을 미연에 방지해야 한다.[70] 바로 이러한 종합안보관에 기초하여 각종

---

69) 권선홍(1999), pp. 18-21.
70) 李宝俊·李志永(2008), pp. 80-84.

국제조직과 지역조직, 그리고 집단안보의 제도화 등을 중심으로 한 다자주의 외교가 핵심적인 외교영역이 되어야 한다고 주장한다. 그리하여 중국이라는 신흥대국이 불러일으킨 동아시아 국제질서의 변화가 주변국으로부터 수용되는 지역질서의 틀을 찾아야 한다는 것이다. 이를 위해서는 중국은 새로운 지역질서관, 즉 조화지역의 건설이 필요하며, 지역의 평화와 안정을 실현할 수 있는 다자주의적인 메커니즘을 건립하여 법률과 조약 등을 통해 제도화된 보증을 이끌어내야 한다는 것이다.[71]

또한 중화질서에서 문화와 경제적 수단에 기초하여 평화가 유지되었듯이, 오늘날에도 문화와 경제 등 소프트 파워자원을 활용한 외교를 매우 중요시한다.[72] 이들은 동아시아의 협력을 심화하기 위해서는 문화적인 이해를 강화하고, 공동의 동아시아 문화가치관을 창출해야 한다고 주장한다.[73] 그러나 미국이 국제사회의 담론 주도권을 패권적으로 장악하여 소프트 파워의 핵심자원인 미국의 가치관, 이데올로기, 사회제도가 보편적 가치로 간주되고, 그 결과 다른 가치가 주변화되고 있다고 판단한다. 따라서 다양한 가치와 문화의 공존인 질서를 주요 내용으로 한 조화세계론을 통하여 담론 주도권을 장악하고자 한다.[74] 이들은 중국문화 중 오랫동안 전해내려 온 조화사상은 포용, 협상, 구동존이(求同存異), 화이부동(和而不同) 등 그 내용이 풍부하여, 이를 지역 정체성을 위한 가치관으로 삼아 지역협력에 적절히 운용될 수 있다고 주장한다. 바로 이러한 내용을 중심으로 하여 동아시아적 가치를 만들어내고, 이에 기초하여 서방과 구별되는 동아시아문화 정체성을 만들어, 이를 인류가 공동으로 향유하는 가치관으로 만들어야 한다고

---

71) 兪新天, "中国培育动亚认同的思考," 『当代亚太』 2008年 第3期, pp. 25-28.
72) 宋四辈, "古代中国所建立的国际秩序的两重性及其现实意义," 『郑州大学学报(哲学社会科学版)』 1998年 第6期, pp.42-43.
73) 兪新天(2008), p. 29.
74) 许晓春, "和谐世界理念与中国的国际新秩序观," 『天府新论』 2009年 第2期, p. 16.

주장한다. 그리고 이러한 지역적인 문화적인 정체성에 기초하여 미국의 가치외교에 저항해야 한다고 주장한다.[75]

V. 결론

동아시아 강대국으로 다시 부상한 중국은 이른바 조화세계론을 제기하면서 새로운 형태의 합리적 동아시아 국제질서를 수립해야 한다는 주장을 천명하고 있다. 이 글은 중국이 제기한 이른바 '조화로운 동아시아'가 어떠한 특징을 지니고 있는가를 이해하기 위하여, 지금까지 조화세계담론을 둘러싸고 제기되어 온 각종 주장을 종합하면서 과거 역사 속에 실재했던 중국 중심의 패권적인 동아시아 질서, 즉 중화질서의 논리 및 특징과 비교 분석하였다. 그 결과 양 질서관은 여러 가지 차이점이 있음에도 불구하고, 동시에 상당한 유사성이 있음을 발견할 수 있다.

우선, 중화질서론은 2천 년이라는 긴 역사 동안 실재해 온 중화제국의 질서의 틀을 설명하는 이론이다. 반면에 조화세계론은 근대화와 함께 중화제국이 붕괴되고 동아시아질서의 주변으로 퇴각한 중국이, 개혁개방정책에 기초하여 새로운 강대국으로 부상하면서 제기한 지역질서(혹은 세계질서) 구상이다. 또한 세계화로 국가 간 상호의존이 심화되는 조건에서 존재하는 질서의 틀을 변화시키기 위하여 제기된 것이다. 따라서 중화질서론을 기존의 제국적인 질서를 공고화하고자 하는 이론으로 간주할 수 있다면, 조화세계론은 현존하는 질서의 틀을 새로운 질서의 틀로 전환시키기 위한 것이기 때문에, 세계질서의 민주

---

75) 俞新天(2008), pp. 30-35.

화, 다양성, 협력과 공존을 강조하는 경향이 강하며, 이 과정에서 중국이 새로운 지역강대국으로 부상하고자 하는 것을 특징으로 한다.

둘째, 사상 이념적인 차원에서의 차이로, 중화질서에서는 화이사상에 기초하여 세계를 문화적으로 하나의 차등적인 질서로 규정짓고 있지만, 조화세계론은 화이부동(和而不同)의 관념에 기초하여 차이의 인정에 기초한 공존과 평등을 강조하고 있다. 그럼에도 불구하고, 조화세계론을 통하여 중국은 가치와 사상의 영역에서 세계적 차원에서 담론의 주도권을 확보하고자 한다. 이처럼 중국의 가치와 문화를 보편적인 가치와 문화로 만들려고 하면서, 중국 중심적 문화적 가치와 질서를 추구하고자 한다는 점에서 중화질서론과 본질적인 차이가 없다고 볼 수 있다.

셋째, 조화세계론은 전통적인 중화질서처럼 상하 간의 차등적인 위계질서를 전제로 한 국제관계가 아닌 주권국가 간의 평등한 지위를 전제로 한 국제관계를 상정하고 있다. 그러나 동시에 국제관계에서 국가의 능력에 따른 책임과 권리의 차이 및 강대국의 우월적인 지위도 인정한다. 그리고 중국이 부상한 국력에 기초하여 책임을 다하는 강대국으로서의 역할을 해야 하며, 새로운 국제질서의 전환과정에서 중국은 주변에 머물러 있는 것이 아니라, 적극적으로 참여하면서 주도적인 역할을 해야 함을 강조하고 있다. 결국 국제사회에서 여전히 약소국보다 강대국의 역할의 중요성을 강조하고 강대국으로서의 중국의 역할을 강조한다는 점에서, 비록 중화질서처럼 상하차등의 주종관계는 아니라고 할지라도, 여전히 국제질서를 제한된 평등에 기초한 중국 중심의 국제관계로 간주하고 있다는 점에서 유사성을 찾을 수 있다.

넷째, 중화질서에서 주요한 외교수단은 조공무역이라는 경제적 수단과 유교적인 가치체계로, 덕치와 호혜적인 행위에 기초한 이른바 소프트외교를 강조한다. 조화세계론 역시 무력사용을 선호하기보다, 경제적 자원과 문화적 자원에 기초한 소프트 파워 외교를 통한 국제사회에서 가치와 문화적 영역에서의 담론과 규칙제정에서 주도권의 확보를 강조하고, 다자적인 국제기구를 통한 국가 간의 교류협력을 이끌어 내는 국제기구를 통한 다자주의외교를 강조한다. 따라서 외교수단의 관점에서 볼 때, 양자는 상당한 유사성을 띠고 있다고 볼 수 있다.

상술한 결론에 기초할 때, 중국이 새로운 국제질서 및 동아시아 질서구상으로 제기한 조화세계론은 소프트 파워 외교를 통해 중국적 가치와 문화를 중심으로 한 중국이 주도하는 동아시아국제질서를 건설하고자 한다는 점에서 중화질서론과 근본적인 차이가 없다. 그러나 이것이 곧 조화세계론이 추구하는 동아시아질서가 단순한 구시대의 중화질서의 복원을 의미하는 것은 아니다. 국가 간 관계를 위계적인 주종관계를 기초로 하는 중화질서와 달리, 주권국가를 단위로 한 국가 간 관계 혹은 국제질서를 전제로 하기 때문이다. 따라서 조화세계론이 구상하는 동아시아질서는 주권국가로 구성된 근대화된 국제질서가 존재하는 조건에서 중국이 주도하는 새로운 동아시아 질서라고 규정지을 수 있다. 이런 점에서 '수정된 천하질서' 구상이라는 중국의 한 학자의 규정은 타당성이 있어 보인다.

결국 중국이 주도하는 '조화 동아시아'의 구체적인 형태는 중국의 동아시아정책에 대한 실천적 의지와 밀접한 연관성을 가질 것이다. 즉 이 지역에서 중국이 자신의 주도적인 지위를 강압적인 방법을 통해서 추구한다면 전통시기 중화질서와 유사한 패권적 동아시아 질서추구로 나타날 수 있을 것이다. 그렇지 않고 조화세계론에서 제시하고 있는 각종 이상적인 가치와 정책들을 실천하면서 주권국가 간의 자율성과 민주적인 관계를 강조한다면 전통시기의 중화질서와는 구분되는 중국이 주도하는 새로운 형태의 동아시아 질서추구로 나아갈 수도 있을 것이다.

| 참고문헌 |

권선홍. "유교문명권의 국제관계사상." 『부산외대국제문제논집』 9집(1997년 12월).

_____. "조선과 중국의 책봉·조공관계." 권선홍·황귀연·김홍구·박장식·우덕찬. 『전통시대의 중국의 대외관계』. 부산: 부산외국어대학교 출판사, 1999.

김봉진. "화이질서의 재해석." 『전통과 현대』 1997년 겨울호.

김성규. "중화사상과 민족주의." 『철학』 379집 5호. 한국철학회, 1992.

김애경. "중국의 화평굴기론 연구: 논쟁과 함의를 중심으로." 『국제정치논총』 제45집 4호. 2005.

金翰奎. "漢대의 天下思想과 羈縻之義." 『중국의 天下思想』. 서울: 민음사, 1988.

_____. 『古代中國的世界秩序硏究』. 서울: 일조각, 1982.

박병광. "중국 2020: 중국의 동아시아전략." 동아시아연구원 세미나발표논문(2009년 8월).

서진영. 『21세기 중국 외교정책』. 서울: 폴리테이아, 2006.

유경민. "중국·북한관계를 통해서 본 중화사상의 현대적 해석." 연세대학교대학원 정치외교학과 석사논문. 2000.

이용희. 『한국 민족주의』. 서울: 서문당, 1977.

이정남. "중화사상과 근대동북아 국제관계의 재편." 『국제지역연구』 24집 1호. (2003년 4월).

이홍종·공봉진. "중국의 화이사상에서 화이개념의 재해석." 『세계지역연구논총』 제15집. 2000.

이춘식. 『中華思想』. 교보문고, 1998.

하도형. "중국의 대외정책의 전환에 관한 연구: 조화세계의 제기와 전략적 의도를 중심으로." 『동아연구』 제54집(2008년 2월).

龙中英. "中国的亚洲战略: 灵活的多边主义." 『世界经济与政治』 2001年 10期.

张小明. "中国与周边国家关系的历史演变." 『国际政治研究』 2006年 第1期.

门洪华. "中国东亚战略的展开." 『当代亚太』 2009年 第1期.

叶自成. 『中国大战略』. 北京: 中国社会科学出版社, 2003.

杨宇·熊吴明. "和谐世界思想与中国软实力塑造." 『国际关系学院学报』 2008年
　　第3期.

刘清才. "改革开放以来中国国际秩序理论的发展与创新." 『吉林大学社会科学学
　　报』 2008年 第4期(7月).

王公龙. "和谐世界: 国际秩序的新构想和新范式." 『现代国际关系研究』 2007年
　　第3期.

任云仙. "近代以来中国世界秩序观念的变迁." 『西南大学学报(社会科学版)』
　　2009年 3月.

李宝俊·李志永. "和谐世界观与霸权稳定论-一项比较分析." 『教学与研究』
　　2008年 第6期.

江西元. "从新天下主义到和谐世界: 中国外交理念选择及其实践意义." 『当代亚
　　太』 2007年 第12期.

喻希來. "重新審視中國曆史大時代." 『戰略與管理』 2000年 5期.

『人民日報』, 2003年 12月 17日; 2004年 10月 15日; 2005年 4月 22日; 2006年 6月 16日
　　(第一版); 2005年 9月 16日.

『光明日報』, 2005年 9月 19日.

胡锦涛. "加强友好合作 创建美好未来." 『人民日报』, 2005年 11月 18日(第一版).

_____. "促进中东和平 建设和谐世界." 『人民日报』, 2006年 4月 24日(第一版).

吴　仪. "中国政府愿与各国共同构建繁荣和谐东北亚." http://www.gov.
　　cn.1dhd/2006-09/02/content_376324.htm(검색일: 2008년 1월 30일).

肖唏·于海洋. "试论和谐世界理念." 『理论探索』 2006年 第3期.

任晶晶. "中国和平发展国际战略的总纲-和谐世界理论研究述评." 『学术述评』
　　2008年 第3期.

"中央外事工作會議在京舉行." 『人民日報』, 2006年 8月 24日.

"高举中国特色社会主义大旗帜, 为夺取全面建设小康社会新胜利而夺门: 在中国
　　产党第十七次全国代表大会上的报告." 『人民网』(2007年 10月 15日).

俞可平. "'和谐世界'理念下的中国外交j." 『中新网』 2007年 4月 24日.

吴逃雪·马延深. "构建和谐社会: 中国外交的新理念与新实践." 『安徽前线』
　　2006年 12期.

秦亚青. "和谐世界: 中国外交新理念." 『前线』 2006年 12期.

孙建社. "构建和谐社会: 中国外交战略的新l理念." 『南京大学学报(社会科学版)』2007年 第2期.

刘国华 · 李阵. "和谐世界理念及其体系构建." 『理论建设』2006年 第6期.

王柏松. "中国传统文化中的和谐思想对构健和谐世界的启迪." 『管子学刊』2009年 第二期.

徐诚 · 寿杨宾. "坚持和而不同, 构健和谐世界." 『孔子研究』2006年 第6期.

吴建民 · 俞新天外 12人. "和谐世界与中国外交." 『外交评论』2006年 第2期.

盛　洪. "从民族主义到天下主义." 『战略与管理』1996年 第1期.

俞新天. "和谐世界与中国的和平发展道路." 『国际问题研究』2007年 第1期.

_____. "中国培育动亚认同的思考." 『当代亚太』2008年 第3期.

秦亚青. "和谐世界: 中国外交新理念." 『前线』2006年 12期.

苑爽 · 巩茹敏. "和谐世界与构建国际新秩序." 『边疆经济与文化』2008年 第3期.

宋四辈. "古代中国所建立的国际秩序的两重性及其现实意义." 『郑州大学学报(哲学社会科学版)』1998年 第6期.

许晓春. "和谐世界理念与中国的国际新秩序观." 『天府新论』2009年 第2期.

李　文. "东亚共同体的逻辑与形态." 『东亚合作论坛 2009: 东亚地区主义的现状与展望』(中国人民大学国际关系学院东亚研究中心 主办, 2009年 12月 19日)發表文.

Blanchard, Jean-Marc F., and Sujian Guo. *"Harmonous World" and China's New Foreign Policy.* Lanham · Boulder · New York · Toronto · Plymouth, UK: A division of Rowman & Littlefield Publishers, Inc., 2008.

Hunt, Michael H. *The Genesis of Chinese Communist Foreign Policy.* New York: Columbia University Press, 1996.

Shambaugh, David. "China Engages Asia: Reshaping the Regional Order." *International Security*, Vol. 29, No.3, Winter 2004/5.

_____. "China's New Engagement with Aisa." *Asia Wallstreet Journal.* March 2, 2004.

Swaine, Michael D., and Ashley J. Tellis. *Interpreting China's Grand Strategy: Pass, Present and Future.* Santa Monica, Calif: Rand, 2000.

제2부

중국 외교의 전통 영역과
새로운 대응

제4장

중국의 다자외교:
배척 · 비판에서 적극적 참여, 주도적 창설까지[*]

김애경

I. 들어가는 말

다자주의(Multilateralism)는 20세기 90년대 국제관계 학계의 새로운 연구영역의 하나로 등장하여 세계 각국의 외교가와 전략연구가들에게 다자주의 연구는 중요하고 시급한 과제가 되었다. 그러나 다자주의는 생소한 개념은 아니다. 20세기의 1970~80년대 이미 다자협력의 필요성 및 긍정적 · 부정적 기능에 대한 이론연구는 이미 진행되었다. 단 다자주의가 본격적으로 정책적 관심을 받아 새로운 연구이슈가 된 것은 1990년대에 들어서이다.[1]

이는 다자제도들이 냉전기간 내내 국제정치의 역학구조의 지배를

---

* 이 글은 "중국의 다자주의 외교에 대한 인식의 변화와 그 동인," 『동서연구』 제15 권 제1호(2003), pp.5-30을 대폭 수정 · 보완하였다.

받아 다자제도의 긍정적 기능들을 제대로 발휘할 수 없는 상황이기도 하였으나, 냉전이 종식되면서 많은 국가들은 다자제도가 강대국들의 힘의 정치로부터 자율성을 보장받을 수 있을 것이란 기대 때문이었을 것이다.

중국의 다자외교 역시 냉전종식 후 1990년대 중반 시기부터 본격화되었다고 할 수 있다. 물론 엄격하게 말하면 중국의 다자외교의 시작은 1971년 유엔 안전보장이사회의 상임이사국 지위를 획득하면서부터이다. 정부차원에서 공식적으로 중국이 적극적 다자외교 전개 의지를 표명한 것은 1986년이다. 중국 자오즈양(趙紫陽) 전 총리는 제6기 전인대 4차 회의에서 「제7차 5개년계획 보고」를 통해 "중국은 유엔의 목표와 원칙을 준수하며 …… 광범한 국제조직에 참여하여 적극적인 다자외교 활동을 전개할 것"임을 선포하였다.[2] 이후 1990년대를 거치면서 다자제도들은 이미 중국이 자신의 외교력을 발휘하는 중요한 한 장이 되었고, 현재 다자외교는 중국의 거시적인 외교전략 목표를 실현하기 위한 매우 중요한 수단이다.

중국의 거시적 외교전략의 목표는 강대국 지위 회복이다.[3] 중국의

---

1) 왕홍잉(Wang Hongying)에 따르면 이 시기 국제정치학계를 리드하는 미국 학계에서는 다자주의에 대한 연구가 하나의 산업으로 등장할 정도로 활발하게 진행되었다고 주장하였다. 또 클린턴 정부 때의 싱크탱커들은 다자주의를 국제 협력질서 건립의 기초로 삼도록 건의하였다. Hongying Wang, "Multilateralism in Chinese Foreign Policy-The Limit of Socialization," *Asian Survey*, Vol. XL, No. 3 (May/June 2000), p. 476.

2) "關于第七個五年計劃的報告——九八六年三月二十五日在第六屆全國人民代表大會第四次會議上," http://www.people.com.cn/item/lianghui/zlhb/rd/6jie/newfiles/d1140.html(검색일자: 2010년 3월 5일); 龐森, "改革開放與中國的多邊外交政策,"『世界政治與經濟』第11期(2008), http://www.irchina.org/news/view.asp?id=1704(검색일자: 2009년 1월 23일).

3) 덩용(Yong Deng)은 중국의 외교목표가 미국에 대한 세력균형을 추구하는 것이 아니라 강대국지위를 인정받기 위함이라고 주장하고 있다. Yong Deng, *China's Struggle for Status: the Realignment of International Relations*(New York: Cambridge university Press, 2008).

외교전략 목표인 강대국 지위란 미국을 초월하는 세계적 패권지위인지 미국과 대등한 지위인지는 명확하지 않다. 그러나 중국의 강대국화 의지는 그동안 매우 강했다. 제3세계임을 자처하던 마오쩌둥(毛澤東) 집권시기 때는 세계혁명의 중심이 되고자 하였고, 덩샤오핑(鄧小平) 집권 시기 때는 도광양회(韜光養晦) 원칙을 주장하며 매우 조신하게 국내 경제발전에 집중하며 강대국화 의지를 나타냈다.

중국의 개혁개방정책이 성공을 거두면서 생긴 자신감은 장쩌민(江澤民) 전 국가주석으로 하여금 '중화인민공화국의 부흥'을 외치며 '책임감 있는 강대국'이 될 것임을 선언하였고, 후진타오(胡錦濤) 주석은 중국의 '평화적 부상(和平崛起)'과 '조화로운 세계(和諧世界)'건설을 선언하며 중국은 강대국이 된 이후에도 세계평화와 발전에 기여할 것을 표명하며, 중국의 미래에 대한 부정적 견해에 대해 대응하였다. 이처럼 중국의 역대 및 현재 지도부는 그 방식을 달리하고 있을 뿐 중국이 강대국이 되어야 한다고 생각하며 강대국이 되려는 강한 의지를 표현하고 있다.

중국의 이러한 일관된 강대국화 의지와는 달리 다자제도에 대한 중국의 정책과 태도는 많은 변화를 거쳤다. 다자제도에 대한 중국의 정책과 태도를 1949년 신중국 건국 이후부터 살펴보면, 체제 밖에서 다자기구들을 부정·배척·비판하다 선택적으로 가입하여 다자제도의 긍정적·부정적 기능을 연구·학습하는 과정을 거쳐 현재는 이미 전면적 가입 및 규범제정의 단계에 진입하였음을 알 수 있다. 따라서 이 글은 건국 이후 중국의 다자외교 전개과정과 전반적 특징을 분석할 것이다. 이를 위해 우선 중국의 다자외교에 대한 입장변화를 살펴볼 것이다. 중국의 다자외교에 대한 입장은 시기별로 변화가 있다. 중국정부의 공식발언과 학자들의 연구사례 및 다자기구 가입현황에 대한 고찰을 통해 중국의 다자외교에 대한 입장변화를 분석할 것이다. 둘째, 중국이 실시한 다자외교를 영역별로 구분하여 살펴볼 것이다. 이러한 분석은 다자제도를 통해 중국이 실현하고자하는 바가 무엇인지를 짐

작할 수 있게 해 준다. 셋째, 앞서 고찰한 다자외교에 대한 중국의 입장변화를 이끈 동인에 대해 검토하고, 중국이 최근 아시아지역과 제3세계 국가들의 밀집지역에서 보다 적극적으로 다자외교를 전개하고 있는데 이것이 주는 함의는 무엇인지에 대해서도 분석할 것이다. 마지막으로, 중국의 다자외교 전개과정을 통해 그 특징과 원인을 분석하며, 기를 기반으로 향후 중국 다자외교의 발전방향을 전망할 것이다.

II. 중국의 다자제도에 대한 입장변화

중국의 다자외교는 1971년 유엔 안전보장이사회 상임이사국 지위를 회복하면서 시작되었다. 이후 1970년대 말 개혁개방 정책 실시 이후 중국은 다자제도에 대해 선택적으로 참여하였다. 냉전이 종식된 후 1990년대 중반부터는 매우 적극적인 다자외교를 전개하였다. 물론 그 이전에는 중국이 소련을 중심으로 한 코민테른 등 사회주의 진영의 다자제도에 참여하였지만, 소련과의 이데올로기 투쟁을 포함한 중ㆍ소 분쟁의 발생으로 얼마 가지 않아 독자노선을 걷게 되었다. 최근 중국은 주변지역과 제3세계 국가들이 밀집된 지역에서 다자협력을 위한 레짐 구축을 주도하고 있고, 이러한 중국주도의 다자협력에서 미국이 배제되고 있는 상황이기에 중국의 행보가 더 주목받고 있다.

이미 언급한 바와 같이 1949년 이후의 중국의 다자외교는 몇 단계의 발전 과정을 거쳐 왔다.[4] 제1단계는 1949년부터 1970년까지로, 이 시

---

4) 장리리(張歷歷)는 3단계로 나누어 설명하고 있으며 왕이저우(王逸舟)도 그의 논문에서 장의 3단계 구분을 소개하였다. 그러나 장리리의 논문이 1989년에 발표되었던 것을 감안하면 1990년대 중ㆍ후반에 매우 적극적으로 전개된 중국의 다자외교 활동이 반영되지 못하고 있다. 張歷歷, "中國與國際組織關係之發展," 『國

기 중국은 대만의 유엔 대표지위를 박탈하고 중화인민공화국의 유엔 지위를 회복하고자 미국을 중심으로 한 서구국가들과 투쟁하였다. 중국은 동시에 기타 다른 다자제도와의 관계 수립을 위해 꾸준히 노력했다.[5]

제2단계로는 1971년부터 1978년까지로, 중국이 제26차 유엔총회에서 부여받은 중화인민공화국의 합법적 지위 회복 이후 많은 국제제도와 관계를 수립하는 중요한 시기였다. 그러나 중국은 여전히 제반 다자제도에 대해 전반적으로 부정적인 입장이었다.[6] 그 당시 유엔에서 중국의 행위에 대해 "왔다, 웃다, 갔다"는 유엔 관계자의 회고는 중국의 당시 입장을 충분히 설명해주고 있다.[7]

제3단계는 1979년 이후 1990년대 초·중반까지이다. 이 시기 중국은 개혁개방을 계기로 다자제도와 전면적인 발전을 추구하였다. 이 시기 중국의 다자주의에 대한 태도는 그 참여의 폭, 적극성과 심도에 있어 이전의 두 단계와는 많은 차이를 보였다. 예를 들면, 정치와 관련이 있는 다자제도에서 활동을 계속해 나가고 또 경제, 무역, 금융기구와의 관계로 확대시킬 뿐 아니라 군비통제와 군축의 영역과 관련이 있는

際組織與集團硏究』(北京: 中國社會科學出版社, 1989), pp. 67-74. 王逸舟, "中國與國際組織關係硏究: 理論解釋及現實難題的一種探究," 『世紀中國』 2001年 10月 28日, http://cei.org.cn/(검색일: 2002년 11월 23일).

5) 예를 들면, 1950년 대 초 세계보건기구(WHO), 세계기상기구(WMO), 국제민항기구(ICAO), 국제노동기구(ILO), 국제통화기금(IMF), 국제부흥개발은행(IBRD) 및 만국우편연합(UPU)과 같은 세계적 범위의 국제조직에 가입신청을 했었고, 동시에 소련을 중심으로 한 사회주의 진영의 조직과 기구 즉 세계민주연맹, 국제학생연합회, 국제부녀자동맹에 참여하였고, 나토(ANTO)에는 옵서버의 자격으로 참여하였었다.

6) 1972년부터 중국은 유엔개발계획(UNDP), 유엔환경계획(UNEP), 유엔교육과학문화기구(UNESCO), 유엔공업개발기구(UNIDO) 등 유엔 산하기구에 가입하였고, 유럽공동체, 아시아스포츠연맹, 중남미비핵지대조약, 국제대댐회(ICOLD), 국제표준화기구(ISO) 등과의 관계를 회복하거나 협력관계를 수립하였다.

7) 夏建平 著, 『認同與國際合作』(北京: 世界知識出版社, 2006), p. 197.

다자주의에까지 관심을 보였다.[8)]

제4단계로는 1990년대 중·후반 이후부터 현재까지이다. 이 시기 중국은 기존의 다자조직에 적극적으로 참여하는 동시에 새롭게 조직을 건립하는 등 보다 적극적인 다자외교를 전개하였다.

이는 학계의 이론연구 동향에서도 명백한 특징을 찾아 볼 수 있다. 1950, 60년대에는 "양대 진영"론과 "반제국주의, 반수정주의"이론 연구가 주를 이루었고 다자주의와 관련된 이론연구는 허용되지 않았다. 중국은 다자제도를 제국주의 정책 수단이라고 주장하며 중국이 이러한 제도에 참여할 필요가 없음을 강력히 피력했다. 1970년대의 "3개 세계론"은 다자제도에 대한 상징적 연구와 선택적 연구만을 허용하였다고 한다. 이와 같은 연구분위기는 1980년대 이후 다소 변화가 생겨 학자들의 다자제도에 대한 연구가 시작되었고, 1990년대에는 많은 학자들이 국제신질서 구축에 있어 더욱더 다자주의를 의지해야 한다고 주장할 정도에 이르렀다.[9)]

예를 들면, 1963년 미국, 영국, 소련 3개국이 체결한 『부분핵실험금지조약』에 대해 중국정부는 조약의 성격에 대해 "전 세계 인민들은 보편적인 군축과 핵무기의 전면적 사용금지를 원하고 있다. 그러나 위 조약은 핵실험 정지와 핵무기의 전면적 사용금지를 분리시켰을 뿐만 아니라 세 핵강대국의 핵무기 제조, 저장 및 핵무기 사용의 합법화를 보장하고, 군비축소라는 목표와 방향과는 상반되는", "전 세계 인민을 우롱하는 기만책"이라는 비판성명을 발표했다.[10)] 또 1973년 미, 소 양국의

---

8) 예를 들어 1983년 중국 정부는 군축업무의 전문직 대사를 제네바에 상주하도록 하였고, 1986년 이후에는 핵실험금지, 핵전쟁방지, 우주에서의 군비경쟁방지, 화학무기 금지 등 중요의제에 관련된 심의 업무에 참여하였다. 1990년대에 들어와서는 더 적극적인 자세를 취해 국제사회에서 호평을 받고 있는 군축관련 조약에 참여하고 서명하였다.

9) Hongying Wang, "Multilateralism in Chinese Foreign Policy-The Limit of Socialization," *Asian Survey*, XL, 3 (May/June 2000), pp. 478-479.

10) 謝益顯, 『中國外交史』(河南: 河南人民出版社, 1996), p. 304.

『미·소 양국의 핵전쟁 금지협정』에 대해 1974년 덩샤오핑은 유엔 발언을 통해 "미·소 양국의 핵협상은 빈말일 뿐이며, 그 목적은 양국의 패권지위를 제도화하기 위한 것이다."더 나아가 "제국주의가 존재하는 한 세계는 평안할 수 없으며 영원한 평화도 유지될 수 없다. 그들끼리 전쟁이 발생하지 않으면 인민들이 혁명을 일으켜야 한다"고 주장하였다.[11]

그러나 1970년대 말 80년대 초에 이르러서는 중국의 군비축소와 관련된 다자주의에 대한 태도가 변화하기 시작하였다. 이는 동서진영의 투쟁에서 아무런 이익을 얻을 수 없다는 인식으로부터 점차적으로 이익을 추구할 수 있다는 방향으로 전환되었음을 알 수 있다. 중국은 1980년부터는 군축에 대한 다자협상에 매번 참여하였을 뿐 아니라, 제네바에 전문 군축업무 대사를 파견, 상주시키며 군축에 대한 다자제도를 지지하기 시작하였다. 1986년에는 주동적으로 대기층에서의 핵실험을 하지 않겠다고 선언함으로써 사실상 1963년에 미, 소 양국이 조인하였던 『부분핵실험금지조약』을 인정한 셈이다.[12] 1992년에 중국은 『핵확산방지조약(NPT)』에 가입하였고, 1995년에는 이 조약의 무기한 연장에 동의하였으며, 1997년에는 쟁거위원회(Zangger Committee)에 가입, 2000년의 NPT평가회의에서 중국 대표는 『핵확산방지조약』이 군비통제 영역의 가장 중요하고 대표적인 조약임을 천명하였다.[13] 이후 북한의 NPT 탈퇴에 대해 비판을 하는 등의 행태는 다자제도에 대한 중국의 입장변화를 반영하고 있다.

---

11) "中華人民共和國代表團團長鄧小平在聯大特別會議的發言,"『人民日報』, 1994年 4月 11日.

12) 石志夫,『中華人民共和國對外關係史: 1949年 10月-1989年 10月』(北京: 北京出版社, 1996), pp. 338-339.

13) Statement to the NPT 2000 Review Conference H.E. Ambassador Sha Zu Kang Head of the Chinese Delegation to the UN, http://www.people.com.cn/item/lianghui/zlhb/rd/6jie/newfiles/d1140.html(검색일자: 2003년 3월 4일).

이와 같은 일련의 외교적 수사와 행위들은 중국의 다자제도에 대한 입장이 애초 부정적인 시각에서 긍정적인 시각으로 변화되었음을 말해 준다. 이러한 태도 변화는 중국이 다자주의에 참여한 양적 증가를 통해서도 알 수 있다. 위에서 언급하였듯이 중국의 다자제도 참여는 1971년 유엔 안보리 상임이사국의 합법적 지위 회복과 1970년대 말 개혁개방 이후 전면적으로 발전되었는데, 이는 중국 국내경제가 국제경제체제와 연계되어야 할 필요성과도 밀접한 관련이 있다. 1980~90년대에 중국의 다자주의 참여 속도가 급속하게 발전하여, 이 기간에 중국이 가입한 다자조약은 200여 항목에 이르며, 이는 다른 선진국과도 비슷한 수준이었다. 또 중국은 유엔 산하의 대부분의 정부간 국제기구에 가입하였으며, 중국이 가입한 정부간 국제기구는 1977년 21개에서 1996년 51개로 증가하였고, 같은 기간 중국이 가입한 비정부기구는 1977년 71개에서 1996년 1,079개로 증가하였다. 미국의 한 중국 연구자에 의하면 1977년 중국이 참여한 세계적, 지역적 규모의 정부간 국제기구는 당시 미국의 25%, 인도의 30%로 세계 평균치의 70%에 달하였으나, 1996년에는 미국의 70%,[14] 인도의 80%로 세계 평균치를 훨씬 웃도는 180%까지 증가하였다고 주장하였다.[15] 군사안보영역에서도 그 참여 정도가 1970년에는 각 군비통제 관련 협력 항목의 10~20% 정도만 가입하였었으나 1996년에 이르러서는 85~90%까지 증가하였다.[16]

1996년 이후부터 지금까지 중국이 가입하거나 비준한 조약 및 국제기구 및 다자레짐(multilateral regime)으로는 『유엔해양협약』, 『핵확산금지조약』, 『화학무기금지조약(CWC)』, 『경제, 사회, 문화적 권리에 관한

---

14) 2001년의 연구에서는 80%까지 증가하였다고 주장하였다. 江億恩(Alastair Iain Johnston), "美國學者關于中國與國際組織關係研究槪述," 『世界經濟與政治』 第8號(2001), p. 48.

15) 江億恩, "中國參與國際體制的思考," 『世界經濟與政治』 第7號(1999), pp. 4-10.

16) Elizabeth Economy & Michel Oksenberg, *China Joins the World: Progress and Prospect* (Council on Foreign Relations, 1999), Chap. 2 참조.

국제조약』, 『공민권 및 정치권리에 관한 국제공약』, 『교토의정서』와 세계무역기구(WTO) 등등이 있다. 또 상하이협력기구(SCO)의 결성이나 ASEAN+3, ASEAN과 자유무역지대(CEFTA) 결성 합의와 전면적 추진, 6자회담 주도, 중국·아프리카협력 포럼(FOCAC=Forum on China-Africa Co-operation) 결성, 보아오아시아포럼(BFA: Boao Forum for Asia) 결성 등은 중국의 다자제도에 대한 입장이 과거의 배타적이고 비판적인 입장에서 우호적이고 적극적인 참여 그리고 주도적 창설까지 획기적으로 변화되었음을 말해준다.

III. 중국의 다자외교의 전개

위에서 살펴본 바와 같이 중국의 다자제도에 대한 전반적 태도는 참여거부라는 배타적 입장에서 우호적이고 적극적으로 참여하는 것을 넘어, 주도적으로 조직하는 입장으로 바뀌었다. 그러나 중국의 다자제도에 대한 태도가 모든 영역에서 천편일률적으로 동일하지는 않았다. 이는 다자제도가 본래 갖는 긍정적 기능과 한계점이 존재하고, 이러한 긍정적 기능과 한계점에 대해 후발 참여자로서 중국이 충분히 인식하고 있었기 때문이다. 게다가 중국의 다자외교 전개 역시 자국의 대외전략이라는 큰 틀 속에서 전략적 이익이 고려되었기 때문이다. 그러므로 중국의 다자제도에 대한 인식을 변화시킨 배경에 어떠한 전략적 이익이 고려되었는지를 분석할 필요가 있으며, 이를 위해 먼저 영역별 다자제도에 대한 태도의 상이함과 1990년대 중·후반 이후 주도적으로 창설하기 시작한 다자제도에서의 행태를 살펴볼 필요가 있다. 다음에서는 규범적 영역과, 정치/안보 영역, 경제영역의 세 부분으로 나누어 분석한다.[17]

1. 규범영역

1990년대 중반까지 규범영역에서 중국의 다자외교는 실제적이기 보다는 상징적이었다. 중국의 이와 같은 상징성은 규범영역에서 패권 주의와 강권정치를 비판하고 자신의 도덕성을 강조하는 강한 수사로 표현되어 왔다. 냉전시기와 탈냉전기를 막론하고 중국은 줄곧 제3세 계 국가들과 규범영역에서 연대관계를 맺어 왔는데, 이는 제3세계의 지지 없이 규범영역에 있어 다자제도에서 중국의 영향력은 매우 제한 적일 수밖에 없기 때문이다.[18] 다자제도와 관계를 맺은 1970년대에 중 국은 "3개 세계론(三個世界論)"을 제기하며 자국의 제3세계로서의 정 체성을 강조하였다. 동시에 현 국제질서는 패권주의와 강권주의의 전 유물이기 때문에 중국은 제3세계 국가들과 규범적 연대를 이루어 현 국제질서를 혁명적으로 개조해서 더욱더 평등하고, 공정할 뿐 아니라 합리적인 국제질서를 건설해야 한다고 주장하였다.[19]

그러나 현대화의 추진과 개혁개방 정책을 실시하게 됨에 따라 사실 상 서구 국가들의 경제적 원조는 중국에게 절실하게 필요한 요소였다.

---

17) 다자주의를 규범적 영역, 정치/안보영역, 경제영역이라는 이슈별 구분은 Samuel S. Kim의 연구를 참고하였다. Samuel S. Kim, "China's International Organizational Behavior," Robinson & Shambaugh, eds., *Chinese Foreign Policy—Theory & Practice*(Oxford Press, 1995).

18) 중국과 제3세계의 규범적 연대는 적어도 수사적으로는 국제질서가 갖추어야 할 원칙과 규범에 대한 인식의 유사함으로 나타난다. 정치적으로 국제사회에서 제 3세계의 지지는 다자주의에서 중국의 영향력 기반이다. 그러므로 규범영역에 서 상징적으로 표현하는 수사들은 많은 부분 중국의 실제 취해지는 외교행위와 일치하지는 않는다는 비판을 받고 있다. 예를 들어, 인권문제에 있어 중국은 수 사적으로는 인권에 대해 보편적 기준을 적용하는 서구에 대해 매번 비판을 가 하지만, 실제로 중국은 이미 현존 인권레짐의 적극적인 참여자로서 인권문제 가 국제적 대화의제라는 관점을 받아들이고 있다는 것이다. Elizabeth Economy & Michel Oksenberg, *China Joins the World: Progress and Prospect*(Council on Foreign Relations, 1999), pp. 150-154.

19) 『人民日報』, 1974年 4月 11日.

때문에 중국은 단지 제3세계의 신분을 상징적으로만 강조할 뿐 제3세계 이익을 대변하지도, 제3세계 이익을 반영하는 규범제정을 위한 노력도 제한되었다. 결국 중국은 제3세계 국가들로부터 중국의 제3세계 정체성에 대한 의심을 받았다. 예를 들면 1979년 하바나(Havana)에서 열린 비동맹국가 정상회의 석상에서 쿠바의 카스트로(Castro)는 '미국과 중국은 제3세계의 주요 적이다'라고 지적할 정도였으므로 중국이 제3세계의 상징적 선수(symbolic champion)라는 명성에까지 많은 타격을 입었던 것이 사실이다.[20]

1980년대에 들어서 중국은 1970년대의 친미, 반소 외교노선을 실용주의 외교노선으로 수정하여 명분이나 형식에 치중하지 않는 중국의 실질적 이익의 극대화를 추진하기 시작하였다. 1982년 중국은 "자주독립(獨立自主)" 외교정책 추진을 발표하였고, 동시에 여전히 패권주의와 강권정치에 대한 반대를 강조하였지만 이는 단지 수사적 표현에 그칠 뿐이었다. 또 이전의 시기와는 다르게 중국은 자신이 제3세계를 대표하는 유엔의 상임이사국이기는 하지만 제3세계의 우두머리가 되어 앞장서지 않겠다고 발표하였다. 뿐만 아니라 중국은 어떠한 대국과도 동맹을 맺지 않을 것이며, 어느 편에도 서지 않을 것이고, 다른 국가들 역시 중국의 편에 서는 대항 국면의 조성을 원하지 않는다고 주장함으로써, 중국은 상징적으로 제3세계와 규범적인 연대를 계속해 나가지만 실제적으로 제3세계 국가들을 포용하지는 않겠다는 의지를 천명하였다.[21]

1989년 천안문 사태 이후 서구 선진들은 중국에 대해 정치적, 경제적 제재와 중국의 국제적 명성에 대한 타격은 다시 중국으로 하여금 제3세계 국가의 지지를 받을 수 있는 '평화공존 5원칙'과 '신국제경제질서(NIEO)'원칙을 바탕으로 한 냉전 후 "국제정치경제 신질서" 구상

20) Samuel S. Kim, "China's International Organizational Behavior," Robinson & Shambaugh, eds., *Chinese Foreign Policy—Theory & Practice*(Oxford Press, 1995), p. 410.
21) 『鄧小平文選』 第3券(1993), pp. 56-57 참조.

을 제기토록 하였다. 물론 천안문 사태가 중국이 "국제정치경제 신질서" 구상을 제기하게 된 필요조건은 아니다. 그러나 중국은 유엔총회에서 "국제정치경제 신질서" 구상을 제기함으로써 다시 한번 중국은 제3세계 국가들과의 우의를 강조하고 규범적으로 연대하는 국가임을 강조할 수 있었다. 중국의 "국제정치경제 신질서" 구상은 냉전 후 구축되어야 할 국제질서의 원칙으로 구성되어 있는 매우 이상적인 청사진이다. 이 구상은 제3세계 국가들이 제기한 신국제경제질서(NIEO) 주장과 흡사하지만, 구체적이거나 특수한 안건을 해결하는 실제적 규범이라기보다 국제법의 기본원칙 수준을 벗어나지 못하는 일반적 원칙에 불과했다.[22] 이처럼 중국의 규범영역에서의 행위는 실제적인 노력보다 상징적인 수사적 표현이 훨씬 더 많은 비중을 차지했다.

그러나 1990년대 중·후반 이후 규범영역에서 중국의 다자외교는 이전과 다른 양상을 보이기 시작했다. 즉 미국이 구축해 놓은 다자제도에 참여하는 기존의 행태에서 발전하여 중국은 주도적으로 다자제도를 조직하기 시작했다. 우선 1996년 러시아와 함께 상하이협력기구를 창설하였다.[23] 이 기구는 본래 1989년 중·소 간에 시작한 국경문제 해결의 연속선상에서 시작되었으나 1998년 의제를 지역안보를 위한 다자안보협력으로 확대시킴으로써 중국의 서부 국경지역에서 '테러주의, 분리주의, 극단주의'와의 투쟁을 위한 협력을 약속하였다.[24] 뿐만 아니라 중국은 "상호신뢰, 호혜, 평등, 협상, 다양한 문명의 존중,

---

22) 중국의 "국제정치경제 신질서" 구상의 원칙적 기초가 되는 '평화공존 5원칙'에 대해서 서양의 학자들은 실제적인 문제해결에 아무런 단서를 제공하지 못하는 일반적 원칙에 불과하다고 비평한다. 王鐵崖著, 『國際法引論』(北京: 北京出版社, 1998), p. 230 재인용.

23) 1996년 중국, 러시아, 카자흐스탄, 키르기스스탄, 타지키스탄 5개국이 상하이 5(Shanghai5)로 출범하였다 2001년 우즈베키스탄이 가입하여 SCO가 정식으로 성립되었다.

24) 林珉璟-劉江永, "上海合作組織的形成及其動因,"『國際政治科學』第1號(2009), p. 2.

공동발전 추구"라는 '상하이정신' 실현을 주도하여 기존의 다자제도
와 다른 새로운 국가관계의 모델을 위한 규범을 주장하고 있다.[25]

이 외에도 아세안과 자유무역지대 결성 협의 및 실행, 6자회담 주도,
중국 · 아프리카협력 포럼 결성 등 중국은 다자제도의 조직, 의제설정
및 규범창출에 매우 적극적인 태도를 보이고 있다. 결과와 의도에 대
한 평가는 매우 상반되지만 중국이 동북아 지역의 안정과 관련이 깊은
북핵문제 해결에 있어서도 6자회담을 통해 평화적 해결을 견지하고
있다는 점, 아프리카 지역 국가들에게 정치적 조건을 부과하지 않고
경제원조를 제공하고 있다는 점 등은 기존 미국 중심의 다자제도 운용
방식과 차이점을 보이고 있다. 이러한 모습은 중국이 규범영역에서 이
전과 다르게 적극적으로 규범구축에 관심을 두고 있다고 판단된다.

2. 안보영역[26]

안보영역 다자제도에 대한 중국의 입장은 1970년대의 경시와 불참
여, 1980년대~1990년대 초반의 선택적 참여에서 전면적 참여로 발전,
1990년대 중 · 후반 주도적으로 조직하는 단계까지 변화 · 발전하였
다. 다음 몇 가지 근거들은 중국의 입장변화를 반영한다. 우선 중국이

---

25) 林珉璟 · 劉江永, "上海合作組織的形成及其動因," 『國際政治科學』 第1號(2009),
   pp. 20-23; "美國爲何担心上海組織崛起?" 『國際觀察』(2006年 5月 30日).
26) 소련의 해체로 인한 냉전의 종식은 미, 소 양국과 양대 진영의 군사적 대립이라
   는 전통적 안보의 개념에 변화를 주었다. 냉전이 종식된 이후에도 국가들은 비
   록 군사, 정치 등의 전통적 안보를 중시하였지만, 안보의 개념을 경제와 문화 등
   으로 확대시켜 종합안보라는 개념이 등장하게 되었다. 강택민 전 국가주석이
   제기한 '신안보관'이 중국이 인식하는 종합안보의 개념이다. '신안보관'에 대
   한 자세한 내용은 孟祥靑, "把握後冷戰世界發展趨勢實現過世紀國家綜合安全-江
   澤民新安全觀初探,"『外交學院學報』第2號(1999), pp. 30-35 참조. 본 논문에서는
   이미 규범영역, 안보영역, 경제영역으로 이슈를 나누었으므로 안보영역을 전통
   적 개념의 안보에 한정한다.

공동안보의 개념을 수용하기 시작하였다. 중국의 SCO(상하이 협력기구)의 주도적 결성과 아세안지역안보포럼(ARF) 장관급회담에서 제시한 안보협력을 위한 3단계 조치는 대표적인 예이다. 중국은 전통적으로 안보문제에 있어서만큼은 특히 개별국가와의 양자관계를 통한 해결을 선호해 왔다. 그러나 중국은 SCO를 주도적으로 결성하였고 주변국가와 안보협력을 위해 1996년과 1997년 러시아, 카자흐스탄, 키르기스스탄, 타지키스탄과『국경지역 군사부문의 신뢰강화에 대한 협정』과『국경지역 군사력 감축에 대한 협정』을 체결, 2001년 4월 5개국 외무장관들은『세계와 지역전략의 안정과 핵무기 감축과 관련된 조약과 협정체계의 유지와 발전을 위한 연합성명』을 발표, 2001년 5월『테러와 분열주의, 극단주의 타격 관련 상해공약』을, 2002년 6월에는『지역반테러기구에 관한 협정』을 체결함으로써 지역의 안보협력을 위한 법률적 기초를 마련하였다.[27] 뿐만 아니라 중국은 2002년과 2003년 이들 국가들과 이미 반테러 연합군사훈련까지 시행하였다.

둘째, 유엔평화유지군(PKO) 활동에 대한 중국의 태도변화이다. PKO에 대해 중국은 건국 이후 줄곧 원칙적으로 부정하고 전혀 참여하지 않았다. 1971년 중국이 안보리 상임이사국 지위를 회복한 이후에도 여전히 부정적으로 평가하였다. 개혁개방 이후 중국은 입장은 선별적 지지, 제한적 참여로 변화되었다. 1984년 중국은 원칙적으로 유엔헌장에 명시된 PKO활동정신을 지지한다고 표명했으며, 1988년 유엔 평화유지활동위원회 성원국이 되었다.[28] 그러나 중국의 이러한 입장변화

---

27) 중국 외교부 홈페이지 www.fmprc.gov.cn/chn/wjb/zzjg/gjs/gjzzyhy/1128/1130/t4509.htm(검색일자: 2003년 1월 20일). 본문에 제시된 협정의 원문은 차례로 다음과 같다.「關于在邊境地區加強軍事領域信任協定」,「關于在邊境地區相互裁減軍事力量協定」,「打擊恐怖主義, 分裂主義和極端主義上海公約」,「關于地區反機構的協定」.

28) 周琦, "新維和觀與中國國家利益,"『求索』第3號(2005), p. 59; 이동률, "중국의 유엔외교: 원칙, 수사, 그리고 전략,"『중국외교 연구의 새로운 영역』(서울: 나남출판사, 2008), 제3장 참조.

가 PKO활동 참여로 반영되지는 않았다. 냉전이 종식된 후 중국의 입장은 적극적 지지와 참여확대로 변화하였다. 중국은 1990년 처음으로 참관인을 파견하였고, 이후 1992년 캄보디아에 비전투요원 참관인 47명과 재건지원단 800명을 파견한 이후 그 규모를 계속 확대해 가고 있다. 2001년 12월에는 중국이 국방부에 정식으로 평화유지활동사무판공실을 두어 중국의 PKO활동을 관리하기 시작하였다. 한 연구자는 중국의 평화유지활동 인원이 5대 상임이사국 중 가장 많다는 유엔 평화유지행동부의 2005년 8월 유엔 평화유지 인원통계를 제시하며 중국의 안보영역의 다자활동에 대한 입장이 변화되었음을 소개하였다.[29] 중국은 『2008년 국방백서(國防白皮書)』를 통해 1990년 이후 중국의 인민해방군은 18군데 PKO활동에 참여하였고 11,063명의 장교와 사병을 파견하여 평화유지업무를 수행하고 있다고 밝히며 중국이 다자안보협력에 적극적으로 참여하고 있다고 주장했다.[30]

이외에도 학자들의 관점변화는 주목할 만하다. 예를 들어, 중국의 국제관계연구 학술지 중 하나인 『國際問題硏究(국제문제연구)』에 게재된 몇 편의 논문에 나타나는 시각 변화에서도 관찰할 수 있다. 1995년에 발표된 한 편의 논문에서는 "아시아 태평양지역의 안보다자주의는 미국이 자신의 가치관을 전파하기 위한 속임수이다"라고 주장하였다.[31] 1996~1997년의 논문에서는 이와는 상반된 견해를 피력하였다. 즉 "지역 다자주의는 다극화추세와 동일하게 발전되어 가며, 아시아 태평양 지역의 안보 다자조직은 미국의 군사동맹과 패권기제에 대항할 수 있으므로, 중국은 다자주의의 기초 위에서 공동안보에 대한 새

---

29) 鍾龍彪·王俊, "中國對聯合國維持和平行動的認知和參與,"『當代中國史硏究』第13輯, 第6號(2006), p. 83.

30) 더 자세한 사항은 중국국방백서 참조. 『2008年 中國國防白書』(2009年 1月 20日).

31) 成啓禎, "東亞國家對美國亞洲政策的回應,"『國際問題硏究』第3號(1995), pp. 27-32.

로운 인식을 구축해 나가도록 해야 한다"고 주장했다.[32] 이는 안보영역에서의 다자제도에 대해 이전의 배타적인 태도에서 다소 전략적 가치를 이용해야 한다는 태도로 변화하였음을 알 수 있다. 즉 미국이 다자제도를 이용하여 패권질서를 강화시키고자 했다고 믿었던 이전의 시각은 중국이 다자제도를 미국의 패권을 견제할 수 있는 수단이 될 수 있다는 시각으로 전환되었다는 것이다.

물론 위의 논문들은 단지 학자들의 사적인 견해일 수도 있으며, 이 학술지 역시 동일한 시각의 논문만 게재할 수는 없을 것이다. 그러나 『국제문제연구』는 외교부 산하의 학술 연구기구인 중국국제문제연구소의 정기 간행물로 정부의 시각이 어느 정도 반영되었을 것이라는 짐작은 가능하다. 또 학자들의 관점 변화 시기가 중국의 다자제도에 대한 참여 정도와 맥을 같이 하고 있고 1996~1997년은 특히 중국이 중앙아시아 4개국과 상해협력기구를 결성했던 때라 더욱 의미를 부여할 수 있을 것이다.

이후 중국의 국제사회에서의 위상이 높아지면서 학자들은 다자제도는 구성(construct)되어간다는 더욱 적극적인 관점을 개진하고 있다.[33] 특히 국제사회에서 중국의 위상이 높아지면서 그에 상응하는 역할이 필요하며, 미래 국제체제를 구성해가는 주요 주체로서 중국의 이익이 잘 반영될 수 있도록 다자제도를 구축해야 한다는 시각들이 제기되었다. 이는 기존의 다자제도를 전략적으로 이용하여 중국 국가이익의 최대화를 주장하던 이전의 관점과는 다소 차이가 있고, 이미 중국

---

32) 時永明, "亞太安全背景與地區多邊主義,"『國際問題研究』第1號(1996), pp. 41-47; 時永明, "亞太安全中的矛盾與合作,"『國際問題研究』第3號(1997), pp. 44-49.

33) 秦亞青,『權力, 制度, 文化』(北京: 北京大學出版社, 2005); 劉青建, "挑戰, 應對, 構建,"『思想理論教育導刊』第9期(2005); 劉建飛, "簡析多邊主義歷史演變,"『國際政治研究』第1號(2006); 陳東曉, "新中國多邊外交的繼承與創新,"『上海市社會科學界第7屆學術年會文集』(2009年度); 于欣佳, "中國多邊外交理論與實踐,"『政治研究』第4號 (2010).

이 다자제도 속에서 중국의 목소리를 충분히 담을 수 있다는 자신감이 반영되어 있는 것으로 판단된다.

3. 경제영역

중국은 경제영역 다자제도에서는 다른 영역에서보다 훨씬 일찍부터 광범위하고 심도 있게 참여하여 국제질서의 '현상유지세력(Status Quo Power)'이라는 평가를 받아왔다.[34] 이는 국내경제의 현대화 추진과 대외개방이라는 정책과 무관하지 않다. 주지하듯이 다자제도는 유용한 정보의 제공, 국내경제발전에 필요한 긴급자금의 제공 등의 긍정적 기능이 있다. 중국은 다자제도의 이러한 기능을 충분히 이용해 왔다. 1978년 중국은 개혁개방정책을 실시하면서 경제발전 필요한 자금과 기술이 필요했으며, 결국 대외원조 제공국에서 대외원조 수혜국으로 바뀌었다. 즉 1970년대 초까지만 해도 중국은 세계은행과 국제통화기금에 대해 비판적 태도를 취했었지만, 1979년부터 1982년 2월까지의 짧은 기간 동안 국제연합개발계획(UNDP), 국제연합기구기금(UNFPA), 국제연합국제아동긴급기금(UNICEF)으로부터 230억 달러의 원조를 받았다. 또 1980년에는 세계은행과 국제통화기금에, 1986년에는 아시아개발은행에 가입하여, 개발도상국 중 그동안 유일하게 원조를 받지 않았던 중국은 1989년에 와서는 인도를 앞질러 세계에서 가장 많은 원조를 받는 원조 수혜국이 되었다.[35]

이렇게 중국은 국내경제발전을 위해 경제영역에서는 대체로 기존 국제경제 체제에 편입·순응했다. 즉, 중국은 국제경제영역의 다자제

---

34) Ian Alastair Johnston, "Is China a Status Quo Power?" *International Security*, Vol. 27, No. 4 (Spring, 2003), pp. 5-56.

35) Elizabeth Economy & Michel Oksenberg, *China Joins the World: Progress and Prospect*(Council on Foreign Relations, 1999), Chap. 2.

도 규범체계를 개조하기 위해 노력하기보다는 자국의 국내제도를 조정하여 국제체제에 순응하려고 하는 게 주요 추세였다. 다자제도에 대한 중국의 이와 같은 태도는 상당 기간 지속되었다. 예를 들면, 개혁개방 정책을 실시하며 무역과 투자업무에 편의를 제공하기 위해 국내 경제조직을 재정비하였고, 1980년대 초 국내 무역관리기구를 조정하였다. 이는 세계은행이나 국제통화기금 및 GATT(현 WTO) 등이 중국 인민은행, 재정부 및 대외경제무역부 등과 같은 중국 국내조직에 대해 영향력이 행사될 수 있는 조정이어서 주목할 만했다.[36] 2001년 WTO에 가입한 이후에는 공정무역국(公平貿易局)을 설립하여 덤핑 및 긴급수입제한조치 등과 관련된 조례를 제정하도록 하고, 세계무역기구사(中華人民共和國世界貿易組織司)라는 상무부 산하기구를 설립하여 WTO에 관련된 많은 정보를 수집·제공할 뿐 아니라 중국기업이 향후 맞닥뜨릴 수 있는 문제에 대해 건의하고 관련업무 등을 담당하게 하는 등 국제규범에 대한 이해 및 적용을 위한 노력을 아끼지 않았다.

이밖에도 중국은 이미 WTO 가입 의정서에서 정한 약속이행을 실

---

36) Elizabeth Economy & Michel Oksenberg, *China Joins the World: Progress and Prospect*, Chap. 5 참조. 그러나 중국은 이러한 국내기구의 조정을 통해 역으로 위의 국제기구에 대한 중국의 영향력 조정을 시도하였다. 이는 중국 정부가 무역에 있어 자신의 중요도를 이용하여 국제정치에서 얻을 수 있는 정치적 이익을 획득할 수 있다는 것도 동시에 학습하게 되었음을 알 수 있다. 사실 인식론적 접근법으로 제도에 대한 중국의 협력을 적용하여 보면 국제제도에 대한 중국의 변화되는 지식과 변화하는 사회적 목표 간의 상호작용이 중국의 제도에 대한 협력을 촉진시킨다고 할 수 있으며, 이에 따라 중국은 국제제도에 적극적으로 참여하면서 그 국제제도의 규범과 원칙을 준수하고 이들이 내포하고 있는 가치를 존중함에 따라 자국의 국가이익을 재정의하는 학습이 이루어지고 이러한 학습은 중국의 협력행위를 가속화시킨다고 할 수 있다. 그러나 중국에서는 현 국제제도의 규범과 원칙에 대해 후발 참여자로서 국제제도에 대한 반면학습도 동시에 이루어지고 있다고 할 수 있다. 대표적인 예로 중국 지적재산권국(知识产权局)은 중국 국내 수출기업의 60%는 무역장벽에 부딪힐 수 있으므로 중국은 WTO의 규칙을 유용하게 이용하여야 한다고 지적하였다. 『参考消息』, 2002年 11月 12日.

천하였다. 예를 들면, 중국은 2002년~2005년 3년간 4차례 관세 인하를 단행하여 관세를 15.3%에서 9.9%로 매년 1%포인트씩 하향 조정하는 관세인하 약속을 이행 완료하였다. 중국은 WTO 의정서에서 약속한 대로 금융, 통신, 건축, 유통, 법률, 관광, 교통 등 여러 서비스영역 개방 및 서비스시장의 전면 개방을 이행하였다. 이외에도 WTO 가입 전후로 중국은 2,000여 건의 법률, 행정법규 및 규정을 제정, 수정 및 폐지하는 등 외자법, 대외무역법을 비롯한 여러 법률 · 법규를 대폭 수정하였고, 19만 건 이상에 달하는 지방 법규, 지방정부 규정 및 기타 정책조치를 정비했다.[37] 이처럼 중국의 경제영역에서의 다자외교는 최대한 자국의 규범과 제도를 개조하여 기존의 국제규범을 내면화하고 있음을 알 수 있다.

그러나 경제역의 다자제도에 대한 규범의 내면화라는 중국의 기존 태도는 다소 변화를 보이고 있다. 개혁개방 이후 30여 년 동안 지속적이며 빠른 성장은 중국의 태도변화를 유발했다고 할 수 있겠다. 게다가 2008년 미국발 글로벌 경제위기는 중국의 태도변화를 촉진하는 결정적 계기가 되었을 것이다. 글로벌 경제위기 중에도 2009년 중국은 8.7%의 경제성장률을 기록하였다. 2010년 중국의 국내총생산(GDP)은 일본을 추월하여 세계 제2대 경제주체가 될 것이라고 자부하고 있다.[38] 중국은 자국의 국제위상이 부단히 제고되고 있어 이에 따른 권리확보를 시도하고 있다고 판단된다. 중국이 국제금융기구에서 자국의 영향력을 확대하여 보다 적극적으로 향후 국제경제질서 구축에 영향력을 확대하고자 하는 시도들이 그 근거이다.[39]

---

37) "朱鎔基出席第四屆貿促機構大會並作演講,"『新華社』, 2002年 5月 6日 www. people.comcn/GB/shizheng/252/2145/index.html(검색일자: 2002년 10월 2일); "加入世界貿易組織7周年, 中國交出滿意'答卷',"『人民日報海外版』, 2009年 2月 12日.

38) "鄭新立: 中國GDP今年必超日本 据世界第二,"『中華商業活動網』, 2010年 4月 29日 http://www.cbevent.com/news/viewnews/1718/(검색일자: 2010년 5월 10일).

최근 국제사회에서 중국의 발언권(話語權)을 확대해야 한다는 중국 내 주장은 주목할 만하다.[40] 중국의 국제적 발언권 확대는 부상하는 중국의 국가이익 수호에 꼭 필요한 사안임을 강조하고 있다. 구체적으로 국제신용평가위원회에서의 발언권 확보를 국가전략으로 삼아야 한다는 주장은 대표적 예이다. 중국이 미국의 최대 채권국임에도 불구하고 발언권이 확보되지 않아 채권국으로서의 권리가 제한된다. 중국이 어느 나라에 돈을 빌려주더라도 미국이 판정하는 신용등급에 따라야 하며, 이자율 및 위안화 국제화 시장가격 또한 미국의 판정에 따라야 하기 때문에, 국제신용평가위원회에서의 발언권 확보는 국가이익과 밀접한 관계가 있다는 것이다.[41]

뿐만 아니라 중국은 국제금융기구에서의 영향력을 확대할 수 있는 실제적 조치를 취하고 있다. 국제통화기금(IMF)의 경우 중국은 2.94%였던 투표권 지분을 3.72%로 확대하였다.[42] 게다가 중국은 2009년 IMF에 400억 달러를 새로 출연해 쿼터 확대했다. 같은 해 7월에는 IMF

---

39) 2008년 글로벌 금융위기 이후 중국지도부의 다자회의 발언이나, 아직 확정적이지는 않지만 '인민폐 국제화' 시도 및 주변 국가들과의 통화스왑 체결 등은 그 근거로 제시될 수 있다. 주장환·윤성욱, "인민폐 국제화의 정치경제: 배경과 전략을 중심으로,"『국가전략』제15권 4호, pp. 57-80; 김애경, "세계금융위기와 베이징컨센서스의 확산?"『동서연구』제22권, 2호(2010), pp. 7-36.

40) "鄭新立: 應把爭取國際評級話語權列入國家戰略,"『經濟參考報』, 2010年 5月 5日; "國際觀察: 提昇話語權關鍵在話語質量,"『環球時報』, 2010年 4月 23日; 梁凱音, "中國擴展國際話語權的思考,"『中共中央黨校學報』第13券, 第3期(2009); 張劍荊, "中國外交進入話語權意識高漲時代,"『南風窓』第6期(2008); 陳言, "金融危機減弱了美國的話語權,"『經濟』, 2009年 2月 3日.

41) "掌握信用評級話語權是戰略目標,"『華夏時報』, 2010年 5月 14日; "鄭新立: 應把爭取國際評級話語權列入國家戰略,"『經濟參考報』, 2010年 5月 5日.

42) 王玲, "世界各國參與國際組織的比較研究,"『世界經濟與政治』第11期(2006), pp. 1-13; "국제기구 장악하라, 國格 높이려는 中의 야심," 2009년 10월 20일 http://www.edaily.co.kr/News/World/NewsRead.asp?sub_cd=IF21&newsid=01689206589854888&clkcode=00203&DirCode=00703&OutLnkChk=Y0(검색일자: 2010년 2월 10일).

가 사상 처음으로 발행한 500억 달러 규모의 특별인출권 표기 채권을 매입하기로 협정을 맺었는데, 결제통화를 위안화로 결정하였다.[43] 중국의 IMF 투표권 지분규모는 중국의 경제규모와 비례하는 정도도 아니고 중국보다 경제규모가 작은 영국이나 프랑스보다도 적은 상태이기는 하지만 지분을 늘려가고 있다는 것은 상당한 의미가 있다. 또 채권매입은 해당 금융기구에 대한 영향력을 직간접적으로 확대할 수 있다는 점을 감안하면 중국의 이러한 행보는 적지 않은 함의를 갖는다. 세계은행의 경우 중국은 2.77%의 투표권을 4.42%로 늘려 현재 중국은 미국(15.85%), 일본(6.84%)에 이어 3대 투표권 지분보유국이 되었다.[44]

살펴본 바와 같이 중국의 다자외교는 1990년대 중·후반까지 영역별로 입장차이를 보였으나 이후 전반적으로 주도적으로 구성해가고자 하는 특징을 보이고 있다. 즉, 원칙이나 규칙 등을 다루는 규범영역과 전통적 의미의 안보를 의제로 하는 다자제도에서는 소극적으로 참여하다 적극적 참여 및 주도적 조직으로 변화하였다. 반면 경제문제를 의제로 하는 다자제도에서는 상대적으로 국내의 규범체계와 조직 등을 재정비하거나 개조하여 글로벌 스탠더드에 부합하도록 하는 등 적극적으로 참여하였으나 최근 자국의 목소리를 높이고 영향력을 확대하고자 하는 모습을 보이고 있다. 중국의 다자제도에서의 행위는 서구 연구자들로부터 '국가의 기능을 확대시키는 신기능주의 방식'[45]이라는 비판을 받았다. 그러나 중국의 다자외교는 1990년대 후반부터 다자제도를 조직하기 시작하는 등 21세기에 접어들어 모든 영역에서 더욱

---

43) "국제금융기구 발행채권 매입 검토해야," 『연합뉴스』, 2010년 5월 25일; "국제금융기구 지분 변화 … 그 속에 숨겨진 파워게임," 『매일경제』, 2010년 4월 30일.
44) "국제금융기구 지분 변화 … 그 속에 숨겨진 파워게임," 『매일경제』, 2010년 4월 30일.
45) Samuel S. Kim, "China's International Organizational Behavior," Robinson & Shambaugh, eds., *Chinese Foreign Policy—Theory & Practice* (Oxford Press, 1995), p. 425; Samuel S. Kim, "International Organizations in Chinese Foreign Policy," *Annals, AAPSS*(Jan. 1992), p. 151.

적극적으로 기존 다자조직에서의 영향력 확대를 도모하는 변화를 보이고 있다. 이러한 변화가 기존 다자제도와 어떤 조화를 이룰 수 있을지는 조금 더 지켜볼 필요가 있겠다.

IV. 다자외교에 대한 중국의 태도변화 동인

위에서 살펴보았듯이 다자주의에 대한 중국의 입장은 확실히 변화하였다. 그렇다면 다자제도에 대한 중국의 태도변화를 유발시키는 원인은 무엇인지 살펴볼 필요가 있다. 이는 향후 중국의 다자외교의 변화가능성을 전망하는 데 매우 유용할 것이다. 중국의 다자제도에 대한 태도변화를 유발시킨 원인을 중국의 인식변화와 전략적 이익이라는 차원으로 나누어 분석할 것이다.

1. 다자외교에 대한 중국의 인식변화

이미 살펴본 바와 같이 다자주의에 대한 중국의 인식은 확실히 변화되었다. 이러한 인식의 변화에 영향을 준 요인들은 다음 몇 가지로 나누어볼 수 있다. 첫째, 시대에 대한 인식의 변화이다. 신중국 건국 초기 중국은 '세계전쟁은 피할 수 없을 뿐 아니라 눈앞에 임박'해 있어서 그 시대의 주요 임무를 '전쟁과 혁명'의 준비로 규정했다. 따라서 다자제도의 필요성을 느낄 수 없었다. 그러나 중국은 일정 기간 동안 세계에 대한 관찰을 통해 국제정세에 대해 새로운 판단을 하기 시작했다.[46] 즉, 1980년 대 중·후반 덩샤오핑은 "평화와 발전이 이 시대의 주요 주제"이며 이 두 문제가 세계적으로 가장 중요해졌다고 주장하였고, 이를 계기로 중국의 대외전략도 변화하기 시작했다.[47] 1970년대 말과 80년대 초 개혁개방 정책을 실시하기 시작한 중국은 대외전략을 ①과거 이데올로기를 중시하는 이상적 경향에서 실사구시를 바탕으로 한 경제적 이익을 중시하는 현실적 경향으로 전환하였고, ②국제주의 노선을 버리고 국가이익을 중시하며, 더 공정하고 합리적인 국제질서 구축을 위해 노력하는 방향으로의 전환을 도모하였다.[48] 동시에 중국은 다자제도가 자국의 경제현대화 실현에 필요한 수단이자 국제질서 구축에 있어서도 매우 중요한 수단임을 인식하게 되었다.

이후 1980년대 말 1990년대 초 냉전의 종식과 함께 동서진영의 군사대립과 이데올로기 투쟁이 막을 내렸고, 세계는 경제이슈를 중심으로 한 세계화 시대에 접어들었다. 세계화는 자본, 금융, 정보 및 기술 등으로 구성된 국가간 상호의존을 심화시켜 개별 국가들의 행위와 전략에 영향을 미치게 되었다. 중국 또한 '세계 속의 중국'이라는 개념을 제기하면서 현 국제질서에 편입(融入)하여 국제적 자원을 효율적으로 이용함으로써 현대화 촉진이 가능하다는 것을 학습하였던 것이다. 1980년대를 거쳐 1990년대에 다자주의에 대해 전면적인 참여라는 중국의 외교행위는 이러한 변화되어가는 시대에 대한 중국의 인식이 반

---

46) 신중국 건국 초기의 '세계전쟁은 피할 수 없다'는 인식의 변화에는 다음의 두 단계를 거쳐 변화되었다. 1970년대 말 80년대 초의 제1단계에는 '전쟁은 피할 수 없지만, 연기시킬 수 있다'는 인식의 단계로, 덩샤오핑은 이에 대해 "적절한 조치를 취하면 80년대에는 위험을 모면할 수 있으며, 20년간의 평화적 환경의 조성도 가능하다"라고 지적한 바 있다. 1980년대 중반부터 제2단계로 전쟁 발발의 위험은 여전히 존재하지만 세계평화를 촉진시키는 역량의 성장이 전쟁 발발 요인의 증가를 추월하기 때문에 전쟁을 피할 수 있으며, 평화는 희망적이라는 인식의 단계를 거쳐, 80년대 중반 이후부터 '평화와 발전'은 중국이 인식하는 시대관이라는 견해가 일반적이다. 徐成芳著, 『和平方略-中国外交策略研究』 (北京: 时事出版社, 2001), pp. 213-215.

47) 『鄧小平文選』 第3卷, pp. 56, 105 참조.

48) 이러한 대외전략의 전환은 '우두머리가 되지 않겠다'는 '不當頭', '재능을 감추고 드러내지 않아야 한다'는 '韜光養晦', '성과를 내야 한다'는 '有所作爲'라는 전략으로도 표현되었다.

영되었다고 판단된다.

둘째, 세계화 시대에 접어들면서 의제 간 상호 연계의 증가는 안보의 개념과 안보관계의 성격에 변화를 가져왔으며 국제협력의 유용성이 부각되었다. 다시 말하면 과거의 안보는 군사적 안보에 한정되었고 쌍무적 안보동맹과 군사집단의 대립이 안보관계의 주요 형식이었던 반면 지금의 안보는 이미 군사영역에만 국한된 것이 아니라 경제안보, 금융안보, 문화안보 등등으로 그 개념이 확대되었을 뿐 아니라 집단안보, 안보협력 등 안보관계의 성격도 변화하였다.[49] 결국 국제협력을 촉진시킬 수 있는 제도에 대한 유용성과 필요성에 대해 인식이 점차 증가되었다. 즉 중국은 "세계화 과정에서 각 국가는 각종 방식으로 다자제도의 규범과 원칙을 학습, 내면화를 추진하여, 자의적 혹은 반자의적으로 통합의 과정에 참여하게 되며, 만약 이러한 학습기회를 놓치거나 배척하는 국가는 다자제도 밖으로 배제되어 많은 기회와 얻을 수 있는 이익들을 놓치게 된다"는 점을 학습하게 된 것이다.[50]

셋째, 국제사회의 중국의 역할에 대한 평가이다. 개혁개방 이후 근 20여 년 동안 중국이 이룬 국내경제의 발전은 국제사회에서의 자신의 역할에 대해 자신감을 회복하게 하였을 뿐 아니라 과거의 경험에 대한 굴욕감에서도 벗어날 수 있는 계기가 되었다. 그러나 최소/최대전략

---

49) 안보협력은 과거의 군사동맹과 많은 차이가 있다. 첫째, 군사동맹은 동맹의 기초가 되는 공동으로 지정한 가상의 적이 존재한다. 그러나 안보협력은 공동의 적이 없을 뿐 아니라 제3자를 겨냥하지 않으며, 잠재적 위협을 대비하거나 상호 제약을 협력의 기초로 삼는다. 둘째, 군사동맹의 전략적 목표는 공동의 적을 위협하여 이기는 것이지만, 안보협력은 군사적 충돌을 예방하는 것이다. 셋째, 군사동맹은 주로 군사력을 하여 전략적 목표를 실현하지만, 안보협력은 정치적 대화나, 다자주의를 이용하여 서로의 오해를 유발하는 요소들을 제거하는 것이다. 즉 안보협력이란 성원국 간에 제도적 연계를 강화시켜 전쟁을 일으킬 수 있는 요인들을 감소시키는 것이다. 劉靖華, "全球化中的中國與世界," www.future-china.org.tw/fcn-tw/199903/1999030303/htm(검색일: 2003년 6월 20일).

50) Joseph S. Nye, "Nuclear Learning and U.S.-Soviet Security Regimes," *International Organization*, Vol. 41, No.3 (Sep. 1987), p.378.

(mini/max strategy)을 혹은 무임승차전략(free-riding stratefy)을 취하는 국가라는 국제사회의 평가는 중국으로 하여금 자국의 이미지에 대해 고려하게 하였다.[51] 즉 중국은 국가의 역할을 경제발전이라는 국부적 전략에서 '책임감 있는 대국'이라는 국제적 명성과 국제사회에서의 역할로 확대하게 되었다. 중국은 국제사회에서 자신의 이미지를 외부세계에 대한 과거의 투쟁적, 대항적 국가에서 협력적 국가로 또 책임감 있는 대국으로 전환시킬 필요성에 대해 인식하였음을 알 수 있다. 이러한 몇 가지 요인들은 중국의 다자외교를 부분적·선택적 참여에서 전면적·적극적 참여로, 다시 다자제도의 주도적 창설 및 규범 제정까지로 변화시켰다.

2. 중국의 전략적 동인

위에서 언급하였듯이, 다자외교는 이미 각 국가들의 중요한 외교수단이 되었고, 중국 역시 다자제도에 대한 입장이 점진적으로 변화하였다. 중국의 다자제도에 대한 이와 같은 태도 변화에는 분명 다자외교를 통해 양자관계에서 얻을 수 없는 전략적 이익 달성이라는 필요에 의한 것이다. 그러므로 다자제도에 대한 중국의 위와 같은 전략적 접근은 중국 외교 전략이라는 큰 틀 안에서 움직이고 있으며, 중국의 다자제도에서 행태가 영역별로 다소간의 차이를 보여 왔던 이유 역시 중

---

51) 王逸舟 교수는 "개발도상국은 개방도상국의 독특한 처지와 그에 따른 관념을 가지며, 중등발전국과 선진국은 그들의 각기 다른 특수한 이익이 존재한다. …… 일반인들은 그들의 엥겔지수의 비중이 낮아지면 더 많은 시간과 비용을 여행에 투자할 수 있고, 환경문제에 관심을 갖게 되며 더 나아가 외부세계의 자국에 대한 환경보호 태도에 대한 평가를 의식하고 민감하게 반응한다"라는 비유를 들어 중국이 21세기에 접어들어 자신의 외교에 균형을 이루어야 한다며 국가이익의 개념에 '책임감'이라는 이미지를 덧붙였다. 王逸周, "面向21世紀的中國外交: 三種需求的尋求及其平衡,"『戰略與管理』第6號(1999), p. 10.

국외교의 전체적인 틀 안에서 움직이기 때문이다. 위에서 언급하였듯이 중국의 역대 중국 지도자들은 매우 모호하면서 구체적이지는 않지만 끊임없이 세계적 차원의 강대국 지위(status) 획득이라는 세계적 포부가 포함된 장기적인 전략적 비전을 제시하였다. 따라서 중국은 세계적 차원 또는 명실상부한 강대국 지위 추구라는 목표를 달성하기 위해 대내적으로 지속적인 경제발전, 대외적으로 지지세력 확보 또는 영향력 확대는 필수적으로 수반되어야 한다. 따라서 중국은 다자외교를 통해 다음 몇 가지의 전략적 이익을 추구하고 있다.[52]

우선, 중국은 다자외교를 통해 경제적으로 국내경제 발전을 도모하고자 한다. 다자외교 전개 초기 중국의 지도부는 사회 안정에 대한 우려 때문에 다자주의에 편입되는 속도와 심도에 대한 많은 고민을 하였을 것이다. 그러나 다자제도가 주는 정보와 자금제공에 대한 유인은 중국이 경제영역의 다자주의에 대해서는 일찍부터 실질적 개념의 전략적 접근을 하도록 하였다. 현재 중국의 다자외교는 지속적인 국내경제 발전을 위한 자원획득의 방편이 되었다는 평가를 받기도 한다. 최근 중국은 SCO와 FOCAC(중국·아프리카 협력 포럼)는 대표적으로 자원외교의 일환으로 진행하고 있음을 부인할 수 없다.

둘째, 중국은 다자외교를 통해 대내외적 정치이익을 실현하고자 한다. 중국은 정치·안보 영역의 다자제도에 대한 실질적 참여는 자연스럽게 국가의 내부적 변화를 유발하기 때문에 절대적인 주권이익의 추

---

52) 중국의 대외전략 목표는 강대국 지위 추구임을 주장하는 덩은 국제문제에서 중국이 다자적 접근을 통해 얻고자하는 목표를 다음 세 가지로 요약하였다. 첫째, 다자외교는 세계화시대에 국내이익에 직접 영향을 줄 수 있는 초국가적 위협을 처리함으로써 '국내경제 발전과 사회 안정 추구'라는 중국정부의 목표 달성에 도움이 된다. 둘째, 다자외교는 중국위협론을 잠식시키고 책임대국으로서의 중국이라는 외부의 인식을 확대시킨다. 셋째, 중국의 다자외교는 잠재적 적대국 제지(restraining)와 국제환경 조성에 있어 주도권을 얻기 위한 방향으로 맞춰지고 있다. Yong Deng, *China's Struggle for Status: the Realignment of International Relations*(New York: Cambridge university Press, 2008), pp. 234-236.

구에는 한계가 있다. 때문에 건국초기 일정 기간 동안 중국은 전통적 개념의 안보영역에서 다자제도에 대한 참여서 실질적이었다기보다 명목적이었다. 현재에도 중국은 여전히 주권이익에 대해 집착하고 있지만 상대적으로 약화되었다. 이 외에도 중국은 다자제도를 정치적으로 대만고립화 수단으로 이용하고 있음을 부인할 수 있다. 즉 중국은 대만과의 통일을 국가적 차원의 과제로 삼고 있기에 다자제도에서 대만이 국제적으로 법률적 실체로서 인정받지 못하도록 하여, 그 활동공간을 제한하기 위함이다. 물론 대만문제는 중국이 다자제도뿐만 아니라 양자관계에서도 이용하고 있지만, 중국은 대만이 다자제도에 참여하는 조건들을 자신이 결정해야 한다고 주장함으로써 대만은 중국 내부의 주권과 관련된 문제라는 인식을 바탕으로 다자제도를 전략적으로 이용하고 있다.[53]

셋째, '책임감 있는 대국'이라는 자국의 이미지 수립이다.[54] 한 국가가 다자제도에 참여하면 그 규범의 내면화를 수반하기 때문에, 국내 정책 및 외교정책에 영향을 미치지 않을 수 없다. 그러나 다자제도의 규범체계 역시 참여국의 영향을 받는다. 그러므로 중국은 기존의 다자제도에 적극적으로 참여하여 그동안의 국제질서에 대한 '현상타파'국이라는 자국의 이미지를 국제질서를 평화적으로 수호하고 유지하려는 '책임감 있는 대국'이라는 이미지로 개선시키고자 한다. 그럼으로써 중국은 경제발전을 바탕으로 하여 다자제도에 대한 영향력을 점차적으로 증가시켜서 향후 다자제도가 중국에 유리한 방향으로 발전할 수 있게 한다는 것이다.

넷째, 대외영향력 확대를 도모한다. 다자제도는 국제질서를 운용하

---

53) 대만의 다자제도 참여를 중국이 결정해야 한다는 견해는 다음을 참조. Elizabeth Economy & Michel Oksenberg, *China Joins the World: Progress and Prospect*(Council on Foreign Relations, 1999), p. 22.

54) 王逸舟, "負責任的大國角色,"『南方都市報』, 1999年 12月 31日; 張錫鎭, "東亞區域合作與合作機制,"『東南亞研究』第11號(2001).

는 규범을 생산해 개별국가의 행위에 영향을 주고 제한하기도 한다. 때문에 다자제도에서 규범 수립에 대한 중국의 영향력 확대는 향후 중국에게 유리한 국제질서 구축이 가능하다. 이미 살펴본 대로 중국의 다자제도의 쿼터 확대, 투표권 확대 등등의 조치를 통해 대외영향력을 확대하고 있다. 이 외에도 개발도상국들과 새로운 다자협력을 추진하는 등 전방위적으로 영향력 확대를 도모하고 있어 향후 발전방향은 주목할 만하다.

V. 맺는 말

국제문제를 처리하는 데 있어 다자제도는 본래의 한계성이 여전히 존재한다. 특히 기존 다자제도의 대부분의 중요한 규범체계는 미국을 위시한 서구 국가들의 영향을 많이 받았기 때문에 다자제도는 왕왕 그 기능을 제대로 발휘하지 못하는 경우가 있다. 그러나 다자제도가 비록 많은 부분 불합리한 요소를 내포하고 있지만 국제질서의 평화와 안정 유지, 국제사회의 발전에 공헌을 하고 있다. 뿐만 아니라 이를 위한 국가 간 협력을 유도하고 있음은 확실하다.

살펴본 바와 같이 다자제도에 대한 중국의 입장은 배척·비판에서 우호적이며 적극적인 참여로, 더 나아가 주도적 창설까지로 변화하였다. 여기에는 다자제도에 대한 중국의 인식의 변화와 국가이익 달성이라는 전략적 고려가 반영되었다. 그러나 중국은 모든 다자제도의 규범체계를 전면적으로 또 무조건적으로 받아들이고 있지는 않다. 기존 다자제도들은 대부분 미국 주도로 서구 국가들의 이익이 반영되어 있음을 부인할 수 없다. 때문에 중국은 기존 다자제도에 우호적이고 적극적으로 참여하면서 더 나아가 발언권 확대를 도모하고 있다. 게다가 최근에는 개발도상국들과의 다자협력을 강화하기 위한 다자제도를 중국이 주도적으로 창설하고 있다.

현 국제질서에 있어 다자제도의 중요성은 모든 국가들이 인식하고 있고 다자외교에 적극성을 보이고 있다. 그러나 중국이 이처럼 다자제도에서 보이는 적극성은 보다 큰 함의를 지닌다. '중화질서'라는 자신의 규범체계를 지배한 경험과 세계의 중심국 지위에서 세계의 주변국 지위로의 전락을 함께 경험한 중국이 세계의 주변국으로 남지 않고 국제질서의 규범체계 주도국 지위를 회복하고자 하기 때문이다. 더욱이 중국은 서구 국가들과는 다른 문화체계를 지니고 있고, 신중국 건국이후 줄곧 국제질서의 개조의 필요성에 대한 목소리를 높여왔으며, 이러한 목소리의 연장선으로 냉전 종식 후 중국은 새롭게 구축되어져야할 국제질서에 대한 이상적인 청사진으로 "국제정치경제 신질서" 구상을 제기하여 국제질서의 권력구조에 있어서나 국제질서를 개조하는 수단과 방법에 있어 미국과 상반된 구상을 제시하였다. 또 부상하는 중국은 평화애호국으로서 조화로운 세계를 구축할 것임을 주장하며 국제문제 운용방식에서 미국과는 다소 상반된 태도를 보이고 있어 중국의 다자외교는 더더욱 주목할 만하다.

중국은 개혁개방 이후 지속적인 발전을 통해 국제적 위상이 제고되었다. 2008년 미국발 글로벌 금융위기 이후의 G2, 차이메리카 (Chimerica) 등의 용어들은 높아진 중국의 국제적 위상을 반영하고 있다. 지속적인 경제발전을 전제로 하지만, 중국의 국제적 위상이 지속적으로 제고된다면 중국의 다자외교는 보다 적극성을 띨 것으로 전망된다. 중국은 국가관계나 국제문제가 이미 매우 다원화되어 가고 있어 양자관계의 틀 속에서만 유지되고 해결 가능하지 않음을 인식하고 있다. 게다가 중국은 명실상부한 강대국화 지위 추구를 목표로 삼고 있기에 다자제도를 적극 활용하여 국제질서 운용에 대한 자국의 목소리를 반영하고 하기 때문이다.

| 참고문헌 |

김애경. "세계금융위기와 베이징컨센서스의 확산?" 2009년 한국정치학회
    하계학술대회 발표논문.
이동률. "중국의 유엔외교: 원칙, 수사, 그리고 전략." 『중국외교 연구의 새
    로운 영역』. 서울: 나남출판사, 2008.
주장환, 윤성욱. "인민폐 국제화의 정치경제: 배경과 전략을 중심으로." 『국
    가전략』 제15권 4호.
한석희. "중국의 다자외교." 『다자외교 강국으로 가는 길』 서울: 동아일보
    사, 2009.
"국제기구 장악하라, 國格 높이려는 中의 야심." 2009년 10월 20일 http://
    www.edaily.co.kr/News/World/NewsRead.asp?sub_cd=IF21&newsid
    =01689206589854888&clkcode=00203&DirCode=00703&OutLnkChk=Y
    0(검색일자: 2010년 2월 10일).
"국제금융기구 발행채권 매입 검토해야." 『연합뉴스』, 2010년 5월 25일.
"국제금융기구 지분 변화…그속에 숨겨진 파워게임." 『매일경제』, 2010년 4
    월 30일.

"加入世界 易組織7周年, 中國交出滿意'答卷'." 『人民日報海外版』, 2009年 2月
    12日.
江億恩(Alastair Iain Johnston). "中國參與國際體制的思考." 『世界經濟與政治』
    第7號. 1999.
_____. "美國學者關于中國與國際組織關係研究概述." 『世界經濟與政治』 第8號.
    2001.
"關于第七個五年計劃的報告———一九八六年三月二十五日在第六屆全國人民代
    表大會第四次會議上." http://www.people.com.cn/item/lianghui/zlhb/
    rd/6jie/newfiles/d1140.html(검색일자: 2010년 3월 5일).
"國際觀察: 提昇話語權關鍵在話語質量." 『環球時報』, 2010年 4月 23日.
『鄧小平文選』 第3卷. 1993.
孟祥 . "把握後冷戰世界發展趨勢實現過世紀國家綜合安全-江澤民新安全觀初

探."『外交學院學報』第2號. 1999.

"美國爲何 心上海組織 起?"『國際觀察』2006年 5月 30日.

龐　森. "改革開放與中國的多邊外交政策."『世界政治與經濟』第11期. 2008. http://www.irchina.org/news/view.asp?id=1704(검색일자: 2009년 1월 23일).

謝益顯.『中國外交史』. 河南: 河南人民出版社, 1996.

徐成芳 著.『和平方略-中 外交策略 究』. 北京: 事出版社, 2001.

石志夫.『中華人民共和國對外關係史: 1949年 10月-1989年 10月』. 北京: 北京出版社, 1996.

成啓禎. "東亞國家對美國亞洲政策的回應."『國際問題研究』第3號. 1995.

時永明. "亞太安全背景與地區多邊主義."『國際問題研究』第1號. 1996.

_____. "亞太安全中的矛盾與合作."『國際問題研究』第3號. 1997.

梁凱音. "中國擴展國際話語權的思考."『中共中央黨校學報』第13券, 第3期. 2009.

于欣佳. "中國多邊外交理論與實踐."『政治研究』第4號. 2010.

王玲. "世界各國參與國際組織的比較研究."『世界經濟與政治』第11期. 2006.

王逸舟. "負責任的大國角色."『南方都市報』1999年 12月 31日.

_____. "中國與國際組織關係研究: 理論解釋及現實難題的一種探究."『世紀中國』2001年 10月 28日, http://cei.org.cn/(검색일: 2002년 11월 23일).

王逸周. "面向21世紀的中國外交: 三種需求的尋求及其平衡."『戰略與管理』第6號. 1999.

王鐵崖著.『國際法引論』北京: 北京出版社, 1998.

劉建飛. "簡析多邊主義歷史演變."『國際政治研究』第1號. 2006.

劉靖華. "全球化中的中國與世界." www.future-china.org.tw/fcn-tw/199903/1999030303/htm(검색일: 2003년 6월 20일).

劉青建. "挑戰, 應對, 構建."『思想理論敎育導刊』第9期. 2005.

林珉璟·劉江永. "上海合作組織的形成及其動因."『國際政治科學』第1號. 2009.

張劍荊. "中國外交進入話語權意識高漲時代."『南風窓』第6期. 2008.

張歷歷. "中國與國際組織關係之發展."『國際組織與集團研究』. 北京: 中國社會科學出版社, 1989.

張錫鎭. "東亞區域合作與合作機制."『東南亞究』第11號. 2001.

鍾龍彪·王俊. "中國對聯合國維持和平行動的認知和參與."『當代中國史研究』第13輯, 第6號.

周琦. "新維和觀與中國國家利益." 『求索』第3號. 2005.

陳東曉. "新中國多邊外交的繼承與創新." 『上海市社會科學界第7屆學術年會文集』2009年度.

秦亞青. 『權力, 制度, 文化』. 北京: 北京大學出版社, 2005.

陳　言. "金融危機減弱了美國的話語權." 『經濟』2009年 2月 3日.

夏建平著. 『認同與國際合作』. 北京: 世界知識出版社, 2006.

"掌握信用評級話語權是戰略目標." 『華夏時報』, 2010年 5月 14日.

"鄭新立: 中國GDP今年必超日本 据世界第二." 『中華商業活動網』2010年 4月 29日 http://www.cbevent.com/news/viewnews/1718/(검색일자: 2010년 5월 10일).

"鄭新立: 應把爭取國際評級話語權列入國家戰略." 『經濟參考報』, 2010年 5月 5日.

"朱鎔基出席第四屆貿促機構大會 作演講." 『新華社』2002年 5月 6日. www.people.comcn/GB/shizheng/252/2145/index.html(검색일자: 2002년 10월 2일).

"中華人民共和國代表團團長鄧小平在聯大特別會議的發言." 『人民日報』, 1994年 4月 11日.

『人民日報』, 1974年 4月 11日.

『考消息』, 2002年 11月 12日.

『2008年中國國防白皮書』, 2009年 1月 20日.

「關于在邊境地區加强軍事領域信任協定」.

「關于在邊境地區相互裁減軍事力量協定」.

「關于地區反機構的協定」.

「打擊恐怖主義, 分裂主義和極端主義上海公」.

Deng, Yong. *China's Struggle for Status: the Realignment of International Relations*. New York: Cambridge university Press, 2008.

Economy, Elizabeth, & Michel Oksenberg. *China Joins the World: Progress and Prospect*. Council on Foreign Relations, 1999.

Johnston, Ian Alastair. "Is China a Status Quo Power?" *International Security*, vol. 27, No. 4(Spring). 2003.

Kim, Samuel S. "International Organizations in Chinese Foreign Policy." *Annals*, AAPSS (Jan). 1992.

_____. "China's International Organizational Behavior." Robinson & Shambaugh, eds. *Chinese Foreign Policy-Theory & Practice.* Oxford Press, 1995.

Nye, Joseph S. "Nuclear Learning and U.S.-Soviet Security Regimes." *International Organization,* Vol. 41, No.3(Sep). 1987.

Statement to the NPT 2000 Review Conference H.E. Ambassador Sha Zu Kang Head of the Chinese Delegation to the UN, http://www.ceip. org/programs/npp/npt2000zukang.html(검색일자: 2003년 3월 4일).

Wang, Hongying. "Multilateralism in Chinese Foreign Policy-The Limit of Socialization." *Asian Survey,* Vol. XL, No. 3 (May/June). 2000.

제5장

중국의 영향력 균형 전략과 제3세계 외교: 과거의 경험, 그리고 오늘날의 함의

김예경

I. 글을 들어가며

냉전 이후, 미국의 단일 패권 체제하에 유지되어 왔던 기존 국제질서는 중국의 부상으로 인해 다양한 논의를 촉발시키고 있다. 논의의 중심은 중국의 부상이 미국 중심의 단일 패권 체제에 대해 수정주의적으로 나타날 것인가 아니면 기존 질서를 그대로 유지하는 현상유지의 경향을 보일 것인가에 있다.[1] 중국의 부상과정에서 나타나는 다양한 대외행태에 대해 중국이 추구하고자 하는 목적과 의도가 무엇인지에 대

---

1) 중국이 국제사회의 도전이 될 것인가에 대한 전략을 파악하기 위해서는 골드스타인(Goldstein 2005)의 연구 참조. 중국의 부상이 국제질서를 변화시키려는 경향으로 나타날 것이라는 견해에 대해서는 번스타인과 먼로(Bernstein and Munro 1997, 18-32)의 연구 참조. 중국을 현상유지세력으로 보는 시각에 대해서는 존스턴(Johnston 2003, 56), 강(Kang 2007) 등의 견해 참조.

한 논의는 이러한 문제의식과 연결되어 있다. 그렇지만 그 의도를 어떻게 파악할 수 있을 것인가에 대해서는 보다 면밀한 분석이 요구된다.

과연 국제체제에서 현상유지 세력은 존재하는가. 공격적 현실주의자들은 실제의 세계정치에서 현상유지를 목표로 하는 나라들은 거의 찾아볼 수 없다는 입장을 취한다(Mearsheimer 2001, 21). 존 미어샤이머(John J. Mearsheimer)는 국제정치는 누가 의식적으로 고안한 것도 아니고 의도한 것도 아니지만 본질적으로 비극적이라고 주장한다. 강대국의 속성은 기본적으로 패권을 추구하는 데 있으며, 결국 강대국 간 패권경쟁을 동반하게 되는 것이다. 서로 싸워야 할 아무런 이유가 없는 강대국이라 해도—오직 자신의 생존에만 관심을 가지는—그들은 자신의 국력을 증강시키거나, 국제체제에 있는 다른 나라를 제압할 수 있는 능력을 추구하는 대안 이외의 다른 것을 선택하기란 어렵다(Mearsheimer 2001, 2-3). 공격적 현실주의자들의 이러한 견해가 옳다면, 강대국들이 패권을 달성하는 데 있어 어떠한 수단과 방식을 사용하느냐는 결코 중요하지 않을 것이다.

최근 들어 중국은 제3세계에 대한 매력공세(charm offensive)를 강화하고 있다. 일반적인 의미에서 매력공세란 한 국가가 소프트 파워(soft power)와 같은 비강제적인 수단을 동원해 아시아, 남미, 아프리카 등 제3세계의 환심을 사려는 적극적인 외교를 지칭한다.[2] 중국은 공공외교(public diplomacy), 원조, 무역 등을 통해 제3세계에 선심성 외교를 전개하고 있다. 또한 적극적이고 주동적인 다자기구의 참여, 평화

---

2) 본문에서 사용하고 있는 '제3세계'는 특정시대를 대표하는 용어가 아니며 시대에 따라 약소국 혹은 개발도상국가로도 대체될 수 있음을 밝혀둔다. 중국의 제3세계에 대한 적극적인 공세외교에 관해서는 쿨리(Cooley 1966), 루빈스타인(Rubinstein 1975), 쿠를란치크(Kurlantzick 2007) 등 참조. 중국과 제3세계의 관계에 대한 연구는 김(Kim 1984, 178-211), 해리스(Harris 외 1986), 김(Kim 1989, 148-178), 김(Kim 1994, 128-168), 니스(Ness 1998, 151-168), 아이젠만(Eisenman 2007) 등 참조.

유지 지지, 라틴아메리카와 아프리카에서의 경제성장 촉진, 마약과 인신매매와의 전쟁 등을 통해 제3세계와의 관계를 강화하고 있다. 나아가서 중국은 서구의 발전모델을 채택하지 않고 자기만의 독자적인 프로그램으로 경제성장을 이룩한 발전모델인 베이징 컨센서스(Beijing Consensus)를 제3세계 지역에 확산시키려 하고 있다.

본 연구는 중국의 제3세계 외교를 (패권적 의도가 내재된) 주변 강대국과의 영향력(balance)을 둔 견제와 균형의 과정이라고 규정하고자 한다. 최근 학자들 간에 파워(power)와 영향력을 구분해서 사용하는 경향이 증가하고 있다(Keller 외 2007; Kang 2007; Goh 2005). 일반적으로 세력 균형(balance of power)이 군사력과 같은 강제력(hard power)에 의존하는 것이라면 영향력 균형(balance of power)은 소프트 파워와 같은 비강제적 수단에 의존하는 경향이 강하다. 예를 들어, 중국의 제3세계 지역에 대한 영향력은 세계 유일의 패권국가인 미국과 견주어 다양하게 평가된다. 세력 균형 차원에서는 여전히 미국에 못 미치지만, 영향력 균형의 차원에서 중국의 영향력은 미국과 견줄 수 있을 정도로 평가되기도 한다(Keller 외 2007; Kang 2007).

세력 균형 전략이 단순히 현상유지정책으로 머물지 않고 군비경쟁을 동반하고 더 나아가 강대국 간 전쟁이 일어날 가능성을 배제할 수 없듯이 영향력 균형의 추구 또한 강대국 간의 치열한 영향력 경쟁과 더불어 포연(砲煙) 없는 전쟁이 일어날 가능성도 크다.[3] 실제로 중국의 적극적인 제3세계 외교는 미국의 영향력에 도전으로 인식되고 있고 미국 내 일부 학자들은 이에 대한 적극적인 견제와 대응을 주문하고 있기도 한다(Heginbotham 2009, 209).

---

3) 제3세계는 종종 강대국들의 영향력 경쟁의 치열한 전쟁터가 되어 왔다(Mathisen 1971, 235). 냉전시기 중소영향력 경쟁과 제3세계에 관한 연구는 다이(Dai 1974, 307-315), 루빈스타인(Rubinstein 1975), 메티슨(Mathisen 1971, 207-237), 유세희(1988) 등의 연구 참조. 미국의 제3세계에 대한 군사적 · 경제적 원조정책에 대해서는 다이(戴超武 2006)의 연구 참조.

본 연구의 주요 목적은 최근 다시 부각되고 있는 중국의 제3세계 외교의 목적과 의도를 파악해 보는 데 있다. 이를 위해 유사한 사례로 평가할 수 있는 냉전시기 중국의 제3세계 외교의 전개와 결과를 역사적으로 재조명해 보는 것이다. 흥미롭게도 오늘날 중국의 제3세계 외교는 냉전시기 제3세계 외교를 연상시킬 정도로 외교적 행태나 수단에서 상당히 유사한 측면을 보이고 있다. 그 주요 수단 중의 하나가 소프트 파워였다. 소프트 파워 개념은 조셉 나이(Joseph S. Nye)가 1990년에 처음 소개한 개념이지만, 강대국들은 이미 과거에도 군사력과 같은 하드 파워뿐만이 아니라 문화(culture), 정치적 이상(political ideals), 대외정책(policies)의 매력(attractiveness), 즉 소프트 파워를 이용해 국제사회에 영향력을 행사하고자 했었다.[4] 냉전시기 중국은 무력과 같은 강압적인 수단이 역부족일 때 주로 이념(ideology), 신념체계(belief system)와 같은 정치적 이상을 내세워 국제사회에 영향력을 확대하고자 했고 그 주요 대상지역이 제3세계였다.[5]

중국의 부상과 이에 대한 국제사회의 관심이라는 시대적 상황도 냉전 초기와 상당히 유사하다. 당시 중국은 신생 사회주의 국가로서 국제사회에서 위협적인 존재로 부상하고 있었다(Barnett 1959; Goldston 1967; Belden 1970; 袁易 외 2005).[6] 중국은 이념적으로 대립하고 있던 미

---

4) 소프트 파워의 개념에 대해서는 나이(Nye 1990; 2004)의 연구 참조. 중국의 소프트 파워 외교 전략에 대한 국내 연구는 조영남(Cho 외 2008), 김애경(2008), 신종호(2009)의 연구 참조.

5) 최근 북경대학 자칭궈(賈慶國) 교수에 의하면, 이데올로기는 일종의 감화력(感召力)이며, 한 국가가 자국의 이익을 수호하고, 국제사회에서 일정한 능력을 발휘할 수 있는 주요한 부분이라고 주장한다. 이것이 곧 '소프트 파워(軟實力)'이고, 특히 강대국(大國)에게는 매우 중요하다. 이에 대해서는 賈慶國(2002, 36) 참조. 청화대학의 옌쉐통(閻學通) 교수 또한 이데올로기가 외교정책에 미치는 영향은 결코 피할 수 없다고 강조한다(閻學通 2002, 39).

6) 위엔이(袁易), 예전성(嚴震生), 펑훼이란(彭慧鸞) 등에 의하면, 중국의 부상 담론은 1959년 바넷(Doak A. Barnett)의 저서 Communist Economic Strategy: The Rise of Mainland China를 시작으로 제기되기 시작했으며, 30여 년간의 중국 내 정치

국과 같은 강대국뿐만 아니라, 같은 사회주의 종주국이었던 소련에게도 영향력을 다투는 경쟁국가로서 급부상하고 있었다(Cooley 1966; Dai 1974; Smith 1986; Rubinstein 1975). 중국은 내부적으로는 군사력과 경제력을 증진시키기고, 외부적으로는 국제사회에 대한 자국의 영향력을 과시하기 위해 부단한 노력을 기울였다. 그 주요 대상이 제3세계였다. 중국은 제3세계로 하여금 자신이 사회주의 국가의 종주국이자 지도국인 것을 인정받고자 했으며, 이 지역을 영향력 경쟁의 무대로 활용했었다.

"의도는 행태를 통해 파악될 수 있다(Intentions must be gathered from acts)"는 사무엘 존슨(Samuel Johnson)의 고전적 명언과 같이, 국가의 외교정책 행위에는 어떤 패턴이 존재하고, 정책결정자들은 유사한 상황에 직면할 때 유사한 정책결정을 하는 경향이 있다. 외교정책이란 한 국가가 과거의 경험과 수년에 걸쳐 받아들인 특정한 정치적 신념과 이념의 산물이라고 할 수 있다(Jensen 1982, 72). 따라서 미래의 외교정책은 그 국가의 과거 경험들을 통해서 예견될 수도 있다. 이와 같다면, 오늘날 제3세계에 대한 중국의 관심은 결코 새로운 현상이 아니며 그 의도와 목적 또한 다르지 않을 것이다.

본 연구의 목적은 냉전시기 중국이 제3세계 외교를 통해 주변 강대국과 영향력 균형을 추구했던 것처럼, 오늘날 중국의 제3세계 외교에도 이러한 전략의 목적과 의도가 내재될 수 있음을 적시하는 데 있다. 실제로 최근 국제사회는 소프트 파워와 같은 다양한 외교적 수단을 이용한 강대국들 간의 치열한 영향력 경쟁이 전개될 가능성이 높아지고 있다. 따라서 약소국들은 공정한 시각과 외교적 자율성을 가지고 이들 강대국의 외교적 수사와 실제를 구별하려는 노력이 필요하다.

적인 격변으로 잠시 주춤하다가, 1992년 먼로(Ross Munro)가 *Police Review*에 발표한 글 "Awakening Dragon: The Real Danger in Asia is from China"를 시작으로 다시 제기되기 시작하였다고 주장하고 있다(袁易 외 2005, 序言).

II. 영향력 균형 전략의 이론적 모색

1. 영향력, 파워, 소프트 파워의 개념적 차이

영향력 균형 전략을 이해하기 위한 핵심은 바로 영향력 개념을 어떻게 정의할 것인가에 있다. 영향력은 파워와 구분된다. 국제정치에서의 파워(power, 힘, 권력, 국력, 세력)는 어떤 행위자가 자국의 이익을 보전하거나 확대하기 위해 보유하고 있는 능력을 의미하며, 군사력이나 경제력과 같은 하드 파워를 중심으로 평가된다. 영향력은 어떤 국가가 일정한 목적을 달성하기 위해 다른 국가들을 통제할 수 있는 능력을 의미한다. 즉, 한 국가가 정치, 경제, 문화적인 수단을 통해 설득력 있게 상대국의 지도자, 경제와 무역, 다자협력에 영향을 미칠 수 있는 능력을 의미한다. 좀 더 구체적으로 말하자면, 영향력은 A국가의 정책 이익에 부합하도록, A국가가 비군사적 방법을 통하여, 직간접적으로 B의 행위에 영향을 미치는 것을 의미한다(Rubinstein 1975, 10).

군사력과 경제력은 강대국이 되기 위한 필수조건이기도 하다. 그렇지만, 역대 강대국들은 군사력과 경제력을 충분히 갖추었음에도 불구하고, 주변 국가들에 대해 영향력을 발휘하지 못할 때가 있었다. 파워와 영향력은 일치할 수도 있다. 그러나 파워와 영향력이 반드시 일치하는 것은 아니라는 사실은 과거 강대국들이 제3세계에 대한 영향력 경쟁을 벌일 때, 파워가 더 강한 강대국이라도 실제로 그에 상응하는 영향력을 발휘했던 것은 아니라는 데서 그 근거를 찾을 수 있다. 예를 들어, 1950년대 후반 이후 중국은 아프리카 등 제3세계에 대한 매력공세를 전개하였고, 파워도 상승하기 시작했다. 그러나 아이러니하게도 중국의 파워는 상승했지만, 제3세계에 대한 영향력은 감소했다(Cooley 1966, 243-246). 또한, 1960~70년대 중소경쟁시기, 소련은 중국에 비해 월등한 군사력과 경제력을 가진 초강대국이었다. 그에 따르면 사회주의권 내부에서뿐만 아니라 비공산권 국가에 대해서도 상당한 영향력을 발휘할 수 있어야 했다. 그러나 북한과 같은 제3세계 국가에 대해 중국이 소련보다 오히려 영향력을 더 행사할 때가 있었다.[7]

왈트(Stephen M. Walt)나 로스(Robert S. Ross)는 국가들 간의 동맹은 반드시 군사나 경제와 같은 현실주의적인 요인들에 의해 결정되는 것은 아니며, 오히려 역사적인 경험이나 문화적인 영향력을 반영하는 것일 수도 있다고 주장한다(Walt 1987, 236-241; Ross 2007, 121). 경제력이나 군사력과 같은 하드 파워의 한계성에 대해 홀스티(K. J. Holsti)는 다음과 같이 지적하고 있다. 파워 개념은 단순히 한 국가의 군사력과 같은 능력을 평가하는 데 한정되어서는 안 되며, 한 국가가 실제로 타국에 미치는 영향의 정도, 즉 영향력에 대한 평가가 이루어져야 한다. 한 국가의 영향력은 실제로 무력을 행사하는 것보다 더 크게 효력을 발휘할 때가 있기 때문이다(Holsti 1964, 179).[8]

상기한 바와 같다면 파워 개념과 구별되는 영향력 개념은 소프트 파워 개념과 상당히 유사하다. 소프트 파워 개념이 "무력을 사용하지 않고 사람들을 내 편으로 끌어당기는 능력"이라고 정의되면 영향력 개념과 완전히 일치하는 것이기도 하다. 일찍이 강대국들은 군사력 등으로 행사되는 하드 파워가 타국에 대한 영향력 행사에 한계가 있다는 인식하에 문화, 이념, 공공외교와 같은 소프트 파워 자원을 동시에 활

---

7) 중국이 북한에 대한 영향력 행사의 강점은 중국은 북한과 같은 아시아 국가로서 오랜 역사를 통한 정치적 교류로 말미암아 기질과 이해, 나아가 문화 면에서 소련보다는 훨씬 북한으로 하여금 친밀감을 느끼게 할 수 있다는 이점을 가지고 있다. 이와 같은 역사적, 문화적 배경은 소련에 대한 인종주의적 거리감을 근저로 친중국적인 성향을 나타내게 되었다(유세희 1989, 136-138).

8) 한편으로 거토브(Melvin Gurtov)와 같은 학자는 파워와 영향력을 구별하는 것에 신중할 필요가 있다고 주장하기도 한다. 냉전시기 중국이 동남아지역에 취했던 적극적인 외교의 목적과 의도는 무력이나 위협, 파워관계가 아닌 영향력 관계를 원하는 것이었기에 전통적인 세력 균형론의 분석방식을 적용하기는 어렵지만, 캄보디아나 미얀마가 중국에 순응했던 것은 역시 중국이 그만한 지위, 곧 파워가 있었기 때문이라는 것이다(Gurtov 1975, 176-177).

용하는 것이 강대국이 영향력 행사를 하는 데 유용하다고 인식해왔다. 영향력과 소프트 파워는 모두 강대국과의 경쟁을 통해 국제질서나 상대국가의 인식과 행태 변화에 영향을 미치는 능력이다.

영향력과 소프트 파워는 표현방식이 다르고 개념적 정의에도 일정한 차이는 있지만, 전략적 목표에 있어서는 영향력 균형이라는 일치된 목표를 상정하고 있어 혼용될 때가 있다. 그렇지만 엄밀한 의미에서 영향력과 소프트 파워는 개념적 차이가 있다. 영향력은 행위국가의 선호패턴이 반응국가에 전이되는 현상이다. 따라서 영향력은 비대칭적(asymmetrical) 이며, 상호작용(mutual interaction)의 과정이기도 하다(Rubinstein 1975, 10). 이렇게 영향력이 과정(process)과 결과(product)의 개념이라면, 소프트 파워는 영향력 행사를 위한 수단(tools)이 된다. 소프트 파워가 매력적인 외교적 수단이 될 수는 있지만 만약 직간접적으로 상대국의 인식과 행태 변화를 이끌어내지 못한다면 영향력 행사에 실패한 것이라 할 수 있다(Percival 2007, 152).

2. 세력 균형론에서 영향력 균형론으로

이미 앞에서 언급한 바와 같이 영향력과 파워는 구분된다. 이와 마찬가지로 세력 균형론과 영향력 균형론 또한 구분된다. 최근 국제관계에서 소프트 파워의 유용성에 대한 논의가 확산되는 것이 새로운 현상이라면, 국제정치 제 현상의 분석방법으로서 영향력 균형론에 관심을 갖는 것은 세력 균형론의 대안으로서 국제정치이론의 새로운 모색 차원에서 의미가 있다. 아직까지 영향력 균형 개념을 이론적으로나 체계적으로 정립한 학자나 저술은 찾아보기 힘들다. 그럼에도 불구하고 최근 들어 학자들 간에 영향력 균형 개념이 빈번히 사용되는 현상은 주지할 필요가 있다.

예를 들어, 문정인은 중국과 미국이 동아시아 지역에 미치는 영향력이 영역에 따라 다르고 균형을 이루고 있다는 사실을 영향력 균형 개념을 적용해 분석하고 있다(Moon 외 2003, 222-226). 영역차원에서 보면, 미국은 해양 영역에, 그리고 중국은 대륙 차원에서 영향을 미치고 있으며, 중국이 역사-문화적(histo-cultural) 차원에서 영향을 미치고 있다면, 미국은 사회-정보적(socio-informational) 차원에서 동아시아 지역에서 영향을 미치고 있는 것으로 보고 있다.[9]

켈러(Willian W. Keller)나 강(David C. Kang)에 의하면, 중국의 영향력은 경제, 군사, 기술, 외교, 정치 전반에 걸쳐 증대되고 있고, 미국의 영향력이 상대적으로 약화되면서, 중국과 미국이 동아시아지역에서 영향력 균형을 이루고 있는 것으로 평가하기도 한다(Keller 외 2007; Kang 2007). 고(Evelyn Goh)에 의하면, 하드 파워 차원에서 미국을 능가하는 건 어렵지만 동남아시아의 경우, 중국과 동남아 관계가 다층적이고 점진적으로 발전하면서 이 지역에서 중국과 미국 간에 영향력 균형이 이루어지고 있다고 평가한다(Goh 2005, ix).

세력 균형이 군사적인 개념이라면, 영향력 균형은 인식적(cognitive)·제도적(institutional) 변수와 연관이 있다. 영향력 균형이 국제관계와 비교정치 사이의 연계가 되는 현실주의, 자유주의, 구성주의를 포괄하는 개념이라면, 세력 균형은 현실주의적 개념이다. 영향력 균형의 차원에서 보면, 역사, 문화, 사회, 교육, 정보 등과 같은 국내적(domestic), 인식적(cognitive) 변수들, 그리고 규칙, 규범, 공동체 가치와 같은 제도적 변수들이 동맹행위에 영향을 미친다(Moon 외 2003, 222-226).

시오르시아리(John D. Ciorciari)는 아세안(Association of South East

---

9) 한국의 경우, 사회-정보 영역에서는 미국의 영향을 상당히 받고 있지만, 정서적으로는 역사-문화적 경험으로 인해 중국에 경도되는 경향을 보이고 있다. 이러한 두 영향력의 조화가 중·미 간에 영향력 균형을 이루고 있는 것이다. 사회-정보 영역은 인터넷, CNN, TOEFL, 그리고 미국 대학에서 박사학위를 취득한 사람들로 형성된 오피니언 리더 그룹 등이 형성되어 있는 것을 의미한다. 이에 대해서는 문정인과 김용호(Moon 외 2003)의 연구 참조.

Asian Nations, ASEAN)이 미국과 중국 두 강대국 사이에서 군사, 경제, 제도, 관념적 차원에서 균형을 이루려는 노력을 영향력 균형 개념을 사용해 분석하고 있다(Ciorciari 2009). 이에 따르면 세력 균형론이 '군사적 능력의 균형(balance of military capability)' 또는 '전쟁수행 능력의 균형(balance of war capability)' 등의 개념에 가깝다면(박창희 2009, 324), 영향력 균형의 개념은 국제정치의 현실주의, 자유주의, 구성주의의 시각을 모두 반영하는 '군사적, 경제적, 제도적, 그리고 관념적으로 영향을 미칠 수 있는 능력의 균형(balance of military, economic, institutional, ideational capability)'을 의미하는 것으로 해석할 수 있다.[10]

만약 세력 균형론이 강대국들이 국력 증대뿐만 아니라 동맹 형성을 통해 상호 견제와 균형을 추구하는 것이라고 한다면, 영향력 균형 또한 자국의 영향력을 증대시키고 지지 세력을 확보하는 과정을 통해 강대국 간 견제와 균형을 추구하는 것을 궁극적인 목적으로 하고 있다. 이미 앞에서도 언급한 바와 같이 세력 균형 전략이 단순히 현상유지 정책의 의도를 넘어서서 패권경쟁으로 확산될 가능성도 높듯이 영향력 균형 전략 또한 비강제적인 수단에 더 의존적이라는 것을 제외한다면 동맹 획득에 대한 치열한 경쟁이 동반될 가능성도 높다. 미국의 학자들은 아시아지역에서 중국이 소프트 파워를 앞세워서 영향력을 증대시키는 것을 우려하며, 이를 견제하기 위해 전통적 동맹국을 비롯해 기타 아시아 지역에 관심을 가져야 한다고 충고하고 있는 것은 시사성이 크다(Campbell 외 2006, 289-311).

따라서 영향력 균형의 추구는 강대국 간의 치열한 영향력 경쟁을 동반할 수 있다. 1990년대 중반 이후, 중국의 제3세계 외교는 더욱 공세적인 형태로 나타났다.[11] 중국은 조화세계(和諧世界)라는 외교이념에

---

10) 여기서 관념적 요소(ideational factors)란 구성주의자들(constructivists)이 강조하고 있는 규범(norm)과 이념(ideology) 등을 의미한다(Ciorciari 2009, 157-196).
11) 어떤 학자는 중국이 제3세계에 대해 다시 관심을 가지기 시작한 이유를 과거와

전통사상인 "화(和)", "합(合)", "인(仁)", "중용(中庸)", "화이부동(和而不同)" 등을 교묘하게 결합시키면서, 이러한 사상이 기존 패권국인 미국의 "민주"나 "자유"와 비견될 수 있음을 공공연히 드러내고 있다(半月談/06/08/23). 그러나 조화세계 이념은 국제사회에 중국의 대국적 이미지를 인식시키고, 자국의 이념을 국제사회에 전파하여 영향력 확대를 추구하고자 하는 적극적이고 공세적인(aggressive) 의미를 가지고 있는 것이다. 미국 또한 그에 뒤지지 않게 최근 스마트 파워(smart power)를 통해 강대국으로서의 이미지를 재인식시키고, 국제사회에서의 영향력을 증대시키고자 하고 있다.[12] 미국은 조지프 나이(Joseph S. Nye)가 제창한 소프트 파워 개념을 하드 파워와 함께 갖추어야 중요한 파워로 인식하고 있으며, 이러한 인식을 바탕으로 두 파워를 동시에 강조하고 있다(CSIS Commission on Smart Power 2007).

영향력 균형의 이론화 과정을 통해 영향력 전이(influence transition) 라는 새로운 개념의 창출이 가능하다.[13] 쿠글러(Jacek Kugler)의 세력전이(power transition) 이론이 강대국 간의 경쟁과 전쟁을 상정하고 있다면, 영향력 전이는 전쟁의 수단을 취하지 않고 평화적인 방식에 의한 국제질서의 재편을 의미하는 것이다. 국제관계 현대사에서 구소련의 몰락은 곧 영향력 전이의 사례로 해석될 수 있다. 중국 내 몇몇 학자들은 과거 구소련의 해체는 소프트 파워 경쟁을 무시했던 것이 주된 원인 중의 하나라고 지적하며, 이러한 교훈을 바탕으로 중국도 소프트

마찬가지로 1989년 천안문사건과 소련의 붕괴 이후, 국제사회에서의 고립을 탈피하기 위한 것으로 보고 있다(Ness 1998, 156-158). 쿠를란치크는 중국이 제3세계 지역에 본격적으로 매력공세를 전개한 시점을 2000년대 초반으로 보고 있다 (Kurlantzick 2007, 37).

12) 나이에 의하면, 스마트 파워는 하드 파워만을 의미하거나 소프트 파워만을 의미하는 것이 아니라 두 개념을 모두 포괄하는 개념이다(Nye 2004, XIII).

13) 영향력 균형의 개념이 신생이론으로 최근에 학자들 사이에서 논의되기 시작하고 있다는 점을 감안한다면, 영향력 전이라는 개념이 논의수준의 단계까지 이르기까지는 상당한 시일이 걸릴 것으로 예상된다.

파워를 강화하기 위한 노력을 기울여야 한다고 주장하고 있는 것은 주목할 만한 사실이다(張驥 2001; 周軍 2002; 齊長安 2002).

주지할 사실은 강대국이 제시하는 정치적 이상은 구호로서는 매력적일지 모르지만, 실제 행태에서 얼마나 진정성을 갖고 있느냐는 또 다른 차원의 문제이다. 비록 중국이 소프트 파워라는 덜 강압적인 수단을 통해 영향력 균형을 추구하고는 있지만, 이 또한 강대국들이 가지고 있는 패권 지향적 목표를 덜 위협적인 수단을 통해 실현하려는 데 있는 것일 수도 있다. 결국 강대국이 약소국을 지배하는 방식이기도 한 문화적 패권주의나 오리엔탈리즘(Orientalism)의 형태로 나타날 가능성도 높다(하영선 외 2007, 316; 에드워드 사이드 2007). 영향력 균형 전략은 세력 균형 전략의 또 다른 변형에 다름 아닐 수도 있다.

실제로 제3세계는 중국의 외교적 수사와 실제가 불일치하는 것을 경험한 적이 있었고, 이러한 상황은 결국 중국의 선의의 정책에 호응했던 상당수 제3세계 국가의 신뢰를 잃게 되는 것이기도 하다. 최근 중국은 타국의 내정에 간섭하지 않았던 기존 태도와는 달리 심지어 타국의 분쟁을 조정하고 위험한 국가에 압력을 행사하고 있는 국가로 인식되기 시작하고 있다(Kurlantzick 2007, x-xi). 가장 최악의 경우, 중국은 다른 국가들이 미국과 중국 가운데 누구와 더 친밀한 관계를 유지할 것인가를 선택하도록 압력을 행사하기 위해 소프트 파워가 사용될 가능성도 배제하기 어렵다.

중국의 영향력 균형의 추구과정은 냉전시기 제3세계에 대한 공세외교를 연상하게 하는 것이다. 다음 III절에서 제시할 내용은 중국이 어떻게 미, 소 강대국을 견제하면서 국제사회에서 영향력 있는 국가로 성장하고자 했는가를 검토하는 것이다. 이러한 과정에서 초강대국 미국, 소련과의 영향력 경쟁은 불가피한 것이었다. 그런데 당시 중국의 제3세계 외교는 절반의 성공에 불과했다. 중국이 당시 내세웠던 이념과 신념체계는 자국의 이익과 강대국화라는 목적과 의도에 의해 종종 무시되곤 했기 때문이다. 그것이 중국이 제3세계 외교를 통해 이 지역

국가들의 지지를 이끌어낼 수 있었지만, 절반의 성공에 그친 이유라고 할 수 있다.

III. 냉전시기 영향력 균형 전략과 제3세계 외교의 전개

1. 미, 소 강대국에 대한 견제와 균형, 그리고 이념 및 신념체계의 소프트 파워 자원화

1949년 사회주의 국가의 수립 이후, 중국은 지난 100여 년간의 치욕의 역사로 인해 주권과 자율성에 대한 강고한 방어심리가 형성되었고, 중화제국의 부활이라는 제국의 꿈이 중국의 대외전략과 정책기조에 고스란히 배어 있었다. 1950년대 사회주의 개조를 완성하고 대약진과 문화대혁명, 개혁개방을 거치면서 부강한 사회주의 국가를 건설하고, 강대국이 되기 위한 열망은 지속되었다.[14]

냉전시기 중국의 제3세계 외교는 미, 소 강대국에 대항하고 국제사회에서 중국에 대한 지지 세력을 확보하기 위한 전략적 목적에서 전개된 것이었다. 제3세계는 매우 중요한 전략적 가치를 가졌고, 당시 내세웠던 이념이나 신념체계는 제3세계를 유인하기 위한 주요한 외교적 수단이 되었다.[15] 당시 중국의 군사력이나 경제력은 미국이나 소련에

---

14) 장과 핼리데이는 생존의 마오쩌둥이 중국을 세계를 지배하는 초강대국으로 성장시키고자 하는 야심을 버리지 않았다고 주장하고 있다. 이에 대해서는 장융 외(2005) 참조.

15) 미첼은 최근 중국이 내세우고 있는 이념의 목적은 냉전시기와 다르다고 주장하고 있다. 냉전시기 중국이 내세웠던 이념은 자본주의 세계에 대한 적대의식을 갖는 급진적이고 혁명적 성격을 가졌다면, 최근 중국이 내세우고 있는 이념

는 미치지 못하는 것이었다. 따라서 이들 국가와 차별화하기 위한 '이미지 만들기(image making)'가 필요했고, 물질적인 것보다는 외교적 수사나 상징성에 의존하는 경향이 늘었다(Harding 1981, 278-289).[16]

당시 냉전체제의 형성이라는 국제환경에서 핵무기로 무장한 미, 소 두 초강대국이 세계체제를 지배하고 있는 상황에서, 대다수 국가는 두 동맹체제의 한 쪽에 속해 안보우산을 제공받고 있었고, 그 대가로 주변 국가들은 상대적으로 독립성이 제한되었다. 중국은 건국 초기 소련에 대한 의존정책(一邊倒)을 공식화하였듯이, 제반분야의 원조를 통해 공산진영의 종주국 역할을 했고, 중국은 소련의 이러한 역할을 일정 정도 수용하는 입장이었다(Meisner 1999, 107-114). 중국은 국가적 체면이 손상되는 것을 어느 정도 불사하면서, '종주국-위성국' 관계를 유지하는 것으로 소련으로부터 안전보장과 경제 원조를 획득할 수 있었다.[17]

그러나 1956년 2월 소련 제20차 공산당대회에서 흐루시초프(Nikita S. Khrushchyov)가 '신노선'을 제기하면서 중국과 소련의 관계는 균열을 보이기 시작했다. 흐루시초프의 신노선은 평화공존, 평화이행, 스탈린 비판을 주요 내용으로 하는 것이었다. 흐루시초프는 자본주의 국가와 같이 사회체제가 다른 국가들과의 평화공존이 가능하며, 자본주

은 국제사회에서 일정한 정치 · 경제적 지위를 확보하는 것에 있다는 것이다 (Mitchell 외 2009, 19), 그러나 냉전시기 중국이 내세운 이데올로기의 목적도 궁극적으로는 강대국적 지위의 열망에 있었다는 사실을 배제하기 어렵다.

16) 이에 대한 연구는 리푸징(李富靖 2007), 자고리아(Zagoria 1978, 116), 칼스내스 (Carlsnaes 1987) 참조.

17) 1950년 2월 중국은 소련과 「중소우호동맹조약」을 체결하였고, 소련으로부터 3억 달러 차관과 기계설비 및 원자재 도입을 약속받았다. 그러나 이러한 동맹은 중국의 입장에서 소련과의 불평등관계를 감수해야 하는 것이었다. 소련은 외몽골의 독립을 인정하였고, 동북철로 중에서 중장로(中長路)와 4개 합영기업 또한 중국에 이양하지 않았다(Paine 1996, 11). 또한, 소련의 중국에 대한 경제적인 지원도 상당히 작은 규모에 그쳤다(Barnett 1960, 228).

의 사회에서 사회주의 사회로의 평화적인 이행이 가능하다고 주장하였다. 이에 대해 마오는 평화공존과 평화이행은 프롤레타리아와 공산당의 혁명의지를 약화시키는 수정주의라고 비난하였다. 중·소 간 국제공산주의 운동노선 및 전쟁과 평화에 대한 논쟁은 결국 두 국가의 분열을 초래하는 것이었다.

　이러한 국제정치적 현실에서 중국은 조속한 사회주의 국가건설과 강대국화, 그리고 프롤레타리아 국제혁명에 대한 신념과 기대를 동시에 가지게 하는 것이었다. 건국 초기 중국은 안보 증진과 자율성을 추구하면서, 항상 스스로를 세계체제의 독립적인 주요 행위자로 인식하고자 했다.[18] 중국이라는 거대한 사회주의 국가의 탄생은 국제사회에 상당한 반향을 일으키는 것이었다(Belden 1970). 특히, 대약진과 문화대혁명의 전개, 그리고 핵무기 개발의 성공은 미국과 소련 두 강대국에게 모두 매우 위협적으로 인식되었다(戴超武 2001a; 2001b).[19] 사실 소련으로서는 중국은 가시 같은 존재였다. 중국은 공산주의 신념체계를 너무나 철저하게 신봉하여 결국 공산주의 세계에서 소련의 지도력을 위협했기 때문이다. 두 국가 간의 일원적 이념의 연계가 무너지면서 두 국가 간 모든 부문의 관계에 영향을 미치게 되었다.

　이러한 과정에서 제3세계는 중국이 미, 소 경쟁국을 견제하기 위한(以敵劃線) 통일전선 형성의 대상이 되었다(Harris 외 1986, 55; 張清敏 2001).[20] 중국은 제국주의 반대(反帝), 수정주의 반대(反修), 패권주의 반

---

18) 1949년 중국의 공산화 요인은 마르크스-레닌주의적 구호보다는 중국공산당의 농업 개혁에 대한 공약, 장개석 정권의 부정과 타락, 특히 일본의 침략이라는 민족적인 위기상황 등이 작용했기 때문에 가능했다는 평가가 지배적이다. 특히, 마오쩌둥은 사실 "민족주의적 항쟁을 전개하였고, 그는 공산주의자이기 이전에 그 자신이 민족주의자였다. 그에게 있어서는 세계혁명보다도 중국이 더 중요하게 간주되었다"라는 평가를 참고할 필요가 있다(Wesson 1976, 107).

19) 대약진의 발동과 국제환경 요인에 관한 연구는 청중양(程重陽 1997), 류자친(柳家欽 2004), 런구이링(任貴筍 2008), 위안위후(袁玉虎 2005) 등의 연구 참조.

20) 중국의 제3세계에 대한 외교정책은 미, 소 강대국 관계와 중국의 전략 변화에

대(反覇) 등의 구호를 통해 제3세계의 지지를 확보하고자 했다.[21] 마오쩌둥(毛澤東)이 제기한 중간지대론, 제3세계론, 그리고 덩샤오핑(鄧小平) 시기의 제3세계 외교 과정은 중국이 어떻게 적절하게 국내외 환경 변화에 따라 제3세계에 대한 전략과 정책을 달리해왔는지를 보여주는 중요한 사례이다. 1946년 중간지대론과 1964년 두 개의 중간지대론은 중국이 '제국주의 반대'를 구호로 미국에 대항하기 위한 전략의 목표 및 실천을 위해 이념적으로나 역사적으로 유사한 경험을 한 제3세계를 동원한 과정을 설명해주고 있다. 마오쩌둥이 1970년대 주창한 제3세계론 또한 '패권주의 반대'를 표방하면서 미국과의 연합을 정당화했으며, 소련에 대항하기 위한 지원세력으로서 제3세계를 포섭하였다.

중국은 이로 인해 제3세계의 광범위한 지지를 얻어낼 수 있었다. 중국의 혁명 경험과 자력갱생은 제3세계 국가들의 적합한 발전모델이 되는 것이었다.[22] 평화공존5원칙(和平共處五項原則)은 주변국가와의 평등한 관계를 기본으로 하는 대외정책의 기본원칙일 뿐만 아니라, 사실상 평등해야 할 사회주의권 국가 내에서 존재하는 소련과 기타 동유럽국가 간의 불평등 관계를 비꼬는 것이었다(當代中國編輯委員會 1990, 81). 소련의 아프가니스탄 침공과 베트남의 캄보디아 침략, 그리고 이에 대한 소련의 지원 등에 대한 반대 논리로 이 원칙은 충분한 대응전

따라 좌우되곤 했다.

21) 이념은 중국어로 '意識形態'로 표현된다. 이 글에서 제시하고 있는 '이념'은 마르크스주의뿐만 아니라 냉전시기 중국이 내세운 반패권, 반제국주의 구호, 그리고 평화공존 5원칙과 같은 외교원칙을 모두 포괄하는 광의의 개념이다.

22) 1969년 3월 중국과 소련의 국경수비대 간에 전바오다오(珍寶島 다만스키)에서 군사적인 충돌이 발생하면서, 중국과 소련은 더욱 첨예하게 대립하게 되었다. 국경수비대 충돌 이후, 소련은 극동, 몽골지역에 주둔 병력을 증대시켰고, 군관구를 설치하였다. 중국도 국경 군구에 병력을 증대시켰다. 같은 해 10월 린뱌오(林彪) 국방장관은 「關于加强戰略, 防止敵人突然襲擊的緊急指示」라는 방대한 국방건설 계획을 수립하였고, 전 중국에 걸쳐, 전민의 무장화, 삼선건설(三線建設)을 지시하였다.

략이 될 수 있었다.

1980년대 이후, 덩샤오핑 시대로 접어들면서, 제3세계에 대한 중국의 관심은 정치영역에서 경제영역으로 옮겨져 갔다. 비록 반미반소 레토릭은 사라졌지만, 중국은 여전히 '비동맹 노선과 남남협력' 등의 구호를 상징화하면서, 적극적인 제3세계 외교를 전개하였다. 북반구의 잘사는 국가군과 남반구의 낙후한 국가군 간의 빈부격차 문제, 즉 남북문제에 대한 중국의 문제의식과 이를 해결하기 위한 덩샤오핑의 '국제정치경제신질서(國際政治經濟新秩序)' 이론은 제3세계의 지지를 얻을 수 있었다. 또한, 낙후한 사회주의 국가의 경제개혁의 성공과 사회주의와 시장경제의 혼합경제의 시도는 저개발국가에게는 새로운 발전모델이 되는 것이었다(Manning 1986, 154).

2. 제3세계에 대한 미, 소와의 영향력 경쟁

냉전시기에도 중국은 제3세계에 대해 적극적인 외교적 공세를 전개했다. 중국은 평화공존과 국제사무에서의 내정불간섭으로 포장된 무역과 원조를 저개발국가에 제공했다(Barnett 1960, 231-250). 이러한 호의는 자본 부족국가인 저개발국가에게는 상당히 깊은 인상을 남겼다. 사실 중국의 제3세계에 대한 원조 정책은 다른 선진국과 비교해서 경쟁이 불가능한 것이었다. 그럼에도 불구하고, 중국은 가능한 한 조건 없는 원조를 계속했다. 소련, 그리고 미국을 비롯한 다른 서방선진국과 비교해, 중국의 차관 또한 이자가 없었고, 10년 이후에 상환하는 방식을 채택했다. 또한, 상환은 현금이 아닌 상품으로도 가능했다. 이것은 아프리카 국가들에게는 매우 매력적인 조건이었다(Cooley 1966, 206-211).[23] 1980년대 이후, 중국의 제3세계 정책은 중국과 제3세계 국

---

23) 강대국들이 약소국들에 대해 주로 영향력을 행사하기 위해 사용하는 방법은 약

가의 상호협력과 공동발전을 위해 추진되었다. 이때부터 중국지도부
는 남남협력과 국내경제건설 차원에서 대외원조를 시행했다.

특히 동남아 지역 내 핵심 국가이기도 한 인도네시아는 1960년대 중
국과 소련의 영향력 경쟁이 치열했던 지역이다(Kroef 1976, 75). 구소련
은 1965년 공산쿠데타 이전까지 인도네시아 대한 최대 규모의 원조 국
가였다. 수하르토 정권은 인도네시아의 대 동구권 관계개선 정책을 통
해 양국관계를 점차 호전시켰기 때문이다. 중국은 1956년부터 1964년
사이에 반제국주의 운동을 효과적으로 전개하기 위해서 제3세계 19개
국에 총 7억 8,650만 달러에 달하는 원조와 차관을 공여했는데, 이 중에
서 인도네시아가 1억 740만 달러로 최고 수혜국이었다. 수카르노를 포
함한 많은 인도네시아 측 인사가 중국에 초청되었고, 류샤오치(劉少奇)
와 천이(陳毅) 등 중국의 최고위급 지도자들이 인도네시아를 방문하
였다.

1950~64년까지 중국은 미국을 비롯한 서방세계를 위협세력으로 간
주하며, 당시 반미투쟁 및 민족해방운동을 지원하였다. 중국은 북한
(5.85억 달러), 베트남(3.72억 달러), 캄보디아(0.39억 달러), 이집트(0.85
억 달러), 알제리(0.5억 달러) 등에 아시아 아프리카 국가들에 대해 원조
를 제공했다. 1964년 이후 중소이념경쟁이 가속화되면서, 반미반소 구
호가 대두되었고, 민족해방운동에 대한 중국의 지원은 소련과의 영향
력 경쟁의 형태를 띠는 것이기도 했다(〈표 1〉 참조). 당시 중국은 대외
군사원조가 약 0.1억 달러로 미국(1.57억 달러), 소련(0.9억 달러)에 이어
세 번째 군사원조 대국이었다. 1970년대 이후 중국의 제3세계 지역에
대한 지원 폭이 이전 시기와 비교해 두 배로 대폭 증가했다(吳天 2004,
4; 9; 15).

동북아 지역에서 중국은 북한에 대해 1953년 무역, 문화, 과학교류

소국들로 하여금 강대국이 시혜자(benefactor)로 인식되도록 하는 것에 있었다
(Mathisen 1971, 207).

<표 1> 1970년 중국과 소련이 지원한 아프리카 주요 민족해방운동

지역	조직[24]	국가별 지원조직		
		중국	소련과 중국	소련
앙골라	MPLA, UNITA	UNITA		MPLA
모잠비크	FRELIMO, COREMO	COREMO	FRELIMO	
포루트기스 기니아*	PAIGC		PAIGC	
로디지아	ZAPU, ZANU	ZANU		ZAPU
남아프리카 공화국	ANC, PAC	PAC		ANC
남서아프리카**	SWAPO, SWANU	SWANU		SWAPO

자료출처: 라킨(Larkin 1971, 188)의 책에서 제시한 표를 재구성함
* 기니비사우(Guinea-Bissau)의 옛 이름
** 나미비아의 옛 이름

및 기술협정을 체결함으로써, 한국 전쟁 당시 북한에 제공한 물자 대금을 전부 삭감하고, 1954~57년에 걸쳐 3억 2천만 달러의 무상원조를 공여하였다. 나아가 1960년대에는 평양시의 지하철, 수력발전소, 비료공장, 정유공장 등 건설을 위한 차관뿐만 아니라 과학자 및 기술자들도 파견시켰다. 1970년대를 통해 줄곧 중국이 소련보다 북한에 대한 경제적 지원을 강화하였으며, 그 단적인 예가 1976년 이래의 중국원유 연간 1백만 톤의 친선가격(親善價格, 배럴당 4~5달러)에 의한 북한제공과 무역 6개년 협정(1977~81년)이었다(유세희 1989, 133-135).

---

24) MPLA(Movimento Popular de Libertação de Aogola), UNITA(União Nacional Para a Independencia Total de Angola), FRELIMO(Frente de Libertação de Moçambique), COREMO(Comite Revolucionário de Moçambique), PAIGC(Partido Africano da Independencia da Guiné e Cabo Verde), ZAPU(Zimbabwe African People's Union), ZANU(Zimbabwe African National Union), ANC(African National Congress), PAC(Pan-Africanist Congress), SWAPO(South-West African People's Organization), SWANU(South-West African National Union).

중국은 제3세계에 영향력을 확대하기 위해 공공외교를 강화하기도 했다. 인도네시아의 경우, 중국은 북경주보(北京週報)나 중국인민(中國人民) 등 중국신문을 Mingguan Peking, Tiongkok Rakjat 등 인도네시아어로 번역하여 발행하기도 하였다(양승윤 1990, 249-150). 또한 아프리카, 남미, 동남아 등 제3세계 국가의 학생들을 초청해 북경 등 대도시에 있는 중국대학에서 유학할 기회를 제공하기도 했다. 이러한 방식은 중국에 대한 제3세계 국가들의 호감을 높이는 수단이 되는 것이며, 소위 친중파(親中派)를 양산하는 데 활용되는 것이기도 했다(Mathisen 1971, 234-235).

3. 냉전시기 중국의 영향력 균형 추구의 결과: 절반의 성공

냉전시기 제3세계 외교를 통한 중국의 영향력 균형 전략은 절반의 성공이라고 평가할 수 있다. 제3세계 지역에 대한 중국의 호의는 이들 지역의 신임과 우의를 받는 것이었고, 1955~65년 무려 16개 아시아와 아프리카 국가들과 국교를 수립할 수 있었다(吳天 2004, 7). 1971년 중국은 아프리카를 비롯한 광범한 제3세계 지역의 지지를 받고 유엔에 가입할 수 있었다. 그렇지만, 중국의 제3세계 외교가 언제나 성공적이었던 것은 아니다. 중국이 당시 내세웠던 이념과 신념체계는 자국의 이익추구와 강대국화의 목적에 의해 종종 무시되곤 했기 때문이다. 예를 들어, 중국은 혁명적 교리와는 배치되는 일이었음에도 불구하고, 콩고 반란군을 지원하기 위한 전초기지로서 부룬디가 필요했고, 그러한 이유로 부룬디 왕국의 지배자 므와메 므왐부차 4세(Mwame Mwambutsa IV)를 지원했다. 그리고 핵무기 개발을 위한 모로코의 코발트가 필요했기 때문에 왕 하산 2세(Hassan II)를 후원하기도 했다(Cooley 1965, 4).

중국의 제3세계 외교는 때로는 계급투쟁의 구호보다는 백인, 황인,

유색인 등 종족주의를 강조하는 방식으로 변질되기도 했다. 중국은 피부색으로 아프리카, 아시아, 라틴아메리카대륙과 유럽대륙을 나누었고, 아시아, 아프리카인들이 미국의 흑인과 함께 미제국주의에 대항하여 투쟁할 것을 선동하기도 했다(Cooley 1966, 3-7). 또한, 중국은 제3세계를 강대국에 의해 정치적·경제적으로 압박을 받고 있는 개발도상국가라고 규정하고, 스스로를 제3세계의 일원 혹은 개발도상국가로 규정짓고 있지만, 그러나 실제로 중국이 과연 제3세계인가에 대해서는 제3세계 국가들로 하여금 회의적이게 하는 것이었다(Kim 1989, 148-178).

제3세계의 입장에서 볼 때, 중국은 경제적인 규모나 영토 면적과 인구, 수명, 문맹률, 그리고 풍부한 개발 자원을 보유하고 있는 잠재력에서 오히려 강대국에 가까운 것이 사실이었기 때문이다. 중국은 핵보유국가였고, 비록 국력에는 차이가 있었지만 미, 소, 중 강대국 간 삼각관계를 형성할 정도로 주요한 행위자로 등장하고 있었다. 냉전시기 중국은 제3세계의 정치적인 비동맹 운동과 경제적인 77개 그룹(G77) 그 어디에도 속해 있지 않았고, 단지 수사적인 지지만을 표명했을 뿐이다. 제3세계는 명백히 평등한 국가 간 관계를 추구했지만, 중국은 자신을 제3세계의 중재자 혹은 조언자로 자처하며, 제3세계보다 우월한 위치에서 정치적 형 노릇을 하고자 했다. 또한 점진적으로 증가하는 시장과 국제발전기금에 대한 경쟁으로 중국과 제3세계의 관계는 가까워지기 어려웠다.[25]

중국의 모험주의적이고 비타협적인 태도는 아프리카나 아시아지역 국가들이 중국에 대해 적대주의로 돌아서게 하는 원인이 되기도 했다. 중국은 서방세계에서는 가장 친분이 있다고 인식되었던 수카르노 시기 인도네시아와의 관계가 1965년 '9·30 사건'을 계기로 악화되었다. 중국에 대한 인도네시아의 수출은 1965년 399.9만 루피아에서 1969

---

25) 중국에 대한 제3세계의 인식은 해리스(Harris 외 1986) 참조.

년 0.11루피아로 급감했고, 사실상 수출이 중단된 것으로 보아야 했다(Kroef 1976, 75). 결국 인도네시아 공산당이 무너지고, 중국과 친분이 있었던 당시 인도네시아 외교부장관 수반드리오(Subandrio)가 숙청되면서 중국과 인도네시아는 국교를 단절하게 되었다. 뿐만 아니라 인도, 베트남과의 관계도 악화되었다. 또한 적극적으로 주도했던 1965년 알제리회의(Algiers Conference)의 개최가 무산되면서 중국은 제3세계에서의 외교적 실패를 인정하지 않을 수 없게 되었다. 당시 제3세계 외교에 대한 중국의 패배는 1955년 반둥회의의 성공과 대비되는 가장 뼈아픈 사건이 되는 것이었다(Cooley 1965, 243-248).

냉전시기 중국의 제3세계에 대한 영향력 확대 실패의 또 다른 대표적인 사례는 1979년 중-베트남 간의 국경충돌 사건이었다. 1970년대 중국은 사회주의 이념을 확산시키고, 인도차이나 반도에서 자국의 영향력을 확대하기 위한 노력을 기울이고 있었다. 그렇지만, 결국 베트남과 지역패권을 두고 경쟁이 격화되면서 국경전쟁이라는 극단적 상황으로 치달을 수밖에 없었다. 이 사건은 중국이 국제분쟁에서 평화적인 해결이 어려울 경우 무력을 이용한 강제적 해결을 감행할 수 있다는 사실을 시사해주는 것이기도 하다(김예경 2008, 122-126).

중국은 제3세계 외교를 통해 이들 국가와의 광범위한 외교적 관계를 수립할 수 있었다. 또한 경제적 · 기술적 교류 관계를 넓힐 수도 있었다. 그렇지만, 중국의 제3세계 외교는 강대국의 영향력 균형이라는 의도와 목적으로 볼 때 절반의 성공에 불과했다.[26] 중국이 당시 내세웠던 이념과 신념체계는 자국의 이익추구와 강대국화의 목적에 의해 종종 무시되곤 했기 때문이다. 중국의 제3세계 외교는 그동안 야누스의 얼굴을 보여 왔다(Kim 1984, 178-211). 외교적 수사와 실제가 불일치할 때가 많았고, 그것이 중국이 제3세계에 대한 공세외교를 통해 이 지

---

26) 제3세계에 대한 중국의 역할을 회의적인 시각으로 보는 연구는 컨버그(Kornberg 2005, 255-259) 참조.

역 국가들의 지지를 이끌어낼 수 있었지만, 결국 절반의 성공에 그친 이유이다. 이러한 외교 행태는 결국 중국의 선의의 정책에 호응했던 상당수 제3세계 국가의 신뢰를 잃는 것이었으며, 결국 영향력 상실과 관계 악화로 이어지는 결과를 초래하는 것이었다.

IV. 글을 마치며

　본 연구는 중국의 제3세계 외교의 전략적 목적을 강대국들이 추구하는 영향력 균형 전략으로 규정하였다. 그리고 이러한 분석 시각으로 냉전시기 중국의 제3세계 외교의 전개과정과 결과를 재검토해 보았다. 검토한 바와 같이 냉전시기 중국의 제3세계 외교는 오늘날의 제3세계 외교와 외교적 행태나 수단에서 상당히 유사한 측면이 많다. 당시 중국이 제3세계에 대해 주변 강대국과 (패권적 의도가 내재된) 영향력 균형을 추구했던 것처럼, 오늘날 중국의 제3세계 외교에도 이러한 전략적 목적과 의도가 내재될 수 있음을 주지할 필요가 있다.

　과거의 경험을 통해 또다시 반복되는 최근 현상이 갖는 함의를 도출해 보는 것은 의미가 크다고 할 수 있다. 분명한 것은 중국은 제3세계를 대상으로 강대국적 외교행태를 보였고, 당시 사용되었던 영향력 행사의 방법과 수단이 오늘날에도 그대로 답습되는 경향을 보이고 있다는 것이다. 중국의 제3세계 외교는 미, 소 강대국을 견제하면서 국제사회에 대한 영향력 증대와 강대국의 이미지 수립을 목적으로 한 전형적인 영향력 균형전략에서 나온 것이었다. 이러한 과정에서 초강대국 미국, 소련과의 제3세계에 대한 영향력 경쟁은 불가피한 것이었다.

　냉전의 종식과 함께 이념이 퇴색하고 비동맹 운동의 존재이유도 부분적으로 상실하였지만, 중국은 여전히 자신을 제3세계의 일원이라고 여기며, 여러 가지 방법으로 제3세계에 대한 지도력을 발휘할 방법을 찾아왔다. 또한 공공연하게 현존 국제체제를 비판하며, 제3세계가 더 많은 지원과 공정한 대우를 받도록 기존 체제를 바꾸어야 한다고 주장하기도 한다. 그러나 최근 중국의 소프트 파워 전략과 제3세계 외교의 강화가 이러한 공평한 국제체제를 건립하기 위한 실천전략이 될 수 있을지에 대해서는 여전히 신중한 판단이 필요하다. 중국과 제3세계는 수사학적 측면에서만 단결하는 것일 수도 있기 때문이다.

국제사회에서 매력 있는 국가가 되기란 그리 간단한 일은 아니다. 그것은 매력국가를 표방하는 국가가 국제사회에 일정한 공헌을 했을 때 가능한 일이다. 어쩌면 중국이 미국의 가치나 지도국의 지위를 대신해서 국제사회에 새로운 메시지를 전파할 것이라는 기대는 냉혹한 국제정치의 속성을 잠시 간과한 것일 수도 있다. 중국의 대외 전략의 대부분은 철저히 자기보호와 고립의 탈피, 대외적인 영향력 확산 목적에서 나온 것일 수도 있기 때문이다. 그렇기 때문에 제3세계는 이러한 중국에 어떠한 기대를 하는 것도 신중할 필요가 있다. 사실상 미국에 이어 또 다른 패권 지향적 국가의 등장일 뿐일 수 있으며, 이러한 인식은 제3세계 약소국가들에게 시사해주는 바가 크다.

최근 전개되고 있는 제3세계에 대한 중국의 외교가 어떠한 성과를 이룰 것인지에 대해서는 단정하기 어렵다. 그러나 이러한 사실만은 직시할 필요가 있다. "타인의 마음을 얻는다는 것," 그것은 어떠한 수단을 사용하는가에 궁극적으로 달려 있지 않다. 그보다는 한 국가의 외교 행위의 목적과 의도가 누구나 보기에 공정하고, 타당한 것일 때 가능하다. 이것이 전제가 될 때 국제사회가 자연스럽게 마음이 끌려 그들의 정책을 수용하고 지지하게 될 것이다. 따라서 중국과 미국이 각기 자국의 소프트 파워를 내세우며, 국제사회의 주도권을 두고 치열한 경쟁을 벌일 때, 주변 국가들은 공정한 시각과 외교적 자율성을 가지고 이들의 외교적 수사와 실제를 분별하려는 노력을 기울여야 할 것이다.

| 참고문헌 |

고명식. "공산권의 연구." 『국제정치논총』 제4·5집. 1965.

고병철. "북한의 시각에서 본 중소분쟁." 『북한』 11월호(통권 제23호). 1973.

김애경. "중국의 부상과 소프트 파워 전략: 대 아프리카 정책을 사례로." 『국가전략』 제14권 2호. 2008.

김예경. "중국과 베트남 간의 영토분쟁과 해결방식." 『중국의 영토분쟁』. 서울: 동북아역사재단, 2008.

김종휘. "특집(特輯): 소련혁명(蘇聯革命) 50년(年)의 「이데올로기」와 정책(政策); 논총(論叢): 중소분쟁(中蘇紛爭)." 『국방연구』 24. 1968.

박창희. "전략의 패러독스: 비대칭전쟁에서의 '결전'과 '약자의 승리'." 『한국정치학회보』 제43집 제1호. 324쪽. 2009.

서보근. "냉전시기 중·소 분쟁이 한반도에 미친 영향." 『대한정치학회보』 13집 3호. 2006.

송종환. "한국전쟁에 대한 소련의 전략적 목표에 관한 연구." 『국제정치논총』 제39집 2호. 1999.

신종호. "중국의 소프트파워 외교의 전개와 국제정치적 함의." 『국가전략』 제15권 1호. 2009.

양승윤. 『인도네시아정치론』. 서울: 명지출판사, 1990.

에드워드 사이드 지음, 박홍규 옮김. 『오리엔탈리즘』. 서울: 교보문고, 2007.

유세희. "중·소의 북한에 대한 영향력 경쟁에 관한 연구." 『중소연구』 12권 2호. 1988.

이미경. "1950-60년대 북한·중국·소련 삼각관계의 형성과 균열." 『중소연구』 26권 4호. 2003.

장 융·존 핼리데이. 『마오: 알려지지 않은 이야기들(하)』. 서울: 까치, 2005.

조영남. "중국외교의 새로운 시도: '소프트 파워' 전략." 김태호 외. 『중국외교연구의 새로운 영역』. 파주: 나남, 179-233쪽. 2008.

최 명·김윤환·이명식. "특집2 십전대회이후 중공의 향방—중공의 지도

자와 지도체제, 중공경제의 진로와 대외무역, 중소분쟁의 신 전개와
한반도."『북한』10월호(통권 제22호). 1973.
하영선·남궁곤.『변환의 세계정치』. 서울: 을유문화사, 2007.

Alden, Chris. *China in Africa*. London: Zen Books, 2007.

Barnett, A. Doak. *Communist Economic Strategy: The Rise of Mainland China*. Washington, D.C.: National Planning Association Place of Publication, 1959.

_____. *Communist China and Asia: Challenge to American Policy*. New York: Harper & Brothers, 1960.

Belden, Jack. *China Shakes the World*. New York: Monthly Review Press, 1970.

Bernstein, Richard, and Ross H. Munro. *The Coming Conflict With China*. New York: Alfred A. Knopf, 1997.

Brautigam, Deborah. *China Aid and Africal Development: Exporting Green Revolution*. New York: St. Martin's Press, 1998.

Carlsnaes, Walter. *Ideology and Foreign Policy: Problems of Comparative Conceptualization*. Oxford: Blackwell Publishers, 1987.

Cooley, John K. *East Wind Over Africa: Red China's African Offensive*. New York: Walker and Company, 1966.

Cho, Young Nam, and Jong Ho Jeong. "China's Soft Power: Discussions, Resources, and Prospects." *Asian Survey* XLVIII, 3. 2008.

Ciorciari, John David. "The balance of great-power influence in contemporary Southeast Asia." *International Relations of the Asia-Pacific* 9. 2009.

Dai, Shen-Yu. *China, the Superpowers and the Third World: A Handbook on Comparative World Politics*. Hong Kong: The Chinese University of Hong Kong, 1974.

Eisenman, Joshua, Eric Heginbothman, and Derek Mitchell, eds. *China and the Developing World: Beijing's Strategy for the Twenty-First Century*. Armonk. New York: M.E.Sharpe, Inc., 2007.

Goldstein, Avery. *Rising to The Challenge: China's Grand Stratey and International Security*. Stanford, California: Stanford University Press,

2005.

Goldston, Robert C. *The Rise of Red China.* Greenwich. Conn.: Fawcett, 1967.

Harris, Lillian Craig, and Robert L. Worden. *China and the Third World: Champion or Challenger?* Dover, Massachusetts: Auburn House Publishing Company, 1986.

Heginbotham, Eric. "Evaluation China's Strategy Toward the Developing World." *China and the Developing World: Beijing's Strategy for the Twenty-first Century.* Armont, New York: M.E.Sharpe. pp. 189-216. 2009.

Holsti, K. J. "Power, Capability, and Influence in International Politics." In Charles W. keglery, Jr. and Eugene R. wittkopf, eds. *The Global Agenda: Issues and Perspectives.* Boston, Massachusetts: McGraw-Hill. pp. 11-23. 1998.

_____. "The Concept of Power in the Study of International Relations." Background 7, 4. p. 179. 1964.

Johnston, Alastair Iain. "Is China a Status Quo Power?" *International Security* 27, 4. 2003.

Justus M. van der Kroef. "Soviet and Chinese Influence in Indonesia." In Alvin Z. Rubinstein, ed. *Soviet and Chinese Influence in the Third World.* New York: Praeger Publishers. pp. 51-87. 1975.

Kang, David C. "Why China's Rise will be peaceful." *The Journal of Strategic Studies* 30, 4-5. pp. 585-608. 2007.

Keller, William W., and Thomas G. Rawski, eds. *China's Rise and the Balance of Influence in Asia.* Pittsburgh: Universe of Pittsburgh Press, 2007.

Kim, Samuel S. "China and The Third World: In Search of A Neorealist World policy." In Samuel S. Kim, ed. *China and the World: Chinese Foreign Policy in the Post-Mao Era.* Boulder: Westview Press. pp. 178-211. 1984.

_____. "China and The Third World: In Search of A Peace and Development Line." In Samuel S. Kim, ed. *China and the World: New Directions in*

Chinese Foreign Relations-2nd edition. Boulder: Westview Press, 1989, pp.148-178. 1989.

_____. "China and The Third World in the Changing World Order." In Samuel S. Kim, ed. *China and the World: Chinese Foreign Relations in the Post-Cold War Era*-3rd edition. Boulder: Westview Press. pp. 128-168. 1994.

Kornberg, Judith F. & John R. Faust. *China in World Politics: Policies, Processes, Prospects*. Boulder: Lynne Rienner Publishers, Inc. pp. 255-259. 2005.

Kroef. Justus M. van der. "Soviet and Chinese Influence in Indonesia." *Soviet and Chinese Influence in the Third World*. New York: Praeger Publishers. pp. 51-87. 1975.

Kurlantzick, Joshua. *Charm Offensive: How China's Soft Power Is Transforming the World*. New Haven: Yale University Press, 2007.

Larkin, Bruce D. *China and Africa 1949-1970: The Foreign Policy of People's Republic of China*. Berkeley: University of California Press, 1971.

Mathisen, Trygve. "How the Giants Wield their Influence." *The Functions of Small States in the Strategies of the Great Powers*. Oslo: Universitetsforlaget. pp. 207-237. 1971.

Meisner, Maurice. *Mao's China and After: A History of the People's Republic*-third edition. New York: The Free Press. pp. 107-114. 1999.

Mearsheimer, John J. *The Tragedy of Great Power Politics*. New York: W.W. Norton & Company, 2001.

Mitchell, Derek, and Carola McGiffert. "Expanding the "Strategic Periphery": A History of China's Interaction with the Developing World." *China and the Developing World: Beijing's Strategy for the Twenty-first Century*. Armont. New York: M.E.Sharpe. pp. 3-25. 2009.

Moon, Chung-in, and Yongho Kim. "Balance of Influence vs. Balance of Power: An Eclectic Approach for East Asian Security." In Woosang Kim, ed. *Northeast Asian Regional Security Order and Strategic Calculus on the Taiwan Straits*. Seoul: Yonsei University Press, 2003.

Ness, Peter Van. "China and the Third World: Patterns of Engagement and

Indiference." In Samuel S. Kim. *China and the World: Chinese Foreign Policy Faces the New Millennium*-4th edition. Boulder: Westview. pp. 151-168. 1998.

Nye, Joseph S. *Bound to Lead: The Changing Nature of American Power.* New York: Basic Books, 1990.

_____. *Soft Power: The Means to Sucess in World Politics.* New York: Public Affairs, 2004.

Paine, S.C.M. *Imperial Rivals: China, Russia, and Their Disputed Frontier.* Armonk. New York: M.E.Sharpe, 1996.

Ross, Robert S. "Balance of Power Politics and the Rise of China: Accomodation and Balancing in East Asia." In William W. Keller and Thomas G. Rawski, eds. *China's Rise and the Balance of Influence in Asia.* Pittsburgh: Universe of Pittsburgh Press. pp. 121-145. 2007.

Rothstein, L. Robert. *Alliances and Small Powers.* New York: Columbia University Press, 1968.

Smith, Sarah-Ann "China's Third World Policy as a Counterpoint to the First and Second Worlds." In Lillian Craig Harris and Robert L. Worden. *China and the Third World: Champion or Challenger?* Dover, Massachusetts: Auburn House Publishing Company. pp. 53-74. 1986.

Wesson, Robert G. *Why Marxism?* New York: Basic Books. p. 107. 1976.

Zagoria, Donald S. "Ideology and Chinese Foreign Policy." George Schwab, ed. *Ideology and Foreign Policy.* New York: Cyrco Press. p. 116. 1978.

程重陽. "黨對國際環境認識與大躍進的發動."『北京黨史研究』第6期. 1997.

當代中國編輯委員會.『當代中國外交』. 北京: 中國社會科學出版社, 1990.

戴超武. "中國核武器的發展與中蘇關係的破裂(連載一)."『當代中國史研究』第 3期. 2001a.

_____. "中國核武器的發展與中蘇關係的破裂(連載二)."『當代中國史研究』第 5期. 2001b.

_____. "肯尼迪-约翰遜时期的外交与第三世界."『美国研究』第3期. 2006.

賈慶國. "意識形態對於一國外交具有特殊的意義."『世界知識』第21期. 2002.

柳家欽. "毛澤東在1958年發動大躍進的國際因素分析."『阜陽師範學院學報』第2期.

2004.

齊長安. "軟國力竞爭與中國的戰略選擇." 河北師範大學碩士研究生學位論文.
2002.

任貴笭. "大躍進發生原因研究綜述." 『中共鄭州市委黨校學報』第1期. 2008.

吳天. "中國對外援助政策分析." 外交學院 碩士研究生學位論文. 2004.

袁玉虎. "從中蘇關係的演變看大躍進的動因(1958-1960)—兼論中蘇關係的分
裂." 外交學院 碩士研究生學位論文. 2005.

袁易, 嚴震生, 彭慧鸞 編. 『中国崛起之再省思: 現實與認知』. 台北: 国立政治大學
國際關係研究中心, 2005.

閻學通. "意識形態對外交政策的影響無法回避." 『世界知識』第21期. 2002.

_____. "中美軟實力比較." 『現代國際關係』第1期. 2008.

張驥. "軟國力竞爭與蘇聯解體." 『當代世界社会主義問題』第4期. 2001.

張清敏. "對衆多國家的一個相同政策-淺析中國對發展中國家的政策." 『當代中
國史研究』第8卷 第1期. 2001.

周軍. "21世紀國際關係中的軟國力竞爭." 『連云港职業技術學院學報』第4期.
2002.

"建設和諧世界: 中國外交思想的新發展." 『半月談』(2006年 08月 23日).

제6장

중국의 FTA 추진과 대외전략적 함의

전병곤

I. 서론

본 연구는 중국이 2001년 이후 적극적으로 추진하고 있는 FTA 전략을 분석하고 그 대외전략적 함의를 추적하려는 목적을 갖고 있다. 이러한 연구목적은 중국의 FTA 추진 전략에 관한 기존 연구가 경제적 동기 및 효과에 집중되어 있다는 한계에서 출발한다. 이는 FTA 자체가 체결 당사국 간의 무역 및 투자 등 경제협력을 제도화하는 속성을 갖고 있다는 점에서, 어쩌면 당연한 결과인지도 모른다. 그러나 FTA는 단순히 경제이익을 위한 국가 간의 협력이 아니며, 설사 경제적 목적을 위한 협력이라 하더라도 그 성립의 과정에는 복잡한 국내·국제정치적 요인들이 얽혀 있는 정치적 현상이다. 따라서 국가 간의 경제협력 및 경제적 효과에 치중한 경제적 접근만으로는 일국의 FTA 전략을 이해하는 데 한계가 있다.

물론 중국 FTA의 정치외교적 측면에 관한 연구나 경제와 외교안보적 요인이 복합적으로 작용하고 있다는 분석도 제한적이나마 존재하는 것 또한 사실이다.[1] 하지만 중국이 FTA를 추진하려는 전략적 의도와 그 함의를 종합적으로 분석하고 한중 FTA에 주는 시사점을 찾으려는 시도는 다소 부족한 것도 사실이다. 특히, 기존연구는 구성주의적 관점에 기반해 중국의 인식, 입장 속에서 전략을 분석하는 데 대부분이 집중되어 있다. 이러한 접근은 중국의 전략을 추적하고 이해하는데 매우 유용한 것 또한 사실이다. 그러나 중국이 FTA를 추진하는 대외전략적 함의를 찾기 위해서는 어느 하나의 관점보다는 다양한 관점들을 포괄적으로 검토한 후 적용 가능한 논점들을 고려할 필요가 있다.

그런 점에서 본 연구는 중국의 FTA에 관한 기존연구의 주장을 반박하기보다는 보완적으로 접근하려는 시도이다. 즉, 중국이 FTA를 추진하려는 주요 목표에는 경제적 동기와 외교안보적 동기가 동시에 작용하고 있음을 밝히고, 중국의 전략적 의도를 FTA의 국제 정치경제적 효과 속에서 분석함으로써 그 대외전략적 함의와 시사점을 제시할 것이다.

이를 위해 본고는 우선 FTA의 국제정치적 논의와 관점을 검토할 것이다. 이를 통해 본 연구의 목적에 부합할 수 있는 논점들로서 FTA의 상호의존효과와 비대칭적 상호의존효과 그리고 외부안보효과 등을 제시할 것이다. 이어서 중국이 FTA를 추진하는 정치, 경제적 배경을 추적하고 지금까지의 추진현황을 밝힐 것이다. 다음으로 중국이 FTA를 추진하려는 전략적 의도를 종합적으로 분석한 후 앞에서 제시한 FTA의 상호의존효과와 비대칭적 상호의존효과 및 외부안보효과의 고

---

1) 이장규,『중국의 FTA 추진전략과 정책적 시사점』(서울: 대외경제정책연구원, 2006); 서창배, "중국의 FTA 정책에 담긴 정치경제적 함의,"『한중사회과학연구』제5권 1호(서울: 한중사회과학학회, 2007); 강준영 · 정환우, "중국의 FTA 추진전략 분석: 전략목표별 사례분석을 중심으로,"『국제지역연구』제11권 제3호 (서울: 한국외대 외국학종합연구센터, 2007).

려 속에서 대외전략적 함의를 추적할 것이다. 마지막으로 이것이 한중 FTA에 주는 시사점을 찾을 것이다.

II. FTA에 관한 국제정치적 논의와 적용

1. FTA의 개념 및 내용

자유무역협정(FTA: Free Trade Agreement)은 관세동맹(Custom Union), 공동시장(Common Market), 완전경제통합 형태의 단일시장(Single Market)과 함께 소수 회원국 간에 배타적인 무역특혜를 주는 지역무역협정(RTA: Regional Trade Agreement)의 한 유형이다. 회원국 간의 모든 무역장벽이 제거되지만 비회원국에 대해서는 독자적인 무역정책을 적용하는 FTA를 제외하고 나머지 유형은 비회원국에 대해 회원국이 공동으로 무역정책을 수립한다. 그런 점에서 FTA는 가장 느슨한 지역 경제통합의 형태이며 RTA의 주종을 이루고 있다.

FTA는 관세 및 무역에 관한 일반협정(GATT)와 세계무역기구(WTO) 체제로 대표되는 다자무역질서의 근간인 최혜국대우(MFN) 원칙에 정면으로 배치되지만, WTO 규범은 이를 예외로서 인정하고 있다. FTA를 규율하는 WTO 협정하의 규정으로는 '상품분야에 대한 GATT 제24조'와 'GATT 제24조 해석에 관한 양해', '서비스분야에 대한 GATS 제5조'가 있다. 여기에서 규정하고 있는 FTA의 충족 요건을 보면 다음과 같다.[2]

첫째, 역내국산 상품에 대해 '실질적으로 모든 교역'에서 관세 및

---

2) 더 구체적인 자료는 다음 사이트를 참조(http://www.wto.org).

기타 제한적 무역조치들(GATT 제11조에서 제15조까지의 수량규제와 GATT 제20의 일반적 예외는 필요 시 제외)이 제거되어야 하며(GATT 제24조), 역내국산 서비스에 대해서는 '실질적으로 모든 차별'이 철폐되어야 한다(GATS 제5조).

둘째, 역외국에 대해서는 상품과 관련, 지역무역협정 체결 이전보다 관세 및 기타 무역규정들이 더 높거나 제한적이 되어서는 안 되며, 서비스와 관련, 협정체결전보다 서비스 교역에 대한 장벽의 일반적 수준을 인상시켜서는 안 된다(GATS 제5조).

셋째, FTA를 형성하는 전 단계인 잠정협정은 FTA로서의 이행을 위해 필요한 '합리적 이행기간(resonable length of time)'이 부여되는 바, 불가피한 경우를 제외하고는 10년 이내에 이행해야 한다(GATT 제24조 해석에 관한 양해 제3항).

1995년 WTO 체제의 출범 초기 FTA는 상품분야의 무역자유화 또는 관세인하에 중점을 두는 경우가 많았는데, 2000년대 이후에는 서비스 및 투자 자유화, 지적재산권, 정부조달, 경쟁정책, 무역구제제도 등 정책의 조화부문까지 협정의 대상범위가 점차 확대되고 있다. 일반적으로 FTA가 무역 및 투자의 촉진, 자원배분의 효율성 향상, 경제성장 촉진 등의 다양한 효과를 거둘 수 있는 수단으로 수용되고 있기 때문이다.

그러나 다른 한편, FTA는 무역창출(Trade Creation)효과와 무역전환(Trade Diversion)효과를 동시에 갖고 있다. 무역창출효과에 의해, FTA는 회원국 간 시장이 확대되어 비교우위에 있는 상품의 수출과 투자가 촉진되고 동시에 무역효과를 거둘 수 있는 장점이 있다. 이는 회원국 내의 생산이 고비용 생산자로부터 저비용 생산자에게로 재배치하는 효과를 거둠으로써 세계경제의 효율성을 제고시킬 수 있다. 반면, 무역전환효과에 의해 비회원국이 기존의 시장으로부터 퇴출되어 피해를 입게 됨으로써 회원국과 비회원국 간 무역 갈등 및 분쟁으로 비화될 소지도 있으며, 회원국 내부의 생산이 저비용 외부 생산자로부터 고비용 내부생산자로 전환됨으로써 세계경제의 효율성을 오히려 감

소시킬 수 있는 단점도 있다.[3]

따라서 FTA는 회원국들의 무역증대, 수입가격 인하, 소비자잉여 증대 등에 기여하는 것은 틀림없으나 비회원국과의 교역위축, 투자위축 등을 초래함으로써 세계경제에는 긍/부정적 효과를 동시에 가져다준다. 즉 FTA는 회원국에는 교역과 투자증대에 긍정적 기여를 하지만 비회원국에는 배타적 성격을 가짐으로써 대항적 FTA를 유발하는 경향이 있다.

2. 국제정치적 논의와 적용

FTA는 세계화 또는 다자간 무역질서에 대비되는 경제적 지역주의에 포함된다. 지역주의(regionalism)란 본래 국제정치의 한 현상으로서 지리적으로 인접한 국가 간의 정치·안보 및 경제적 상호혜택을 포함한 국가 간 협력과 통합을 의미한다.[4] 1995년 세계무역기구(WTO)가 공식 출범하면서 다자주의는 세계질서를 규정하는 중요 원칙이 되었으나 반면에 지역주의도 이에 상응하는 수준으로 증가하고 있다. 특히 경제적 이해관계를 중심으로 해서 자국의 목적을 실현시키려 하거나 경제정책(경제원조와 경제제재)을 수단으로 삼아 정치적인 목적을 달성하려는 데 지역주의가 이용되기도 한다.[5] 이런 점에서 경제적 지역주의를 이해하려는 국제정치적 논의는 역내 국가 간 협력과 지역통합을 중심으로 전개되었다. 다만 지역통합에 관한 이론은 유럽을 중심으로

---

3) 강이수 외, 『신국제통상론』(서울: 박영사, 2007), pp. 144-146.

4) Edward Mansfield, Helen Milner, eds., *The Political Economy of Regionalism*(New York: Columbia University Press, 1997), pp. 3-4.

5) 다자주의와 지역주의 그리고 지역협력에 관한 의미 있는 저작은 다음을 참조. Donald Barry, Ronald Keith, *Multilateralism and the Politics of Global Trade*(Vancouver, BC: UBC Press, 1999).

형성 · 발전된 논의이고 FTA는 경제통합의 가장 느슨한 형태이기 때문에, 여기에서는 지역주의를 국가 간 협력으로 이해하고 접근한 국제정치적 논의들을 중심으로 살펴보고자 한다.

지역협력에 관한 국제정치적 접근은 현실주의와 자유주의 패러다임에 의해 주도되었다. 먼저, 현실주의는 국제체제의 무정부성과 국가간 불평등한 세력분배구조로 인해 협력은 가능하나 이루어지기 어렵다는 관점을 가지고 있다. 즉, 국제사회에서 국가는 생존을 위해 독립적 결정을 하기 때문에 안보협력을 어렵게 하며, 상대적 이득(relative gain)의 차이를 중시함에 따라 경제협력도 쉽지 않다고 본다. 그러나 약소국이 외부압력으로부터 생존하기 위해 협력을 선택할 경우, 협력을 유도 또는 강제하는 패권국이 존재할 경우, 무역의 안보외부효과(security externalities)로 인해 동맹국 간의 경제협력이 발생할 경우에는 협력이 가능하다고 본다.[6] 안보외부효과란, 경제협력(무역)을 통한 불균등한 이득의 발생이 군사적 힘의 변화를 가져오기 때문에 결국 무역은 국가 안보를 위협하는 효과를 초래한다는 것을 의미한다. 반면, 자유주의적 시각은 협력의 제도화가 행위자 간 역내 외교안보적 이슈에 대한 논의와 협력을 이끌어냄으로써 역내 안보문제를 안정적으로 관리하고 영향력을 증대시킬 뿐만 아니라, 외부의 영향력을 견제할 수 있는 안보외부효과를 거둔다고 본다.[7]

둘째, 자유주의는 국가가 역내 상호의존의 심화로 협력적 결정을 내리며 이로 인해 형성된 국제레짐과 같은 제도의 영향으로 상호이익을 동기로 한 국가 간 협력이 유지 · 지속된다고 본다. 즉, 자유주의는 제도적 요인을 상대적으로 중시한다. 실제로 국제사회에서 경제적 상호

---

6) Joanne Gowa, *Allies, Adversaries and International Trade*(Princeton: Princeton University Press, 1994) 참조.

7) 유현석, "경제적 지역주의의 국제정치적 접근: 이론적 검토와 APEC에의 적용," 『국제정치논총』 제42집 3호(서울: 국제정치학회, 2002), pp. 38-48.

의존의 강화, 국제레짐 및 제도의 확산, 유럽통합과 같은 지역공동체의 출현 등으로 자유주의적 시각은 현실주의에 비해 지역협력을 설명하는 데 상대적으로 강점을 갖고 있다.[8] 자유주의에 속하는 (신)기능주의는 상호의존의 심화로 파생되는 문제를 해소하기 위해 제도화를 통해 서로 협력하게 된다고 본다. 이러한 경제협력은 공동의 이익을 유발시키고 정치·안보 분야의 협력을 파급시켜 궁극적으로 통합으로 나아간다는 것이다.[9]

역시 자유주의에 이론적 바탕을 둔 상호의존 이론은, 상호의존 관계에 있는 국가들은 갈등관계로 인한 관계단절이 가져올지도 모르는 교역의 손실을 피하기 위해 전쟁보다는 평화적인 방법을 선호한다고 주장한다. 즉, 국가 간 경제관계가 증대하고 심화될수록 개방적 교역질서를 선호하는 세력들과 이러한 경제관계로부터 이익을 얻는 세력들이 증가할 것이기 때문에, 상호의존의 심화는 국제관계의 갈등을 완화하고 국가 간 협력과 평화를 정착하는 데 기여하는 효과를 갖는다는 것이다.[10]

반면에 이러한 상호의존 효과에 대해 현실주의는 부정적이다. 상호의존의 심화는 국가 간 접촉과 이해의 증대를 의미하지만, 다른 한편 접촉의 증대로 국가 간 협력보다 갈등이 오히려 증대한다고 인식한다. 게다가 국가 간 상호의존의 관계가 비대칭적인 경우가 더 많다는 데에 주목하고, 비대칭적 상호의존관계는 갈등을 더욱 증폭시켜 오히려 국

---

8) 박종철 외, 『동북아협력의 인프라 실태: 국가 및 지역차원』(서울: 통일연구원, 2005), p. 25.

9) David Miltrany, *A Working Peace System* (Chicago: Quadrangle Book, 1943), p. 38.

10) 상호의존과 국가의 역할 간의 상관관계에 대한 자유주의자들의 시각은 주로 다음에 의존하고 있다. Robert Keohane and Joseph S. Nye, *Power and Interdependence*(Glenview, IL: Scott, Foresman and Company, 1989); L. Morse Edward, *Modernization and the Transformation of International Relations* (New York: Free Press, 1976).

제평화를 저해한다고 보았다.[11]

셋째, 권력이나 이익을 강조하는 현실주의나 자유주의와 달리 구성주의는 국제관계의 변화를 행위주체와 구조의 상호의존적 관계 속에서 발생하는 것으로 본다. 이 견해는 국가 간 협력에 있어서 인식, 정체성, 규범, 개체와 구조 간의 상호 구성성, 공유된 지식 등의 역할을 강조한다. 즉, 협력에 의해 형성된 레짐이 지역 구성원들 간 공통 이해나 집단적 정체성을 형성하지 못할 경우 지속되기 어렵다고 본다. 그리고 이러한 지역정체성은 문화, 역사, 종교적 전통 같은 내적 요인에 의해 형성되지만 때로는 외부의 안보적 위협이나 문화적 도전과 같은 '타자(the other)'의 존재에 의해 형성되기도 한다.[12]

이상에서 보듯이, 현실주의는 세력균형, 동맹, 패권의 개념을 중시하면서 국제체계 및 안보 중심적 관점을 갖고 있기 때문에 행위자의 이익형성은 물론이고 제도의 형성과정에 대한 설명력은 약하다. 이에 비해 자유주의와 구성주의는 이익 및 상호의존의 형성을 통한 제도화된 협력이나 제도와 행위자 간의 관계, 즉 협력과정에 대해 충실한 측면은 있으나, 행위자 이외의 국제수준과의 관계에 대해서는 별로 주목하지 않는 단점이 있다.[13]

이상과 같은 논의들이 각기 보유하고 있는 장단점을 고려할 때 국가 간 지역협력에 대한 어느 하나의 이론적 적용은 불가능하다. 그러나 중국의 FTA 추진의도와 그 대외전략적 함의를 찾으려는 본 연구에는

---

11) 상대적으로 강한 국가는 덜 의존적이지만, 그렇지 않은 국가는 상호의존이 국가의 불안정성과 취약성을 증가시켜 근본적으로 국제관계의 질적 변화를 초래하지 않는다고 본다. Waltz Kenneth, "The Myth of National Interdependence," Charles P. Kindleberger, ed., *The International Corporation, Cambridge*(MA: MIT Press, 1970), pp. 205-223.

12) 유현석, 앞의 논문, pp. 41-42.

13) Andrew Hurrell, "Regionalism in Theoretical Perspective," Louise Fawcett, Andrew Hurrell, eds., *Regionalism in World Politics: Regional Organization and International Order* (Oxford: Oxford University Press, 1995), pp. 47-70.

다음과 같은 의미 있는 시사점을 제공한다.

첫째, 일국의 FTA 추진 동기와 관련하여 이상의 관점들을 적용하면 일국의 FTA 추진 목적은 다양하다. 즉, 현실주의는 안보이익을, 자유주의는 경제이익과 상호의존을, 구성주의는 지역질서 형성을 중시한다. 지역주의의 한 형태인 FTA에 참여하려는 동기는 무역을 통한 경제적 이익 추구가 제일 중요하지만, 이를 위한 회원국 간의 협력과 이를 제도화하는 과정에서 경제외적인 요인, 즉 국내정치적 고려와 회원국 내외의 외교안보적 이익에 대한 고려가 동반되고 있다. 중국 역시 대외정책의 일환으로서 FTA를 추진하면서 국내외 정치경제적 이익과 외교안보적 이익을 위해 전략적으로 검토하고 판단하고자 한다. 따라서 중국의 FTA에 관한 추진의도를 정확히 이해하기 위해서는 경제적 측면만이 아닌 외교안보적 측면에 대한 분석을 동시에 추진할 필요가 있다.

둘째, 이러한 전략적 의도에 대한 분석은 중국의 FTA 추진전략이 갖는 대외전략적 함의를 분석하는 데에도 부분적으로 적용된다. 우선 자유주의적 관점의 상호의존효과와 현실주의에서 강조하는 비대칭적 상호의존관계의 효과, 그리고 안보외부효과는 대외전략적 함의를 검토하는데 주요한 단초를 제공한다.

III. 중국의 FTA 추진 배경 및 현황

1. 추진 배경

중국은 1992년 사회주의 시장경제 체제의 건설을 공식 선포하고 전방위 개방외교를 추진하였지만, FTA에 대한 관심이 그다지 높지는 않았다. 그러나 1990년대 후반 특히 2001년 WTO 가입을 전후해 중국은 FTA를 적극적으로 추진하기 시작했다. 일반적으로 일국의 FTA 정책은 국내경제 및 대외무역의 발전 등 경제적 이익의 추구를 목적으로 할 뿐만 아니라, 국제관계에서 평화와 안정, 영향력 확대 등과 같은 외교안보적 이익도 동시에 고려하면서 추진된다. 중국도 이와 마찬가지로서, 여기에서는 중국이 적극적인 FTA 정책으로 선회한 배경을 정치경제적 측면으로 구분하여 파악하고자 한다.

1) 정치적 배경

FTA가 협상 및 체결 국가(지역)를 대상으로 국제사회에서 이루어진다는 점에서, 중국이 FTA를 적극적으로 인식하고 추진하는 정치적 배경에는 대외전략적 측면이 강하게 작용할 수밖에 없다. 그러나 국가전략 차원에서 중국이 고려하는 정치적 이익은 대외전략적 측면과 함께 국내정치적 측면이 결합되어 나타난다.

먼저, 국내정치적 배경을 보면, 중국은 FTA를 통해 지속적인 경제발전을 이룩함으로써 체제안정 및 당 지배체제의 유지를 도모하고자 한다. 주지하다시피 중국은 1978년 개혁개방 정책을 추진한 이후 지금까지 30년 동안 9%대의 고도성장을 달성했다. 이로 인해 중국은 세계 2위의 경제규모로 급부상할 수 있었지만, 반면에 지역 및 계층 간 소득격차의 심화와 이를 시정할 수 있는 제도적 장치의 미비, 그리고 이와 연관된 삼농(농촌·농업·농민)문제, 부패문제, 소수민족문제 등이 어우러지면서 누적된 사회적 불만은 체제안정을 위협하는 요소로 대두되었다.

이를 제어하기 위해 후진타오(胡錦濤) 체제는 2020년 '샤오캉사회(小康社會)' 실현이라는 장기적 비전하에 '사회주의조화사회론'을 제기하면서 균형과 안정을 통한 지속가능한 발전을 추구해왔다.[14] 이러한 방

---

14) '사회주의조화사회론'은 2004년 9월 16기4중전회에서 처음 제시된 후 2005년 3

향은 2007년 17차 당 대회에서 지도이념으로 확정된 '과학적 발전관'
으로 계승되었다. 과학적 발전관은 샤오캉사회의 전면적 실현을 위해
성장을 중시하면서도 사회변화 및 발전에 수반되는 에너지, 환경 및
균형발전과 같은 다양한 문제들을 적극적으로 해결하는 종합적인 발
전관이라 할 수 있다.[15] 이는 덩샤오핑(鄧小平) 이후의 개혁개방 노선
을 계속 견지함으로써, 개혁개방의 부작용으로 나타난 기존 노선에 대
한 의구심을 해소하고, 당과 민족 등 전체 국가의 조화로운 협력을 통
해 국가발전을 이룩하고 안정을 추구하려는 의도로 보인다.

  이와 같이, 중국은 개혁개방의 확대를 통한 경제성장을 추구함으로
써 사회경제적 불안을 해소하고 체제 안정을 유지하고자 한다. 이는
당 지배체제의 정통성을 유지·보완하기 위해 개혁개방을 통한 경제
발전의 성과가 필요한 현실이 반영된 것이며, 2020년 샤오캉사회, 더
나아가 2050년 사회주의현대화 실현이라는 장기적인 구상을 달성하
는 데 필수적이다. 이러한 점에서 중국의 적극적인 FTA 정책은 개혁개
방의 확대와 지속적인 성장을 통해 체제안정을 도모함으로써 궁극적
으로 2020년 샤오캉사회를 실현하려는 중장기적인 국가전략을 배경
으로 하고 있다.

  다음으로 중국의 FTA 추진배경의 대외전략적 측면은 탈냉전 이후
중국의 대외인식의 변화에서 찾을 수 있다. 냉전 종식 후 중국은 '평
화와 발전'의 기치를 내걸고 세계 각국과 우호협력 관계를 발전시키
는 전방위외교를 추진하면서 다극화전략을 구사해왔다. 중국의 다극
화 전략은 미국과의 갈등을 최소화하는 한편 미국의 단극체제 또는 일
방주의를 견제해야 하는 딜레마를 해결하기 위해 다극의 주체가 될 수

월 10기전인대3차회의에서 공식화되었는데, 개혁개방의 각종 부작용을 함께 치
유하면서 안정적인 발전을 이룩하려는 후진타오체제의 새로운 통치이념으로서
기능하였다.

15) 『中國共産黨第十七次全國代表大會文件滙編』(北京: 人民出版社, 2007), pp. 1-55.

있는 여타의 강대국과 동반자 관계를 도모하는 것이며, 구체적인 실현 수단으로서 다자간 외교를 중시하기 시작했다.[16]

중국은 이를 통해 '책임 있는 대국'의 이미지를 구축함으로써 주변국의 경계를 완화함과 동시에 국제사회에서 주동적으로 활동하면서 자신의 영향력을 확보하고자 했다. 실제로 중국은 유엔을 비롯한 ARF 등 국제다자기구에 적극적으로 참여하다가 1990년대 중반 이후 10+1, 10+3, 상하이협력기구(SCO) 창설 등 다자주의 외교에서 적극적인 역할을 하기 시작했다. 특히, 2001년 WTO 가입은 중국을 세계 정치경제 질서에 급속히 편입시킴과 동시에 중국의 종합국력을 한 단계 더 도약시키는 계기가 되었다.

그러나 이 시기를 전후해 중국은 세계화와 지역주의에 대한 새로운 인식을 하게 되었다. 즉, 세계화 추세는 거역할 수 없는 현상이며, 이에 대한 참여는 중국의 국가이익에 긍정적이라 인식하는 한편, 세계화의 부정적 영향에 대한 대응 차원에서 지역주의를 동시에 주목하였다. 그렇다고 세계화와 지역주의를 상호 대립적인 관계로 파악한 것은 아니었으며 상호보완적인 관계에서 지역주의를 다자주의로 포용하였다. 즉, 중국이 인식하는 다자주의에는 지역적 차원이나 수준의 다자주의(regional multilateralism)와 세계적 차원이나 수준의 다자주의(global multilateralism)를 포함한다.[17]

이러한 인식은 WTO체제하에서도 북미자유무역지대와 유럽연합이 존재한다는 사실과 1997년의 동아시아 경제위기 시 지역협력 기제가 부재하였다는 경험이 작용하였다. 따라서 중국은 글로벌 차원에서 다

---

16) 16대의 정치보고에서 장쩌민(江澤民)은 "적극적으로 다자외교 활동에 참여하여 UN 및 기타 국제기구 혹은 지역성 기구에서 역할을 발휘하고 개발도상국가가 자신의 정당한 권익을 보호하는 것을 지지한다."고 언급한 바 있다.『中國共産黨第十六次全國代表大會文件滙編』(北京: 人民出版社, 2002), p. 47.

17) 秦亞靑, "多邊主義硏究: 理論與方法,"『世界經濟與政治』2001年 第10期(北京: 世界經濟雜誌社, 2001), pp. 9-10.

자외교를 추진함과 동시에 지역강대국으로서의 역할에 걸맞은 주변지역 특히 동아시아 지역에서 다자주의를 주도하기 시작했다. 이러한 변화는 중국이 주변국(지역)에서 FTA를 적극 추진하는 배경이 되었다. 왜냐하면, 주변국과의 FTA 체결은 경제협력은 물론 중국의 현대화를 위한 주변정세의 안정과 주변국들이 전통적으로 갖고 있는 중국에 대한 안보적 불안 심리를 완화시키는 데 유용하며, 특히 역내 주도권을 확보할 수 있는 통로와 수단으로 기능할 수도 있기 때문이다.

이처럼 아세안, 홍콩, 한·일, 상하이협력기구(SCO) 등 주변국에 대한 중국의 FTA 추진은 대외전략과 궤를 같이 하고 있음을 알 수 있다. 그런 점에서 2005년부터 후진타오의 새로운 외교이념으로 제시하고 있는 '조화세계론'은 주목된다.[18] 이에 의하면, 국내차원에서는 '조화사회(和諧社會)'의 건설을, 주변국에 대해서는 '조화로운 아시아(和諧亞洲)'의 건설을, 전 세계 차원에서는 '조화세계(和諧世界)'의 건설을 강조하고 있다. 즉, 발달한 국가와는 전략대화를 추진하고 개발도상국가와는 단결협력을 강화하는 한편, 주변국과의 우호협력을 중시하면서 다자외교도 적극적으로 주도하겠다는 것이다. 특히 안정적인 경제발전에 도움이 되는 평화로운 주변 환경을 창출하기 위해 주변국과의 동반성장을 도모하는 실리적 협력을 강화하고자 한다.

이는 중국의 FTA 추진배경과 관련하여 두 가지 의미를 내포하고 있다. 하나는 중국이 평화, 발전, 협력, 안정, 공동번영, 화합, 평등, 공정, 상호존중 등의 가치를 내세움으로써 자유, 민주, 인권 등 미국식 가치와의 차별화를 시도하는 점을 들 수 있다.[19] 즉, 기존의 평화와 발전의

---

18) 2005년 4월 아시아·아프리카 정상회의와 9월 유엔 60주년 정상회의에서 후진타오가 공개적으로 언급한 이후, 당·정 지도부가 조화세계 건설을 점차 강조하기 시작했으며, 2007년 3월 10기전인대5차회의의 정부공작보고에서도 재차 강조됨으로써 새로운 외교이념으로 자리 잡았다.

19) 兪新天, "諧世界與中國的和平發展道路," 『國際問題硏究』 2007年 第1期(北京: 中國國際問題硏究所, 2007), pp. 7-8.

기치하에 대국으로서 책임을 부담하는 한편, 패권국인 미국과의 대결이 아닌 상생의 길을 다자의 틀 내에서 함께 추구하겠다는 것이다. 이를 통해 중국은 기존 국제질서에 순응하는 참여자만이 아니라, 적극적이고 주도적으로 국제질서의 규범을 만들 수 있는 대안 소유자임을 부각시키고자 한다. 그러기 위해서 중국은 자국의 발전이 세계에 새로운 기회를 제공하고 각국과의 협력과 공동번영의 창출을 위해 노력하는 점을 강조한다. 실제로 중국은 아프리카를 비롯한 제3세계권 및 개발도상국과의 협력을 적극 추진하고 있다.[20]

두 번째는 중국이 '중국위협론'이나 '중국붕괴론'이 아닌 '중국역할론' 또는 '중국기회론'을 강화하고 있다는 점이다. 즉, 중국은 국내의 산적한 문제들을 해결하면서 지속적이고 안정적인 경제발전을 위한 평화로운 주변 환경을 창출하고자 주변국과의 협력과 공동번영을 강조한다. 그 연장선상에 '조화로운 아시아' 건설이 자리하고 있다. 그런 점에서 조화세계론은 주변국과의 우호협력관계를 구축하려는 선린외교와 밀접한 관련이 있다. 중국은 조화세계론을 통해 외교이념의 평화성, 군사전략의 방어성, 안보협력의 협력성, 각국의 자주성 및 지역의 다양성을 존중하는 모습을 부각시킴으로써 평화안정의 국제환경, 선린우호의 주변 환경, 평등호혜의 협력환경, 상호협력의 안보환경을 형성하고자 한다.[21] 실제로, 중국은 주변국가와의 경제적 상호의존성 증대를 통해 신뢰구축과 안정된 안보환경의 확보를 추구해왔으며, 대표적인 예로 2002년 11월 아세안과의 FTA 설립에 합의한 사실을 들 수 있다.

---

20) 대표적인 예로, 중국은 2006년 11월 북경에서 41개국 아프리카 정상을 초청한 중국-아프리카 포럼을 개최한 바 있다. 嚴震生, "中非合作論壇," 『展望與探索』 第4卷 第12期(臺北: 展望與探索雜誌社, 2006), pp. 15-23.
21) 國紀平, "好隣居, 好朋友, 好伙伴," 『人民日報』, 2006年 12月 11日.

2) 경제적 배경

중국이 FTA 정책을 적극적으로 추진하게 된 경제적 배경은 무엇보다도 지속적인 경제성장을 위한 경제발전전략과 밀접한 관련이 있다. 중국은 1979년부터 30년 동안 시기별로 다소의 차이는 있으나 개혁개방정책을 점차 확대해왔다. 대내적으로는 시장화와 사유화 개혁을 통한 사회주의시장경제체제의 건립을 추진해왔고, 대외적으로는 점진적 개방을 통해 외국인 직접투자와 수출을 확대함으로써 세계경제체제에 적극 편입해갔다.

그 결과 중국경제는 고도성장을 지속할 수 있었는데, 〈표 1〉에서 보듯이, 2007년 현재 중국의 GDP는 24조 6,619억 위안(元)으로 1979년 대비 약 60배 규모로 성장하였다. 특히, 2001년 12월 중국의 WTO 가입은 해외 직접투자와 무역을 증대시킴으로써 중국경제의 고도성장을 촉진시키는 계기가 되었다. 이는 WTO 가입 이후인 2002년부터 중국의 GDP 증가율이 더욱 가속화하는 데에서도 확인할 수 있다.

또한 〈표 2〉에서도 확인하듯이, WTO 가입 이후인 2002년부터 중국의 무역증가율이 매년 20% 이상 폭발적으로 증가해왔으며, 이에 따른 무역의존도도 2001년 38.5%에서 매년 꾸준히 증가해 2006년 65.7%, 2007년 64.4% 등 60% 이상까지 크게 높아졌음을 알 수 있다. 이러한 수치들은 중국경제가 국내시장의 확대에도 불구하고 대외개방을 심화하지 않으면 지속적인 고도성장을 유지하기 어렵다는 것을 의미한다.

〈표 1〉 중국의 GDP 규모와 증가율 변화 추이

	'79	'98	'99	'00	'01	'02	'03	'04	'05	'06	'07
GDP (억元)	4,038	84,402	89,677	99,215	109,655	120,333	135,823	159,878	183,868	211,233	246,619
전년 대비 증가율 (%)	7.6	7.8	7.6	8.4	8.3	9.1	10.0	10.1	10.4	11.6	11.9

출처: 『中國統計年鑑』, 각 연도판과 무역협회 무역연구소, http://www.kita.net

<표 2> 중국의 수출입 증가 추이

(단위: 억 달러, %)

연도	무역액		수출액		수입액		무역수지	무역 의존도 (%)
	규모	증가율	규모	증가율	규모	증가율		
2001	5,096.5	7.4	2,661.0	7.0	2,435.5	8.2	225.5	38.5
2002	6,207.7	21.8	3,256.0	22.1	2,951.7	21.2	304.3	42.7
2003	8,509.9	37.1	4,382.3	34.6	4,127.6	39.9	254.7	51.9
2004	11,547	35.7	5,934	35.4	5,614	35.8	320	59.7
2005	14,221	23.3	7,620	28.4	6,601	17.7	1,019	62.4
2006	17,611	23.8	9,693	27.2	7,918	19.9	1,775	65.7
2007	21,738	23.5	12,180	25.7	9,558	20.8	2,622	64.4

출처: 『中國統計年鑑』, 각 연도판과 무역협회 무역연구소, http://www.kita.net

이 점은 중국이 FTA를 적극적으로 추진하게 된 경제적 배경으로 작용하였다. 즉, 지속적인 경제발전 달성을 위해 세계경제에 대한 전략적 인식과 그에 따른 경제발전전략의 변화에서 찾을 수 있다. 구체적으로 중국은 지속적인 경제성장을 위해서는 WTO와 같은 다자주의에도 적극 동참해야 되지만, 경제통합 및 경제적 세계화에 따른 양극화 문제를 최소화하려는 지역주의와 양자주의의 추세에 대해서도 새롭게 인식하기 시작했다. 1995년 우루과이 라운드를 대신해 탄생한 WTO에 2001년에서야 가입한 중국은 그 해 개최된 각료회의에서 결렬된 도하개발어젠다(DDA: Doha Development Agenda)를 목도하면서, 미국, 유럽 등 선진국과 개도국의 불공정한 거래와 불평등 문제가 해소될 수 없음을 인식하였다.[22]

더욱이 세계적으로 형성되고 있는 유럽연합(EU, 1993), 북미자유무역지대(NAFTA, 1994), 남미공동시장(MERCOSUR, 1995), 아프리카공동시

---

22) 楊洁勉, 『國際體系轉型和多邊組織發展』(北京: 時事出版社, 2007), pp. 109-114.

장(COMESA, 1993), 걸프협력회의(GCC, 1983) 등 지역주의의 확산에도 불구하고, 동아시아 지역에서는 FTA 체결을 위한 논의만 이루어질 뿐 아세안을 제외하고 아직 경제협력체가 형성되고 있지 않다는 점에 주목하였다. 경제적 지역화는 역내 국가에 무역증대와 투자증가 등 긍정적인 효과를 주는 반면, 역외국가에 대해서는 부정적 영향을 주기 때문에, 대외무역의 발전과 투자유치 증대를 통해 경제성장을 이루어야 하는 중국에 불리하게 작용할 수 있다. 따라서 중국은 동아시아 지역에서도 이러한 지역주의 추세에 대응해 지역 경제협력을 추진해야 한다고 인식하였다.

이러한 WTO체제의 한계와 지역주의의 확산에 대한 인식은 중국이 FTA 정책을 적극적으로 추진하게 된 배경으로 작용하였다. 이는 2005년 확정된 [11차 5개년 계획]에서, 중국이 다자무역체제에 적극 참여하여 지역 및 양자간 경제협력을 추동하고 세계 무역과 투자의 자유화를 촉진할 것이라고 언급한데서도 확인된다. 이에 의하면, 중국은 전방위적이고 다층적인 FTA체제를 구축해 세계 각 지역 및 국가와 경제무역 관계를 확대함으로써 국민경제와 대외무역의 신속하고 안정적인 발전을 추구하고자 한다.[23]

또한 지역주의에 대한 대응 차원에서 중국은 주변국과의 지역협력을 강화하고자 하며, 이러한 지역경제협력에 FTA는 주요 수단으로 활용되고 있다. 중국 상무부가 2005년 7월 발표한 '지역경제협력 참여전략'에 의하면, 중국은 FTA를 수단으로 전 세계적인 지역협력체제에 적극 참여하고, 주변국과의 협력, 시장개척, 주요 채널 및 에너지 · 자원 확보의 원칙에 따라 추진해야 한다고 보고하고 있다.[24]

---

23) "中共中央關於制定國民經濟和社會發展第十一個五年規劃的建議,"『十六大以來重要文獻選編(中)』(北京: 中央文獻出版社, 2006), p. 1076.

24) 이 보고서에 따르면, 중국은 아세안과 홍콩 · 마카오 · 대만과의 지역경제협력지대 형성, 동북아지역 경제협력 추진, 러시아, 호주, 중동아시아, 중앙아시아, 아프리카 남미지역과의 경제협력 개척, 브라질, 인도, 멕시코, 남아프

이처럼, 중국은 FTA를 중국의 대외경제 무역 증대를 통한 경제발전 및 지역 경제협력을 확대시키는 중요한 수단으로 파악하고 있다. 특히, 1990년대 후반부터 기존의 '해외로부터의 기술과 자본을 유치하는(引進來)' 발전전략에서 '해외로 진출하는(走出去)' 발전전략을 병행 추진하기 시작했는데, 최근 지속적인 무역흑자로 인해 외환보유액이 급증함에 따라 이러한 전략도 탄력을 받기 시작했다. 중국은 이를 통해 기업의 해외진출, 해외투자, 다국적 경영을 장려함으로써 기업의 국제경쟁력을 강화하고 해외시장 진출 및 수출 촉진, 선진기술 도입, 에너지·자원 공급선 확보 등을 도모해왔다.[25] 이러한 전략의 변화는 중국이 FTA를 적극적으로 추진하는 배경이 되었다. 왜냐하면, FTA는 국내 경제발전에 참여할 수 있는 해외투자를 더 많이 유인하는 데 유리할 뿐만 아니라, 국내 기업의 해외진출 전략을 실시하는 데에도 유리하기 때문이다.[26]

2. 추진 현황

앞에서 살펴보았듯이, 중국은 국가전략 차원에서 FTA를 적극적으로 추진하고 있다. 즉, 지속적인 경제성장과 이를 위한 안정적인 주변 환경을 주도적으로 창출함으로써 궁극적으로 중국의 부상을 실현시키는 수단으로 FTA를 적극 활용하고 있다. 이에 따라 중국은 2001년 WTO 가입 이후 FTA를 적극적으로 추진하고 있으며, 다원적이고 다층

리카와 지역경제협력 추진, 미국 및 유럽에 개별 FTA 추진 등을 계획하고 있다. "具备区域经济合作基础: 商务部初定中国策略," http://www.gx.xinhuanet.com(2005.7.11).

25) 백권호 · 서석흥, "중국기업 해외직접투자(走出去)의 현황과 평가," 『중국학연구』 제35집(서울: 중국학연구회, 2006), pp. 283-307.

26) 劉昌黎, 『東亞双邊自由貿易研究』(大連: 東北財經大學出版社, 2007), p. 232.

적인 체결을 시도하고 있다.

2010년 현재 중국이 FTA를 체결했거나 추진 중인 국가들은 약 30여 개 국가에 이른다. 일반적으로 FTA의 추진과정은 3단계로 구성된다. 즉, 당사국 간 FTA의 추진의사를 확인하면 우선 FTA의 타당성에 관한

〈표 3〉 중국의 FTA 추진 현황(2010년 기준)

국가	체결 시기	발효 시기	제안자	협정 범위
홍콩	2003.6.(1단계) 2005.1.(2단계) 2007.1.(3단계)	2004.1.	중국	상품무역, 서비스무역, 투자
아세안	2004.11. 2007.2.(서비스)	2005.7. 2007.7.(서비스)	중국	상품무역, 서비스무역(후타결)
칠레	2005.11.	2006.10.	칠레	상품무역
파키스탄	2006.11.	2007.7.	중국	상품무역, 투자
뉴질랜드	2008.4.7.	2008.10.1.	중국	상품무역, 서비스무역, 투자
싱가포르	2008.10.23.	2009.1.1.	중국	상품무역, 서비스무역
페루	2009.4.28	2010.3.1	중국	상품무역, 서비스무역
코스타리카	2010.4.8	미정	중국	상품무역, 서비스무역
대만	2010.6.29	2011.1.1	중국	상품무역, 서비스무역
호주	협상 중		중국	
GCC			중국	
이탈리아			중국	
아이슬란드			중국	
노르웨이			중국	
남아프리카공화국			중국	
인도	연구 검토		중국	
한국			중국	
일본			중국	
SCO			중국	

출처: China FTA Network

공동연구를 진행하고, 다음 단계에서는 연구결과를 바탕으로 협상을 전개하여 FTA 협정 최종 합의에 도달한 후, 마지막으로 국내 법적 절차를 거쳐 최종 발효되는 과정을 거친다.

이러한 단계별 과정에 의해 중국의 FTA 추진 현황을 도표로 정리한 것이 〈표 3〉이다. 구체적으로 보면, 현재 1단계인 공동연구 중인 국가는 한국, 일본, 인도, 상하이협력기구(SCO: 러시아, 카자흐스탄, 키르기스스탄, 우즈베키스탄, 타지키스탄) 등이며, 2단계인 협상 중인 국가는 호주, 걸프협력협의회(GCC: 사우디아라비아, 아랍에미리트연합, 쿠웨이트, 오만, 카타르, 바레인), 이탈리아, 아이슬란드, 노르웨이, 남아프리카공화국, 대만 등이다. 그리고 3단계인 협상체결국은 홍콩(마카오), 아세안, 칠레, 파키스탄, 뉴질랜드, 싱가포르, 페루, 코스타리카 등 8개국(지역)이다.[27]

IV. 중국의 FTA 추진 전략 분석과 함의

1. 전략적 의도 분석

여기에서는 중국의 FTA 추진 현황을 통해 나타난 전략적 의도를 실증적으로 분석하고자 한다. 중국의 전략적 의도를 실증적으로 파악하기 위해서는 지금까지 진행된 중국의 FTA 추진과정과 추진동기에 대한 분석이 필수적이다.

---

27) 중국은 2003년 6월 29일 홍콩과 "경제관계긴밀화협정(CEPA)"을 체결하였는데, 이 협정은 정치적인 이유로 FTA라는 용어를 사용하지 않았으나 내용상으로 FTA에 준하는 협정이므로 FTA에 포함시켰다.

1) 추진 과정 분석

중국의 FTA 추진 과정에서 나타난 특징과 패턴을 통해 볼 때, 중국의 전략적 의도는 다음과 같다. 우선, 중국은 FTA 추진을 적극적으로 주도하고자 한다. 대부분이 2000년대 이후 추진된 것을 감안하면, 짧은 기간임에도 불구하고 30여 개 국가와 적지 않은 성과를 거두고 있다. 구체적으로 10개 국가/지역과 FTA를 체결했으며, 10개 국가/지역과 FTA 협상 및 논의 중에 있다. 특히 칠레를 제외하면 중국이 먼저 다른 국가에 FTA를 제안했다는 점, 협상에서도 적극적인 자세를 보여 왔다는 점에서 더욱 그러하다.

둘째, 중국의 FTA 추진은 주변지역을 중심으로 추진대상국이 전방위적으로 확산되고 있으며, 협상형식도 양자협정과 다자협정 그리고 합의내용도 낮은 수준에서 포괄적 수준으로 확대되는 추세에 있다. 예를 들면, 추진대상국이 아시아에서 중남미(페루 · 코스타리카), 아프리카(남아공), 유럽(아이슬란드 · 노르웨이) 등으로 확대되고 있으며, 추진형식도 양자협정과 권역별 다자협정(아세안, SCO, GCC 등)으로 구분되며, 낮은 수준(아세안 · 칠레)에서 포괄적 수준(뉴질랜드 · 파키스탄)으로 확대되고 있고, 낮은 수준으로 체결된 아세안과 칠레와의 FTA도 점차 서비스 · 투자 분야로 협상을 확대하고 있다.

셋째, 중국은 FTA 추진 대상국을 선택하는 데 있어서 경제규모가 작은 국가나 지역을 먼저 고려한다는 특징이 있다. 중국의 주요 교역대상국이 규모가 큰 선진국임에도 불구하고 FTA 추진국가들은 대부분 개도국에 집중되어 있다. 이는 선진국과의 FTA 체결로 인한 영향을 최소화함과 동시에 협상력 및 경험을 축적하는 데 유리하기 때문이다. 또한 개도국과의 남남협력을 강화해 그동안 중국이 주창해온 개도국 이익의 대변자로서 주도적 역할을 하려는 의도로 보인다. 또한 선진국 시장에 대한 과도한 의존도를 낮추기 위해 개도국 시장을 개척하는 데에도 유리하다.

넷째, 중국의 FTA 추진 대상국/지역은 대부분 아시아 즉 중국의 주변지역에 집중적으로 포진해 있다. 중국은 이미 FTA를 체결한 동남아(홍콩, 아세안), 서남아(파키스탄) 외에, 협상 단계인 중동아(GCC 회원국), 연구단계인 동북아(한국 · 일본), 서남아(인도), 중앙아(SCO 회원국) 등 주로 주변국들을 주요 대상으로 하고 있다. 이는 중국이 FTA를 통해 대국으로서 역내 영향력을 강화하고 주도국으로 부상하려는 의도를 갖고 있음을 보여준다.

다섯째, 이와 관련 중국은 동아시아 FTA를 주도하려는 전략적 의도를 갖고 있다. 중국이 우선적으로 아세안과의 FTA를 추진한 점이나, 이를 바탕으로 아세안+한 · 중 · 일 회의에서 한 · 중 · 일 FTA를 제안한 점도 그렇다. 일본이 미온적 태도를 보이자 중국은 한국과의 FTA를 적극적으로 추진하는 점도 그 연장선상에 있다. 중국은 아세안과의 FTA(10+1)를 모태로 10+3로 확대하거나, 한중 FTA를 기반으로 한 · 일 FTA와 중 · 일 FTA를 통해 한 · 중 · 일 FTA를 체결해 동아시아 FTA를 주도하고 궁극적으로 동아시아 협력체를 주도하려는 구상을 갖고 있다.

마지막으로, 중국이 FTA의 협상과정에서 보여준 정치적 양보와 타협은 중국이 FTA를 전략적인 고려하에서 추진하고 있음을 보여준다. 특히, 경제적 효과가 높지 않음에도 불구하고 적극적으로 추진한 점과 주변지역에 집중된 점 등도 그렇다. 통합의 대상인 홍콩을 제외하더라도 페루, 칠레, 파키스탄과의 FTA는 교역비중이 낮거나 체결 후 경

〈표 4〉 중국과 칠레 · 페루 · 파키스탄의 교역 비중 (2006년)

(%)

	수출 비중	수입 비중
칠레	0.3	0.7
페루	0.1	0.4
파키스탄	0.4	0.1

출처: 중국해관 통계

제적 효과가 두드러지지 않았다는 점에서 더욱 그러하다(〈표 4〉 참조). 따라서 중국의 FTA 추진은 일반적인 통상전략의 측면만이 아닌 외교안보적 측면이 고려된 전략적 의도가 내포되어 있음을 알 수 있다.

2) 추진 동기 분석

상술한 바처럼, 중국은 다양한 지역 및 국가들과 FTA를 전략적으로 추진하고 있다. 이들을 대상으로 한 개별적이고 세부적인 중국의 FTA 추진 동기도 그만큼 다양할 수밖에 없지만, 대체로 다음 몇 가지로 집약할 수 있다. 즉, 해외시장 개척 및 중국기업의 해외진출, 선진기술 획득, 산업경쟁력 제고, 국내개발, 화교네트워크 및 중화경제권 형성, 에너지 자원 확보, 지역협력안보, 지역주도권 강화 등이다. 이를 구체적으로 살펴보면 다음과 같다.

첫째, 중국은 신규 해외수출시장 개척 및 중국기업 해외진출을 위해 FTA를 적극 활용하고 있다. 중국이 최근 3년간 급증하는 무역흑자로 인해 무역마찰, 시장개방, 인민폐 평가절상 압력 등을 겪게 되었다.[28]

〈표 5〉 중국의 국가(지역)별 FTA 추진 동기

추진 동기	주요 해당 국가
해외시장 개척 및 중국기업의 해외진출	한국, 호주, 아이슬란드, 인도, 칠레, 파키스탄, 아세안, 이탈리아, 노르웨이
국내개발(서부대개발 · 동북진흥개발)	한국, 파키스탄, GCC
선진기술 획득	한국, 싱가포르, 아이슬란드, 호주, 이탈리아
산업경쟁력 제고	홍콩, 호주, 뉴질랜드, 싱가포르, 아이슬란드, 이탈리아, 대만, 한국
에너지 · 자원 확보	GCC, SCO, 호주, 칠레, 아이슬란드, 페루, 코스타리카
화교 네트워크 및 중화경제권 형성	홍콩, 마카오, 대만, 아세안
지역협력안보	아세안, SCO
지역주도권 강화	아세안, 파키스탄, 한국

이런 마찰을 완화하기 위해 내수시장과 수출 균형정책을 추진하고 있으나 무역흑자 문제는 상당 기간 지속될 것으로 전망된다. 이런 상황에서 기존 무역흑자 대상국은 FTA의 체결을 통해 무역마찰을 완화하는 한편, FTA를 통한 새로운 시장을 개척해 수출시장을 다변화하려는 의도를 가지고 있다. 이러한 목적은 중국이 추진하는 FTA 전반에서 찾아 볼 수 있으나, 특히 칠레, 파키스탄, 호주 등은 중국기업의 해외진출 촉진이라는 의도가 강하게 나타나고 있다.

둘째, 국내개발이다. 중국은 지속적인 경제성장을 위한 새로운 성장동력으로 삼으려는 야심찬 서부대개발과 동북진흥계획을 제시한 적이 있다. 그러나 아직 별다른 성과를 거두지 못하고 있는 상황에서 이 지역의 개발을 위해 인접국과의 FTA를 활용하고자 한다. 서부대개발의 경우, 인접한 SCO 및 파키스탄과의 에너지 협력 및 수송망 확충은 서부대개발과 연계될 수밖에 없다. 또 동북진흥개발의 경우 한국과의 FTA를 통해 한국의 자본과 기술을 유치함으로써 이 지역의 개발을 촉진하는 데 이용하려는 의도를 가지고 있다.

셋째, 중국은 FTA를 통한 기술이전 효과에 점차 관심을 기울이고 있다. 중국은 개도국으로서 단기간에 기술을 확보하기 위한 방안으로 외국 투자기업에게 시장을 내주고 기술을 확보하는 정책을 추진해왔다. 그러나 외국 투자기업의 기술이전이 충분하지 못하다는 판단하에 해외 인수합병(M&A)을 포함한 '해외진출(走出去)' 전략을 추진하고 있다. FTA는 외국인직접투자(FDI) 증가로 인한 기술이전 외에도 상대국에 대한 M&A에 유리한 여건이 조성될 수 있다. 따라서 중국은 기술이전의 효과를 위해 선진국인 한국, 싱가포르, 호주, 이탈리아 등과 FTA를 시도하고 있다.

넷째, 산업경쟁력 제고이다. FTA를 추진하는 다른 대부분의 국가와

---

28) 중국은 1995년부터 2006년까지 연속 12년간 세계 최다 무역분쟁 발생국가로서 신시장과의 자유무역 추진은 이를 해소하는 데 도움이 된다.

마찬가지로 중국도 관세인하 및 비관세장벽 철폐를 통해 시장접근성을 강화하고 산업고도화 촉진을 도모한다. 투자환경 및 제도, 금융, 서비스산업이 취약한 중국의 입장에서 국내 산업에 미치는 충격이 크지 않으면서 경쟁력을 강화시켜줄 수 있는 FTA 대상국으로는 중소 규모의 선진국인 홍콩, 싱가포르, 아이슬란드, 뉴질랜드 등이 해당된다.

다섯째, 에너지 자원의 확보이다. 중국은 지속적인 고도 경제성장에 따른 석유 및 원자재 수요 급증과 원자재 가격의 상승에 대한 대응책으로 석유, 희귀 광물자원 등 원자재 확보를 위해 FTA를 적극 추진하고 있다. 구체적으로 원유와 천연가스 등 에너지 자원을 확보하기 위해 GCC, SCO와 에너지 수송을 위한 파이프라인 건설 및 광산개발을 위해 파키스탄과 FTA를 추진하고 있다. 또한 칠레(구리), 호주(아연 · 니켈 · 철광석), 아이슬란드(알루미늄)도 주요 자원보유국으로 여기에 해당된다.

여섯째, 화교네트워크 및 중화경제권 형성이다. 홍콩 · 마카오는 중국의 통합대상이며, 또 향후 통합해야 할 대상인 대만과도 FTA를 전략적으로 추진하고 있다. 아세안 역시 화교의 주요 경제활동지역이다. 중국은 이들 지역과 중국 내지와의 경제적 연계성 및 상호의존성을 높임으로써 중장기적으로 홍콩 포함 대만을 통합시키려는 의도를 가지고 있으며, 이를 발판으로 아세안까지 포괄하는 중화경제권을 구상하고 있다.

일곱째, 지역협력안보이다. 중국이 FTA를 중점적으로 추진하는 지역은 주로 주변지역이다. FTA를 통한 경제교류협력의 강화는 경제적 상호의존도를 높이고 경제통합을 가속화할 뿐만 아니라, 정치사회적 신뢰와 안정성을 제고시켜 지역통합화를 촉진시킬 수 있다. 이러한 기능주의적 접근에 FTA는 유리한 수단이 된다. 최근 중국은 자국의 경제력을 바탕으로 주변국과의 경제협력을 강화해 상호 공동이익을 추구하는 경제외교를 추진하고 있는 바, FTA는 이의 주요한 수단이 되고 있다.[29] 즉, FTA는 중국의 평화적 부상에 유리한 주변 환경 창출과 '중국위협론'을 완화시키는 데 유효한 수단으로 활용되고 있다.

앞의 추진사례에서 검토한 바와 같이, 아세안과 SCO와의 FTA 추진은 이러한 중국의 의도가 잘 드러나는 대표적인 사례이다. 특히, SCO는 중국의 신장(新疆) 위구르의 분리·독립 운동 및 테러를 차단함으로써 변경지역의 안정을 유지하고 미국 중심의 질서에 대응하기 위해 창설된 기구로서, 이들 지역에 대한 중국의 FTA 추진은 지역협력 안보라는 외교안보적 의도가 강하게 자리하고 있다.

2. 대외전략적 함의

이상 중국이 FTA를 추진하려는 전략적 의도를 종합하면, 해외시장 개척 및 중국기업의 해외진출, 선진기술 획득, 산업경쟁력 제고, 국내 개발 등은 FTA 추진의 일반적인 목적이라 할 수 있으나, 화교네트워크 및 중화경제권 형성, 에너지 자원 확보, 지역협력안보는 정치적 또는 외교안보적 측면이 포함된 목적이라 할 수 있다.

따라서 중국은 경제적 동기만이 아닌 외교안보적 동기를 갖고 FTA를 전략적으로 추진하고 있음을 알 수 있다. 특히, 주변지역과의 FTA 추진을 통해 주변정세의 안정을 도모할 수 있는 상호의존효과를 기대하고 있다. 이를 바탕으로 비대칭적 상호의존효과를 거두고자 한다. 왜냐하면 FTA는 거대 중국이 상대적으로 소규모인 국가와 협력을 제도화함으로써 상호의존도를 높일 수 있는 유용한 수단이기 때문이다. 이는 중국이 경제력이 큰 일본과의 FTA에 소극적인 데서도 확인할 수 있다.

이러한 비대칭적 상호의존효과는 중국이 비교우위를 바탕으로 상

---

29) 김재철, "중국의 경제외교: 경제적 고려를 넘어서,"『국가전략』제13권 4호(서울: 세종연구소, 2007), pp. 41-67.

대국에 영향력을 행사하는 데 기여할 수 있다. 즉, 중국이 FTA를 수단으로 주변지역과의 경제통합을 통해 안정화를 도모하려는 시도는 역내 영향력을 확대하고 주도권을 확보하려는 의도와 맞닿아 있다. 구체적으로는 미국의 패권에 대한 대응이며 역내 차원에서는 인도 및 일본의 주도권 및 영향력에 대한 견제이다.

중국의 대외전략 특히, 외교안보정책에 있어서 세계 유일 초강국인 미국과의 관계는 가장 핵심적 사안이다. 중국은 미국 중심의 세계질서에 정면으로 대응하기보다는 일정 수준 협력하면서 국력신장을 도모하는 한편, 동시에 미국의 대중국 견제에 맞서 지역적 영향력을 강화하는 현실적·실리적 정책을 구사하고 있다. 이러한 점에서 FTA는 상대국과 공동이익과 의존성이 확대되어 상대적으로 미국의 영향력을 약화시킬 수 있는 안보외부효과가 존재한다.

중국의 이러한 전략적 고려가 가장 두드러지게 발현되는 FTA는 SCO와 아세안이며, 이에 대해서는 앞에서 설명한 바 있다. 이밖에 파키스탄과의 FTA는 인도에 대한 견제라는 전통적 의도 이외에 최근 인도와의 관계강화를 시도하는 미국을 견제하려는 의도 역시 무시할 수 없다. 또한 호주 및 인도와의 FTA 추진도 이의 연장선상에서 미·일 중심의 아태민주연대의 결성을 약화시키려는 의도로 해석된다. 게다가 전통적으로 미국의 영향권하에 있는 칠레·페루와의 FTA 추진도 이러한 전략적 고려가 작용하였다고 볼 수 있다. 왜냐하면 앞의 〈표 4〉에서 보듯이, 이들 국가와 중국의 매우 미미한 수준의 교역비중은 중국이 경제적 고려보다 미래 전략적 가치를 우선해 FTA를 추진했음을 보여주기 때문이다.

이처럼, 중국의 FTA 추진은 제도적 경제협력을 통해 지속발전을 위한 안정적 환경을 조성하려는 일환이나, 중장기적으로는 이를 수단으로 삼아 주도권 확보와 영향력 확대를 도모함으로써 자국에 유리한 질서형성에 활용하려는 전략적 의도를 갖고 있다고 평가된다. 이러한 의도대로 진행된다면, 향후 중국의 경제성장은 최소한 주변 지역의 경제성장에 기여하면서 중국의 영향력과 발언권을 강화할 수 있을 것이다.

그러나 이러한 중국의 전략적 의도가 모두 관철되려면 많은 시일과 넘어야 할 과제도 산적해 있다. 자국이 배제된 지역협력에 반대하는 미국의 존재를 제외하더라도, 경제협력이 정치, 외교안보 협력으로 확산되는 파급효과의 장기성은 추진과정에서 예기치 못한 난관에 봉착할 가능성이 있다. 예컨대 증대된 협력이 갈등을 완화하고 정치안보적 협력을 증대시키는 데 기여하는 측면이 있지만, 오히려 마찰을 증대시킬 수도 있기 때문이다. 게다가 FTA 체결국의 국내 정치적 갈등과 불만이 중국의 외교안보정책에 부담이 될 수도 있을 것이며, 현실주의 관점에서 강조하는 안보외부효과에 의해 중국위협론이 더욱 증대할 수도 있을 것이다.

V. 결론: 한중 FTA에 주는 시사점

이상에서 보듯이 중국은 경제적 동기 및 외교안보적 동기를 동시에 고려하면서 FTA를 추진하고 있다. 이러한 동기는 중국이 FTA를 추진하는 대상국 또는 지역별로 복합적으로 작용하고 있다. 이러한 중국의 전략적 의도는 FTA의 상호의존효과에 의해 안정적인 경제안보협력 환경을 구축하는 데 유리하며, 비대칭적 상호의존효과에 따라 경제력이 비교우위에 있는 중국이 상대적으로 의존도가 높은 체결국에 대한 영향력과 발언권을 발휘하는 데 유리하게 작용할 수 있다. 또한 안보외부효과에 의해 중국은 체결국 외부의 영향력을 견제할 수 있는 기회도 증대할 것이다. 이는 중국이 자국 중심의 유리한 질서를 형성할 수 있는 기회를 확보하는 데 FTA가 주요한 수단이 될 수 있음을 의미한다.

이와 같은 중국이 추진하는 FTA의 외교안보적 함의는 한중 FTA에도 적지 않은 시사점을 준다. 대표적으로 지역협력안보나 지역주도권 강화는 한중 FTA를 추진하는 중국의 전략적 의도와 관련해 많은 시사점을 준다. 구체적으로 중국은 한중 FTA의 체결을 통해 한국과의 경제적 상호의존성을 증대시키고 남·북·중 3국 협력을 확대함으로써, 중국과 한반도의 경제통합을 가속화해 한반도를 안정적으로 관리하려는 의도를 가지고 있다. 중장기적으로 한중 간의 비대칭적 상호의존관계를 형성함으로서 한반도에 대한 중국의 영향력 확대와 동북아 역내 주도권 확보 등을 의도하고 있다고 평가된다.

물론 한중 FTA 이외에 한일 및 한·EU, 한미 FTA 등 복합적 관계를 고려하면 중국이 의도하는 바를 모두 달성할지는 미지수이다. 다만, 한중 FTA는 경제적 관계의 제도화를 한중 간의 경제관계가 긴밀해지는 것은 분명하다. 한중 FTA는 이러한 경제적 효과 이외에도 남북분단이란 현실을 고려할 때, 한중 FTA의 외교안보적 효과도 동시에 고려해 대응할 필요가 있다.

그런 점에서 한중 FTA는 한중 간의 협력 및 상호의존을 증대시켜 한반도의 평화와 안정, 즉 남북한의 긴장완화 및 안정적 남북관계 발전에 기여할 수 있다. 이는 북핵문제의 해결이나 한반도의 평화체제 구축 더 나아가 향후 통일과정에서 우리와 중국의 상호 협력 기회를 높이고 대북정책에서도 중국의 건설적 역할을 유도할 수 있는 기회로 활용되어야 할 것이다. 반면에 비대칭적 상호의존관계가 형성될 경우 중국의 주도력이 강화될 수 있으며, 이에 따른 마찰과 갈등도 유발될 수 있기 때문에 이를 방지할 수 있는 방안도 모색되어야 할 것이다.

한중 FTA의 안보외부효과는 남북관계를 안정시키고 러시아를 포함한 동북아협력에서 우리의 이니셔티브를 확보할 수 있는 긍정적 측면이 존재하나, 전통적 한·미관계와 한·미·일 경제안보 협력을 약화시키는 부정적 측면도 동시에 존재한다. 따라서 한중 FTA의 부정적 측면을 방지하고 긍정적 측면을 극대화할 수 있는 조치들이 연계·균형적으로 추진될 수 있어야 할 것이다. 아울러 한중 FTA로 인한 국내 이익집단의 분열 및 갈등이 야기될 수 있는 바, 이를 최소화하는 한편, 이것이 대북지원 및 경협정책을 둘러싼 남남갈등을 완화시킬 수 있는 방안도 모색해야 할 것이다.

| 참고문헌 |

강이수 외.『신국제통상론』. 서울: 박영사, 2007.

강준영·정환우. "중국의 FTA 추진전략 분석: 전략목표별 사례분석을 중심으로."『국제지역연구』제11권 제3호. 서울: 세종연구소, 2007.

김재철. "중국의 경제외교: 경제적 고려를 넘어서."『국가전략』제13권 4호. 서울: 세종연구소, 2007.

박종철 외.『동북아협력의 인프라 실태: 국가 및 지역차원』. 서울: 통일연구원, 2005.

백권호·서석흥. "중국기업 해외직접투자(走出去)의 현황과 평가."『중국학연구』제35집. 서울: 중국학연구회, 2006.

서창배. "중국의 FTA 정책에 담긴 정치경제적 함의."『한중사회과학연구』제5권 1호. 서울: 한중사회과학학회, 2007.

유현석. "경제적 지역주의의 국제정치적 접근: 이론적 검토와 APEC에의 적용."『국제정치논총』제42집 3호. 서울: 국제정치학회, 2002.

이장규.『중국의 FTA 추진전략과 정책적 시사점』. 서울: 대외경제정책연구원, 2006.

國紀平. "好隣居, 好朋友, 好伙伴."『人民日報』, 2006年 12月 11日.

楊洁勉.『國際體系轉型和多邊組織發展』. 北京: 時事出版社, 2007.

『十六大以來重要文獻選編(中)』. 北京: 中央文獻出版社, 2006.

『中國共産黨第十六次全國代表大會文件滙編』. 北京: 人民出版社, 2002.

『中國共産黨第十七次全國代表大會文件滙編』. 北京: 人民出版社, 2007.

嚴震生. "中非合作論壇."『展望與探索』第4卷 第12期. 臺北: 展望與探索雜誌社, 2006.

俞新天. "諧世界與中國的和平發展道路."『國際問題研究』2007年 第1期. 北京: 中國國際問題研究所, 2007.

劉昌黎.『東亞双邊自由貿易研究』. 大連: 東北財經大學出版社, 2007.

秦亞青. "多邊主義研究: 理論與方法."『世界經濟與政治』2001年 第10期. 北京: 世界經濟雜誌社, 2001.

Barry, Donald, Ronald Keith. *Multilateralism and the Politics of Global Trade.* Vancouver, BC: UBC Press, 1999.

Gowa, Joanne. *Allies, Adversaries and International Trade.* Princeton: Princeton University Press, 1994.

Hurrell, Andrew. "Regionalism in Theoretical Perspective." Louise Fawcett, Andrew Hurrell, eds. *Regionalism in World Politics: Regional Organization and International Order.* Oxford: Oxford University Press, 1995.

Keohane, Robert, and Joseph S. Nye. *Power and Interdependence.* Glenview, IL: Scott, Foresman and Company, 1989.

Mansfield, Edward, Helen Milner, eds. *The Political Economy of Regionalism.* New York: Columbia University Press, 1997.

Miltrany, David. *A Working Peace System.* Chicago: Quadrangle Book, 1943.

Morse, Edward. L. *Modernization and the Transformation of International Relations.* New York: Free Press, 1976.

Waltz, Kenneth. "The Myth of National Interdependence." Charles P. Kindleberger, ed. *The International Corporation.* Cambridge. MA: MIT Press, 1970.

제3부

중국 외교의 도전영역들

제7장

중국의 군사외교*

황재호

I. 서론

　군사외교란 무엇인가? 군사외교란 대개 한 국가의 대외전략 및 국방정책의 목표를 달성하기 위한 수단으로 인식된다. "국방정책 기조와 외교정책 기조로부터 군사외교 목표를 달성하기 위한 한 국가의 국가안보전략과 세부 방침"으로 인식되는 군사외교는 첫째, 자국의 억제력을 제고하고 외국으로부터의 침략시 자국 승리를 보장하거나, 둘째, 각종 양자 및 다자 군사협력을 통해 긴장완화 및 군사적 신뢰구축에 기여하거나, 셋째, 각종 국제군축체제의 참여를 통해 대량살상무기 통제와 같은 국제안보 환경개선에 일조하며, 넷째, 방위산업 협력을

---

* 이 글은 이회옥 편, 『한중관계 어디까지 왔나: 1992~2012』(동북아역사재단, 2012)에 근거해 작성하였다.

209

통해 자국 이익을 극대화하고자 하는 목표를 가지고 있다.[1]

나아가 군사외교는 자국의 군사역량을 보다 효율적으로 확대하고자 한다. 즉 "군 구조(육해공 비율), 국방체제 내 군사외교 수행 조직 편성, 군사외교 수행 인력 및 해외분포도, 군사수단의 해외의존도, 군수방산 규모 및 유형, 군축 및 군비통제 활동, 협상기술, 민군관계, 국방 및 안보엘리트 특성, 동맹관리수단, 평화유지활동 교리편성, 시설 등 조직, 제도, 법, 절차, 규범, 인력"을 효율적으로 활용하고자 한다.[2]

이는 먼저 군사력의 평시 역할 확대와 관련이 있는데, 즉 국제사회가 점차 상호의존적으로 변하면서 군사분야에서도 적극적인 대외활동이 요구되기 때문이다. 다음으로 군사외교는 국가외교정책을 안보차원에서 지원함으로써 국제평화유지활동이나 국제적 재난, 구호를 통해 국위를 선양하는 데도 도움이 된다. 뿐만 아니라 오늘날은 군비경쟁보다 군비통제 및 군축, 다자 안보협력, 공동안보, 협력안보 등 다양한 형태의 안보관리체제 차원의 외교활동이 더욱 요구된다. 따라서 군사외교는 국제안보환경 변화에 능동적으로 대처하고 미래의 불확실한 안보위협을 감소시키는 데 유용하다.[3]

"군사외교"와 관련한 일반적인 연구를 살펴보자면, 윌러드(Willard)의 『군사외교(*Military Diplomacy: An Essential Tool for Foreign Policy at the Theater Strategic Level*)』의 경우 군사외교를 대외정책의 기능적 차원에서 조망하고 있다. 손버그(Schonberg)의 『장성급 외교(*The generals' diplomacy: U.S. military influence in the treaty process, 1992-2000*)』는 고위급 군 장성들의 군사외교 역할을 부각시키고 있다. 로더(Rother)의 『공군 외교(*Air Diplomacy*)』는 개별 군차원의 군사교류가 국가의 대외정책

---

1) 배대석, 『한국군의 군사외교 발전방안』, 합참대학 연구보고서(2002), p. 21.
2) 배대석, 『한국군의 군사외교 발전방안』, p. 21.
3) 박정환, 『중급국가의 군사외교 모델—안보전략으로서의 군사외교를 중심으로』, 국방대학교 학위논문, 1999년 12월, pp. 2-3.

에서 유용한 외교수단임을 강조하고 있다.[4] 국내적으로는 강범두의 "군사외교," 배진수의 "한국 군사외교론: 개념체계와 실천과제," 최영종의 "한국 군사외교의 이론과 실제"와 "군사외교의 고도화 및 다변화 방안에 관한 연구"가 있다.[5]

그러나 현재 국내외적으로 "군사외교"라는 용어 사용에 적지 않은 혼란이 있다. 한국과 미국에서는 국방외교(defense diplomacy) 혹 군사외교(military diplomacy)를 혼용하고 있다. 중국에서는 중국국방백서가 처음으로 발간된 1998년 이전에는 '중외군사교왕(中外軍事交往)'으로 쓰다가 이후에는 군사외교(軍事外交) 혹 방무외교(防務外交)로 혼칭하고 있다.[6] 주요 국가들 대부분 여전히 군사외교를 협의적으로 해석할지, 아니면 좀 더 광의적으로 해석해 국방외교라는 용어를 사용해야 할지에 일치를 보지 못하고 있다. 어쩌면 이러한 용어 사용의 혼란 자체가 군사외교 분야에서의 연구가 충분히 이뤄지지 못한 현실을 반영하는 것이라고 할 수 있다.

본문의 핵심 주제인 중국의 군사외교와 관련한 서방연구의 경우 거

---

4) Karl K. Schonberg, "The Generals' Diplomacy: U.S. Military Influence in the Treaty Process, 1992-2000," *Seton Hall Journal of Diplomacy and International Relations*, Vol. 3, No. 1, Winter/Spring 2002; James E. Willard, "Military Diplomacy: An Essential Tool for Foreign Policy at the Theater Strategic Level," 25 May 2006, Report Number: A738054; Adams B. Lowther, "Air Diplomacy: Protecting American National Interests," *Strategic Studies Quarterly*, Vol. 4, No. 3(2010), pp. 2-14가 있다.

5) 강범두, 제9장 "군사외교," 차영구·황병무 편, 『국방정책의 이론과 실제』 (서울: 오름, 2004), pp. 391-415; 배진수, "한국 군사외교론: 개념체계와 실천과제," 『국제정치논총』 제37집 2호(1997); 최영종, "한국 군사외교의 이론과 실제," 『전략연구』 통권 32호(2004); 최영종, "군사외교의 고도화 및 다변화 방안에 관한 연구," 『전략연구』 통권 47호(2009), pp. 139-165.

6) 1998년 중국국방백서에서 "中國軍隊積極參與多邊軍事外交活動", "中國積極展開 全方位, 多層次的軍事外交"라는 표현을 썼다, 中華人民共和國國務院新聞辦公室, 1998年中國的國防白皮書 第4章(1998); 劉源 中將, "新時代防務知庫的使命與挑戰," 2006年中國軍事科學學會國際論壇 (北京 香山, 2006年 10月 22-24日), pp. 1-8.

네스(Gunness)의 『변환기의 중국 군사외교 (*China's military diplomacy in an era of change*)』가 중국 군사외교의 국방측면과 외교측면의 이중적 기능 및 주요 활동에 주목하고 있다. 앨런(Allen)과 맥베든(McVadon)의 『중국의 대외군사관계(*China's Foreign Military Relations*)』는 주중 미국 무관을 지낸 맥베든 제독의 경험을 살려 중국의 무관부 운용분야, 고위급 인사교류, 기능적 교류를 설명하고 있다.[7]

중국 내 연구성과로는 중국 군사외교의 역할과 적극적인 추진 배경을 설명한 허치송(何奇松)의 "중국군사외교석론(中國軍事外交釋論)"과 중국 군사외교를 이론적인 시각에서 해석을 시도한 한센동(韓獻棟), 진순주(金淳洙)의 "중국 군사외교와 신안전관(中國軍事外交與新安全觀)" 등이 있다.[8]

한편, 국내의 연구성과로는 중미 군사관계를 분석한 차창훈의 "전략적 경쟁자(strategic competitor) 혹은 이익공유자(stakeholder)?: 미중 군사교류에 대한 일고찰," 한중 간 군사관계를 다룬 하도형의 "한중 국방교류의 확대와 제한요인에 관한 연구 ― 중·북관계 요인을 중심으로"와 황재호의 "한국의 대중 군사외교" 등이 있지만,[9] 아직 이 분야

---

7) Kenneth W. Allen and Eric A. McVadon, *China's Foreign Military Relations*, a project by the Henry L. Stimson Center, Report #32, October 1999; Kristen Gunness, *China's military diplomacy in an era of change*, a paper prepared for the National Defense University symposium on China's Global Activism: Implications for U.S. Security Interests, NDU, Fort Lesley J. McNair, June 20, 2006이 있다.

8) 『현대국제관계』(現代國際關係), 『국제문제연구』(國際問題研究), 『국제전략연구』(國際戰略研究) 등 3개 주요 저널의 2005~08년 기간 동안 발표된 논문들을 고찰한 결과, 韓獻棟·金淳洙, "中國軍事外交與新安全觀,"『現代國際關係』2008年 第2期, pp. 47-54; 何奇松, "中國軍事外交析論,"『現代國際關係』2008年 第2期, pp. 50-55.

9) 차창훈, "전략적 경쟁자(strategic competitor) 혹은 이익공유자(stakeholder)?: 미중 군사교류에 대한 일고찰,"『국제정치논총』제46집 2호(2006); 하도형, "한·중 국방교류의 확대와 제한요인에 관한 연구—중·북관계 요인을 중심으로,"『현대중국연구』9권 2호(2007); 황재호, "한국의 대중 군사외교,"『국방정책연

의 국내 연구가 충분하지 않은 실정이다.

따라서 본문은 먼저 제II절에서 중국 군사외교의 발전과정과 조직, 형태를 고찰하고, 제III절에서 중국의 군사외교를 분야별로 설명하며, 제IV절에서 중국의 대외 양자간 군사외교를 한국과의 사례연구로 살펴본 후, 마지막 제V절에서 아직 충분하지 않은 이 분야 연구의 중요성을 강조하고자 한다. 이를 통해 2008년 한중 양국 관계가 전략적 협력동반자관계로 격상된 이후 고조되고 있는 중국의 군사외교 전반에 걸친 관심사항과 한중 양국 군사관계 발전 가능성에 대해 평가를 하고자 한다.

II. 중국 군사외교의 이해

여기에서는 중국의 군사외교가 어떠한 목표 아래 어떻게 발전해 왔으며 어떤 조직으로 운용되는지를 살펴보고자 한다.[10]

<hr />

구』 75호(2007년 봄호).

10) 중국은 2000년대 들어 군사외교를 수동적인 자세에서 좀 더 적극적인 자세로 전환하고 있다. 즉 고위급 안보대화, 군사실무, 군사교육, 무기와 장비 수출, 해외파병 등 차원에서 다양한 노력을 하고 있다. 중국측 군사외교 추진 상황과 내용에 대해서는 Bristen Gunness, "China's Military Diplomacy in an Era of Change," a paper prepared for the National Defense University symposium on China's Global Activism: Implications for U.S. Security Interests, National Defense University, Fort Lesley J. McNair, June 20, 2006, p. 3; 2005년 10월 미 국방부 장관 도널드 럼스펠드의 중국 방문과 방문시 제2포병 사령부를 개방한 것은 중국의 적극적 군사외교의 일환으로 이해할 수 있다. "Military diplomacy helps China's peaceful rise," *Xinhua*, December 29, 2005(http://www.chinadaily.com.cn/english/doc/2005-12/29/content_507781_3.htm).

1. 전개

중국의 대외군사관계의 명확한 시기 구분에는 어려움이 있으나 한센동(韓獻棟) 등의 연구에 의하면 중국의 군사외교는 중화인민공화국이 수립된 1949년을 시발점으로 크게 다섯 시기로 나눌 수 있다.[11]

먼저, 제1시기는 사회주의 동맹국 위주(一邊)로 군사교류가 이루어진 1950년대 말까지로 본다. 이 시기의 중국군은 신생국으로서의 국방역량 강화를 위해 주로 소련으로부터의 군 건설 경험을 배우는 데 중점을 두었다. 또한 베트남과 북한에 대한 군사적 원조도 중요한 부분을 차지하였다. 제2시기는 50년대 후반부터 60년대 말로 제3세계와의 연대를 중시하였는데, 제3세계에 무상 군사지원 및 이들 국가의 군 간부에 대한 훈련 지원이 주를 이루었다.

1960년대 말부터 80년대 초반까지의 제3시기에 중국은 기존의 제3세계 국가들과 군사교류를 진행하면서도, 중국에 우호적인 사회주의 국가들에 대한 군사원조 그리고 미국을 중심으로 한 서방국가들과의 군사관계 개선에도 노력하였다. 이러한 다변인 군사외교 전개는 소련을 견제하기 위한 의도가 강했다. 특히 중국은 미국과는 고위층 상호방문과 함께 첨단무기 기술이전, 무기수출, 정보교환의 협력을 추구하였다.

제4시기는 1980년대 초반부터 90년대 초반까지로, 중소관계 개선에 따라 중국은 점차 자주독립외교 원칙에 입각한 전방위적인 군사외교를 전개하였다. 이어 냉전이 종식된 90년대 이후의 제5시기에는 중국은 이데올로기와 동맹을 강조하는 군사외교를 포기하는 대신 강대국 및 주변 아시아 지역 국가들을 중시하는 군사외교로 전환하였다.

---

11) 韓獻棟 · 金淳洙, "中國軍事外交與新安全觀," pp. 50-51.

2. 목표

중국의 국방정책은 전면적 샤오캉사회 건설 과정에서 국가안보와 발전이익이 서로 부합하는 부국강군(富國强軍)의 통합 실현을 목표로 한다. 2009년 3월 5일 개막된 제11기 전국인민대표회의 1차 회의에서 원자바오 총리는 "국방과 군대건설의 강화는 중국의 특색 있는 사회 주의 발전의 전략적 임무이며, 반드시 경제건설과 국방건설을 총괄적으로 계획하여야 하며, 현대화사업과정을 촉진하는 과정에서 부국(富國)과 강군(强軍)의 통일을 실현해야 한다"고 강조하였다. 중국의 군사 외교는 일단 국방정책의 큰 틀에서 국익 달성의 수단으로 활용된다.

이와 같이 중국정부가 군사외교를 중시하게 된 배경은 허치송(何奇松)의 분석에 잘 나타나 있다.[12] 첫째, 중국은 적극적인 군사외교의 전개가 자국의 군사투명성을 제고하는 데 긍정적이라고 본다. 중국은 자국군과 외국군과의 교류나 공동의 군사훈련 실시를 통해 상호간 신뢰를 증진하고 중국에 대한 의혹을 해소하고자 한다. 이를 통해 미국을 비롯한 서방세계의 중국위협론을 견제할 수 있으며, 나아가 중국의 국가적 과제인 경제현대화에 전념하기 위한 주변 안보환경 조성에 도움이 된다고 본다.

둘째, 군사외교는 중국이 책임있는 국가(責任大國)로서 국제사회의 평화발전을 위해 노력하는 모습을 보여주는 유용한 수단이다. 군사외교는 중국이 세계경제발전을 위해서도 노력하지만, 세계안보 안정을 위해서도 최선을 다하는 이미지를 만드는 데도 도움이 된다. 대테러훈련이나 해상에서의 연합수색구조, 다자안보대화 참여가 그 예다.

셋째, 군사외교는 중국군의 소프트 파워(soft power)를 강화하는 데 유용하다. 한 국가의 군사력은 보통 기존의 하드 파워(hard power)와 함께 정치적 요인, 문화적 요인, 정신적 요인을 포함한 소프트 파워로

---

12) 何奇松, "中國軍事外交析論,"『現代國際關係』2008年 第2期, pp. 50-55.

나누어진다. 군사사상, 군사문화, 이미지 제고는 소프트 파워의 중요한 부분이다. 일례로 중국군의 국제원조는 중국군의 긍정적 이미지를 제고할 수 있다.

넷째, 군사외교는 중국군의 전력강화와 군사임무의 다원화에 도움이 된다. 중국군은 외국군과의 교류를 통해 자국군의 전략전술, 군사훈련, 군대편제와 같은 군사이론을 개발할 뿐만 아니라 외국군과의 공동훈련을 통해 선진국의 군종 간 협동 전략전술을 이해하고 자국 군대의 장단점을 강화하고 보완할 수 있다.

3. 조직

중국 군사외교와 관련한 의사결정 행위자는 중앙군사위원회, 국방부, 총참모부 같은 공식라인 이외, 군사과학원, 전략학회, 국방대학 등 중국군의 군사외교를 간접적으로 지원하는 기관들이 있다.[13]

우선, 중앙군사위원회는 중국군의 최상층에 해당되며 전군에 대한 지휘와 통제권을 행사한다. 본래 중앙군사위원회는 당 중앙군사위원회를 의미했지만 1982년 헌법개정을 통해 당중앙 군사위원회와는 별도로 국가기구 내부에 중앙군사위를 설치함으로써 표면상으로는 당 중앙군사위원회와 국가 중앙군사위원회로 구분하였다. 그러나 양 위원회 소속 위원들이 1986년 제6기 전인대에서 상호 겸직함으로써 사실상 동일한 조직으로 인식된다. 중앙군사위원회는 기본 연간교류계획을 승인하며 대외관계 이슈에 따른 기본지침을 제공한다.

국방부는 실질적인 군정권이나 군령권을 가지고 있지 않는 명목상의 조직이며 대외군사교류를 책임지는 군사외교조직이다. 국방부는

---

13) 이영관, 「중국의 군사외교체계 고찰: 의사결정제도와 수행기능을 중심으로」, 국방대학교 학위논문(2000), pp. 28-42.

군 관료조직을 이끌기보다는 무관제도 및 외국군과의 인민해방군 접촉을 관리한다. 국방부의 실권이 적은데도 국방부장의 권위가 있는 것은 대개 국방부장을 역임한 인물이 중앙군사위 위원이기 때문이다.

총참모부는 중앙군사위 지도하 전군의 최고지휘기관이며 전군의 작전계획, 병력배치, 최고통수의 명령하달, 작전운영, 교육훈련, 소집동원, 각 군구·군종·병과 간 조정을 관장한다. 그러나 총참모부는 4대 총부 중 작전분야에서 군 전체를 조정·통제한다고 하지만, 실제로는 인민해방군의 육군을 대표한다. 따라서 총참모부는 외국군과의 교류시 육군을 대표한다. 총참모부가 군사외교에 영향을 미치는 것은 제2부(정보부)를 통한 대외정책 관장과 외사판공실을 통한 대외군사교류를 책임지기 때문이다. 명목상 국방부가 통제하는 재외무관, UN의 군사업무 등을 실질적 능력, 수단을 보유한 제2부가 통제한다.

한편, 총참모부 내 이를 관장하는 조직은 국방부 조직으로 인식되기도 하는 외사판공실인데, 인민해방군 군사외교 프로그램의 계획, 조정, 협조, 감독임무를 가진다. 외판실은 매년 해외교류 방문 수요를 접수하고 승인하며 실행을 지시한다. 행정적으로는 총참모부 소속이지만 기능적으로는 중앙군사위원회 소속이며, 국방부와 총참모부를 대표해 군사업무를 전담한다. 이 중 중국 군사외교의 큰 그림은 국방부 외사판공실에서 그리며, 외판실 주임은 통상 소장(少將)이 맡는다. 종합비서국, 아주국, 서아·아프리카국, 미주·대양주, 유럽·중앙아국으로 편성되며, 각 국장은 대교(大校)가 맡는다. 외사판공실 주도의 군사외교활동은 매우 조직적이고 체계적으로 행해지나, 한정된 예산, 참모 부족, 예산배당 경쟁 등의 어려움이 있다.

이와는 별도로 군사외교의 공식라인에 있지는 않더라도 중국 인민해방군의 한 일부로서 정부의 군사외교를 지원하는 기관들이 있는데, 먼저 군사과학원을 들 수 있다. 군사과학원은 1958년 예젠잉(葉劍英) 원수가 초대원장을 맡았으며, 최고 권력기관인 당과 국가 중앙군사위 직속 중국군 싱크탱크이다. 현재 연구·지원 인력은 총 500여 명이며, 연구 인력은 전원 현역 장교들이다. 장딩파(張定發) 전임 원장이 중앙군사위원회 위원이었을 정도로 군사과학원의 중국군부내 영향력은 막강하다. 군사과학원 주요 조직으로는 계획조직부, 6개 학술연구부, 3개 연구소와 군사학술잡지사 등이 있다. 미, 일, 러, 영, 독, 불 등 많은 국가들과 군사학술차원의 교류를 해오고 있다.

다음, 중국국제전략학회(中國國際戰略學會)는 1979년 10월 북경국제전략학회로 창설하였다가, 1992년 10월 이후 중국국제전략학회로 개칭하였다. 중국인민해방군 총참모부 소속으로서 약 100명의 전직 외교관, 무관, 군인 등으로 연구진으로 구성하고 있다. 세계, 지역 정세를 포함, 안보, 경제 분야를 주로 연구하며 대체적으로 이론보다는 실무중심이다. 40여 개 국가 130개 단체, 연구소, 대학과 협력관계를 가지고 있으며, 중국군의 대외교류, 관계 창구 역할을 수행하고 있다.

국방대학은 중국의 최고 군사학부로서 중앙군사위 소속으로 주요 기능과 역할은 교육, 연구이다. 육해공군의 지휘관과 중앙 및 지방의 고위 간부에 대한 교육을 주로 담당한다. 1957년부터 북경에 위치하였으며 1969년 군정대학으로 명칭이 변경되었다. 1978년 군사학원, 정치학원, 후근학원으로 분리되었다가, 1985년 합병과정을 통해 최종적으로 국방대학으로 명명되었다. 국방대학의 교육 및 연구인력은 약 400명이며 부교수 이상이 250명에 달한다. 중국 국방대학은 주요 국가들의 국방대학과 교류를 하고 있다.[14]

---

14) 하도형, 제3장 "중국의 국방정책 결정," 이태환, 김흥규, 하도형, 김향해, 안치영, 이정남 공저, 『중국의 정책결정』 (한중싱크넷, 2008), pp. 125-131.

III. 중국 군사외교의 분야별 고찰

중국의 군사외교는 가장 기본적인 군 인사 교류에서부터 국방백서 발간과 국방예산 공표, PKO 활동, 및 양자·다자 군사훈련 실시 등 전방위적으로 전개된다. 이처럼 중국이 주변국을 비롯한 세계 각국과 군사외교를 강화한 것은 중국이 군사력의 투명화와 개방화를 강화하는 동시에 세계 각국과의 군사적 신뢰를 강화하고 대국으로서의 군사적 위상을 강화하려는 다목적 의도가 있다. 그 내용을 다음과 같이 나누어 살펴보고자 한다.

1) 군 인사교류

가장 기본적인 군사외교의 형태로는 군 인사교류가 있다. 중국은 이미 150여 개 국가와 군사관계를 맺고 있으며, 109개 국가에 무관부를 개설하였고, 98개 국가가 중국에 무관부를 설치하였다. 미국과는 신뢰구축을 위한 대화를 전개하고 있고, 러시아와는 전략적 상호신뢰를 강화하고 있다. 일본과는 방위업무안보협의회를 거행하고 있고, 아세안 (ASEAN)·인도·파키스탄, 유럽 국가들과는 방위업무 교류를 확대하고 있다. 기타 개발도상국과도 군사협력 관련 사안을 발굴, 강화하고 있다.

최근 중국군은 주요 국가에 고위급 군사대표단을 파견하고, 이들 국가들의 고위급 대표단의 방중을 수용하고 있다. 군사유학생 파견 인원도 확대해오고 있는데, 2007~08년 동안 30여 개 국가에 군사유학생 900여 명을 파견하였다. 20개의 군 교육기관은 미국, 러시아, 일본, 파키스탄 등 20여 개 국가의 상응하는 교육기관과 교환교류 관계를 각각 수립하여 유지하고 있다. 총 130여 개 국가 4,000여 명의 군사 관련 인원들이 중국의 군 교육기관에서 수학하고 있다.

2009년에는 중국 군 수뇌부가 미국, 러시아, 호주 등 20여 국가를 방문했고 미국과 독일, 베트남 등과 10여 차례 국방회담을 펼치는 등 군사외교를 활발하게 전개했다. 쉬차이허우(徐才厚) 중국 중앙군사위원회 부주석은 2009년 10월 24일부터 11월 3일까지 미국을 방문해 로버트 게이츠 미국 국방장관과 회담하고 군사·국방분야에서 양국간 협력을 다짐했다. 량광례(梁光烈) 중국 국무위원 겸 국방부장도 11월 22일부터 북한을 시작으로 일본, 태국을 연속으로 방문한 뒤 지난 5일 귀국했다. 궈보슝(郭伯雄) 중앙군사위 부주석도 11월 23일부터 28일까지 러시아를 방문하고 귀국했다.

2) 군 관련 국제회의

중국은 비전통 안보영역에서의 국제협력을 강화하고 있는데, 예를 들면, 2007년 1월과 11월에 중국은 ASEAN+1, ASEAN+3의 정상회담에서 비전통 안보영역에서의 협력 및 군사업무 협력의 제도화와 군사교류의 중요성을 강조하였다. 2008년 3월, 중국과 아세안 방위학자 대화(China-ASEAN Dialogue between Senior Defense Scholars, CADSDS)를 최초로 주최하였고, 6월에는 제2회 ASEAN+3 군부대 국제재난구조 워크숍(ASEAN Plus Three Workshop on Disaster Relief by Armed Forces) 등을 주최하였다.

2010년 6월 초 미국, 일본, 중국, 러시아와 아세안(ASEAN) 10개국 등 28개국 고위 국방관료들이 참석하는 '아시아 안보대화(Asia Security Summit),' 즉 '샹그릴라 대화'에 마샤오톈(馬曉天) 중국 인민해방군 부총참모이 참석해 적극적인 다자 군사외교를 전개하였다. 샹그릴라 대화는 그간 안보대화·협력, 신뢰 구축, 군사적 투명성 확보, 에너지 및 식량안보, 해상 안보 문제 등을 논의해왔다.

3) 국방백서 발간

중국은 2009년 1월 20일, 1998년 이후 여섯 번째로 "중국 국방백서(2008年中國的國防)"를 발간하였는데,[15] 중국국방백서는 매 2년 주기로 발간하고 있으며, 이는 중국 국방정책에 대한 투명성을 제고하고, 중국군에 대한 국제사회의 신뢰를 증진시키는 데 그 발간 목적이 있다.

2008년 1월 중순 발간된 "2008년 중국 국방백서"는 크게 다섯 가지 분야로 나누어 중국의 시각과 입장을 분석해볼 수 있다. 먼저 국방정책 및 안보환경과 관련해 중국의 방어적인 국방정책과 핵전략을 소개하면서 자국의 국제사회에서의 긍정적 역할을 강조하고 있다. 둘째, 군 현대화와 관련, 백서는 중국군 조정 내용, 지휘책임, 관리체계, 역할임무 등을 설명하면서 중국의 국방비가 법률에 의거해 합법적으로 집행되고 있음을 강조하고 있다. 셋째, 육군, 해군, 공군, 제2포병, 인민무장경찰부대 등 주요 군조직의 편제와 부대건설에 대해 설명하고 있다. 넷째, 국방예산의 규모와 지출 내역에 대해 설명하고 있다. 다섯째, 중국군의 국내외 전통 및 비전통 안보분야에서의 협력에 대해서 설명하고 있다.

4) 국방예산 공표

중국은 역시 투명성 차원에서 국방예산을 공개하고 있다. 중국은 군사혁신을 적극적으로 추진하고 국방건설과 경제건설의 조화로운 발전을 관철하면서 국방수요 변화에 적응하기 위해 1978년 개혁 개방 정책 이래 매년 9% 이상의 지속적인 경제성장을 토대로 국방예산을 해마다 증액되고 있다. 2002년의 205억 달러, 2003년 229억 달러, 2004년

---

15) '08년 백서는 1) 안보정세, 2) 국방정책, 3) 인민해방군의 발전, 4) 육군, 5) 해군, 6) 공군, 7) 제2포병, 8) 인민무장경찰, 9) 국방예비역량, 10) 무장역량과 인민, 11) 국방과기공업, 12) 국방예산, 13) 국제안보협력, 14) 군비통제와 군축 등 14개의 장으로 구성되어 있다. 이번 '08년 국방백서는 '06년 백서와 비교시 내용면에서 적지 않은 변화가 있었는데 4개의 장이 늘어난 14개의 장으로 구성되었으며, 06년 백서의 제4장 인민해방군이 '08년 백서에서는 육, 해, 공군과 제2포병의 4개의 장으로 더 구체적으로 자세히 구분, 설명되었고, 새롭게 인민을 위한 중국군의 노력을 부각시키기 위해 제10장 "무장역량과 인민"이라는 장이 추가되었다.

255억 달러, 2005년 299억 달러, 2006년 350억 달러, 2007년 449억 달러, 2008년 587억 달러, 그리고 2009년 624억 달러였다. 2009년 국방예

〈표 1〉 중국의 공식 국방예산, 1988~2010

(단위: 억 위안/억 달러)

연도	인민폐	미화	전년 대비 증감률(%)
1988	217.96	58.59	+3.90
1989	251.46	66.70	+15.37
1990	290.33	60.49	+15.47
1991	330.29	61.16	+13.76
1992	377.89	66.30	+14.41
1993	432.48	74.57	+14.44
1994	550.62	63.30	+27.32
1995	636.72	75.81	+15.64
1996	720.06	85.72	+13.08
1997	812.57	96.01	+12.84
1998	934.72	112.01	+15.03
1999	1,076.70	128.98	+15.19
2000	1,197.96	144.68	+11.27
2001	1,411.56	170.49	+17.83
2002	1,660.00	200.24	+17.60
2003	1,850.00	223.16	+9.6
2004	2,123.00	255.00	+11.6
2005	2,440.00	299.00	+12.6
2006	2,838.00	350.00	+14.7
2007	3,509.21	449.40	+17.8
2008	4,177.70	587.60	+17.6
2009	4,806.86	624.82	+14.9
2010	5,321.15	704.00	+ 7.5

산은 2008년 대비 14.9% 증가한 624억 달러였으며, 중국의 2009년 국방예산이 지난해보다 14.9% 늘어난 약 624억 달러, 2008년의 증가율 17.8%보다는 조금 떨어졌다. 1989년 이후 지속된 두 자릿수 증가율 행진을 20년째 지속하고 있다.

중국의 국방예산은 1989년 이후 2008년까지 해마다 평균 16.2%씩 증가해왔으며, 국방예산 규모만 본다면 세계 1위인 미국에는 한참을 못미치지만 영국, 러시아, 일본 등과는 비슷한 수준이다. 리자오싱(李肇星) 전인대 대변인은 중국의 국방비가 국내총생산(GNP)에서 차지하는 비중인 1.4%는 미국의 4%, 영국이나 프랑스의 2%보다 낮으며, 일반국민의 개인소득 증가 추세에 따른 군인과 군무원의 봉급인상과 군인사회보장제도 개선, 군대편제 조정 및 개혁, 군 인재 양성에 지출하기 위한 것이 대부분이라고 설명하고 있다.

이어 2010년 국방예산은 지난해보다 7.5% 늘어난 5,321억 1,500만 위안(704억 달러)으로 책정되었는데, 이는 중국이 지난 20여 년간 매년 10% 이상 국방비를 늘려 온 것에 비하면 상대적으로 낮은 수치이며, 한자릿수로 줄어든 것은 1988년 이후 22년 만에 처음이었다. 이렇게 중국 국방예산의 증가폭이 감소한 것은 금융위기에 대응하는 과정에서 정부 재정이 압박을 받고 있는데다 지난 수년간 국방비 예산이 급증하고 있는 데 대해 미국과 인도, 일본 등 주변국이 보이고 있는 우려를 해소하기 위해서였다.

5) 대변인제도와 홈페이지 신설

중국 국방부는 2009년 8월 1일 인민해방군 창건일에 맞춰 중국어와 영어로 동시에 서비스되는 국방부 홈페이지(http://www.mod.gov.cn/)를 공식 운영하기 시작했다. 중국 국방부는 이 사이트의 개설이 인민해방군이 대외개방으로 가는 데 있어 중대 조치임을 강조하고, 이를 통해 중국 국방정책을 홍보하고 이미지를 개선할 것이라고 설명했다. 또한 이에 앞서 2008년 5월 중국 국방부는 정식으로 대변인 제도를 신설하였다.

6) 군사 핫라인 설치

중국은 전략적으로 가장 중요한 국가와 군사 핫라인을 설치하였는데, 미국과 러시아에 이에 해당된다. 그중 중국이 가장 먼저 핫라인 협정을 체결한 나라는 러시아이다. 러시아는 2007년 12월 모스크바에서 마샤오텐 중국 총참모부 부총참모장과 러시아 국방부 부부장 간 고위급회담에서 군사 핫라인 개설과 관련하여 합의서를 서명하였으며, 2008년 3월 14일 차오강촨(曹剛川) 중국 국방부장과 세르듀코프 러시아 국방장관간 핫라인을 이용하여 첫 통화를 하면서 양국군 간에 정식으로 개통되었다. 중국은 미국보다 러시아와 핫라인을 먼저 개통하였는데, 이는 미·중 간의 군사관계보다는 중·러 간의 전략적 동반자관계를 더 중시한다는 상징적인 의미의 제스처 때문이라고 할 수 있다.

그리고 중국은 다음으로 미국과 핫라인을 개설하였다. 지난 2004년 2월 미국은 중국측에 핫라인 개설을 공식적으로 제안하였으며, 2007년 9월 후진타오 중국 국가주석과 부시 미국 대통령이 APEC 정상회의에서 군사 핫라인 개설을 논의하였다. 2007년 11월 5일 차오강촨 중국 국방부장과 게이츠 미국 국방장관 간에 핫라인을 개설하기로 합의하였으며, 미·중 국방장관은 양국의 핵무기 전략 등에 대해 심도 있는 논의가 필요하다는 데 의견을 같이했다. 2008년 2월 29일 상하이에서 열린 국방실무회의시 첸리화(錢利華) 중국 국방부 외사판공실 주임과 찰스 레이 미국 국방부 부차관보 간 핫라인을 개설하는 내용의 합의문에 서명하였고, 4월 10일 양광례 중국 국방부장과 게이츠 미국 국방장관간 핫라인을 이용한 첫 통화를 함으로써 양국 간 핫라인이 정식으로 개통되었다. 핫라인 개통 이후인 2008년 4월 22일에는 우성리(吳勝利) 중국 해군사령원과 콘웨이 미국 해병대사령관간에 양군 군사 핫라인을 이용하여 통화하였다.

7) PKO 활동

중국군은 유엔평화유지활동의 참여로 국제사회에서 국가적 위상을 제고하고자 한다.[16] 인민해방군은 1990년 이래 모두 18개 항목의 유엔 평화유지활동에 누적인원 1만 1천여 명이 참가해왔으며, 2008년 기준으로 중국 평화유지군 장병 약 2,000명이 9개의 유엔 평화유지활동 지역과 유엔 평화유지부에서 임무를 수행하고 있다. 2000년 이래 중국은 7개 임무지역에 평화유지경찰 1,400명을 파견하였으며, 현재 약 200명이 라이베리아, 코소보, 아이티, 수단, 동티모르에서 평화유지 임무를 수행하고 있다. 그러나 중국은 유엔 분담금에서 급속히 증액하고 유엔 평화유지군 지원 기여도를 높여나가고 있지만 아직 전투부대 파견에는 신중한데, 이는 중국위협론을 야기할 수 있다는 판단 때문이다. 한편, 유엔평화유지군 파견에는 세계 자원과 시장을 안정적으로 확보하려는 의도도 있으며, 앞으로 파견규모를 확대할 것으로 예상된다.

8) 합동군사훈련

중국은 양자와 다자간 연합훈련을 적극적으로 전개하고 있다. 2007~08년 이래 총 20여 개 국가와 20여 차례의 연합훈련을 실시하였다. 2007년 8월에는 상하이협력기구(SCO)의 틀 내에서 중국, 러시아, 카자흐스탄, 키르기스스탄, 타지키스탄, 우즈베키스탄 등이 중국의 신장위구르지역과 러시아의 체리야빈스크에서 공동으로 대테러 훈련을 실시하였다. 이것은 인민해방군이 최초로 중국 영토 이외 지역에서 실시한 대규모 훈련이었다. 2007년 7월과 2008년 7월 중국 광저우와 태국 치앙마이에서 각각 중·태국 육군 특수작전 대테러 연합훈련을 실시하였다. 2007년 12월과 2008년 12월에는 중국 콘밍과 인도 벨

---

16) 중국의 변화된 PKO 정책에 대해서는 Yin He, *China's Changing Policy on UN Peace-keeping Operations*, Institute for Security and Development Policy Asia Paper, July 2007.

가움 지역에서 각각 중·인 육군 대테러 연합훈련을 실시하였다. 2년 동안 중국은 러시아, 영국, 프랑스, 미국, 파키스탄, 인도, 남아공 등 14개 국가의 해군과 다자간 해상연합훈련을 실시하였다. 중국은 또한 관련 국가들과 다양한 항목과 형식의 다자간 해상연합훈련을 실시하였다. 2007년 3월 중국은 아라비아해역에서 파키스탄 등 7개 국가와 공동으로 "평화-07" 해상연합훈련을 실시하였다. 5월에는 싱가포르 부근 해역에서 싱가포르 등 8개 국가와 공동으로 서태평양 해군 심포지엄을 개최하고 다자간 해상연합연습을 실시하였다. 10월에는 타스만(Tasman) 해역에서 호주, 뉴질랜드와 3자간 해상연합탐색구조연습을 실시하였다. 2009년 7월 22~27일 중러 합동군사훈련 "평화의 사명—2009(Peace Mission-2009)"이 러시아 하바롭스크시와 중국 동북의 심양군구 도남합동전술 훈련기지에서 각각 1,300명씩 2,600명이 참가하였다.[17]

9) 대민업무 지원

중국군은 비전통안보 분야에서 인민해방군의 이미지를 제고하고자 하였다. 2008년 5월 12일 스촨성 원촨 대지진이 발생한 후 인민해방군과 무장경찰부대는 병력 14만 6천 명을 출동시키고, 민병예비역 7만 5천 명, 각종 고정익 항공기와 헬기 4,700여 쏘티, 차량 53만3천 대를 동원하여 인원 3,338명을 구조하고, 재난민 중 140만 명을 대피시켰으며, 재난구조물자 157만 4천 톤을 지상과 공중으로 수송하고 공수하고 210개의 의료부대, 심리지원부대, 위생방역부대를 파견하였다. 올림픽 안전 업무에 있어서 인민해방군은 주로 베이징시와 인근지역의 공중안전과 해안 및 주변지역의 해상안전을 담당하였고, 올림픽 기간 중

---

17) 평화의 사명 훈련이 시작된 배경과 과정에 대해서는 Jaeho Hwang, "The Political and Strategic Implications of Sino-Russian Joint Military Exercises: From Peace Mission 2005 to Peace Mission 2007," *New Asia*, Vol. 17, No. 3 (2010), pp. 87-113.

국경의 관리와 통제 등의 임무를 강화하였는데, 총 병력 4만6천 명, 고정익 항공기 98대, 헬기 60대, 함정 63대 및 일부 지대공유도탄, 레이더, 화생방 방어와 공정지원 장비 등을 동원하였다.

10) 군사위용 과시

중국군은 다양한 비전통안보 분야의 지원을 통한 온건한 이미지와 함께 군사력을 과시해 중국 인민해방군의 강인한 이미지 또한 동시에 전달하고자 한다.

중국 인민해방군은 매 10년마다 한 번씩 열리는 건군 60주년 열병식을 지난 10월 1일 개최, 중국의 강력해진 군사역량을 보여주었다.[18] 중국 본토에서 발사해 미국 본토 전역을 사정거리 안에 두며, 중국의 대표적 신세대 핵무기로 평가되는 DF-31A 12기를 노출하였다. 또 중국의 접근거부 전략(Anti-Access Strategy)에 운용될 수 있는 신형무기인 사거리 2,000~3,000km인 DF-21 중거리 탄도탄과 지상기지에서 발사, 적 지상 표적을 공격하는 지대지 방식으로 운용되는 CJ-10 순항미사일, 300km를 비행해 적 함정 공격 가능한 해군 YJ-62 지대함 미사일을 보여주었다.

항공기로는 러시아 Il-76 기체에 이스라엘제 레이더를 탑재한 KJ-2000 이외, J-7, J-8F, J-10, J-11B 등 이미 알려진 전투기 4종 및 HY-6 공중급유기, Y-8GX 전자전기, H-6 폭격기, JH-7A 공격기, K-8 등 국산 군용기를 공개했으며, 이 중 J-7은 러시아제 MiG-21의 중국 생산형이며, J-8은 MiG-21을 기초로 중국이 자체 기술로 새롭게 설계·생산한 전투기이다.

이번 열병식은 1949년 중화인민공화국이 건국 이래 서구 강대국과

---

18) 이와는 별도로, 2009년 4월 20~23일 중국 칭다오에서 열린 중국 국제관함식이 열렸다. 한국은 아시아 최대 수송함인 독도함(1만 2천t급)과 최신예 구축함인 강감찬함(4천500t급)이 참가시켰다. 2009년 4월 중국 칭다오 관함식에 한국 등 14개국 21척 군함들이 참가하였다.

어깨를 나란히 할 수 있는 강대국의 반열에 오른 것의 자축과 군사적 자신감을 드러낸 것으로 이해할 수 있다.[19]

IV. 중국 군사외교의 사례연구: 중한 군사교류

이번 절에서는 한국과의 군사교류를 사례로 해서 중국의 양자간 군사외교에 있어서 어떤 성과와 제약요인이 있는지를 분석하고자 한다.

1. 양국 군사관계(1992~2008)의 성과와 현황

양국의 군사관계는 1992년 무관부 개설 이후 점진적으로 발전해 오고 있으나,[20] 여전히 상호주의가 결여되어 있으며, 군사분야의 교류는 다른 분야와 비교해서 상대적으로 그 발전 속도가 더디다. 양국의 군사관계는 한국군의 방중이 더 많았고 장관급 · 고위급 회동 및 교육 · 훈련도 정례화되지 못했다. 그러다 2000년 이후 군 지도부의 상호방문 및 정례회의가 증가하고 보다 다양한 교류가 시행되었다.

양국 군사교류 현황을 살펴보면, 한중 군사교류는 고위급 인사교류, 정책실무 교류, 연구 · 교육기관 및 교육을 포함한 기타 분야의 교류 등 3개 분야로 진행하고 있다.[21]

---

19) 이에 대한 분석은 황재호, 제4장 "중국: 새로운 전략환경과 중국의 투이불과 대응," 『2010 동북아 전략균형』(2010), pp. 164-168 참조.
20) Kenneth W. Allen and Eric A. McVadon, *China's Foreign Military Relations*, a project by the Henry L. Stimson Center, Report #32, October 1999, pp. 86-87.
21) 황재호, "한국의 대중 군사외교," 『국방정책연구』 제75호(2007년 봄), pp. 71-94.

먼저, 군 고위급 인사교류 현황을 보면 한국 측의 경우 1992년 이필섭 합참의장이 대통령을 수행하면서 처음 방중한 이래 최근까지 장관급 4회(1999년 조성태, 2001년 김동신, 2005년 3월 윤광웅, 2007년 김장수, 2009년 이상희), 차관급 2회, 합참의장급 5회, 각군 총장급 8회를 포함한 군 고위급 인사들의 중국방문이 있었다. 중국 측의 경우 1996년부터 뤄빈(羅斌) 국방부 외사국장의 방한 이래 장관급 2회(遲浩田, 曹剛川), 총참모장급 3회, 부총참모장 및 군구사령관급 6회를 기록하고 있다.

정책실무 교류와 관련해서는 한국 측 국방부, 합참 및 각 육해공군과 중국 측과의 정기적인 협력회의는 그렇게 많지 않다. 현재 한중 간에는 양자간 군사협의체로 국방정책실무회의, 정보교류회의, 군수·방산공동위원회 등이 있다. 국방정책실무회의는 통상 소장(또는 중장)급이 대표가 되어 양국의 국방정책에 대한 소개 및 군사교류·협력증진 방안의 실무급협의 등 군사외교를 총괄조정, 통제하는 역할을 한다. 정보교류회의는 정보본부 소장(또는 중장)급이 대표가 되어 양국 간 공유할 수 있는 범위 내에서 정보를 공유하며, 정보본부장 주재의 매년 정보교류회의를 가지고 있다. 군수·방산 공동위원회는 통상 소장-차관급이 대표가 되어 양국 간 군 무기·장비의 수출과 공동생산 등을 협의한다. 합참이나 육해공 각군의 교류는 비정기적으로 상황에 따라 개최되고 있다.

기타 교류와 관련해서는, 1999년 이후 한국 측이 매년 중국군 뤄양(洛陽) 외국어학원 및 중국 국방대학 단기과정 및 군의대학에 연수생을 파견하고 있다. 중국 측은 중국군 교육대표단을 한국에 파견하여 군사교육기관을 방문함으로써 양국 군사교육기관 간의 교류를 강화하고 있다. 국방학술교류의 대표적인 예는 한반도 및 지역안보에 대한 견해를 교환하는 한국국방연구원과 중국국제전략학회(中國國際戰略學會) 간의 연례 '한중 국방학술포럼'으로 서울과 북경에서 번갈아 개최하고 있으며 2009년 서울에서 이미 15차 회의를 개최하였다. 또한, 군 체육교류는 1992년부터 군인 체육선수단의 상호교류를 시작하여

2009년 현재까지 축구, 농구, 핸드볼, 조정 등 여러 체육대표단이 상호 방문 및 경기를 통해 우의를 다져오고 있다.

그러나 실무급과 연구학술교류는 아직은 한 측의 방중이 더 초과된 상황이다. 전체적으로 1999년 조성태 국방장관의 방중 이후 고위급, 실무급, 연구학술, 체육 등 교류가 증가되다가 2000년대에 들어와서는 상호간 교류가 급증하기 시작했다. 고위급 교류도 완전 정례화는 아닐지라도 상호주의와 대등주의가 혼재되면서 증가하는 추세를 보였다. 1992년부터 2008년까지 전체 통계를 보면 한 측이 24회 방중하고 중측은 18회 방한하고 있는데, 점차 개선되는 양상을 보이고 있다. 하지만 이런 인적 교류와는 달리 군사교류의 많은 항목들, 예를 들면 상호 훈련참관, 항공기 및 함정 교환방문은 여전히 초입단계라 할 수 있다. 또 92년부터 현재까지 총 263차례의 교류 중에서 한 측이 165회로 중측의 98회와 비교하면 6 : 4 비율로 여전히 한 측의 방문이 더 많은 상

〈그림 1〉 1992~2008년 한중 군사관계 현황

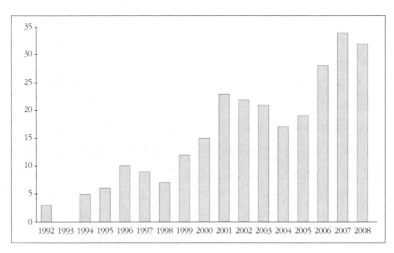

<표 2> 주요 군인사 교류

연도	방중 현황
'92	합참의장(대통령 수행)
'94	합참의장(대통령 수행), 정보본부장
'95	정책실장(2월)
'96	정보본부장, 제1차관보
'97	정책차관보, 국방차관(11월)
'98	정책기획국장
'99	정보본부장(7월), 국방부장관(8월)
'00	해군총장(4월), 합참의장(8월)
'01	육군총장(3월), 국방장관(12월)
'02	공군총장(1월), 국방대총장(4월), 국방차관(8월)
'03	정보본부장(9월), 합참의장(11월)
'04	정책실장(12월), 정보본부장(12월)
'05	국방부장관(4월), 공군참모총장(7월), 기무사령관(11월)
'06	3군사령관(4월), 해군총장(8월)
'07	합참의장(11월), 국방장관
'08	육군총장(1월), 공군총장(4월)
'09	해군총장(4월), 국방장관(5월)

연도	방한 현황
'96	국방부 외사국장(12월)
'97	없음
'98	부총참모장(8월)
'99	없음
'00	국방부장(1월)
'01	공군사령관(3월)
'02	국방대학교장(3월), 제남군구 정치위원(7월), 총참모장(8월)
'03	부참모총장(3월), 국방대부교장(9월)
'04	국방대부정치위원(7월)

연도	방한 현황
'05	총후군부장(11월)
'06	국방부장(4월), 총정치부장(9월)
'07	총참모장(5월)
'08	중국 편제고찰단(10월)
'09	총참모장(3월)

출처: 국방부 홈페이지

황이다.[22]

2. 한·중 해/공군 간 직통전화 설치 및 운영에의 양해각서[23]

양국 군사교류의 성과가 어떻게 이루어지는가를 고찰해본다면 중국군의 군사외교를 이해하는 데 매우 유용한데, 2008년 11월에 양국군의 해공군간 직통전화를 설치를 사례로 살펴보고자 한다.

양국 국방부는 해군 간 직통전화를 우리의 제2함대사령부 지휘통제실(平澤)과 중국의 북해 함대사령부 지휘통제실(靑島)에, 공군 간 직통전화를 한국 대구의 제2중앙방공통제소와 중국의 지난(濟南)군구 공군 지휘소 간에 각각 설치하였다. 또한, 설치방법은 해/공군 모두 팩스 기능이 겸비된 다이얼 국제전화방식으로 사용하기로 하였으며, 사용 시기는 먼저, 상대방에게 양국의 인접한 해·공역에서 불명확한 물체에

---

22) Jaeho Hwang, "Sino-South Korean Military Relations: Moving towards Strategic Cooperative Partnership," *Berlin Conference on Asian Security 2010 Military Trends in Asia: Capabilities, Strategies, Regional and Global Implications*, September 29 - October 2, 2010.

23) 이권표·황재호, "한·중 해/공군간 직통전화 설치 및 운영에 관한 양해각서 체결의 의미," 『주간국방논단』, 2009년 1월 26일.

관련된 정보를 문의하거나 제공할 경우, 둘째는 인접한 해·공역에 재난이 발생하여 수색·구조가 필요한 경우, 셋째는 통신설비의 주기적인 검사를 실시할 경우, 마지막으로 긴급 상황이 발생하여 연락을 해야 할 경우 등으로 하였다. 아울러 통신연락 방식은 전화 및 팩스를 겸용하되, 팩스를 우선하기로 하였으며 필요시 전화를 사용하기로 하였다. 직통전화는 운영 유지를 위해 매 3개월마다 1회씩 통신망을 점검하고 매년 1회 업무 회의를 교대로 실시하기로 하였다.

직통전화의 양해각서 체결까지에는 적지 않은 시간을 필요로 했다. 지난 2003년도 11월 김종환 당시 합참의장의 방중시 양국 해·공군 간 서해상 우발 충돌 방지 및 인도적 차원의 긴급 상황 대처를 목적으로 하는 직통전화 구축을 중국측에 공식적으로 제안하면서 시작되었다. 그 이후에도 한국 측 군인사들의 중국방문 때마다 여러 차례 중국 측에 직통전화 구축을 제안하였다. 2005년 3월 당시 윤광웅 국방부 장관이 중국을 방문해 차오강촨 중국 국방부장을 만났을 때에도 제의했으며 그 이후 실무 협의를 계속해 왔다.

그러다 2007년 4월 10일 중국의 원자바오 총리가 방한하였을 때 노무현 전 대통령과 양국 해공군 간 직통전화를 설치하기로 합의하였다. 그동안 우리 측이 주로 직통전화 설치를 제안하였으나, 이번에는 중국 측이 먼저 우리 측에 제안하였다는 점에서 주목할 만하였다. 이와 같이 양국 고위층에서 직통전화 설치 합의를 계기로 양국 군 간 직통전화 구축 논의에 급진전이 있었다. 같은 달 4월 24일 김장수 국방장관의 방중시 양국 고위층 간에 합의된 직통전화의 개통 시기를 2007년 내에 개통하기로 정식 합의하였다.

양국 국방장관 간 연내구축 합의에 따라 2007년 5월 15일 중국 베이징에서 개최된 제3차 외교안보대화에 참석하여 국방당국자 간 직통전화 개설 논의를 위한 별도의 회담을 가졌다. 그러나 우리 측에서는 한·중 수교 15주년을 기념하기 위하여 2007년 8월 24일에 개통하자고 제안하였지만 중국 측은 다른 몇 가지 사안을 제안하였다. 첫째, 중국 측은 설치 장소와 관련해 당초 우리 측이 제안하였던 해군작전사령부와 중국 측의 북해함대사령부, 우리 측의 공군작전사령부와 중국 측의 베이징군구 대신 양국의 지역사령부 개념을 적용하여 중국 측의 북해함대사령부와 우리 측의 제2함대사령부, 중국 측의 지난군구와 한국 측의 제2중앙방공통제소를 제안하였다. 둘째, 직통전화 운용방식으로 우리 측은 공군의 경우 긴박성을 고려해 전용 핫라인을 요구하였으나, 중국 측에서는 통화 사용 언어와 24시간 지속 근무의 어려움으로 인하여 팩스 위주로 하되 전화를 부수적으로 사용하자고 하였다. 셋째, 중국은 직통망 구축은 전문가 검토가 필요하기에 식별구역 및 국제법에 따라 추진되기를 희망하였다. 그 후 2008년 10월 15일 중국 측은 우리 측에 양해각서 최종안을 전달하였고 우리 측에서는 2008년 11월 24일 국방정책실무회의에 앞서 중국 측과 직통전화 개설을 위한 재협의를 실시하였다. 우리 측은 양해각서를 우선 체결하고, 추가내용이 필요시에는 해/공군 간 실무회의에서 차후 논의하기로 함으로써 서명하기로 하였다. 중국측도 이를 수용하기로 하면서 양국 국방부는 마침내 양해각서를 체결하였다.

그렇다면 한·중 간의 해·공군 간 직통전화의 정식 개통은 어떤 의미를 가지는가? 첫째, 한·중 직통전화는 중·러, 중·미 간의 군사 핫라인과는 약간의 차이가 있다. 한국 언론에서는 이번 직통전화 설치를 핫라인 설치로 오해하는 보도가 많았다. 핫라인과 직통전화는 구분되어야 하며 직통전화는 '직접 대화(direct communication)'로 이해되어야 한다. 중·러, 중·미 간 체결된 것은 이름 그대로 핫라인(hotline)인데 비해 한국은 직통전화이다. 한·중 간 직통전화보다 먼저 개통한 중·러, 중·미 간의 군사 핫라인은 중국이 미·러와 핵문제 등 전략적 수준 대화차원에서 설치하였고, 한·중 간 직통전화는 우발적 충돌방지 및 인도적 차원의 전술적 대화를 위해 해·공군 작전 부서 간 설치된 것이다. 그럼에도 불구하고 중국이 다른 나라의 작전사령부급 부대 간 직통전화를 개통한 것은 한국과의 설치가 처음이다. 미국, 러시아에 이어 군사신뢰 구축의 상징성이 큰 직통전화를 한국과 개설했다는 것은 중국이 한국을 전략적으로 매우 중시하고 있음을 반증하는 것이기에 이의 중요성을 간과해서는 안 될 것이다.

V. 향후 과제

한·중 양국 관계는 문화적 친밀성, 지리적 근접성과 경제적 상호의존을 넘어 21세기 한반도와 동아시아 안보정세 인식에 있어 상호 이익이 상당 부분 일치함으로 인해 양국 관계의 중요성을 재인식하게 되었다. 이에 시간이 지나면서 점차 양국관계를 한 단계씩 계속 격상되어왔는데, 1992년에는 '우호협력관계(Friendship and Cooperative Relationship)'에서 시작한 양국관계가 1998년에는 '21세기를 향한 한·중 협력동반자관계(ROK-China Collaborative Partnership for the 21ˢᵗ Century),' 2003년에는 '전면적 협력동반자관계(Comprehensive Cooperative Partnership)'에서 이어 그리고 2008년 5월 이명박 대통령의 중국 방문 시 후진타오 중국 국가주석과 함께 양국의 '전략적 협력동반자관계(Strategic Cooperative Partnership)'임을 대외적으로 선포하였다. 이는 거의 5년에 한 번씩 이루어진 양국관계의 정립에 있어서 가장 최상위의 단계라고 할 수 있다. 그러나 양국 관계에 있어서 군사분야의 교류협력은 정치, 경제, 사회, 문화 분야 등 기타 분야와 비교해서는 상대적으로 미흡하다고 할 수 있다. 따라서 '전략적 협력동반자'는 안보국방분야의 협력을 전제로 한다.

한편 아직 국내에서 많이 이뤄지지 않은 분야인 중국의 군사외교와 관련해 몇 가지 연구를 차후에 고려해 볼 수 있다.

첫째, 최근 중국의 군사외교 현황이다. 중국은 2000년대 들어 군사교류를 수동적인 자세에서 좀 더 적극적인 자세로 전환하고 있다. 즉 고위급 안보대화, 군사실무, 군사교육, 무기와 장비 수출, 해외파병 등 다양한 노력을 기울이고 있다. 때문에 최근 중국의 군사교류 발전상황이 어느 정도인지에 대한 연구가 필요하다.

둘째, 중국의 군사외교 수준이다. 중국은 수교국과의 양자관계를 일반적인 수교관계-선린우호관계-동반자관계-전통적 우호협력관계-동맹관계 등 5단계로 분류하고 있다. 이에 국가관계의 5단계 구분과 함께 중국의 대외군사교류도 5단계로 구분되어 진행되고 있는지에 대한 연구가 필요하다.

셋째, 중국 군사외교의 내부 결정과정이다. 중국의 군사외교는 국방부 외사판공실이 담당하며, 총정치부, 총후근부, 국방대학교, 육해공군, 제2포병, 각 군구별, 군사과학원, 중국국제전략학회의 대외교류를 조정하고 있다. 이러한 중국 대외군사교류의 조직, 운용, 전개 등을 포함한 일반적인 정책결정 과정에 대한 연구가 필요하다.

넷째, 중국 군사외교의 호혜성과 특수성 비교이다. 중국과 기타 국가 간 군사분야의 교류는 상호주의가 결여되어 있다고 현재 평가되고 있다. 특히 군사분야 인적교류의 비대칭성이 나타나는 주요 이유 중의 하나로 중국의 군사문화가 거론된다. 중국군의 해외순방, 특히 고위급 인사의 출국은 중앙군사위원회의 정치적 결정에 따르게 된다. 임기 동안 이들의 출국에는 많은 제약이 있으며 한 번 나갈 때마다 여러 나라를 동시에 순방하는 경향이 있다. 때문에 상대국 국방분야 고위급 인사들의 중국 방문보다 중국 측 국방분야 고위급 인사들의 상대국 방문이 많지 않아 이에 대한 개선 요구가 많다. 따라서 중국 군사외교의 호혜성과 특수성에 대한 이해가 필요하다.

다섯째, 한중 군사교류의 발전방향이다. 한중 간 군사교류는 기타 분야와 비교해 상대적으로 그 발전속도가 더디다고 할 수 있다. 동맹관계로 인한 한국의 미국 중시, 역시 동맹관계로 인한 중국의 북한 중시, 한중 양국 관계에 있어서의 잠재적 안보갈등요인, 한국과 대만과의 교류문제 및 중국군의 자체 특성 등 5개 요인으로 인해 양국 군사교류는 실질적인 협력관계의 궤도에 오르지 못하고 있다. 따라서 향후 한중 군사교류를 어떤 수준으로 끌어올릴 것인지, 또 그것이 가능한지에 대한 연구가 필요하다.

| 참고문헌 |

강범두. 제9장, "군사외교." 차영구 · 황병무 편.『국방정책의 이론과 실제』. 서울: 오름, 2002.

배대석.『한국군의 군사외교 발전방안』. 합참대학 연구보고서. 2002.

배진수. "한국 군사외교론: 개념체계와 실천과제."『국제정치논총』37권 2호. 1997.

박정환.『중급국가의 군사외교 모델-안보전략으로서의 군사외교를 중심으로』. 국방대학교 학위논문. 1999년 12월.

이권표 · 황재호. "한 · 중 해/공군간 직통전화 설치 및 운영에 관한 양해각서 체결의 의미."『주간국방논단』. 2009년 1월 26일.

이영관. "중국의 군사외교체계 고찰-의사결정제도와 수행기능을 중심으로." 국방대학교 학위논문. 2000.

최영종. "한국나라 군사외교의 이론과 실제."『전략연구』통권 32호. 2004.

_____. "군사외교의 고도화 및 다변화 방안에 관한 연구."『전략연구』통권 47호. 2009.

하도형. "한 · 중 국방교류의 확대와 제한요인에 관한 연구—중 · 북관계 요인을 중심으로."『현대중국연구』9권 2호. 2007.

_____. 제3장, "중국의 국방정책 결정." 이태환, 김흥규, 하도형, 김향해, 안치영, 이정남 공저.『중국의 정책결정』한중싱크넷, 2008.

_____. "한국의 대중 군사외교."『국방정책연구』제75호(2007년 봄). 2007.

황재호. "중국: 새로운 전략환경과 중국의 투이불파 대응."『2010 동북아 전략균형』. 2010.

Allen, Kenneth W., and Eric A. McVadon. *China's Foreign Military Relations*. a project by the Henry L. Stimson Center, Report #32, October 1999, pp. 86-7.

Blank, Stephen. "Defense diplomacy, Chinese style." *Asian Times*, November 11, 2003(http://www.atimes.com/atimes/China/EK11Ad02.

html).

Gunness, Kristen. "China's Military Diplomacy in an Era of Change." a paper prepared for the National Defense University symposium on *China's Global Activism: Implications for U.S. Security Interests*, National Defense University, Fort Lesley J. McNair, June 20, 2006.

He, Yin. *China's Changing Policy on UN Peace-keeping Operations*. Institute for Security and Development Policy Asia Paper, July 2007.

Hwang, Jaeho. "Sino-South Korean Military Relations: Moving towards Strategic Cooperative Partnership." *Berlin Conference on Asian Security 2010 Military Trends in Asia: Capabilities, Strategies, Regional and Global Implications*, September 29-October 2, 2010.

_____. "The Political and Strategic Implications of Sino-Russian Joint Military Exercises: From Peace Mission 2005 to Peace Mission 2007." *New Asia*, Vol. 17, No. 3. 2010.

Lowther, Adams B. "Air Diplomacy: Protecting American National Interests." *Strategic Studies Quarterly*. Vol. 4, No. 3. 2010.

Schonberg, Karl K. The generals' diplomacy: U.S. military influence in the treaty process, 1992-2000, *Seton Hall Journal of Diplomacy and International Relations*. Vol. 3, No. 1. Winter/Spring 2002.

Willard, James E. "Military Diplomacy: An Essential Tool for Foreign Policy at the Theater Strategic Level," 25 MAY 2006, Report Number: A738054. 2006.

"Military diplomacy helps China's peaceful rise." Xinhua, December 29, 2005(http://www.chinadaily.com.cn/english/doc/2005-12/29/content_507781_3.htm).

劉源 中將. "新時代防務知庫的使命與挑戰." 2006年中國軍事科學學會國際論壇 (北京 香山, 2006年 10月 22-24日).

何奇松. "中國軍事外交析論." 『現代國際關係』. 2008年 第2期.

韓獻棟 · 金淳洙. "中國軍事外交與新安全觀." 『現代國際關係』. 2008年 第2期.

黃載皓. "曹剛川中國國防部長之訪韓的意義昧與成果." 『當代亞太』. 2006年 第6期.

제8장

중국의 우주군사력 발전 연구*

박병광

I. 머리말

21세기 중국의 군사전략과 군사력 발전은 대전환기를 맞이하고 있다. 전통적으로 중시되던 '인민전쟁론'이 여전히 명맥을 유지하는 가운데 '유한국부전쟁론'과 더불어 최근에는 '군사혁신론(新軍事變革; RMA)'이 중시되는 추세이다. 특히 중국은 군사혁신(Revolution in Military Affairs)의 중요성을 갈수록 인지하고 있으며 이에 부합하는 군 현대화와 군사력 발전을 적극 추진하고자 한다(Pillsbury 2000; Wang and Mulvenon 2000; 박창희 2007). 또한 중국은 2000년대 들어서면서부터 군사력 발전에서 차지하는 정보화(信息化)의 중요성을 지속적으로 강조

* 이 글은 세종연구소에서 발간하는 『국가전략』 제15권 4호(2009년 겨울)에 게재된 논문을 단행본 발간을 위해서 재편집한 것임을 밝힌다.

하고 있으며 최근에는 1990년대에 제시된 '첨단기술조건하 국부전쟁' 교리를 대체하여 '정보화조건하 국부전쟁'이라는 새로운 교리를 강조하고 있다(中華人民共和國國務院新聞辦公室 2004).[1]

그런데 중국의 군사혁신 및 정보전쟁하 국부전쟁 등과 관련하여 한 가지 흥미로운 것은 중국의 군사력에서 우주군사력 발전이 점차 중요한 요소로 등장하고 있다는 점이다. 이는 중국에서 상정하는 군사혁신과 정보화전쟁이 과거 전쟁의 주요 무대였던 육지, 해상, 공중의 3차원적 영역에서 사이버공간은 물론 우주영역으로까지의 확장을 전제로 하기 때문이다. 특히 중국은 군사혁신과 정보화전쟁의 시대를 맞이하는 21세기에는 우주공간이야말로 이용가치가 가장 높은 부분으로 간주하고 있다.

때문에 중국은 이미 오래전부터 우주개발 과정에서 우주무기를 비롯한 우주군사력 발전을 추진해 왔다고 할 수 있다.[2] 그 결과 중국은 2007년 1월 쓰촨(四川)성 시창(西昌)의 우주센터에서 탄도미사일을 발사해 우주공간의 인공위성을 격추하는 반(反)위성무기(ASAT, Anti-satellite weapon)실험에 성공한 바 있다. 이 외에도 중국은 위성용 방해전파 발신기, 레이저무기 등 다양한 우주무기 대항체계 개발에 주력하고 있다.

한편 미국은 중국의 우주군사력 발전을 견제하기 위해 2008년 2월 역시 반위성무기(ASAT)를 이용해 자국의 노후 정찰위성을 격추한 바 있다. 이러한 현상은 미래의 전쟁이 지구 대기권 상층부까지 전쟁터로

---

1) 중국국방백서(中國的國防)에서 '정보화(信息化)'라는 용어가 처음 등장하는 것은 2002년 국방백서부터이며 2004년 국방백서에서는 '군사혁신(新軍事變革)'의 등장과 더불어 '정보화조건하 국부전쟁(信息化條件下局部戰爭)'에 대한 개념이 공식적으로 강조되기 시작했다.
2) 우주개발과 우주군사력발전은 엄밀한 의미에서 상이하지만 밀접히 관련된 개념으로서 우주군사력발전은 우주무기체계 개발 및 군사적 목적의 우주감시와 운용을 중심으로 하는 반면 우주개발이라 함은 우주군사력 발전을 포함하여 전반적인 우주기술개발과 우주체계의 운용을 의미한다.

활용되는 우주전쟁(space war)의 양상으로 발전할 수도 있음을 의미한다(黃志毚 2008, 15).

중국은 기본적으로 21세기 국가안보의 관건이 되는 것은 우주에 대한 통제권을 장악하는 것이라 보고 있다. 즉 과거 20세기까지는 해상에 대한 통제권(制海權)이 중요한 요소로 작용했으나 전략적·역사적 시각에서 볼 때 미래에는 '제천권(制天權)'을 장악하는 것이 군사강국으로 올라서는 결정적 요소가 될 것이라고 보는 것이다(高岾 2003, 8). 또한 중국은 우주개발과 그에 따른 우주군사력 발전을 통해 장차 미국에 대항할 수 있는 군사 강국의 위치에 다다르고자 한다. 이러한 의도는 우주개발 과정에서 획득할 수 있는 첨단 우주군사력 발전에 대한 기대감이 작용하기 때문이다.

즉 우주군사력 발전은 기존의 선진 강국에 대한 중국의 '비대칭 전력(asymmetric power)'을 보완할 뿐 아니라 후발주자로서의 취약점을 극복할 수 있는 효과적 대안이 될 수 있는 것이다. 때문에 중국의 우주개발은 인민해방군(PLA) 총장비부의 주도하에 이루어지고 있으며 우주개발을 관장하는 중국우주과학기술그룹(中國航天科技集團公司, CASC) 역시 11만 명을 거느린 중국 최대의 국유 군수기업이다(Johnson-Freese 2003, 262).

한편 최근 나타나고 있는 주요 강국들의 우주군사화 가능성은 향후 한반도 상공을 비롯한 동아시아에서 더욱 치열하게 전개될 가능성이 높다는 점에서 우리에게도 시사하는 바 크다고 할 것이다. 미국은 물론 일본과 인도까지도 중국의 우주개발에 자극받아 우주경쟁(space race)에 뛰어들고 있기 때문이다. 따라서 이 글은 중국의 우주군사력 발전 현황 및 그 파급영향에 대해 살펴보는 데 목적이 있다.

II. 중국의 우주군사력 발전 배경

중국의 우주개발은 중화인민공화국 건립 직후 마오쩌둥(毛澤東)으로 부터 오늘날의 후진타오(胡錦濤)에 이르기까지 지속적으로 전개되어 왔다. 중국지도부가 오랜 시간에 걸쳐 우주개발에 힘을 쏟은 것은 우주개발의 성공이 가져올 정치, 경제, 군사적 파급효과를 염두에 두었기 때문이다(Martel and Yoshihara 2003, 21-23; 박병광 2006, 37-42). 즉 중국지도부는 우주개발을 통해서 공산당 통치와 지배세력의 정당성을 확보하고 인민들의 '애국주의'를 고취시키며 대외적으로는 국가적 위상을 제고하고자 하였다. 때문에 루이스(Lewis)는 우주개발 특히 유인우주선 발사는 그 자체로서 하나의 정치적 행위의 성격을 지닌다고 규정한다(Lewis 2004, 1).

또한 경제적 측면에서도 중국은 우주개발의 성과를 바탕으로 외국에 위성발사 서비스를 제공하거나 인공위성을 수출하는 등 폭넓은 상업적 이익의 확보를 목적으로 하고 있다. 중국은 1985년 해외 상업용위성발사 시장에 진출한 이후 미국, 프랑스, 스웨덴, 호주, 파키스탄, 필리핀, 나이지리아, 볼리비아 등 다양한 국가들의 위성설계, 제조, 발사 등을 대리하고 있으며 특히 1996년 이후 로켓발사 성공률은 100%에 이른다(中華人民共和國國務院新聞辦公室 2006, 3).

그러나 중국이 장기간에 걸쳐 막대한 자원과 인력을 동원하면서 우주개발에 매진한 것은 기본적으로 군사·안보적 요인이 가장 중요하게 작용하였다고 볼 수 있다. 일반적으로 인류 우주개발 경쟁의 역사적인 궤적을 살펴보면 우주의 평화적 이용보다는 군사적 활용의도가 더 강했다는 것을 알 수 있다. 실제로 대부분의 전문가들은 우주개발의 시작은 군사적 목적을 지니고 추진되었으며 그 직접적인 출발점으로서 제2차 세계대전 말엽 독일군에 의해 시도된 V-2 로켓 개발을 들고 있다. 또한 미국의 랜드(RAND)연구소는 1946년에 특별보고서를 통해 최초로 군사위성의 개발을 제안하기도 했다(Preston 2002, 5-6).

이와 마찬가지로 중국의 경우에도 우주개발의 시작은 군사적 필요와 목적이 강하게 작용하였다고 볼 수 있다. 그리고 이러한 사실은 중국 스스로 우주개발의 잉태(孕胎)시점으로 주장하고 있는 '제5연구원(第五研究院)'의 창립과정을 통해서 확인할 수 있다. 좀 더 자세히 설명하면 중국의 우주개발이 본격화될 수 있었던 것은 오늘날 중국 우주항공기술의 아버지로 추앙받는 천쉐선(錢學森)이 1955년 미국에서 귀국하여 국방부 산하에 '제5연구원'을 설립하면서부터이다. 미국에서 귀국하기 전 천쉐선은 美연방수사국(FBI)에 의해 공산주의자로 몰려 구금상태였는데 그럼에도 불구하고 중국으로 돌아올 수 있었던 것은 중국 군부가 한국전쟁으로 생겨난 미군 전쟁포로 귀환에 대한 논의의 전제조건으로서 천쉐선의 석방을 내세웠기 때문이다(Chang 1995, 199-207; 梁思禮 2003, 6-7). 결국 천쉐선은 중국으로 귀환한 이후 중국 군부의 전폭적인 지원과 보호 속에서 국방부 산하에 우주개발의 인큐베이터(incubator)라 할 수 있는 '제5연구원'을 설립하였다. 이처럼 중국의 우주개발은 그 출발부터 군부가 직접적으로 깊숙이 개입하여 성립된 것이었으며 개발과정 역시 군사적 목적과 불가분의 관계를 맺고 있었다고 하겠다.

한편 중국의 인공위성개발에 있어서도 그 시작은 군사적 의도와 밀접한 관련을 지닌다고 할 수 있다. 중국의 위성개발은 1958년 5월 개최된 제8기 중국공산당 중앙위원회 제2차 대회에서 마오쩌둥이 처음으로 위성발사를 제창하면서 시작된 것으로 알려지고 있다(Harvey 2004, 25-27; 편집부 2004, 79). 당시 마오쩌둥을 비롯한 중국 지도부는 1957년 10월 옛 소련이 인류 최초의 인공위성인 '스푸트니크 1호'를 발사하고 뒤 이어 1958년 1월에는 미국도 소형 과학위성인 '익스플로러 1호'를 우주 궤도에 올려놓자 타국이 중국을 얕보지 못하도록 국가의 위신강화를 내세우며 위성발사를 제창하였다. 그러나 실제에 있어서 중국지도부가 직접적으로 위성발사의 필요성을 강조하게 된 것은 옛 소련과 미국의 위성발사가 각기 군부에 의해 주도되고 일종의 군사현대화를 위한 경쟁으로 평가되면서 중국 역시 국방현대화의 일환으로 위성발사를 주장하게 되었던 것이다.

이에 따라 마오쩌둥시기 중국은 러시아제 로켓(R-2)을 개량하여 1960년 중국 최초의 발사체인 둥펑(東風) 미사일을 개발하였으며 이는 중국의 군사장비 개발역사에 있어서도 일대 전환점으로 평가되고 있다(梁思禮 2003, 8). 또한 1960년 중·소분쟁의 여파로 인해 소련의 기술자들이 귀국하고 장비와 기술제공이 중지된 상태에서 중국은 독자적으로 우주항공기술 개발에 매달려야 했다. 그럼에도 1970년 4월 마침내 창정 1호(長征-1, CZ-1)로켓을 사용하여 자체기술로 개발한 첫 인공위성 '둥팡홍(東方紅) 1호(DFH-1)'를 발사하였다. 당시 중국지도부는 미국이라는 강력한 적에게 포위되어 있을 뿐 아니라 소련이라는 옛 친구로부터 배신당한 데 따르는 위기감으로 인해 로켓개발을 중심으로 하는 우주기술 개발에 전력을 다했다고 볼 수 있다. 그리고 이 과정에서도 우주개발에 대한 지원과 추진방향을 주도하는 등 가장 중요한 역할을 수행한 것은 역시 중국 인민해방군이었다(Harvey 2004, 37-38, 60).

한편 덩샤오핑(鄧小平)의 등장과 함께 시작된 개혁개방 초기에도 중국은 우주항공기술과 우주군사력 발전에 관한 연구를 일관되게 추진하였다. 개혁개방 초기 중국지도부가 직면했던 다양한 정치·경제적 어려움에도 불구하고 우주개발이 지속될 수 있었던 것은 미국의 '전략방어구상(SDI)'이 큰 영향을 미쳤기 때문이다(Yang 1995, 98). 1981년에 집권한 미국의 레이건 행정부는 공산진영에 대한 힘의 우위를 강조하면서 군비를 증강하고 전략방어계획을 추진했다. 일명 '스타워스(star wars)'계획으로 불리던 이 구상은 소련의 전략핵무기가 미국 본토에 도달하기 전에 대기권에서 요격할 수 있는 방어망을 구축한다는 것이었다.

그러나 당시 소련은 물론이고 중국 역시 전략방어구상이 자국의 안보에 미칠 부정적 영향을 우려하여 보다 적극적으로 우주개발에 나서는 계기가 되었다. 중국은 우주개발에 대한 열망과 군사전략적 판단에 따라 1986년 3월 군수산업의 발전과 기술개발을 담당하는 국방과학기술공업위원회가 중심이 되어 '첨단기술연구계획(863計劃)'을 수립하고 우주개발에 박차를 가하게 되었다(박병광 2006, 45; 張健志 · 何玉彬 2008, 396-397). 그러나 이 시기 중국의 우주개발과 우주군사력 발전은 기대만큼 뚜렷한 성과를 내지는 못했다고 볼 수 있다. 왜냐하면 개혁개방 초기 중국의 우주개발은 막대한 예산소요와 성과 창출의 불확실성으로 인해 중앙정부의 자원배분 우선순위에서 자연스레 밀려날 수밖에 없었기 때문이다.

중국이 우주개발과 우주군사력 발전에 본격적으로 박차를 가하게 된 것은 오히려 동 · 서 냉전이 끝나는 1990년대 장쩌민(江澤民)집권 시기에 들어서면서부터라 할 수 있다. 그리고 이 과정에서도 결국 군사 · 안보적인 요인이 중요한 배경으로 작용하였음을 알 수 있다. 왜냐하면 1990년대 초반의 '걸프전쟁'으로부터 이후의 코소보, 아프가니스탄, 이라크전쟁 등을 지켜보면서 중국지도부는 '우주경쟁력(space power)'이 효율적인 군사작전은 물론 국가안보의 필수요소임을 깨닫게 되었기 때문이다(Martel and Yoshihara 2003, 25; 許和震 2004, 248-249). 이에 따라서 중국은 1992년 이른바 '921공정(工程)'으로 불리는 유인 우주선(神舟) 발사계획을 수립하였으며 이를 계기로 위성공격용 미사일, 위성운용방해전파 발신기, 레이저무기 개발 등 우주군사력 발전에도 역점을 두게 되었다.

그러나 1990년대 중국의 우주개발과정 및 우주군사력 발전 배경에는 러시아의 기술적 도움이 중요하게 작용하였음을 지적할 필요가 있다. 비록 중국과 러시아 사이에서 우주개발 및 우주군사기술 협력에 관한 구체적 언급이 극도로 회피되고 있지만 러시아의 우주기술 경험이 중국의 우주기술 발전에 매우 중요한 영향을 끼쳤으리라는 점은 충분히 짐작하고도 남음이 있다. 중국과 러시아는 1996년 우주협력협정을 체결한 이래 '중 · 러 우주협력소위원회'를 만들어 우주개발에 관한 공동프로젝트를 추진해 왔다. 중국 우주비행사들의 훈련 역시 초기에는 러시아의 가가린(Gagarin) 우주센터의 설비와 실험실을 이용했으며 중국의 유인우주선 선조우(神舟)는 소련제 소유즈 우주선과 유사한 디자인이라는 점에서도 소련의 기술적 도움이 작용하고 있음을 알 수 있다(박병광 2006, 48; Kogan 2005, 8). 또한 중국지도부의 우주개발에 대한 강력한 의지에 따라 중·러 정상회담 이후 발표되는 공동성명에는 거의 매번 '우주기술협력'에 관한 내용이 포함되고 있다.[3] 물론 중국에 대한 러시아의 도움이 직접적인 우주군사기술보다는 포괄적인 우주개발에 관한 것이었으며 이를 군사적 함의가 충만한 것으로 응용·발전시키는 데에는 중국 자체의 노력이 더 크게 작용하였다.

한편 중국은 개혁개방시기의 꾸준한 우주기술혁신을 통해 후진타오(胡錦濤)집권시기인 2003년 10월 마침내 유인우주선 선조우 5호 발사에 성공했다. 당시 중국과학기술부장이었던 쉬관화(徐冠華)는 언론 인터뷰에서 "선조우 5호의 성공적인 발사는 '양탄일성(兩彈一星: 원자폭탄, 수소폭탄, 인공위성)'을 합친 것과 같은 의미의 중대한 성취"라고 평가한 바 있다(『新華通信』, 2003年 10月 16日). 또한 이에 앞서 중국우주과학기술그룹(CASC)의 책임자인 주앙펑안(庄風安)은 "중국 우주개발의 주요한 목표는 우주전쟁을 위한 무기체계를 발전시키는 것"이라고 주장하기도 했다(South China Morning Post, June 4, 2002). 중국 지도층의 이러한 생각은 결국 중국의 입장에서 볼 때 우주개발이 단지 민수부문에만 국한되는 것이 아니며 그에 따르는 우주군사력 발전은 지극히 당연한 것으로 여기고 있음을 알 수 있다. 나아가 이는 중국이 향후 세계적 수준의 군사대국으로 발전할 수 있는 가장 빠른 지름길이 우주개발에 매진하는 것이라는 인식을 대변하는 것으로도 볼 수 있겠다.

---

3) 최근 중·러 양국 지도부는 우주기술협력과 공동우주개발 차원에서 향후 '화성 (火星)탐사'를 공동으로 실시하는 협정에 서명하기도 했다(『중앙일보』, 2007년 3월 28일).

중국이 우주군사력 발전을 통해서 얻고자 하는 가장 중요한 목적은 첨단군사기술의 확보와 이를 통한 종합군사력의 증강 및 국방현대화의 달성이라고 할 수 있다. 그리고 이를 통해 중국은 자국의 안보불안을 해소하는 것은 물론 중장기적으로는 미국의 세계패권에 도전할 수 있는 군사적 역량을 확보하고자 한다고 보겠다. 더욱이 획기적인 종합국력의 신장을 바라는 중국의 입장에 볼 때 세계적인 군사혁신(RMA)의 시대를 맞이하는 21세기에 있어서 우주공간은 결코 포기할 수 없는 대상이라고 할 것이다. 때문에 20세기 후반부터 중국의 적잖은 군사 전략가들은 우주를 육지, 해상, 공중에 이어 '제4의 전장(the fourth battlefield)'으로 부르게 되었으며 우주군사력 발전의 중요성을 강조하여 왔다. 뿐만 아니라 2000년대 들어서부터는 육·해·공·사이버공간과 더불어 우주를 5대 안보영역으로 설정하고 우주기술을 이용한 군정보화를 추진하는 한편 우주무기 개발에도 더욱 주력하고 있다(Moss 2008, 2). 나아가 최근에는 발전된 우주군사력을 활용하고 미래의 우주전쟁에 대비하기 위한 우주군사전략 수립에 관한 논의도 중국 내에서 그 어느 때보다 활성화되고 있는 추세이다.

III. 중국의 우주군사전략 개념과 목표

중국의 21세기 군사전략 변화와 군 현대화에 있어서 무엇보다 주목되는 것은 우주군사력의 증강 및 우주군사전략의 등장이라 할 수 있다. 중국이 이처럼 우주군사화 및 우주군사전략의 완성에 집중하고 있는 것은 현대전에서 특히 중요한 정보전의 결정적 관건은 우주에서의 전력우위가 전쟁의 승패를 좌우한다고 믿기 때문이다(CNA 2006, 11-12). 중국은 이미 1980년대 후반에 '전략국경'이란 개념을 도입함으로써 과거 영토, 영해, 영공을 의미하던 '지리적 국경'을 뛰어넘어 향후 우주가 새로운 전략적 보고로 부상할 것임을 강조한 바 있다(『解放軍報』, 1987年 1月 4日). 그리고 1990년대에 들어서는 인민해방군 우주군사력의 발전 방향을 정보지원(information support)과 실제전투(battlefield combat)의 두 가지로 정의하고 일단 기술적 난이도가 높은 실제전투능력 확보에 앞서 정보지원 강화를 주요 목표로 설정한 바 있다(You 1999, 83-84). 아울러 2000년대 들어서 놀라울 정도로 성취되고 있는 우주군사력의 발전성과 역시 중국이 본격적으로 우주군사전략을 수립하는 데 있어서 중요한 배경이 된다고 하겠다. 그 결과 오늘날 중국에서는 국방부문의 군사전문가들을 중심으로 이미 우주군사전략(太空軍事戰略)의 목표와 수단 그리고 우주군대에 관한 개념과 구상 등이 상당히 구체화되고 있다.

먼저 전략적(strategy) 측면에서 중국 우주군사전략의 개념과 위상에 관하여 살펴보면 다음과 같이 정리할 수 있겠다. 중국의 유명 군사학교 중 하나인 석가장(石家庄)육군대학의 학장이자 육군 소장(少將)인 쉬허쩐(許和震)에 따르면 "우주군사전략은 우주작전을 성공적으로 수행하고 우주전쟁을 승리로 이끌기 위해 수립하는 것으로서 우주작전(太空作戰)이라 함은 적대적인 쌍방이 우주공간에서 또는 우주공간을 이용하여 군사적 대항활동을 전개하는 것"을 의미한다(許和震 2004, 243). 중국은 이와 같은 개념에 입각하여 탄도탄 탐지, 군사통신, 반위성무기 개발에 이르기까지 모든 분야를 망라한 우주군사전략의 수립을 모색하고 있다.

한편 중국의 군사문제 전문가들은 우주군사전략의 위상과 관련하여 층차(層次)상 우주군사전략이 국가전략과 국방전략의 하위개념이라고 보지만 그것이 일반 군사전략의 하위개념은 아니며 동등한 수준에서 독립적인 군사전략의 의미를 지니는 것으로 간주한다. 나아가 우주군사전략은 일반군사전략과 달리 국가전략의 수립에 직접적인 영향을 미치는 요인으로 평가한다. 이는 핵(核)전략이 단지 군사전략에

〈그림 1〉 전략층차전달관계도(战略层次传达关系图)

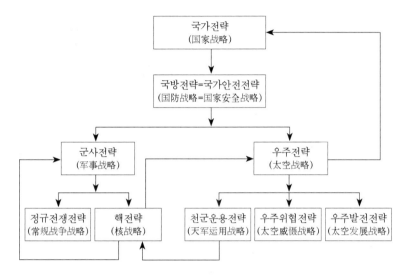

자료: 張健志·何玉彬, 『爭奪制天權』(北京: 解放軍出版社, 2008), p. 182

직접적인 영향을 미치는 것과 비교하면 오히려 우주군사전략이 더 중
요한 국가전략의 구성요소라는 인식을 보여준다(〈그림 1〉 참조).

이처럼 우주군사전략과 핵전략 사이에서 발생하는 전략적 중요성
과 인식의 차이는 비록 우주군사전략이 현대 핵전략의 기초하에 만들
어진 새로운 전략적 관념이지만 핵전략에 비해 우주군사전략은 더욱
분명하고 폭넓은 전략적 범주를 형성하기 때문으로 보고 있다. 즉 핵
전략에 비해 우주군사전략은 국가전략의 전체적 목표는 물론 첨단기
술정책, 국방현대화, 국방산업체제, 국제외교 등 파급영향과 범위가
폭넓다는 것이다. 뿐만 아니라 오늘날 핵무기는 엄청난 파괴력과 살상
력으로 인해 실제 전쟁과정에서 사용될 가능성이 매우 희박한 반면 우
주무기는 언제든지 제한적이고 효과적으로 활용될 수 있고 우주작전

의 현실가능성도 점점 높아지고 있다는 인식에 따른 것이다(張健志, 何玉彬 2008, 181-187).

다음으로 중국의 우주군사전략이 추구하는 목표를 살펴볼 것 같으면 크게 두 가지 측면을 포함하는데 하나는 '전략적 수단'으로서의 목표이고 다른 하나는 '전략적 태세'로서의 목표를 의미한다고 하겠다. 중국은 전략적 수단과 태세로서의 목표달성에 바탕을 둔 우주군사전략의 완성을 추구함으로써 우주경쟁(space race)은 물론 미래의 우주전쟁(space war)에도 대비하고자 한다.

중국의 우주군사전략이 의미하는 전략적 수단(戰略手段)이라는 것은 우주군사력 건설의 기초를 형성하는 것임과 동시에 우주전략의 우세를 확보하기 위한 전제조건을 의미하는 것이기도 하다. 좀 더 구체적으로 설명하면 전략적 수단은 다음의 세 가지를 포함하는데 첫째는, 전략적 투사능력을 추구하는 것으로서 전략정찰, 예방경고, 핵폭발 탐측 및 우주관제 등 방면에서의 능력을 의미한다. 그리고 이는 우주군사전략이 명확하고 효과적으로 발휘되는 데 있어 불가결한 요소로 간주된다.

둘째는, 효과적인 타격능력을 구비하는 것으로서 여기에는 우주발사체의 항공탑재능력, 지상과 우주사이의 왕복능력, 우주무기의 살상과 파괴능력 및 정확한 유도능력 등 다방면의 목표와 요구를 포함한다. 그리고 이는 우주전쟁을 수행하는 데 있어 주요 기반을 형성할 뿐 아니라 기술적인 난이도가 가장 높고 향후 재정수요 역시 제일 큰 부분을 차지할 것으로 보고 있다.

셋째는, 적절한 시기에 신속한 반응능력을 추구하는 것으로서 이는 지휘통신체계의 통제능력, 우주전장에 대한 관제능력 및 우주에 관한 종합적 정보화 처리능력과 무인우주정거장에 대한 지능적이고 효과적인 관리능력 등을 포함한다(張健志, 何玉彬 2008, 193).

한편 중국의 우주군사전략이 추구하는 목표로서의 전략적 태세(戰略態勢)란 우주군사역량의 직접적인 체현을 의미하는 것으로서 다음의 몇 가지를 핵심 요소로 한다. 우선 첫째는, 우주군사전략 목표의 제1단계로서 우주공간에서 지구에 대한 제천권(制天權)을 확보하는 것이다. 여기에는 지구에 대한 전략적 통제능력 즉 '연성공격능력(soft attack)'과 더불어 지구에 대한 전략적 공격능력 즉 '강성살상능력(hard attack)'을 포함한다.

둘째는, 우주군사전략 목표의 제2단계이자 우주군사전략의 핵심 목표인 우주공간에서의 제천권을 확보하는 것이라 하겠다. 이는 우주선을 비롯하여 인공위성 등 자국의 우주기기들이 아무런 장애 없이 자유롭게 대기권을 넘나들고 우주를 비행할 뿐 아니라 필요에 따라서는 자기의지에 따라 타국의 우주활동을 배제할 수 있는 능력의 확보를 의미하는 것이다.

셋째는, 우주군사전략 목표의 제3단계로서 달(月球)에 대한 제성권(制星權)을 확보하는 것으로서 이는 유사시 민첩하게 움직여 달을 점령하는(捷足先登 搶占月球) 것이다(張健志, 何玉彬 2008, 194).

물론 일부 연구자들의 경우에는 현재까지도 중국의 우주군사전략이 미래의 전쟁에서 실질적으로 활용될 수 있는 확고하고 구체적인 형태의 군사전략으로 완성되었다고 보기는 어려운 것으로 평가하기도 한다(Pollpeter 2005, 352-354).

그러나 분명한 것은 최근 들어 가속화되고 있는 국제적 우주개발경쟁과 중국 자체의 우주군사력 발전에 따라 중국 내에서 우주군사전략에 관한 논의가 그 어느 때보다 활성화되고 있다는 사실이다. 이러한 현상은 1990년대까지만 해도 중국내에서의 우주군사화에 관한 논의가 여전히 초보적이고 추상적인 수준에 머물렀던 것을 고려하면 상당히 빠르고 주목할 만한 변화라 할 것이다.

IV. 중국의 우주군사력 발전 현황

중국은 자국의 우주무기 개발 등 우주군사력 발전에 대하여 대외적으로 공표한 적은 없지만 여타 분야에 비해 상당한 정도의 우주군사력을 보유하거나 기술적 진보를 이룬 것으로 평가되고 있다(Tellis 2007, 41-72; MacDonald 2008). 이는 중국이 일찍부터 우주의 전략적 가치에 눈을 뜨고 국력을 이 분야에 치중해온 결과라 할 수 있다. 즉 지리적 국경은 고정된 것이지만 '전략적 국경'은 우주를 선점함으로써 얼마든지 넓힐 수 있다는 판단하에 우주개발과 우주군사력 증강분야에 우선적으로 투자해 왔으며 그 결과가 최근 들어 나타나고 있다.

오늘날 우주군사력의 주요 구성요소에는 우주공간(대기권)을 통과하는 대륙간탄도미사일(ICBM)부터 군사용 위성시스템 그리고 이를 파괴하거나 무력화하기 위한 인공위성요격체계 즉 반(反)위성무기(ASAT), 우주전투기를 포함하는 고차원적 우주항공기술 등 다양한 분야가 포함된다(Preston 2002, 23-49).[4] 또한 이러한 무기체계를 운용하기 위한 군대(天軍) 역시 우주군사력의 중요한 일부분이다. 중국은 이미 유인우주선 발사성공 및 달 탐사선 발사 등을 통해서 강력한 추진력의 로켓은 물론 보다 긴 궤도비행 능력을 구비하는 등 군사적 함의가 충만한 우주기술들을 보유하고 있다. 그리고 이러한 기술들은 탄도미사일의 비행기동, 기생위성을 이용한 위성공격, 미국의 미사일방어체제(MD) 타파 등에 있어서 상당한 군사적 의미를 지니는 것이다. 또한 중국은 미국과의 우주항공기술 격차를 줄이면서 지구궤도상에서의 정

---

[4] 그러나 우주무기체계의 구성은 크게 군사위성, 우주무기 그리고 우주감시체계의 세 가지로 분류된다. 미국이 추진하는 미사일방어망(MD: Missile defense) 구축은 우주기반 센서와 무기라는 두 가지 수단으로 적의 탄도미사일을 막아내는 우주군사화 시도이다.

찰 및 감시영역을 확대하는 데에도 주력하고 있다.

그러나 중국의 우주군사력 발전에 있어서 특히 관심을 끄는 것은 반(反)위성무기(ASAT)체계의 개발과 자체적인 위성항법시스템(GNSS) 구축 그리고 중장기 계획으로 추진 중인 우주군대(天軍)의 창설 등을 들 수 있다. 이 세 가지 분야는 중국이 우주군사력 건설과 관련하여 가장 심혈을 기울이는 분야라 할 수 있으며 추진성과 역시 주목할 만하다.

먼저 반위성무기(ASAT)의 경우 중국은 지난 2007년 1월 11일 지상에서 KT-1 미사일을 발사하여 865km 상공에 떠 있는 자국의 기상위성 '펑윈-1C(FY-1C)'를 격추하는 데 성공한 바 있다.[5] 이를 통해 중국은 탄도미사일로 정확하게 우주공간의 위성을 요격할 수 있는 반위성무기 능력을 대내외에 과시하였을 뿐 아니라 우주무기 분야에서 미국과 러시아의 독점을 마감하겠다는 중국의 장기적 포부를 확인시켜 주었다. 또한 중국의 반위성무기 실험 성공으로 인해 미국과 러시아만이 반위성무기 능력을 가진 것으로 믿어왔던 미국의 전략가들은 큰 충격을 받았으며 국제사회는 우주군비경쟁이 본격화되는 것이 아닌가라는 우려를 낳은 바 있다(Lieggi and Quam 2007, 5-27; 白海軍 2008, 1-2).

중국은 반위성무기 실험에 성공함으로써 통신첩보수집, 전장감시 등 군사적으로 활용되는 우주자산을 다수 확보하고 있는 미국에 대해 어느 정도 군사적 열세를 만회하는 데 성공하였다고 볼 수 있다.[6] 왜냐하면 반위성무기에 의해 미국이 첩보위성이나 정찰위성을 상실하게 된다면 결국 전장에서 벌어지는 상황을 정확하게 파악할 수 없게

---

5) KT(KaiTuozhe, 개척자)-1 미사일은 고체연료를 사용하는 사정거리 1,700km~2,500km의 둥펑-21(DF-21 IRBM)계열의 이동식 중거리 탄도미사일이며, 공격 대상이었던 펑윈 위성은 1999년 발사된 극궤도 기상위성으로서 본체 1.4m × 1.4m, 태양전지판 3.5m × 3.5m, 중량 0.9t의 규모였다(나영주 2007, 150).
6) 중국의 위성요격(ASAT)실험은 이미 과거에도 실시된 바 있는데 미국 정찰위성은 2005년 7월과 2006년 2월에도 중국의 ASAT 실험을 모니터링한 바 있다(Tkacik, Jr. April 25, 2007).

되고 기상위성이나 통신위성의 상실 역시 군부대에 의한 지휘통제 능력의 상실을 가져올 것이기 때문이다. 또한 항법위성(GPS)의 상실은 군사력의 이동, 항공모함이나 각종 군함의 운항, 정밀타격무기의 활용 등을 어렵게 만들 것이다(김태우 2007, 3). 반면에 현실적으로 중국 인민해방군은 서태평양에서 우주감시센서, GPS 및 통신시스템이 없이도 현대전을 치를 수 있다. 때문에 중국의 반위성무기 실험은 미국을 상당히 자극하는 것이었으며 미국은 그 동안 유지되던 우주에서의 기술적·군사적 우위를 지속하기 위해 향후 더 많은 자원과 에너지를 보다 발전된 우주무기체계 개발에 쏟아 부을 가능성이 높다. 이럴 경우 중국의 반위성무기 실험은 결국 우주군비경쟁으로 연결될 가능성도 배제할 수 없다.

본래 미국과 옛 소련은 일찍이 우주공간의 전장화 가능성을 고려하여 '공세적 대우주작전(offensive counterspace operation)' 개념을 발전시켜 왔고 이를 위한 주요 수단으로서 적국의 위성을 파괴하는 반위성무기를 개발해 왔다. 통상적으로 반위성무기는 적 위성이 제공하는 정보를 왜곡하거나 무력화시키는 기만(deception), 적 위성의 기능을 일시적으로 손상시키는 훼방(disruption), 적 위성의 기능을 일시적으로 제거하는 거부(denial), 적 위성의 기능을 영구적으로 손상시키는 저하(degradation), 적 위성의 기능을 영구히 제거하는 파괴(destruction) 등 다섯 가지 목적을 위해 개발된다(Wilson 2005, 8). 이러한 목적을 위해 미국과 러시아는 다양한 종류의 위성공격무기들을 연구해 왔으며 특히 미국 국방부는 군사용 유인우주선(일명 black star)을 극비리에 개발하는 한편 우주공간에서 레이저 광선으로 적을 공격할 수 있는 '글로벌 스트라이크(global strike)' 프로그램을 추진하고 있는 것으로 알려지고 있다(*Aviation Week*, March 6, 2006).

중국 역시 그동안 다양한 반위성무기 개발에 주력해 왔으며 여기에는 지상에서 미사일을 발사해 목표 위성을 파괴하는 방법뿐 아니라 지상이나 공중의 무기체계에서 발사되는 레이저나 에너지 빔을 이용하

는 방법, 공격용 위성을 발사하여 주변의 위성들을 공격하는 방법, 모
(母)위성에서 발사되는 초소형 기생위성(parasitic satellite)을 표적위성에
달라붙게 하여 폭파하거나 기능을 저해하는 방법 등 다양한 수단이 연
구되고 있으며 이미 상당한 연구 성과를 축적하고 있는 것으로 평가되
고 있다(Pilsbury 2007; Kan 2007). 그러나 중국이 추구하는 반위성무기
체계의 핵심은 궁극적으로 복합적 상황에 맞춰서 저비용일 뿐 아니라
완전한 형태의 위성요격체계를 구축하고자 하는 것으로 볼 수 있겠다.

다음으로 중국은 우주군사력의 발전을 위해 자체적인 위성항법시
스템(GNSS, Global Navigation Satellite Sysytem)을 구축하고자 한다. 본래
위성항법체계는 1970년대 후반 미국 국방성의 주도로 군사적 필요에
의해 개발된 GPS(Global Positioning System)가 가장 대표적인 것으로서
이는 세계 어느 곳에서든 인공위성을 이용하여 자신의 위치를 정확히
파악할 수 있도록 하는 시스템이다. 미국은 1995년부터 GPS를 민간에
도 개방하여 무료 서비스하고 있으나 현재도 잠수함이나 해군 함정 등
대부분의 군사장비들은 GPS가 제공하는 위치정보체계에 의존하고 있
다. 중국도 미국이 제공하는 GPS를 활용하고 있지만 위치정보를 미국
의 시스템에 의존하는 것은 자국의 안보에 치명적인 결함을 초래할 수
있다는 전략적 판단에 따라 우주군사전략 차원에서 자체적인 위성항
법시스템인 '베이더우(北斗)' 개발에 뛰어들고 있다.

중국은 이미 1차 사업으로 4개의 항법위성을 발사하여 지난 2007년
에 중국 대륙을 서비스권으로 하는 '베이더우-1(北斗-1)' 시스템 구축
을 완료한 상태이다. 그러나 지역적으로 제한된 적용범위를 뛰어넘
어 GPS처럼 지구 전역에서 위치정보 서비스를 구현하기 위해서는 더
많은 항법위성이 필요하다. 따라서 중국은 오는 2015년까지 약 30기
에 달하는 정지·비정지궤도 항법위성을 지상 20,000km의 우주에 쏘
아 올려 독자적인 위성합법체계 '베이더우-2(北斗-2)'를 구축한다는
계획을 세우고 있다(『中國靑年報』, 2009年 3月 23日; *International Herald
Tribune*, March 23, 2009).

이처럼 중국이 독자적인 위성항법시스템(GNSS)을 구축하고자 하는 것은 미국이 통제하는 GPS는 전시(戰時)에 서비스 중단과 기능의 왜곡을 배제할 수 없기 때문이다. 즉 중국은 국가안보와 정보주권의 차원에서 독자적인 위성합법체계 구축을 접근하고 있는 것이다. 아울러 중국은 우주군사전략의 차원에서도 독립적인 위치정보서비스 체계를 갖추는 것이야말로 우주군사력 건설의 기초가 된다고 보고 있다. 본래 독자적인 위치정보시스템 구축 시도는 이미 21세기 초부터 EU(Galileo System)와 러시아(Glonass System)에 의해서도 시도되었으나 EU와 러시아는 재정 부담 등 여러 가지 이유로 인해 뚜렷한 진전이 없는 상태이다. 반면 중국은 분명한 목표와 재정지원에 따라 적극적으로 위성합법체계 구축을 시도하고 있다는 점에서 오히려 EU와 러시아를 제치고 먼저 독자적인 위성합법체계를 구축할 가능성이 높다. 이 경우 중국으로서는 그들이 추구하는 정보주권 확립에 한발 다가서는 것은 물론이고 궁극적으로 미국과의 우주군사역량 격차를 줄여나갈 수 있다고 할 것이다.

끝으로 중국은 우주전쟁이 아직은 개념상의 것에 불과하지만 언젠가 반드시 현실화될 것이라는 인식하에 우주군사력 강화 차원에서 독립된 우주군(獨立天軍)의 창설을 추진하고 있다. 중국은 항공기술의 발전에 따라 공군이 등장하고 핵무기와 운반로켓의 개발에 따라 미사일 부대가 만들어진 것처럼 우주기술의 발전에 따른 우주군(天軍)의 등장은 자연스러운 것으로 간주하고 있다. 실제로 미국은 이미 1983년 북미우주항공방위사령부(NORAD) 산하에 우주통합사령부(Aerospace Command)를 창설한 바 있으며 미국 공군 역시 장차 우주작전에 대비한 '항공우주일체화'역량을 추구하고 있다(張健志, 何玉彬 2008, 304-305).

중국의 군사전문가들이 구상하는 우주군의 주요 활동근거지는 육지(地上)와 우주(天空), 달을 중심으로 하는 별(星) 등이며 이에 따라 병종 역시 '지구기지우주군(地基天軍)', '천상기지우주군(天基天軍)', '별기지우주군(星基天軍)'등 3개 병종으로 나누고 있다. 그리고 독립우주군은 총사령부의 직접 통솔하에 각종 군사 활동 및 과학기술 연구 활동에 종사하도록 하고 있다. 또한 장차 우주군을 통솔하게 될 독립우

〈그림 2〉 독립우주군편제설명도(独立天軍編配示意図)

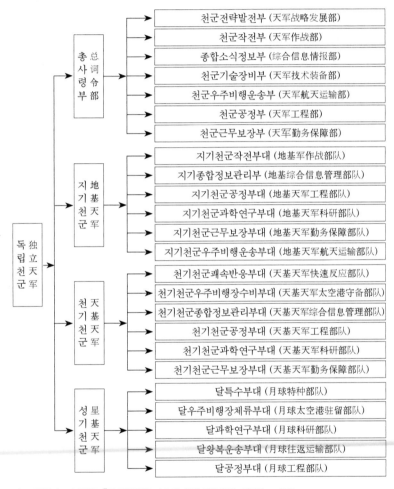

자료: 張健志·何玉彬,『爭奪制天權』(北京: 解放軍出版社, 2008), p. 320

주군 총사령부는 전략발전부(戰略發展部), 작전부(作戰部), 종합정보부(綜合信息情報部), 기술장비부(技術裝備部), 운수부(運輸部), 공병부(工程部), 근무보장부(勤務保障部) 등 7개의 주요 직능별 참모 부서를 두는 것으로 계획되고 있다(〈그림 2〉 참조).

한편 좀 더 구체적으로 중국이 계획하는 우주군은 전군에 통신 · 정찰을 지원하는 부대, 우주 · 공중 · 지상목표를 격파하는 타격부대, 전략미사일을 운용하는 미사일부대, 군사정보수집과 사이버전쟁을 담당할 부대 등으로 구성될 전망이다. 중국이 구상하는 우주군의 발전 방향은 제1단계(현재~2015년)에서 육지, 해양, 우주공간을 포괄하는 군사용 정보 · 통신체계를 자주적으로 건설하며, 2단계(2015~2030년)는 효과적인 위성무기시스템을 통해 상대방의 우주무기체계를 요격할 수 있는 능력을 갖추고, 3단계(2030년 이후)는 우주에서 지상의 목표물을 직접 타격할 수 있는 우주무기체계를 완비하는 것이다(高岩 2003, 9).

중국이 이처럼 우주군 창설계획을 구체화 하고 있는 것은 미래에 있을지도 모를 우주전쟁(space war)에 대비하고자 하는 것이며 궁극적으로는 우주전쟁에서의 주도권을 장악하기 위함이라 할 수 있다. 결국 국제적 우주경쟁이 가속화되고 21세기 전쟁에 가장 효율적으로 대처할 수 있는 방안은 우주군사화에 대비하는 것이라고 볼 때 중국의 우주군사력 증강 시도에 따른 우주군의 창설도 갈수록 현실화될 가능성이 높다고 하겠다.

V. 맺음말: 파급영향과 시사점

중국지도부는 미국에 의한 일극지배(unipolar) 기반의 원천이 우주를 활용한 군사력과 정보력으로 파악하고 있다. 따라서 강대국(great power)을 향한 중국의 꿈이 사라지지 않는 한 내부적으로 우주군사력 발전에 대한 관심과 열망은 끊임없이 고조될 수밖에 없을 것이다. 실제로 중국공산당 기관지인 人民日報는 "우주기술을 민간용으로만 개발하는 국가는 세계 어디에도 없을 것이며 미국에는 가공할 스타워스(star wars) 프로그램이 있다"고 지적하면서 "한 국가가 타국에게 통제되는 것을 원치 않는다면 그 국가의 미래안보전략은 우주과학기술과 그 힘을 보여주는 것"이라고 강조한 바 있다(*People's Daily Online*, January 16, 2003). 이와 같은 중국의 인식은 지상의 군사적 패권을 가늠하게 될 우주의 패권을 결코 포기할 수 없다는 의지의 표현이기도 하다. 또한 군사력이 정치·외교·경제 및 과학기술의 발달과 더불어 국력의 중요한 요소이며 특별한 목적을 달성하기 위한 수단이라는 점에서 중국에게 있어서 우주군사력은 갈수록 그 중요성이 증대될 수밖에 없다.

물론 엄밀한 의미에서 아직도 중국의 우주군사력은 미국과 러시아 등에 비교하면 매우 뒤떨어진 수준에 있는 것이 사실이다.[7] 미국과 러시아는 이미 오래전부터 첨단 우주무기 개발을 시도해 왔으며 로켓을 비롯한 우주발사체, 정찰과 통신위성 등 군사위성체계 등에 있어서 중국보다 앞선 기술력을 보유하고 있다. 뿐만 아니라 우주감시체계 및

---

7) 예를 들어, 중국은 2000년대에 들어서 비로소 미사일을 이용한 지상발사용 반위성무기(ASAT) 실험에 성공한 반면, 러시아는 이미 1970년대에 동일한 실험에 성공하고 레이저무기 개발에 착수했으며, 미국 역시 1980년대 중반에 공중발사용 반위성무기 실험에 성공하고 초강력 레이저무기 개발에 착수했다(Desmond Ball, 2007), pp. 3-4.

우주군사력의 운용 등에 있어서도 미국과 러시아는 중국을 압도하고 있는 실정이다. 그러나 중국은 군사적으로 미국을 위협하는 데 있어서 미국 수준만큼의 이론적·군사적 역량을 필요로 하지는 않는다. 중국 은 '비대칭전쟁(asymmetric war)' 수행능력을 향상시킴으로써 일반적 인 예측보다 훨씬 빠르게 미국과 어깨를 견줄 수 있으며 이 과정에서 우주군사력은 가장 효과적인 전력 강화의 수단이 될 수 있다.[8]

중국의 우주군사대국으로의 부상은 주변국들에 미치는 전략적 파 장이 적지 않다. 동아시아의 패권을 놓고 중국과 경쟁하는 일본은 2008년 5월 우주기술의 군사적 이용을 가능케 하는 '우주기본법'이 의 회를 통과했으며 이를 바탕으로 방위성 내에 '우주기술계획실'을 신 설하여 본격적으로 우주방위기술 개발에 나서고 있다. 일본의 우주 기본법 정비는 우주공간을 얼마든지 군사적으로 이용할 수 있도록 하 였다는 점에서 주목되는 사안이며 실제로 일본 정부는 고성능 정찰위 성, 통신 감청위성 등 첨단 군사위성을 자유롭게 개발하여 독자적인 MD체제 구축을 시도하고자 한다(『每日新聞』, 2008年 5月 22日; 『讀賣新 聞』, 2008年 5月 28日). 또한 남아시아에서 중국과 패권경쟁을 벌이고 있 는 인도 역시 2003년 중국의 유인우주선 발사 직후 '우주사령부' 창설 계획을 밝힌바 있으며 2008년 10월에는 달 탐사위성 '찬드라얀 1호'를 발사함으로써 우주개발 경쟁에 뛰어들고 있다.

물론 중국의 우주개발과 우주군사력 증강에 대해 가장 큰 경계심을 가지는 나라는 역시 미국이다. 이미 1980년대 중반부터 우주군의 개념 을 도입하여 우주사령부를 운용하고 있는 미국은 중국의 우주개발과

---

8) '비대칭전쟁 수행능력' 또는 '비대칭전력'의 강화란 최소경비와 자원을 투자하 여 군사적으로 압도적 우위에 있는 적을 상대로 효과적인 전투역량을 발휘하는 것으로서 우주군사력의 경우 경제력과 기술력의 열세를 지닌 중국은 미국의 우 주시스템을 따라잡기보다는 단기적으로 반위성무기(ASAT) 개발을 통해 미국의 위성을 무력화시키는 방법을 택함으로써 비대칭전력을 효과적으로 확보할 수 있다.

그에 따른 첨단 군사기술의 축적으로 인해 그동안 누려왔던 우주에서의 독점적 지위와 영향력이 도전받게 될 것을 우려하고 있다. 특히 중국의 반위성무기(ASAT) 실험에 자극받은 미국은 우주정책의 우선순위를 우주감시, 대응방어, 우주공격 순으로 재조정하여 미국의 위성 또는 우주선이 공격당할 경우 즉각 대응이 가능한 시스템 구축을 도모하고 있다(*Defense News*, Feburary 5, 2007). 또한 동시에 미국은 중국과 대화의 필요성도 강조하고 있는데 미중경제안보검토위원회(USCC)는 우주정찰의 중요성, 우주의 군사적 이용, 우주무기 등에 관해 중국과 전략적 대화(strategic dialogue)를 가질 것을 정부에 주문하고 있다(Pilsbury 2007, 48).

요컨대 중국의 우주군사력 발전은 아시아의 역학구도 변화는 물론 미·중 간에도 새로운 대립 양상을 초래할 가능성을 높이는 요인으로 작용하고 있다. 특히 우주군사력이 미래 국가안보와 국력의 중요한 구성요소로 등장하면서 미국과 중국의 우주를 둘러싼 갈등과 대립은 피하기 어려울 것이다. 중국 역시 미국의 일방적인 MD정책과 독점적인 우주정책에 대해 안보상의 위기요인으로 인식하고 있으며 이를 타개하는 과정에서 인민해방군(PLA)의 역할과 비중은 점차 확대될 수밖에 없을 것이다. 이는 결국 세계패권을 둘러싼 미·중 간의 경쟁이 지상을 넘어 우주로 확대되는 것을 의미하여 궁극적으로는 우주에서의 주도권을 장악하는 것이 향후 세계패권의 향방에도 중요한 영향을 미치게 될 것이라는 점을 암시한다.

중국의 적극적인 우주개발 활동과 우주군사력 증강은 우리에게도 적잖은 시사점을 제공한다. 앞에서 살펴본 바와 같이 우주개발과 그 과정에서 자연스레 획득하게 되는 우주군사기술의 발전은 정치·군사적 측면에서 보다 함축적이고 민감한 의미를 내포하기 때문이다. 따라서 우리나라는 중국의 우주군사력 증강과 파급영향에 대해 보다 민감하게 촉수를 열고 주목할 필요가 있다고 하겠다. 이와 더불어 우주개발 및 관련기술을 발전시켜 나가는 과정에서 우리 역시 군사적 측면의 고려를 동시에 하면서 중장기적으로 우주의 군사화에 대비할 필요가 제기된다고 할 것이다. 이와 관련하여 한국 공군이 '항공우주군'으로 도약한다는 목표를 세우고 이를 실현하기 위한 초기 단계로서 2008년부터 '우주전문 인력'을 선발하기 시작한 것은 적절한 대응으로 평가된다. 그러나 이는 지극히 초보적인 단계로서 주변국의 우주군사력 발전에 대응하기 위해서는 국방부와 합참에 우주분야 업무를 담당하는 전문부서와 조직을 신설하고 이에 기초하여 중장기적으로 '우주단' 및 '우주사령부' 창설을 추진할 필요가 있는 것으로 보인다. 그리고 이러한 조직체계를 바탕으로 우주감시체계 구축은 물론 군 정찰위성의 확보 등 미래지향적 차원에서의 우주군사력 운용에 관한 우주전력기반시스템을 구축해 나갈 필요가 있다고 하겠다.

| 참고문헌 |

국제문제 편집부. "중국의 유인위성 '神舟5號'에 대한 고찰." 『국제문제』 제 35권 1호. 2004.

김태우. "중국의 대위성(ASAT) 무기실험과 우주 군비경쟁." 『주간국방논 단』(2007. 5. 21). 2007.

나영주. "미국과 중국의 군사우주전략과 우주공간의 군비경쟁방지 (PAROS)." 『국제정치논총』 제47집 3호. 2007.

박병광. "중국 우주개발의 의미와 영향: 정치·군사적 함의를 중심으로." 『국가전략』 제12권 2호. 2006.

박창희. "중국인민해방군의 군사혁신(RMA)과 군현대화." 『국방연구』 제50 권 1호. 2007.

A CNA Conference Report. *China's Space Program: Civilian, Commercial, & Military Aspects*. Alexandria, VA: CNA Cooperation, 2006.

Ball, Desmond. "Assessing China's ASAT Program." Austral Special Report 07-14S. June 14, 2007.

Chang, Iris. *Thread of The Silkworm*. New York: Basic Books, 1995.

Fong, Tak-ho. "Research to Focus on Space Warfare." *South China Morning Post,* June 4, 2002.

Harvey, Brian. *China's Space Program: From Conception to Manned Space Flight*. New York: Springer, 2004.

Johnson-Freese, Joan. "Houston, We Have a Problem: China and the Race to Space." *Current History*, Vol.102, No.665. September 2003.

Kan, Shirley. *China's Anti-Satellite Weapons Test*. CRS Report for Congress. April 23, 2007.

Kogan, Eugene. "China's Long March into Space." *China Brief,* Volume V, Issue 6. March 15, 2005.

Lewis, James A. "China as a Military Space Competitor." Proceeding of Conference Hosted by Center for Strategic and International

Studies(CSIS), September 16, 2004.

Lieggi, Stephanie, and Eric Quam. "China's ASAT and the Strategic Implications of Beijing's Military Space Policy." *The Korean Journal of Defense Analysis*, Vol.18, No.1. 2007.

Macdonald, Bruce W. *China, Space Weapons, and U.S. Security*. New York: CFR, 2008.

Martel, William C., and Toshi Yoshihara. "Averting a Sino-U.S. Space Race." *The Washington Quarterly*, Vol.26, No.4. Autumn 2003.

Moss, Trefor. "The Asian Space Race." *Jane's Defence Weekly*. October 12, 2008.

Pilsbury, Michael P. *An Assessment of China's Anti-Satellite and Space Warfare Programs, Policies and Doctrines*. Report Prepared for the U.S.-China Economic and Security Commission. January 19, 2007.

_____. *China Debates the Future Security Environment*. Washington, D.C.: NDU Press, 2000.

Pollpeter, Kevin. "The Chinese Vision of Space Military Operations." James Mulvenon and David Finkelstein (eds.). *China's Revolution in Doctorin Affairs: Emerging Trends in the Operational Arts of the Chinese People's Liberation Army*. Alexandria, VA: CNA Cooperation, 2005.

Preston, Bob. *Space Weapons: Earth Wars*. Santa Monica, CA: RAND, 2002.

Tkacik Jr, John J. "Beijing's Intentions in Space." WebMemo #1431, Pubkished by The Heritage Foundation. April 25.www.heritage.org/Research/AsiaandthePacific/wm1431.cfm(검색일: 2008년 4월 28일). 2007.

Tellis, Ashley J. "China's Military Space Strategy." *Survival,* Vol.49, No.3. 2007.

Wang, Baocun, and James Mulvenon. "China and the RMA." *The Korean Journal of Defense Analysis,* Vol.12, No.2. 2000.

Willson, Tom. *Threats to United States Space Capabilities*. Paper for Commission to Assess United National security Space management and Organization (http://www.fas.org/spp/eprint/article05.html#rft1(검색

일: 2009년 7월 4일). 2000.

Yang, George. "Mechanisms of Foreign Policy-Making and Implementation in the Ministry of Foreign Affairs." Caroll Lee Harmin and Suisheng Zhao (eds.). *Decision Making in Deng's China: Perspectives from Insiders*. Armonk: M. E. Sharpe, 1995.

You, Ji. *The Armed Forces of China*. London: I.B. Tauris & Co Ltd, 1999.

高　岩. "中國太空戰略的發展方向." 『廣角鏡』 No.374. 11月. 2003.

白海軍. 『月球時代挑戰: 大國崛起新契機』. 北京: 世界知識出版社, 2008.

梁思禮. 『向太空的長征』. 北京: 中國宇航出版社, 2003.

張健志·何玉彬. 『爭奪制天權』. 北京: 解放軍出版社, 2008.

中華人民共和國國務院新聞辦公室. 『2004年 中國的國防』. 北京: 中華人民共和國國務院新聞辦公室, 2004.

_____. 『中國的航天』. 北京: 中華人民共和國國務院新聞辦公室, 2006.

許和震. 『作戰方式的革命性變化』. 北京: 解放軍出版社, 2004.

黃志登. "美國擊落衛星爲太空武器化打開大門." 『太空探索』 第4期. 2008.

People's Daily Online, January 16, 2003.

Aviation Week, March 6, 2006.

Defense News, Feburary 5, 2007.

India Today, February 5, 2007.

International Herald Tribune, March 23, 2009.

『每日新聞』, 2008年 5月 22日.

『解放軍報』, 1987年 1月 4日.

『中國靑年報』, 2009年 3月 23日.

『讀賣新聞』, 2008年 5月 28日.

『新華通信』, 2003年 10月 16日.

『중앙일보』, 2007년 3월 28일.

제9장

중국의 소프트 파워 외교

신종호

I. 서론

중국의 소프트 파워(soft power)는 자국이 보유하고 있는 비강제적인 힘(외교, 경제, 문화 등)의 사용을 통해 획득한 세계적인 영향력으로서, 중국의 국제적 지위의 상승에 따라 증대되어 왔다. 개방 이후 30년간의 고속성장을 통해 이룩한 물질적 요인(경제력, 군사력)을 기반으로 21세기 강대국으로의 부상을 꿈꾸고 있는 중국은 자국이 보유하고 있는 소프트 파워 자원(resources)을 활용하여 더욱 숙련되고 자신감 있는 외교정책을 펼침으로써 본격적인 '강대국화'의 길을 모색하고 있다. 특히 중국은 개발도상국에 대한 경제원조 제공은 물론 이들 지역 국가들과의 인적 교류와 민간 문화교류 활동 및 국제 학술교류 활동 등을 펼침으로써 자국의 국가이미지를 제고하고 영향력을 확대하는 등의 소프트 파워 외교를 강화하고 있다.

269

중국의 소프트 파워 외교는 21세기 강대국으로의 부상을 위한 중요한 전략적 수단으로 작용하고 있지만, 중국의 잠재적 소프트 파워 자원이 실질적인 파워로 전환되기에는 여전히 많은 시간과 노력이 필요해 보인다. 또한 미국의 그것과 비교할 때 중국의 소프트 파워는 여전히 낮은 수준이지만, 중국이 소프트 파워 강화 전략을 통해 그 영향력을 지역적(regional) 차원에서 벗어나 전 지구적(global) 차원으로 확대하고 있는 것은 분명해 보인다.

특히 개발도상국을 중심으로 나타나고 있는 중국의 소프트 파워 외교를 통한 세계적 영향력 확대 현상은 향후 국제정치 무대에서 새로운 신흥강대국의 출현 가능성을 보여주고 있다는 점에서뿐만 아니라, 기존 패권국 미국의 세계적인 영향력을 위협하거나 혹은 장기적으로 미국의 패권적 지위를 잠식 혹은 대체할 가능성도 있다는 점에서 중요한 국제정치적인 의미를 갖는다. 또한 중국의 소프트 파워 강화 노력은 향후 한·중관계의 발전은 물론 한반도의 평화와 안정 및 북핵문제 해결 등의 사안에서 중요한 요인으로 작용할 것이다.

그동안 진행되어 온 중국의 부상 및 이에 따른 국제정치적 함의에 대한 연구는 대부분 중국의 경제력과 군사력에 초점을 두고 진행되어 왔고, 실제로 미국의 소프트 파워와 비교할 때 중국의 소프트 파워는 상대적으로 낮게 평가되어 왔다. 그러나 최근 들어 나이(Nye)를 비롯한 많은 서방(미국)학자들은 중국의 소프트 파워에 대해 기존과는 다르게 높은 평가를 하고 있다.[1] 즉, 최근 중국의 문화·체육 영역에서의 소프트 파워가 개발도상국을 중심으로 급속하게 퍼지는 것은 바로 중국이 경제·정치적인 측면에서 세계적인 강대국으로 부상하고 있는 것을 보여주는 사례라는 것이다. 그러나 이들 연구의 대부분은 나이

---

1) 소프트 파워의 내용 및 중국의 소프트 파워에 대한 인식 변화와 관련된 서방(미국)에서의 연구는 다음을 참조(Gill and Huang(2006), 17-36; Hakim(2006); Kurlantzick(2005; 2006); Noriega(2005); Nye(1990; 2005)).

(Nye)가 제기한 소프트 파워의 개념이나 의미 등을 기반으로 하여 중국의 소프트 파워를 연구하고 있다는 특징이 있다.[2]

그러나 본 연구에서는 중국이 미국 대외정책의 실천적 수단으로 중시되어 온 나이(Nye)의 소프트 파워론에 대한 비판적 인식과 수용을 통해 자국의 실정에 맞는 소프트 파워 자원을 운용함으로써 강대국화 전략을 추진하고 있다는 점에 주목하고자 한다.[3] 즉, 미국은 현존패권국으로서 국제적 지위와 영향력을 유지하고 발전시키기 위한 수단으로 소프트 파워를 중시할 것을 강조해 왔으나, 21세기 강대국화를 도모하고 있는 중국은 기존 패권국 미국의 소프트 파워 정책의 실천경험에 대한 비판적 인식과 수용을 통해 좀 더 다른 형태의 소프트 파워 확대 전략을 운용하고 있다.

따라서 이 글에서는 최근 중국외교의 특징을 소프트 파워 확대를 통한 강대국화 전략으로 규정하고, 개발도상국(아시아, 아프리카, 중남미)을 중심으로 전방위적으로 진행되고 있는 중국 소프트 파워 외교의 전개과정에서 나타난 성과와 한계 및 국제정치적 함의를 파악하고자 한다. 구체적으로, 본문에서는 미국 대외정책의 목표달성을 위한 실천적 수단에서 유래한 소프트 파워 개념이 중국에서는 어떻게 인식·수용되었으며, 또한 '강대국화'를 지향하고 있는 중국이 소프트 파워 자원(문화적·경제적·외교적·정치적 자원)을 어떻게 운용하고 있는지에 대한 분석을 통해, 중국의 소프트 파워 외교의 전개과정에서 나타난 효과와 한계 및 중국의 소프트 파워 증대에 따른 미·중관계에 대한 함

---

2) 한국에서의 연구 역시 대부분 나이(Nye)의 소프트 파워 개념과 내용에 대한 이해를 기반으로 하여 중국의 강대국화를 설명하기 위한 보충적인 설명으로서 소프트 파워를 강조하거나, 중국의 개발도상국(아시아·아프리카·중남미)에 대한 외교정책을 설명하기 위한 소프트 파워 전략의 활용이라는 측면에서 다루고 있다. 다음을 참조(김애경(2008), 143-167; 문흥호·신종호(2006), 113-144; 신종호(2006), 397-425; 정재호(2006); 조영남(2007), 97-146).
3) 중국에서의 연구경향은 본문 II절 내용 참조.

의를 고찰하고자 한다. 아울러 2008년 미국에서부터 시작된 경제위기
속에서도 지속적인 성장 추세를 유지하고 있는 중국이 한국의 수출시
장 및 경제협력 파트너로서 갖는 중요성이 증대되고, 또한 북핵문제
해결과정에서 중국의 적극적·건설적인 역할이 높은 평가를 받고 있
는 시점에서, 중국의 소프트 파워 확대 전략이 한·중관계의 발전에
주는 함의를 고찰한다.

II. 소프트 파워에 대한 중국의 인식과 수용

중국에서의 소프트 파워에 대한 연구는 주로 다음 2가지에 집중되
어 있다. 하나는 소프트 파워 자체에 대한 이론적 연구로서, 나이(Nye)
가 제기한 소프트 파워 개념에 대한 인식이나 소프트 파워의 특징 및
한계를 지적하는 연구가 그것이다. 다른 하나는 바로 소프트 파워 이
론을 수용·운용하여 관련된 국제관계 문제를 연구하는 것으로서, 중
국의 '강대국화'나 '평화적 부상(和平崛起)' 과정에서의 소프트 파워
요인에 대한 연구가 대표적이다.

1. 소프트 파워의 개념과 의미

소프트 파워 개념은 국제정치연구의 핵심주제인 권력(power)의
본질 및 성격에 대한 탈냉전 이후의 변화된 인식을 잘 반영하고 있
다. 즉, 제2차세계대전 이후 국제관계이론을 주도해 온 현실주의자
들(realists)이 권력의 물질적 요인(군사력, 경제력 등)을 강조한데 비해,
1970년대 이후 자유주의자들(liberalist)은 과학기술의 발전과 경제세계

화의 진전 및 국가간 상호의존의 강화에 따라 권력의 비물질적(문화, 이념, 가치체계, 제도 등) 요인에도 관심을 갖기 시작하였다. 특히 탈냉전 이후 전 지구적인 문제(global issues)의 출현으로 국제협력의 중요성이 대두됨에 따라 국제정치의 담론으로서 소프트 파워의 중요성은 더욱 강조되기 시작한다.

　대표적인 소프트 파워론자인 나이(Nye)는 1980년대 후반 탈냉전이라는 국제정세의 변화속에서 미국패권의 쇠퇴가 예상되는 시점에 이를 반박하기 위해 소프트 파워 개념을 제기한다. 즉, 그는 미국이 탈냉전이후에도 기존의 하드 파워(hard power)는 물론 소프트 파워에도 주의를 기울인다면 미국 패권은 쇠퇴하지 않고 오히려 지속될 것이라는 전망을 피력한다.[4] 또한 나이(Nye)는 2001년 9·11사건 이후 미국의 패권주의적 대외정책이 갖는 오만함을 비판하기 위해 소프트 파워에 대한 중시를 다시 한 번 강조함으로써 미국이 군사적·경제적 파워는 가지고 있지만 과연 매력적인 국가인지에 대해 의문을 제기했고(Nye 2002, 2004), 최근에는 기존의 미국의 강력한 하드 파워를 기반으로 소프트 파워의 자율성을 결합한 스마트파워(smart power) 개념을 제기하기도 한다(Armitage and Nye 2007). 스마트파워론자들에 따르면 이슬람 극단주의자들에게는 하드 파워를 통한 통제가 필요하고 일반적인 이슬람인들에 대해서는 소프트 파워적인 접근이 필요하다는 점이 강조된다.

　이처럼 소프트 파워는 그동안 국제정치영역에서 상대적으로 소홀히 다루어졌던 비물질적 범주의 가치를 중시함으로써 새로운 권력자원으로 주목받고 있고, 최근에는 각국의 대외정책 목표 달성을 위한 수단으로 중시되고 있다. 그러나 소프트 파워 개념이 실제로 운용되는

---

4) 여기에서 소프트 파워란 강제(coercion; sticks)나 보상(payment; carrots)과 같은 하드 파워 요인보다는 사람의 마음을 이끄는 힘(attraction; soft power)을 통해 타인의 행동에 영향을 미쳐 자신이 원하는 것을 얻는 능력을 말한다(Nye 1990).

과정을 보면 탈냉전 이후 미국의 세계적인 패권적 지위와 영향력 유지를 위한 대외정책의 도구로 활용·발전되어 온 측면이 강하다는 것을 알 수 있다.

한편 나이(Nye)에 따르면 하드 파워의 자원은 군사력과 경제력을 말하고, 소프트 파워의 자원은 문화, 가치, 이념, 외교술(공공외교) 등을 지칭한다. 또한 하드 파워가 상대방이 원치 않는 바를 내가 원하는 바대로 강제하고 구속하는 방식으로 행사되는 것에 비해 소프트 파워는 상대방으로 하여금 내가 원하는 바를 행하도록 행사하는 능력이 된다. 따라서 소프트 파워는 단순히 영향력을 행사하는 것이 아니라 문화나 이념과 같은 비물질적 자원을 통해 보이지 않는 매력(charm)을 발산함으로써 상대방으로 하여금 자발적으로 마음을 바꾸게 하여 내가 원하는 바를 얻도록 힘을 행사하는 능력이라는 점에서 '매력적인 파워'라고 한다(Nye 1990).

그러나 하드 파워는 그 속성상 단기적으로 형성가능하고 즉각적으로 행사될 수 있는 특징을 가진 반면 소프트 파워는 긴 시간에 걸쳐 형성되어 점진적으로 효과를 나타내는 것이기 때문에 이 둘 사이의 효과적인 조합은 쉽지 않다. 또한 하드 파워 자원의 원천이 군사력이나 경제력인 반면 소프트 파워 자원은 문화나 정치적 이념 및 외교정책에서 기인한다는 점에서도 양자간의 적절한 조합이 이루어지기는 쉽지 않다. 특히 국제정치적인 측면에서 볼 때, 소프트 파워는 하드 파워적 기초(특히 경제력과 군사력)가 갖추어질 때 좀 더 강한 폭발력과 전파력을 갖는다는 점에서 강대국 간 게임이라는 속성을 지니고 있다. 비록 네덜란드나 덴마크 등의 경우 처럼 하드 파워적 기초는 약간 부족하지만 상대적으로 강한 소프트 파워를 구축하고 있는 국가들도 존재하지만, 국제정치의 본질이 권력(power)이라는 점에서 볼 때는, 미국처럼 일정한 하드 파워적 기반을 갖추지 않은 나라에게서 국가적인 매력(소프트 파워) 발산을 기대하기란 쉽지 않은 일이다. 따라서 중국이 미국에서 유래한 소프트 파워에 대해 비판적인 인식과 수용을 통해 대외정책목표 달성의 수단으로서 소프트 파워 외교를 강조하고 있다는 것은, 중국이 강대국화를 위해 소프트 파워가 반드시 필요하다는 점을 중국지도부가 동의하고 있다는 것을 의미함은 물론 향후 세계적인 패권적 지위에 대한 중국의 열망을 일정 정도 보여주는 것이라 할 수 있다.

2. 소프트 파워에 대한 중국의 인식

중국에서의 소프트 파워에 대한 인식은 주로 소프트 파워에 대한 정의와 특징, 하드 파워와의 관계, 그리고 소프트 파워이론의 한계를 중심으로 이루어졌다.[5] 소프트 파워에 대한 개념정의와 관련하여 추슈룽(楚樹龍)은 "국제사무를 수행하는 과정에서 강제나 강압이 아닌 흡인력(吸引力; attractive)을 통해 기대하는 바의 목표나 결과를 실현하는 능력"으로 정의하고 있고, 장샤오밍(張小明)은 소프트 파워를 흡인력으로, 리시광(李希光)은 "남을 설득하는 능력"으로 간략하게 정의하고 있으며, 류더빈(劉德斌)은 소프트 파워를 "가치관과 생활방식 및 사회제도의 흡인력과 호소력"으로 정의하고 있다(楚樹龍 2003; 張小明 2005; 李希光·周慶安 2005; 劉德斌 2004). 소프트 파워의 특징에 대해 주펑(朱峰)은 소프트 파워가 흡인력, 비독점 및 확산성, 서로 다른 국가의 소프트 파워와의 중첩가능성, 국가에 대한 무형의 영향력 등의 특징을 갖고 있다고 평가하고, 리우졔(劉杰)는 소프트 파워의 가장 큰 특징으로 내생성(內生性)을 꼽고 있다(朱峰 2002; 劉杰 2006).

또한 소프트 파워와 하드 파워와의 관계에 대해서도 많은 논의들이

---

5) 소프트 파워는 중국어로 '軟力量', '軟實力', '軟權力', '軟國力' 등으로 여러 가지로 번역되어 사용되고 있는데, 이 중에서 '軟力量'이 가장 보편적으로 사용되고 있는 것으로 보인다. 다음을 참조(約瑟夫·奈, 吳曉輝, 錢程譯 2005; 劉杰 2006). 또한 '軟實力', '軟權力', '軟國力' 등을 사용한 저작으로는 다음을 참조(倪世雄等 2001; 李少軍 2005; 王逸舟 2006; 楚樹龍 2003).

진행되어 왔다. 특히 'soft'와 'hard'의 변증법적 관계에 대한 관심이 높은데, 예를 들어, 주마제(朱馬杰)는 소프트 파워가 하드 파워의 발전을 촉진시킬 수 있고, 하드 파워 역시 소프트 파워의 제고를 지탱할 수 있다고 본다. 옌쉐퉁(閻學通)에 따르면 하드 파워의 증강이 국가의 소프트 파워의 제고로 자동적으로 연결되지 않는다고 주장하고, 국가의 경제력과 군사력 수준이 높다하더라도 국제사회에서 도덕적인 국가로 인식되지 못한다면 그 나라의 국제동원능력은 여전히 매우 낮은 수준에 처할 수 있다고 강조한다. 또한 장샤오밍(張小明)은 소프트 파워가 오히려 하드 파워의 증강에 도움이 될 것이라고 주장한다. 다만 직접적인 하드 파워의 증강이라기 보다는 하드 파워 증강에 소요되는 비용을 절감시키는 방식을 통하여 하드 파워를 사람들에게 점차적으로 받아들이게 하는 방식이 될 것이고 강조한다(閻學通 2005; 張小明 2004).

소프트 파워의 역할에 대해 옌쉐퉁은 국가의 생존과 국가발전 및 국가의 부상 이 모두가 소프트 파워의 지탱과 뗄 수 없는 관계라는 점을 강조하고, 한 나라의 소프트 파워의 상실 혹은 쇠약은 아무리 경제력과 군사력이 강대해도 국가쇠퇴의 운명에서 벗어나지 못할 것이라고 주장한다. 또한 소프트 파워의 증강이 국가의 '종합국력 (comprehensive national power)'과 국제경쟁력 제고에 기여함은 물론 국가이익과 대외정책 목표의 실현에 도움을 줄 것이라고 강조한다(閻學通 2005).

결국, 소프트 파워에 대한 인식에 있어서 중국의 많은 학자들은 탈냉전후 미국의 세계패권 유지에 대한 새로운 시각을 제공했다는 점에서 나이(Nye)의 소프트 파워론을 높게 평가하고 있지만, 소프트 파워 개념의 모호성이나 논리적 구성의 결함, 그리고 소프트 파워의 측정의 어려움 등의 측면에서는 많은 결점이 있는 것으로 평가한다. 그럼에도 불구하고 중국은 소프트 파워가 가지고 있는 무형의 가치를 새롭게 인식함으로써 그동안 국제관계에서 미국이 보여준 일방주의적 행태를 간접적으로 비판함은 물론 소프트 파워 중시 전략을 통하여 강대국에 대한 열망을 드러내고 있다.

3. 중국에서의 소프트 파워 수용

미국 대외정책의 실천적 도구에서 유래한 소프트 파워에 대한 중국에서의 수용은 1990년대 중반 이후 중국의 고속경제성장과 '종합국력'의 상승을 계기로 본격적으로 시작되었다. 초기에는 주로 학자들을 중심으로 하여 소프트 파워의 개념과 내용에 대한 비판적 수용이 강조되었으나(王滬寧 1993; 龐中英 1997), 2000년대에 들어서면서 학자들에 의한 소프트 파워의 한계에 대한 고찰과 함께 중국지도부 역시 소프트 파워 외교를 대외전략목표 실현을 위한 실천적 도구로 인식하여 적극적으로 수용하고자 하였다. 특히 하드 파워와는 다른 소프트 파워의 장점을 부각하거나, 혹은 소프트 파워가 갖는 한계에 대한 학습을 통하여 하드 파워와 소프트 파워를 상호결합시켜 중국의 대외관계에 적용하려는 연구들이 늘고 있다(張曉慧 2004; 朱峰 2002). 팡중잉(龐中英)에 따르면 미국의 실패는 주로 소프트 파워를 이용하여 '미국 제국'을 구축하려 했고 또한 미국의 이익만을 고려하여 국제기구를 이용했다는 것을 지적함으로써 중국은 미국의 실패 경험을 학습하여 중국만의 소프트 파워를 발전시켜야 한다고 주장한다(龐中英 2006).[6]

후진타오(胡錦濤) 체제 출범 이후 중국지도부 역시 다자외교에 대한 강조나 '책임지는 강대국' 논의 및 '조화'세계에 대한 강조를 통해 국

---

6) 이 밖에도 중국의 '경제외교' 강화와 '평화적 부상' 및 '베이징컨센서스' 등의 논의를 연계시켜 중국적 상황에 맞는 소프트 파워를 수립해야 한다는 주장도 있고 (張劍荊 2004; 王義桅 2004; 李捷 2005; 陳志强 2004), 위커핑(兪可平)은 소위 '중국모델' 혹은 '베이징컨센서스'에 대한 강조를 통해 세계화 시대 국가의 '종합국력'의 증강을 위해서는 경제와 군사력만으로는 부족하고 정치·문화·도덕적 역량과 같은 소프트 파워를 갖추어야 한다는 점을 강조한다(兪可平 2006).

가전략적 차원에서의 소프트 파워 구축을 추진함으로써 본격적인 '강대국화'의 길을 모색하고 있다. 물론 이 과정에서 중국은 아직 미국에 필적하는 소프트 파워를 갖추지 못했다고 주장하고, 경제·문화적인 수단을 활용한 중국식의 소프트 파워 확산을 강조한다.

이처럼 중국이 소프트 파워에 대한 수용을 통해 강대국으로의 부상이라는 국가적 과제를 실현하기 위한 전략적 수단으로 활용하고 있다는 점에서, 나이(Nye)가 제기한 소프트 파워에 대한 강조를 통한 미국패권의 유지·지속 전략과 일면 비슷한 특징을 보이기도 한다. 그러나 현재 중국에서 논의되고 있는 소프트 파워 개념에 대한 인식이나 수용을 살펴보면, 중국은 자국의 경제발전 가능성을 활용한 경제원조나 전통문화 및 언어의 전파, 그리고 중국적 특징을 지닌 국제정치적 개념들을 제시함으로써 미국과는 다른 소프트 파워를 모색하고 있는 것으로 보인다. 예를 들어, 중국이 주도하는 '권위주의체제하에서의 시장경제발전'이라는 이른바 '베이징 컨센서스(北京共識; Beijing Consensus)'가 개발도상국을 중심으로 급속하게 확산되고 있고, '공자학원(孔子學院; Confucius Institute)'의 설립을 통한 중국문화 전파 노력 및 '평화발전(和平發展)'이나 '조화세계(和諧世界)' 등에 대한 강조를 통해 중국은 "국제사회에서 평화를 추구하는 나라", "중화문명을 기반으로 하여 보편적인 가치를 추구하는 나라," 그리고 "국제규범을 중시하는 나라" 등으로 인식되고자 노력하고 있고, 이를 통해 국제사회에서 중국의 이미지 제고와 영향력 확대를 시도하고 있는 것이다.

물론 현재 중국지도부가 소위 '소프트 파워 전략'을 공식적으로 천명하지 않았고 또한 소프트 파워의 중국적 특징이 무엇인가에 대한 논쟁은 여전히 진행중이지만, 중국은 최소한 나이(Nye)의 소프트 파워 개념을 그대로 수용하지는 않고 있다는 점은 명확해 보인다. 이러한 점은 '평화공존 5원칙(和平共處五項原則)', '중국특색의 사회주의(中國特色的社會主義)', '신안보관(新安全觀)', '국제관계의 민주화(國際關係民主化)', '베이징 컨센서스', '평화발전', '조화세계' 등 다분히 중국적인 국제정치적 개념들이 국제사회에서 이미 상당부분 받아들여지고 있다는 점에서 충분히 증명하고 있다. 특히 중국이 그동안 근현대사의 독특한 역사적 경험과 마르크스-레닌주의의 중국적 수용을 통한 사회주의체제의 성립, 그리고 중국식 개혁개방을 통한 자본주의적 방식의 선별적 수용 등의 과정을 거치면서 서구와는 구별되는 독특한 현대화 방식과 부국강병의 길을 고집해 왔다는 측면에서, 향후 전개될 소프트 파워 전략 수립 과정에서도 서구(특히 미국)적 경험과는 다른 자국의 독특한 방식을 고집할 가능성이 있다.

결국 중국은 미국에서 유래한 소프트 파워에 대한 중국적 수용을 통해 자신들이 아직까지 미국에 필적하는 소프트 파워를 갖추지 않았다는 점을 인정하면서도 내심 고도 경제성장을 통한 강대국화와 과거 찬란했던 중화문명의 부흥을 주장하고 있다(鄭必堅 2006). 다만 중국은 자국의 부상이 결코 세계평화에 대한 위협이 아니라 경제·문화적인 수단을 활용한 중국식의 소프트 파워 확산을 통해 인류에 다시 공헌할 수 있는 기회를 제공할 것이라는 점을 동시에 강조하고 있다.

III. 중국의 소프트 파워 외교의 전개

1. 중국의 소프트 파워 자원 및 운용

나이(Nye)는 소프트 파워 자원을 3가지 — 즉, 호감을 사고 있는 국가의 문화, 국내외에서 그대로 따르고 지키는 一國의 정치적 가치관, 그리고 정당하고 도덕적 권위를 지닌 대외정책 — 로 구분한다. 반면 중국학자들은 자국의 소프트 파워 자원에 대해 보다 더 다양하고 세밀하게 구분하고 있지만 중국적 소프트 파워가 결국은 무엇인지에 대해 공

<표 1> 소프트 파워의 자원에 대한 중국학자들의 인식[7]

학자	소프트 파워 자원에 대한 구분
陳琴嘯	민족문화와 사유방식 및 종교신앙, 정치제도와 생활방식 및 경제사회발전모델, 정부의 국내외 정책과 실제 표현, 민족성과 국가 개성 및 국제 이미지
楚樹龍	가치관, 문화, 교육 등 정신적인 측면에서의 흡인력(吸引力), 정보시스템, 창조력, 임기응변과 조정 능력
李曉明	한 국가(민족)의 문화전통, 이념, 가치관, 민족적특징, 정부능력 등 정신적 요인
門洪華	문화, 관념, 발전모델, 국제제도, 국제이미지
龐中英	양호한 국내 통치체제(治理), 사회진보, 교육, 사회과학체계
孫相東	문화적 흡인력과 전파력, 이념과 정치가치관의 흡인력, 외교정책의 도의와 정당성, 국가 간 친화력, 발전노선과 제도 모델의 흡인력, 국제규범·준칙·레짐에 대한 승인 정도 및 통제력, 국제여론의 자국 이미지에 대한 평가와 인정 정도
閻學通	국제적 흡인력(정치제도·문화적 흡인력 포함), 국제적 동원력(전략동맹관계 수립, 국제기구 발언권·투표권, 국내적 동원력(지도자의 도덕관, 기업가 정신, 시민사회 영향력 등)
朱峰	문화적 흡인력, 이념적 흡인력, 제도화된 국내체제와 경쟁력 있는 지도력(領導), 적절한 국제전략 및 국제레짐 확립 능력

감대 형성은 아직까지 충분하지 않는 것으로 보인다(〈표 1〉 참조).

그러나 이 글에서는 중국의 소프트 파워 자원을 문화적·정치적·경제적·외교적 자원으로 좀 더 포괄적으로 구분하고자 한다. 나이(Nye)의 소프트 파워론은 앞에서도 언급했듯이 미국의 대외정책 목표를 달성하고 미국의 초강대국지위를 유지·발전시키기 위한 실천적 도구로서 활용되어 온 측면이 강하기 때문에 미국의 문화나 정치제도 및 대외정책을 중시했다고 할 수 있다. 그러나 중국의 경우에는 강대국으로의 부상을 추구하는 과정에서 그동안 이룩해 온 경제력의 가치를 매우 중요하게 인식하고 있고, 또한 개혁개방 이후 이룩해 온 중국의 경제발전 성과는 특히 개발도상국들의 관심을 끌기에 충분하고 또

---

7) 다음을 참조(陳琴嘯 2005; 楚樹龍 2003; 李曉明 2002; 門洪華 2007; 龐中英 2006; 孫相東, 岳占菊 2006; 閻學通 2008; 朱峰 2002).

한 실제로도 이들 지역 국가들을 중심으로 하여 중국의 경제발전 경험을 높게 평가하고 있다. 따라서 중국의 소프트 파워 확대 전략을 분석하기 위해서는 나이(Nye)가 제기한 3가지(문화, 정치적 가치, 대외정책)에 경제적 자원을 추가함으로써 좀 더 종합적인 고찰이 가능할 것이다.

1) 문화적 자원

문화(culture)는 소프트 파워의 가장 중요한 자원이다. 문화에 대한 정의는 매우 다양하지만, 영국의 인류학자 에드워드 버넷 타일러(Sir Edward Burnett Tylor)가 그의 저작 *Primitive Culture*(1871년)에서 지적한 것처럼 문화는 "지식·신앙·예술·도덕·법률·관습 등 인간이 사회의 구성원으로서 획득한 능력 또는 습관의 총체"라고 정의되기도 하고, 또한 나이(Nye)는 문화를 "어느 사회에서 의미를 만들어 내는 가치체계와 관행"이라고 한다(나이 지음, 홍수원 옮김 2004, 39).

중국의 소프트 파워 자원으로서 문화가 갖는 가장 큰 의미는 바로 다른 나라가 중국의 문화(혹은 문명)적인 측면을 모방하고 싶어 하거나 존경할 때 비로소 잠재적 파워에서 실질적인 파워로 전환된다는 점이다(Lam 1996). 즉, 중국 문화가 보편적 가치를 지니고 또한 제반정책을 통해 다양한 방식으로 타국으로 전파됨으로써 다른 나라들과 문화적 가치를 공유하고 이익을 증진시킨다면 중국은 문화적 자원을 통해 다른 영역에서 원하는 성과를 얻을 가능성이 커진다. 이것이 바로 중국의 소프트 파워 자원으로서 문화가 가지는 힘이다.

중국의 소프트 파워 자원으로서 문화는 자국민 중심의 중화주의(中華主義)를 근거로 하고 있고, 또한 강한 전파성을 보유하고 있다. 예를 들어, 동아시아에서 대국적 지위를 구가하던 당(唐)시기(618-906)에 중국은 자국의 장점을 바탕으로 하여 주변지역(한국, 일본, 베트남 등)에 자국의 문화를 다양한 형태로 전파했다. 또한 정허(鄭和)의 원정을 통해 중국은 자국 문화의 힘을 외부로 보여줌과 동시에 중국과 외부세계와의 중요한 연계를 유지하기 시작한다. 아울러 중국과 외부세력 혹은 한족(漢族)과 소수민족(少數民族)들 간 경쟁과 대결의 역사과정에서 중국(혹은 한족)은 타국(혹은 異민족) 문화의 수용에 대해 우호적인 태도를 견지해 왔고, 이러한 경험을 바탕으로 하여 중국인은 외부에서 유래한 이질적인 문화를 자국의 논리를 이용하여 통합하여 흡수하는 능력을 배양하게 된다.

현재 중국정부는 국내적으로는 국가목표 중 낙후된 분야가 문화산업이라고 인식하고, 풍부한 문화유산을 기반으로 한 문화산업 성장률이 경제성장률을 상회할 수 있도록 문화산업진흥책을 계획하여 시행하고 있다.[8] 2009년 10월 중국에서 개최한 세계 미디어 정상회의에서 후진타오 국가주석은 "중국정부는 국내매체가 외국매체와 교류협력을 강화하는 데 지지를 아끼지 않을 것"이라는 점을 강조하기도 하였다.

2006년 9월에 '문화발전계획요지'를 공포한 중국은 2009년 7월에는 문화산업진흥계획을 채택하여 문화산업에 대한 외자유치 한도 확대 및 국유문화기업의 민영화를 추진해오고 있다. 세계 문화콘텐츠산업시장에서 차지하는 중국의 시장점유율은 2007년 4.9%(시장규모 681억), 2008년 5.9%(시장규모 835억)로 세계 5위였으나, 미국시장조사 기관(Pricewaterhouse Coopers)에 따르면 2012년까지 연평균 14.6% 성장하여 6.12%(시장규모 1,345억)로 4위에 이를 것으로 전망되고 있다.[9]

대외적으로도 중국은 문화와 언어 교류 및 가치관의 유통을 핵심으로 하는 문화외교정책을 통해 자국의 문화적 영향력을 전세계로 확대함은 물론 중국의 국가이미지 제고에 노력하고 있다. 예를 들어, '중국의 토플(TOEFL)'이라고 할 수 있는 한어수평고시(HSK)에 참가하는 사람의 숫자가 매년 40%~50% 정도 증가하고 있다는 점은 현재 세계적으로 벌어지고 있는 소위 '중국열기(中國熱)'를 반영하는 사례라고 할

---

8) 이욱연, "중국의 문화대국 전략: 그 내용과 한국에 대한 영향을 중심으로," 『東亞研究』 제56집(2009년 2월), pp.5-39.

9) 문화체육관광부 편, 『문화산업백서: 연차보고서, 2008』(서울: 문화체육관광부, 2009).

수 있다. 또한 문화적인 매력(cultural attractiveness)을 증대시키는 데 있어서 언어의 중요성을 인식한 중국정부는 2004년 3월 "국제 중국어교사 중국지원자 계획(國際漢語敎師中國志愿者計劃)"을 정식으로 시작하여 매년 2억 달러를 투자하여 2010년까지 전 세계적으로 1억 명에게 중국어를 가르치려는 계획을 추진하고 있다. 2009년 3월까지 109개 국가에 중국어교사 2,060명을 파견하고, 71개 국가에는 중국어 자원교사 2,740명을 파견하여 중국어 교육을 실시함으로써 전세계 중국어 학습자는 4,000만 명을 초과했다.

2005년 UN이 발표한 주요언어의 힘에서 중국어는 영어 다음으로 제2위를 차지하였다. 현재 약 100여 개 국가의 2,500여 개 대학에서 중국어를 가르치고 있고 총 3,000만 명이 중국어를 배우고 있다. 또한 2004년 11월 21일 한국을 시작으로 2011년 현재 총 96개국에 322곳에 '공자학원'이 설립되어 해당국가에게 중국어와 문화적 자원을 전파하고 있다.[10] 공자학원의 설립 속도는 프랑스의 알리앙스 프랑세즈(120년간 1,110개), 영국의 브리티시 카운슬(70년간 230개), 독일의 괴테 인스티튜트(50년간 128개)의 속도를 능가한 것으로서, 중국은 공자학원의 설립을 통해 중국어와 전통문화, 중국인의 사고방식 등을 알림으로써 '중국위협론' 등으로 대표되는 서방의 중국에 대한 잘못된 인식을 바꾸기 위해 노력하고 있다.

이 밖에도 중국의 문화 자원을 통한 소프트 파워의 확대는 중국과 개발도상국과의 인력자원개발협력 강화를 통한 인재육성, 민간문화교류 활동 및 국제학술교류활동 등으로 나타나고 있고, 이는 다시 이들 지역에서 중국의 영향력 강화에 긍정적인 역할을 수행하고 있다. 예를 들면, 2000년부터 시작된 중국과 아프리카 국가 간의 외교관과 교

---

10) 구체적으로 아시아 30개국 81개, 아프리카 16개국 21개, 유럽 31개국 105개, 미주 12개국 103개, 대양주 2개국 12개가 설립되었다. 다음을 참조(http://korean.hanban.edu.cn/confuciousinstitutes/node_10961.htm).

사 및 의료와 농업관련 기술 인력의 파견과 교류 프로그램이 있고, 중국과 러시아 간의 "우호주간, 문화주간" 등의 문화활동, 중국과 중남미 간의 예술단공연과 전람회 등이 있다. 또한 중국인민대외우호협회와 중국국제문화교류센터를 중심으로 하여 국가·지역별로 국제학술교류 활동을 전개하고 있고, 중국과 몇몇 중남미 국가 및 카리브해 국가들은 교육프로그램을 교환하고 있다.

2) 경제적 자원

중국의 소프트 파워 증강의 가장 효과적인 수단이자 미국의 소프트 파워 자원과 가장 대별되는 특징은 바로 중국의 급성장한 경제력을 바탕으로 한 경제적 자원이다. 한 나라의 소프트 파워는 하드 파워적 기초가 갖추어질 때 좀 더 강한 폭발력과 전파력을 갖는다는 점에서 중국의 급속한 경제성장은 중요한 의미를 갖는다. 중국은 개혁개방이후 이룩한 경제발전의 경험을 바탕으로 하여 개발도상국에 대한 이미지 제고와 영향력 확대를 도모하는 소프트 파워 외교를 추진하고 있다.

중국은 1997년 동아시아 외환위기시에 위안화의 평가절하를 억제함으로써 '책임지는 대국' 이미지를 수립하게 되었고, 이를 계기로 중국정부는 경제적 수단이 중국의 소프트 파워 강화에 유용하다는 점을 인식하기 시작하였다. 중국의 소프트 파워의 경제적 자원이라는 측면에서 볼 때 최근 중국의 국제정치경제적 역할 증대는 주목할 만하다. 2008년 미국에서 촉발된 글로벌 금융위기 이후 미국과 유럽 및 일본이 모두 경기침체를 겪는 상황 속에서도, 중국은 경제성장률 목표(8%)를 달성함으로써 세계적 경제위기 극복과정에서 '중국 역할론'이 광범위하게 확산되었다. 미·중 양국관계 역시 오바마 행정부 출범 이후 중국의 전략적 비중이 높아졌고, 2009년 7월과 2010년 5월에 개최된 미·중 '전략·경제대화'를 계기로 양국 협력관계는 한층 강화되었다. 미국과 함께 새로운 국제질서 변화를 주도하는 핵심축('G-2')으로 등장한 중국은 기존의 하드 파워적인 측면에서의 위상과 영향력 강화를 기반으로 하여 이제는 새로운 국제규범 혹은 제도에 대한 중시를 통해 국제무대에서의 자국의 소프트 파워를 강화하고 있다.

중국의 소프트 파워의 경제적 자원에는 구체적으로 중국의 경제외교 실시, 대외원조 확대, 자유무역협정(FTA) 추진, 그리고 '베이징 컨센서스'로 대표되는 중국적 발전모델 등이 포함될 수 있다. 먼저, 중국 지도부에 의한 경제외교의 실시는 경제적 이익 실현만이 아니라 중국의 대외이미지 개선 및 대상국과의 관계 증진을 목적으로 하는 국가전략의 일환이다(신종호 2006, 397-425). 21세기 새로운 강대국으로의 부상을 추구하고 있는 중국지도부에 의한 경제외교의 강화는 아프리카와 라틴아메리카 등 개발도상국에 대한 경제적 원조와 함께 중국에 대한 시장접근 기회의 확대를 제공함으로써 이들 지역 국가들에서의 중국에 대한 이미지 제고와 함께 영향력 증대 효과를 가져왔다는 점에서 중국의 소프트 파워 외교의 중요한 부분이다.

중국의 FTA 추진 노력과 대외원조 역시 중국 소프트 파워의 경제적 자원으로 중요한 역할을 수행한다. 특히 최근 미국에서 촉발된 세계적인 금융위기 속에서 세계 최대의 외환보유고(2010년 12월 말 현재 2조 6,483억 달러로 세계1위)를 가진 중국의 대외원조는 지속적으로 확대되고 있다. 그동안 중국은 대외원조를 ①중국 기업의 국외진출에 적극 이용하고, ②내정불간섭의 원칙을 고수하며, ③대외원조를 통해 자국의 경제발전 및 수혜국의 개발을 동시에 추구한다는 원칙을 적용해 왔다.[11]

---

11) 1950년대 초에는 북한, 베트남 등 인근 사회주의 국가를 대상으로 대외원조를 시작했고, 1960년대에는 중소분쟁으로 소련으로부터의 원조가 중단되고 문화대혁명으로 국제적 고립이 심화되자 이를 탈피하기 위해 아프리카 등 제3세계를 중심으로 무상 위주의 원조 공여를 실시했다. 개혁개방 이후에는 국내 개발자금 수요를 충족시키기 위해 일본으로부터 엔 차관을 받았고, 과시성 대외원조에 대한 비난이 높아지자 무상원조의 규모를 줄이고, 남태평양 도서국 등으로 지원을 확대하여 원조국 수를 유지해왔다. 그러나 1996년 이후부터는 중국의 경제성장으로 원조 수혜가 격감하고 대외 원조 공여가 급증하기 시작한다.

〈표 2〉 중국 대외원조의 대상국별 실적(공여액 기준)

순위	2000년			2005년		
	국가	지원액(백만 달러)	1인당 GDP	국가	지원액(백만 달러)	1인당 GDP
1	파키스탄	329.4	1,880	수 단	1,342.8	2,083
2	방글라데시	231.2	1,543	나이지리아	799.9	3,674
3	미얀마	186.7	불명	파키스탄	751.4	2,370
4	수 단	118.8	1,506	방글라데시	614.0	2,053
5	말 리	105.1	785	인도네시아	534.6	3,843
6	예 멘	97.9	822	인 도	412.9	3,452
7	라오스	93.7	1,505	앙골라	305.7	2,335
8	짐바브웨	87.6	2,498	베트남	299.2	3,071
9	베트남	87.5	2,016	미얀마	289.8	불명
10	스리랑카	63.6	3,442	이집트	276.5	4,337

주: 1인당 GDP가 중국보다 높은 국가로의 원조 실적은 제외
자료: 中國統計年鑑

그러나 기존의 중국의 대외원조가 개발도상국 중심으로 이루어졌
다면 최근에는 러시아, 영국 등을 대상으로 막대한 '차이나 머니(China
money)'를 무기로 공격적인 대외원조에 나섬으로써 국제금융질서의
재편과 자국의 발언권 확대를 시도하는 경향성도 나타나고 있다.[12]

2006년 후진타오 주석은 중국-아프리카 협력 포럼에서 2009년까지의 대아프리
카 원조계획을 발표했고, 2007년 세계은행 산하 국제개발협회 회의에서 중국
은 리투아니아, 라트비아, 에스토니아, 키프로스, 이집트와 함께 처음으로 무상
공여국이 되었다. 2009년 열린 중국-아프리카 협력포럼 정상회의에서 중국정부
는 향후 3년간 아프리카에 100억 달러 규모의 차관을 제공하겠다고 발표했고,
2009년 중국-아세안 투자협력기금을 설립하면서 중국은 150억 달러를 출연하
고, 150억 달러의 신용대출을 약속하기도 했다.
12) 중국의 원자바오(溫家寶) 총리는 2008년 10월 푸틴(Putin) 러시아 총리와의 회
담에서 중국이 향후 20년간 매년 1,500만t씩의 원유를 공급 받는 대가로 최대
250억 달러(약 31조 2,500억 원)를 러시아에 선(先)지급해주기로 약속했고, 이

마지막으로, 소위 '베이징 컨센서스'로 알려진 '중국식 발전모델' 역시 중국 소프트 파워의 원천이 될 수 있는 잠재적인 자원이라고 할 수 있다.[13] 베이징 컨센서스는 정치적 자유화를 강요하지 않으면서 시장경제 요소를 최대한 도입한다는 주장을 통해 세계화로 인한 폐해들에 대해 여러 시사점을 제공하면서 서구적(특히 미국적) 가치에 대항하는 수단으로 부각되고 있다. 이를 지지하는 나라들은 대부분 국내정치의 불안정, 내전, 인권탄압, 경제적 실패의 경험, 극심한 빈곤문제 등에 직면해 있다는 점에서 공통점이 있고, 이러한 이유로 인해 '워싱턴 컨센서스(Washington Consensus)'[14]로 대변되는 신자유주의적 경제발전 모델보다는 '중국적 발전모델'에 대한 거부감이 적은 편이라고 할 수 있다. 베이징 컨센서스에 대해 중국에서는 소위 '중국적 발전모델'이 일국적 차원의 경험을 넘어서 다른 제3세계 국가에게도 적용될

어 열린 상하이협력기구(SCO) 총리회담에서는 SCO 회원국들에 대한 저리(低利) 대출을 선언하기도 했다. 또한 중국은 자금고갈 위기를 겪고 있는 국제통화기금(IMF)에 대한 출연 확대 요구에 긍정적인 검토를 약속했으며, 대만과 홍콩에 대한 금융협력 방침을 확인한 바 있다. 2009년 열린 중국-아프리카 협력포럼 정상회의에서 중국정부는 향후 3년간 아프리카에 100억 달러 규모의 차관을 제공하겠다고 발표했고, 2009년 중국-아세안 투자협력기금을 설립하면서 중국은 150억 달러를 출연하고, 150억 달러의 신용대출을 약속하기도 했다.

13) 2004년 베이징 컨센서스 개념을 제기한 라모(Joshua Cooper Ramo)에 따르면, 베이징 컨센서스는 단순히 경제발전에 대한 것뿐만 아니라 정치, 삶의 질, 그리고 권력균형 등의 내용을 담고 있음으로 인해 특히 개발도상국에 희망을 주었다고 한다(Ramo 2004). 이러한 이유로 인해 베이징 컨센서스를 중국 소프트 파워의 경제적 자원으로 보는 것이 타당하느냐에 대한 논란이 제기될 수 있으나, 다른 3가지의 소프트 파워 자원보다는 경제적 자원에 가장 가깝다고 할 수 있다.

14) 1990년 윌리암슨(John Williamson)에 의해 제기된 워싱턴 컨센서스는 원래 탈냉전 이후 동유럽 및 라틴아메리카 국가들의 경제문제를 해결하기 위한 정책방침으로서, 미국과 국제통화기금(IMF), 세계은행(World Bank) 등 미국이 주도하는 국제경제기구의 입장을 대변하는 '신자유주의' 정책의 대명사가 되었다. 주된 강조점으로는 공공예산 우선순위 조정, 세제개혁, 이자율 자유화, 경쟁 환율제도 도입, 무역자유화, 국내직접투자 자유화, 탈규제화, 사적소유권 확립 등이 포함된다(조영남 2007, 126-127).

수 있는 보편적 발전모델로 국제적인 공인을 받은 것이자 중국의 소프트 파워가 강화된 하나의 징표로 평가하고 있다(조영남 2007, 129). 특히 동남아시아 일부 국가나 라틴아메리카 및 아프리카의 저발전국가에게 중국의 발전경험은 의미 있는 학습 대상일 수 있다는 점에서, 소위 "권위주의 정치체제를 유지하면서도 고도의 경제성장을 이룩할 수 있다"는 점을 강조하고 있는 베이징 컨센서스는 일부 권위주의체제의 국가에게는 상당히 매력적일 수 있다. 이와 같은 '중국적 발전모델'에 대한 개발도상국가들의 긍정적인 인식은 결과적으로 중국의 소프트 파워로 작용함으로써 중국과 아프리카·중남미국가들과의 긴밀한 외교·경제적 협력을 촉진시키는 원동력이 될 것으로 예상된다.

3) 외교적 자원

중국 소프트 파워의 외교적 자원으로는 유엔(UN)안전보장이사회 상임이사국 지위, 합법적이고 도덕적인 권위를 강조하고 국제규범이나 국제제도를 중시하는 대외정책 등이 있다. 특히 최근 중시되고 있는 중국의 UN 평화유지군(PKO) 활동에 대한 적극적인 참여는 중국의 소위 '책임감 있는 대국' 이미지를 알리고 '중국위협론'을 퇴치하는 데 기여함으로써 궁극적으로 중국의 소프트 파워를 증강시킬 수 있는 중요한 외교적 자원으로서 갈수록 중시되고 있다. 중국은 이러한 외교적 자원을 통하여 국제무대에서의 영향력을 확대하고 국가이미지를 제고하는 등의 소프트 파워를 확대하고자 한다. 2009년 7월과 2010년 5월에 열린 '미·중 전략경제대화'를 계기로 미중 관계가 21세기 가장 중요한 양자관계임이 선언되었고, 중국은 미국과 함께 새로운 국제질서의 변화를 주도하는 핵심축으로서 소위 'G-2'체제의 반열에 오르게 된다.

마오쩌둥(毛澤東)시기의 소위 '제3세계' 국가들에 대한 '혁명 수출' 및 1960년대의 급진적인 외교정책들은 중국의 대외이미지를 훼손한 대표적인 사례라고 할 수 있다. 그러나 개혁개방 이후 중국의 안정적인 안보환경 조성을 위한 주변국가들과의 관계개선 및 다자주의적 국제협력 참여에 대한 긍정적인 방침으로의 선회 등은 중국의 국가이미지를 평화적이고 규범적인 나라로 변화시키는 데 일조하였다.

냉전시기 중국은 미국 등 강대국들의 패권주의로 인해 국제질서가 불공정·불평등하다고 인식하였으나, 탈냉전 이후 국제질서에 대한 거부가 국제사회에서의 고립 가능성을 높인다는 판단하에서 현 국제질서에 적극적으로 편입함으로써 국가이미지제고는 물론 강대국으로의 위상 제고에 노력하고 있다. 예를 들어, UN 안전보장이사회 상임이사국으로 국제적인 영향력을 행사하고 있고, 세계무역기구(WTO) 가입 이후에는 국내적인 제도정비를 통한 국제기준에 부합하는 대외경제무역체제 구축에 노력해 왔다. 또한 핵확산금지조약(NPT)이나 포괄적핵실험금지조약(CTBT), 경제·사회·문화적 권리에 관한 국제조약(ICESCR), 공민권 및 정치권리에 관한 국제공약 등 다자주의 레짐에도 적극 참여함으로써 강대국으로의 부상을 준비하고 있는 중국의 국제활동 공간과 영향력을 확대해 왔다.

특히 중국은 1949년 이후 개혁개방 이전까지 UN 평화유지활동(PKO)을 미국의 외교정책 수단으로 인식하여 PKO 자체를 부정함으로써 일체 참여하지 않았고 PKO에 대한 유엔의 재정부담을 반대하거나 혹은 관련 투표에도 불참하였으나 개혁개방 이후 중국은 PKO에 대하여 선택적으로 참여를 하게 되는데, 그 배경을 보면 탈냉전 이후 UN의 세계평화유지 기능이 확대(1948~1989년 18회; 이후 15년 42회)되었고, PKO 활동에 대한 적극적인 참여는 중국이 책임대국으로서의 이미지를 보여주는 중요한 수단으로 인식하기 시작했기 때문이다(鍾龍彪、王俊 2006, 78-127; 이동률 2007, 117-118). 중국은 1990년부터 2009년 말까지 총 24차례에 걸쳐 유엔평화유지활동에 참여하였으며 연인원 14,000명을 파견하였다. 현재 중국의 평화유지활동은 UN 안전보장이사회 상임이사국 중에서 제2위이자 전체 12위에 해당한다. 아프리카지역은 세계에서 무장충돌이 가장 많이 발생하는 지역으로 중국의 평화유지군이 가장 많이 집중되어 있다. 중동지역의 평화와 관련해서도 중국은 2006년 9월 18일 레바논에 1,000명의 대규모 평화유지군을 파견하였다.

이와 같은 중국 소프트 파워의 외교적 자원은 국제다자외교무대에서 적절하게 운용되고 있다. 현재 중국외교의 총방침은 "대국관계는 핵심적 관건이고, 주변국관계는 매우 중요하며, 개발도상국과의 관계를 기초로 하여 다자외교 무대를 활용"하는 것으로 귀결된다. 현재까지 중국은 130여 개의 정부간 국제기구와 국제조직에 가입했고 300여 개의 국제다자조약에 서명했다. 1949년부터 1978년까지 중국의 지도부는 단 6차례의 다자외교활동에 참여했으나, 2005년 한 해 만에 중국정부가 출석한 다자외교활동은 13차례로서 지난 30년간의 2배 이상에 해당하는 다자외교활동을 수행하였다(吳建民 2006). 또한 상하이협력기구(SCO) 회의와 ASEAN+3 회의 및 중국-아프리카 협력포럼[15] 등을 통해 관련 국가들과의 교류협력을 강화하고 있고, 특히 글로벌 금융위기 이후 개최된 'BRICs 4개국 정상회의(2009.6, 2010.4)'와 'G-20정상회의(2009.4, 2010.6)'를 통해 금융위기 극복을 위한 '중국역할론'을 확산시키고 있다.[16]

4) 정치적 자원

정부가 취하는 국내 정책이나 정치적 가치 역시 소프트 파워의 잠재적 원천이 된다. 중국 소프트 파워의 정치적 요인으로는 개혁개방의 지속과 국가균형발전을 위한 제도정비 및 이를 실현하기 위한 국민응

---

15) 2006년 중-아프리카 협력포럼에서는 50억 달러 원조, 부채 탕감 및 유예를 약정했고, 2009년에는 3년간 100억 달러 원조와 부채 탕감을 약정했다.

16) 'G-20정상회의'에서 중국의 후진타오 국가주석은 국제금융감독을 위한 새로운 모델과 시스템을 구축하고 기축 통화에 변화를 가져올 것을 촉구하였으며, 글로벌 금융위기 극복을 위한 강대국의 책임을 강조하며 IMF의 재원 증액에 400억 달러를 출자할 것을 약속하였다(『조선일보』, 2009년 04월 03일).

집력의 강화, 그리고 정치발전과 인권의 증진 등이 있다. 이와 관련하여 팡중잉(龐中英)은 모든 국가의 소프트 파워는 양호한 국내 통치체제(治理; governance)에 기초한다고 지적하고 중국의 소프트 파워 증강을 위해서는 국내정치체제의 개선을 위해 노력해야 한다고 주장한다(龐中英 2006). 또한 사유재산 보호, 공산당 집정능력 강화, 법제 건설 역시 중국의 소프트 파워 강화를 위한 제도개선 사례로 지적되고 있다(張幼文, 黃仁偉 2008).

개혁개방 이후 중국의 경제개혁의 성과들은 정치적 파급효과(즉, 정치적 민주화)에 대한 전망 혹은 기대수준을 지속적으로 높여 주었으나, 현재까지 중국의 정치발전 상황을 볼 때 아직까지는 국내외 전문가들의 기대를 충족시키지 못하고 있고, 단지 '사회주의 민주' 및 '사회주의 법제'의 틀 속에서 제한적으로 추진되고 있다고 할 수 있다. 또한 이 과정에서 중시되는 가치들은 서구 중심적인 개인의 정치적 자유나 권력 분립의 개념이 아니라 국가 통합과 이를 위한 중국공산당 영도 강화 등의 개념이다. 예를 들어, 중국지도부는 서구에서 제기하고 있는 중국의 민주화와 인권문제에 대해서도 '중국적 특수성(國情)'을 반영하여 점진적으로 해결할 것을 강조하면서 서구에서도 완전한 의미에서의 보통·평등선거 제도를 수립하는 데 2세기나 걸렸다는 점을 지적하고 있다. 또한 중국은 공산당 일당통치를 유지하는 전제하에서 민의를 정책에 반영할 수 있는 제도 발전이 중국에 적합한 민주주의라고 인식하고 있다.

그동안 서구에서는 중국이 국내정치체제 전환을 위한 제도정비 과정에서 언론 자유와 사법 독립과 같은 기본적인 민주적 가치를 침해하고 있는 것으로 평가해 왔으나, 현 지도부는 선거제도의 도입, 사법권 독립, 견제와 균형에 기반을 둔 감독체제의 확립 등을 통해 중국식 민주주의를 점진적으로 확립하고자 노력하고 있는 것으로 평가받고 있다.[17] 그러나 중국 다른 소프트 파워 자원들과 비교할 때 정치적 자원이 가장 열악한 상황에 처해 있다는 것은 사실이다. 2010년 3월에 열린 전인대회의에서도 도시와 농촌 간 대표권의 비율은 1대 1로 일치시키는 내용의 선거제도 개정안이 통과되었으나, 선거법 개정안 통과에도 불구하고 직선제를 허용하지 않은 것은 서구식 선거제도를 따르지 않고 중국의 자체 방식을 고수하겠다는 의미라고 할 수 있다. 따라서 향후 중국이 자신들의 소프트 파워 자원으로서 정치적 자원에 대한 정비 및 개선을 어느 정도 진척 시키느냐에 따라 중국의 총체적인 소프트 파워의 증대가 결정될 수 있을 것이다.

2. 중국의 소프트파워 외교의 전방위적 확대

중국은 자국이 보유하고 있는 소프트 파워의 문화 · 정치 · 경제 · 외교적 자원을 적극적으로 운용함으로써 개발도상국들(아시아 · 아프리카 · 중남미)에 대한 전방위외교를 실시하고 있고, 이를 통해 중국은 이 지역에서 경제적이익의 확대뿐만 아니라 자국의 이미지 제고 및 영향력 확대라는 소프트 파워를 증대시키는 데 일조하고 있다.

첫째, 중국의 동남아지역에서의 소프트 파워 외교를 통한 영향력 증대는 주로 경제원조 및 무역과 투자를 확대하는 방식으로 진행되고 있다(CRS 2008, 4-8). 중국의 동남아시아에 대한 경제원조와 무역 및 투자 확대 등을 통한 소프트 파워 증대는 1997년 아시아 금융위기 당시 중국의 환율정책을 통한 적극적인 대응조치 이후 본격적으로 시작되었으며, 이후에도 중국은 동남아 국가들에 대한 경제지원 및 원조를 지

---

17) 이와 관련하여 후진타오 주석은 2006년 4월 미국방문 당시 "민주주의는 인류의 공통 염원"이라고 언급한 바 있고, 원자바오 총리 역시 2007년 4월 전국인민대표대회에서 "민주주의 제도를 발전시키는 것이 중요하다"는 점을 재차 강조하였다. 원자바오 총리는 2006년 미국의 브루킹스 연구소 연구원들을 접견하면서 "민주주의 제도 중 무엇을 중점 추진하는가"라는 질문에 대해 "선거와 사법권 독립 및 견제와 균형에 바탕을 둔 감독기능 강화"라고 답변했다(Thornton 2008).

<표 3> 연도별 ASEAN의 대중 · 대미 수출액 추이(1997~2010)

(단위: 백만 달러, %)

구분	1997	2000	2003	2004	2005	2006	2007	2008	2009	2010
중국	7,474.1	14,178.9	19,547.5	41,351.8	52,257.5	89,526.5	108,381.3	117,002.9	106,748.9	154,345.9
증감율	-	-	-	111.5	26.3	71.3	21.0	7.9	-8.7	44.5
미국	70,030.4	73,769.6	61,557.0	80,157.9	92,941.9	111,200.5	111,170.6	110,141.0	92,099.0	107,770.9
증감율	-	-	-	30.2	15.9	19.6	-0.02	-0.09	-16.3	17.0

자료: 동남아시아국가연합 공식웹사이트(http://www.aseansec.org/18137.htm); 한국무역협회
(http://stat.kita.net); U.S. Census Bureau(http://www.census.gov/foreign-trade/statistics/
country/); 中國統計年鑑

속적으로 유지함으로써 지역 국가들로부터 긍정적인 평가를 받기에
이른다.

먼저, 중국은 자국과 국경을 접하고 있는 세계 최빈국이자 미국과의
관계가 상대적으로 좋지 않은 미얀마 · 라오스 · 캄보디아에 집중적으
로 경제 · 군사원조를 제공하고 있고(〈표 2〉 참조), 남아시아의 동티모
르에 대해서도 무상으로 건설, 농업, 의료 분야의 지원을 확대하고 있
다. 또한 중국은 필리핀에는 총 16억 달러를 투자해 석유와 광산 개발
에 나서고 있고, 동남아시아의 최대 산유국인 인도네시아에서는 도로
나 항구 및 교량 건설을 해주거나 석유와 천연가스 개발에도 적극 나
서고 있다. 이러한 노력의 결과 중국의 對ASEAN 수입은 2006년 896
억달러로 1997년과 비교할 때 674%나 증가했고, 반면 미국은 동기대
비 57% 증가한 1,110억 달러에 그친 것으로 나타났다. 2004년 ASEAN
의 대중 수출액은 전년대비 111.5% 증가한 반면 대미 수출액은 30.2%
증가에 그쳤다. 또한 ASEAN의 대중 수출은 2009년 글로벌 금융위기
의 영향을 받기 전까지 꾸준히 상승했으나 대미 수출액은 2007년 이후
2009년까지 감소세를 보였다.

둘째, 중국은 1949년 이래 아프리카와의 관계강화에 주력해 왔으며,
특히 개혁개방 이후에는 교류의 영역이 정치 · 경제 · 문화교육 등의

〈표 4〉 중국의 대아프리카 수출 · 입 현황(2001~2009)

(단위: 억 달러, %)

구분		2001	2002	2003	2004	2005	2006	2007	2008	2009
수출입	중국의 교역총액	5,097	6,207	8,509	11,545	14,219	17,603	21,737	25,632	22,075
	대아프리카 교역총액	107	123	185	294	397	554	736	1,072	910
	총교역 대비 아프리카의 비중	2.1	1.9	2.1	2.5	2.7	3.1	3.3	4.1	4.1
수출	중국의 수출총액	2,667	3,256	4,385	5,936	7,623	9,693	12,182	14,288	12,003
	대아프리카 수출액	42	46	70	101	137	176	249	512	477
	총수출 대비 아프리카의 비중	1.6	1.4	1.6	1.7	1.8	1.8	2.0	3.5	3.9
	대아프리카 수출 증가율	21.6	9.9	51.9	45.0	35.0	28.4	41.8	105.6	-6.8
수입	중국의 수입총액	2,436	2,953	4,131	5,608	6,602	7,918	9,563	11,314	10,005
	대아프리카 수입총액	49	51	79	145	193	280	329	559	433
	총수입 대비 아프리카의 비중	2.0	1.7	1.9	2.6	2.9	3.5	3.4	4.9	4.3
	대아프리카 수입 증가율	-	4.3	54.9	83.9	32.8	45.1	17.4	69.9	-22.5

자료: 한국무역협회(www.kita.net); 中國海關統計, 中國統計年鑑

방면으로 다양화되고 있다. 최근 중국의 아프리카에 대한 영향력 확대는 주로 아프리카에 도로 · 댐 · 공항 등 각종 인프라를 구축해주고 석유 · 광물자원을 제공받는 투자방식을 통해 이루어지고 있다. 최근 중국석유천연가스집단공사(CNPC)는 아프리카 수단의 유전개발 컨소시엄 지분 40%를 매입하고 2억 1,500만 달러의 석유 수출 터미널도 건설함과 동시에, 가봉과 나이지리아와도 에너지공급계약을 체결하였다. 또한 아프리카와 중국의 2007년도 무역규모는 700억 달러에 해당하는데 이는 세계 각국의 대아프리카 교역에서 EU를 제치고 미국에 이은 제2위를 차지하는 규모이다. 아울러 주목해야 할 점은 바로 중국의 전체 수출과 수입에서 아프리카가 차지하는 비중이 급증하고 있다는 점이다(〈표 4〉 참조). 2008년 중국과 아프리카와의 무역액은 1,070억 달러를 넘어섰고, 중국은 아프리카 무역상대국 중 미국에 이어 2위를 차지하였다.

이처럼 중국의 적극적인 아프리카 진출 확대 전략은 자국의 에너지자원 확보를 목표로 하고 있다는 점에서 소위 '신식민주의자(new colonialists)'라는 지적을 받기도 하지만(Cohen 2008), 서구열강의 식민통치를 오랫동안 경험한 아프리카 국가들은 최근 서방국가보다 중국과의 교류를 선호하고 있는 것으로 보인다. 여기에는 중국의 소프트파워 확대 전략이 적절하게 구사되고 있기 때문으로 볼 수 있다. 즉, 중국의 아프리카 정책은 정치적 동등, 경제적 상호협력, 신뢰구축 등을 원칙으로 하여, 정치적 조건을 부과하지 않는 경제원조의 실시, 보건의료 및 교육·농업 등의 기반시설 확충을 통한 지원외교 등을 특징으로 한다(김애경 2008, 160; 中非合作論壇 2006). 특히 중국의 아프리카와의 협력과 원조는 서방국가들에 비해 상대적으로 부족한 교육과 의료 및 농업 분야에 대한 투자를 강화하고 있다. 예를 들어, 의료분야에서 중국은 1962년~2006년간 47개 아프리카 국가에 1만 6,000명의 의료인력을 파견해 2억 4,000명을 치료했고, 매년 3,000명의 아프리카 학생·전문직·공무원을 국비유학생으로 초청하고 있으며, 케냐와 탄자니아에 중국관련 라디오방송국을 개국함으로써 중국의 국가이미지 제고를 위한 홍보 전략을 추진중에 있다.

셋째, 최근 중국의 중남미지역에서의 지위 제고와 영향력 증대는 주로 중국의 경제력과 경제발전 경험을 기반으로 한 중남미지역 국가들과의 경제협력 강화를 중심으로 이루어지고 있지만, 정치·군사적인 측면에서의 영향력도 미비하지만 확대되고 있는 추세이다. 먼저, 중국의 대외무역에서 중남미 지역 국가들이 차지하는 순위는 높지 않지만, 최근 몇 년간 중국과 중남미 간 무역총액은 25% 이상의 성장속도를 기록했고, 2007년에는 1,000억 달러를 넘어섬으로써 1979년(12.9억 달러)에 비해 거의 80배 증가했다(〈표 5〉 참조). 2008년 중국과 중남미의 무

<표 5> 중국과 중남미의 무역액 추이(2001~2009)

(단위: 억 달러)

연도	수출입 총액(증가율)	수출액(증가율)	수입액(증가율)
2001	149.3 (18.6%)	82.3 (14.6%)	67.0 (23.9%)
2002	178.2 (19.3%)	94.8 (15.2%)	83.3 (24.4%)
2003	268.0 (50.4%)	118.7 (25.2%)	149.2 (79.1%)
2004	400.2 (49.3%)	182.4 (53.6%)	217.8 (45.9%)
2005	504.5 (26.1%)	236.8 (29.9%)	267.7 (23%)
2006	702.1 (39.1%)	360.2 (52.1%)	341.8 (27.6%)
2007	1025.0(46%)	515.0(43%)	510.0(49%)
2008	1434.0(39.9%)	717.6(39.2)	716.4(40.3%)
2009	1218.6(-15.0%)	570.9(-20.5)	647.6(-9.6%)

자료: 中國海關統計, 中國統計年鑑 참조 재구성

역총액은 1,433억 달러를 초과하여 전년 대비 40% 성장했고, 비록 글로벌 금융위기의 영향으로 인해 2009년 무역액이 1,200억 달러 수준으로 하락했지만, 중국은 여전히 중남미의 3대 무역대국의 지위를 유지하고 있다.

또한 중국은 2004년 '미주개발은행(IDB)' 및 '미주국가기구(OAS)' 상임 옵서버가 됨으로써 중남미에 대한 정치 · 외교적 영향력을 강화시킬 수 있는 전기를 마련했다. 군사적인 측면에서도 중국은 2004년 9월 유엔의 요청에 따라 서반구지역에는 최초로 아이티(Haiti)에 평유지군을 파견했고(The New York Times 2004), 중국과 중남미국가의 군 련 고위장성급 인사의 상호방문이 급증하는 등 중국의 이 지역에서의 군사적 영향력이 급격하게 증가하고 있는 것으로 나타나고 있다.[18] 그러

18) 미국 남부사령관(General Bantz J. Craddock)의 미 의회에서의 증언에 따르면,

나 이와 같은 중남미지역에서 이루어지고 있는 중국의 적극적인 에너지·자원외교의 전개와 이를 통한 지역 내 영향력 확대 시도는 그동안 그 지역을 자신들의 세력권이라고 여겨온 미국의 기득권 약화와 영향력 감소를 의미하는 것으로서 미·중 양국 간의 전략적인 갈등의 소지를 남겨두고 있다.

3. 중국의 소프트 파워 외교의 효과 및 한계

소프트 파워 외교의 효과를 측정하기란 쉽지 않다. 소프트 파워가 그 자체로 무형의 산물로서 측정하기가 쉽지 않기 때문이다.[19] 그러나 중국은 개혁개방 이후 급성장한 경제력을 바탕으로 특히 개발도상국들에 대한 경제적 원조와 함께 이들 국가들의 중국시장에 대한 접근 기회를 확대함으로써 결과적으로 중국에 대한 이미지 제고와 함께 영향력 증대라는 성과를 가져온 것으로 평가할 수 있다. 최근 실시된 설문조사를 보면, "중국이 세계에 긍정적 혹은 부정적 영향을 끼쳤다고 생각하는가?"에 대한 대답에서 세계 34개국 국민의 49%가 긍정적으로, 30%는 부정적으로 평가하고 있는 것으로 나타났다. 특히 한국·미국·일본 국민의 과반수(한국 50%, 미국 54%, 일본 59%)가 중국의 영향력에 대해 부정적으로 평가하는 데 비해, 아프리카(65%)에서는 중국의 영향력에 대해 긍정적인 평가를 함으로써 중국의 아프리카에 대한

미국이 국제형사재판소(ICC)에 가입한 중남미국가에 대한 제재조치의 일환으로 12개국에 대해 군사지원을 삭감 내지는 중단함에 따라 상대적으로 최근 중국의 중남미에 대한 군사적 영향력이 급증하고 있는 것으로 알려지고 있다. 참고로 현재 미군 회부금지협정 체결 없는 ICC 가입국으로서 미국의 원조 및 군사비 지원이 중단된 나라는 12개 국가이다. 다음을 참조(Craddock 2005).

19) 옌쉐퉁(閻學通)은 소프트 파워에 대한 계량분석을 위해 3가지(국제적 흡인력, 국제적 동원력, 국내적 동원력)로 나눠 설명함으로써, 소프트 파워의 측정 문제의 모호함을 극복하고자 했다. 자세한 내용은 다음을 참조(閻學通 2008).

경제원조를 통한 국가이미지 제고 노력이 효과를 거둔 것으로 나타났다.[20] 또한 미국 여론조사기관(Pew Research Center)이 2007년 행한 각국의 호감도 조사에서 중국에 대한 호감도는 세계 47개국 중에서 27개국이 비교적 우호적이라고 답했고, 이들은 대부분 아프리카와 라틴아메리카 등 중국과 대외무역이 급증하고 있는 국가들인 것으로 나타났다(Pew 2007).

또한 중국의 전방위적인 소프트 파워 확대 전략은 국제사회에서의 대만과의 외교전에서 우위를 점하는 계기를 마련한 것으로 평가할 수 있다. 즉, 최근 중국은 대만과 비교적 좋은 관계를 유지하고 있는 라틴아메리카 국가들에 대해 적극적인 경제외교를 펼침으로써 대만의 독립분위기를 차단하는 효과를 얻고 있다. 또한 남태평양·아시아국(國)에 대한 경제지원을 앞세워 영향력을 강화를 시도함으로써 이 지역에서의 영향력 강화와 함께 대만과의 외교전에서 우위를 점하고자 노력하고 있다.

중국에 대한 '시장경제지위(MES: Market Economy Status)' 부여 역시 중국의 소프트 파워 확대 외교의 성과로 평가될 수 있다.[21] 중국은 현재 세계 56개국으로부터 시장경제지위를 인정받음으로써, 이미 값싼 임금 등 가격경쟁력을 무기로 전 세계 시장을 휩쓸고 있는 중국의 입장에서는 각국의 반덤핑제재를 뚫는 데 획기적 전기를 마련할 수 있게 되었다.

---

20) 동아시아연구원(EAI)·BBC·한국리서치 국제현안조사(2008. 4. 2) 참조(http://www.eai.or.kr/).

21) '시장경제지위'란 정부의 인위적 간섭 없이 '가격'이 시장에서 결정됨을 뜻하는 것으로, 시장경제지위를 인정받으면 반덤핑제소 등 통상분쟁이 발생할 때 유리한 입장에 설 수 있게 되는 반면, 非시장경제지위 국가는 불리한 입장에서 고율의 관세를 적용받는다. 2003년 4월 뉴질랜드가 가장 먼저 중국에 대한 시장경제지위를 인정했고, 2008년 2월 현재 세계무역기구(WTO) 150개국 중에서 중국의 완전한 시장경제지위를 인정하고 있는 국가는 한국을 포함하여 77개국으로 늘어났다.

한편 중국의 소프트 파워 확대 외교의 전개과정에서 여러 가지 한계를 내포하고 있다. 먼저, 중국의 동남아에서의 지위 향상과 영향력 확대는 그동안 이 지역에 존재하고 있던 소위 '중국위협론'을 일부 약화시키는 데 성공한 것처럼 보이지만, 주변 국가들의 중국에 대한 두려움이 완전하게 해소되지는 않아 보인다. 특히 역사적 경험을 통해 중국에 대한 두려움이 완전하게 해소되지 않은 베트남의 경우에는 현재는 중국이 타국의 내정에 간섭하지 않는 소프트 파워 가치를 중시하고 있지만 중대한 국가이익(예를 들어, 대만문제나 남중국해영토문제 등)이 걸려 있을 경우에는 중국의 입장이나 정책이 변할 수 있을 것으로 인식하고 있다(kurlantzick 2006, 276).

둘째, 현재 진행 중인 중국의 소프트 파워 확산 전략이 현재 주로 아시아·아프리카·중남미로 대표되는 개발도상국 지역을 중심으로 이루어지고 있다는 점은 장기적으로는 미국과의 대외정책상의 갈등을 초래할 가능성이 있다. 특히 중국은 중남미와의 협력강화를 통해 지속적 경제발전에 필요한 자원을 안정적으로 확보하고, 대만의 중남미에서의 기반 와해와 대만의 국제적 고립 등 자국의 광범위한 이익을 확보하는 노력을 기울이고 있다(Noriega 2005). 그러나 이는 그동안 중남미지역을 자신들의 세력권이라고 여겨온 미국의 기득권 약화와 영향력 감소를 의미하는 것으로서 향후 미·중 간 전략적인 갈등의 소지를 남겨두고 있다(Hakim 2006). 물론 중국은 "중남미와의 관계발전이 제3국에 피해를 주기 위한 것이 아니다"라는 점을 강조함으로써 미국의 의구심과 상호충돌 가능성을 완화하고자 노력하고 있다.[22]

셋째, 중국의 소프트 파워 확대를 위한 대외정책의 전개과정에서 나타난 정당성(도덕성) 측면에서의 한계를 들 수 있다. 예를 들어, 중국은

---

22) 이와 관련하여 중국은 미국의 세계 패권적 지위가 당분간 지속될 것이라는 점을 인정하고, 미국의 국제정치적 위상이나 영향력을 전면부정하거나 정면대응하기에는 자신들의 역량이 부족하다는 전략적 판단을 하고 있는 것으로 보인다(Wang 2005).

인권탄압 국가인 미얀마에 각종 경제·군사적인 지원을 함으로써 군사정권을 유지시키는 데 결정적인 역할을 하고 있고, 아프리카 수단으로부터의 원유 수입을 위해 다르푸르 인종 학살에 눈을 감으면서 유엔 안보리의 제재에 반대함으로써 국제 인권단체들의 비판의 대상이 되고 있다. 또한 중국은 대만과의 국제무대에서의 외교경쟁 등을 의식하여 중앙아프리카공화국 등 아프리카 비산유국들에게도 경제원조 외교를 펼쳐 지역 독재 국가들의 버팀목이 된다는 지적과 함께, 아프리카 국가의 분쟁을 부추기고 비민주적 정권을 강화하는 등 심각한 부작용을 낳고 있다는 지적을 받고 있기도 하다.[23] 이와 같은 부작용은 최근 중국외교에 대한 국제사회의 긍정적이고 건설적인 평가(Medeiros and Fravel 2003)에 반하는 것으로서, 중국외교가 추구하는 '평화적 부상' 내지는 '평화발전' 노력에 부메랑이 되어 돌아올 가능성과 함께, 그동안 중국이 쌓아온 '책임대국' 이미지를 스스로 손상시키는 결과를 가져올 가능성이 있다.

IV. 중국의 소프트 파워 증대와 미·중 관계

국제정치의 새로운 권력자원으로 주목을 받고 있는 소프트 파워는 최근 각국의 대외정책 목표 달성을 위한 수단으로 중시되고 있고, 21세기 강대국으로의 부상을 꿈꾸고 있는 중국 역시 자국의 소프트 파워를 확대하기 위한 적극적인 외교공세를 전개하고 있다. 이러한 중국의

---

23) 구체적으로, 2006년 4월 후진타오 국가주석의 나이지리아 방문 시 27억 달러어치의 유전 지분을 확보하자 나이지리아 반군은 중국측 유전지대에 대한 공격을 공언, 정정 불안이 고조된 바 있다. 중국은 이에 대한 대가로 동년 11월 나이지리아와 83억 달러 규모의 철도건설 협정을 체결하였다(Lombard 2006).

전방위적인 소프트 파워 외교의 전개는 지역강대국의 위상을 넘어 세계적인 강대국으로의 새로운 정체성(identity)을 모색하기 위한 과정으로서, 중국이 실제로 보유하고 있거나 지향하는 소프트 파워의 문화·경제·외교·정치적 자원을 통해 직·간접적으로 표출되고 있다. 특히 동남아시아와 아프리카 및 중남미 지역을 중심으로 전개되고 있는 중국의 소프트 파워 외교는 중국의 국가이익의 확대는 물론 국제사회에서 중국의 국가이미지 제고와 영향력 확대에 기여하고 있다.

그러나 중국은 미국에서 유래한 소프트 파워의 개념과 내용을 그대로 수용하기 보다는 미국적 경험에 대한 비판적인 검토를 통하여 소프트 파워가 가지고 있는 무형의 가치를 새롭게 인식함으로써 그동안 국제관계에서 미국이 보여준 패권적 행태와 일방주의적 경향을 간접적으로 비판함은 물론 21세기 새로운 강대국에 대한 열망을 표출하고 있다. 이러한 소프트 파워에 대한 새로운 인식을 기반으로 하여 중국지도부는 다자외교나 국제규범에 대한 강조 및 '조화(和諧)세계' 주장 등을 통해 국가전략적인 차원에서 중국식의 소프트 파워를 확산하고자 노력하고 있다.

나이(Nye)의 소프트 파워론은 현존패권국인 미국의 대외정책 목표를 달성하고 미국의 초강대국지위를 유지·발전시키기 위한 실천적 도구로서 활용되어 온 측면이 강하기 때문에 소프트 파워의 자원으로 미국식의 문화나 정치제도 및 대외정책을 중시했다. 그러나 중국의 경우에는 새로운 강대국으로의 부상을 추구하는 과정에서 그동안 이룩해온 경제력 혹은 발전경험의 가치를 매우 중요하게 인식함으로써 소프트 파워의 자원으로서 경제적 자원을 매우 중시하고 있다. 따라서 중국의 소프트 파워 증강을 위한 가장 효과적인 수단이자 미국의 소프트 파워 자원과 가장 대별되는 특징은 바로 중국의 급성장한 경제력을 바탕으로 하는 경제적 자원(경제외교, 대외원조, 중국적 발전모델 등)이라고 할 수 있다.

이처럼 중국은 자국이 보유하고 있는 소프트 파워 자원을 통해 특히 개발도상국에 대한 전방위적 공세에 나섬으로써 이 지역에서의 경제적 이익 확대뿐만 아니라 자국의 이미지 제고 및 영향력 확대라는 소프트 파워를 증대시키고 있다. 예를 들면, 동남아시아에서는 주로 경제적 자원을 중심으로 하여 지역 국가들로부터 긍정적인 평가를 받고 있고, 특히 최빈국이자 미국과의 관계가 좋지 않은 나라들에 대한 경제 · 군사원조를 통해 국가이미지를 제고하고 영향력을 증대하고 있다. 또한 중국의 아프리카 진출은 주로 에너지확보를 목적으로 전개되고 있지만, 동시에 교육 · 의료 · 농업 등의 분야에 대한 지원과 협력을 병행함으로써 중국의 영향력을 증대시키고 있다. 중남미에서의 중국의 영향력 확대 역시 주로 경제협력을 통해 이루어지고 있지만 정치 · 군사적인 입지 내지는 영향력 또한 점진적으로 확대되고 있는 추세에 있다.

이와 같은 중국의 소프트 파워 외교 강화를 통한 강대국화 노력이 국제정치적인 관점에서 주목을 받는 가장 큰 이유는 바로 중국의 전방위적인 소프트 파워 공세와 맞물려 기존 패권국 미국의 세계적인 영향력은 상대적으로 하락하고 있다는 점이다. 즉, 중국은 그동안의 높은 경제성장률을 기반으로 하여 개발도상국들에 대한 문화적 · 경제적 영향력을 확대하고 있는 반면, 미국의 에너지 · 경제 · 이라크 정책의 실패는 미국의 세계 패권적 지위에 위기를 가져오고 있기 때문이다 (Haass 2008).

물론 이러한 중국의 강대국화 추세와 미국패권의 쇠퇴 현상과 관련하여 소위 '세력전이(power transition)'가 완전하게 이루어지고 있느냐에 대해서는 논란의 여지가 있다. 왜냐하면 미국의 전 세계적인 차원에서의 패권적 지위는 세계적인 경제 · 금융위기 속에서 다소 약화되기는 했지만 군사력을 포함하여 다른 많은 영역에서는 여전히 굳건한 위치를 차지하고 있고, 반면에 중국의 잠재적인 소프트 파워 자원이 매력적인 파워로 실질적인 전환을 하기에는 아직도 많은 시간과 노력이 필요할 것으로 보이기 때문이다. 특히 최근 세계경제위기 속에서 중국의 고속경제성장에 제동이 걸릴 경우 중국의 국제적 영향력과 지위에도 직접적인 영향을 끼침으로써 중국의 소프트 파워를 훼손시킬 가능성을 배제할 수 없다.

신흥강대국의 부상과 기존패권국 간의 전략적인 모순은 항상 존재해왔다. 특히 지금까지의 강대국 간의 경쟁이 경제력과 군사력 중심의 하드 파워를 중심으로 이루어진 반면 향후 미·중 간의 경쟁은 제도나 문화 및 규범 등 비물질적 자원을 중심으로 이루어질 수 있다는 점에서, 중국의 소프트 파워 외교 확대를 통한 강대국화 과정에서 나타나는 중국의 능력과 의도에 대한 미국의 전략적 대응이 더욱 중요해지고 있다.

오바마(Barack Hussein Obama)행정부 출범 이후 미국은 하드 파워와 소프트 파워의 결합을 통한 '스마트파워'를 대외정책의 기조로 삼아 미국의 패권적 지위를 연장하고 국제사회에서의 리더십을 공고화하기 위해 노력할 것으로 보인다. 대(對)중국 관계에 있어서도, 미국은 혼자의 힘으로는 국제사회의 복잡 다양한 문제를 해결하기 어렵다는 인식을 통해 경제·안보적으로 중요한 국가인 중국과의 협력관계를 강화할 것으로 보인다. 따라서 중국의 소프트 파워에 대한 전략적 대응과 함께 미국 자체의 스마트파워를 강화하기 위한 노력을 기울일 것이다.

중국 역시 국제사회에서 제기되고 있는 '평화적 부상'에 대한 회의적인 시각이나 '중국위협론'을 불식하고 자신들이 주장하는 '조화로운 세계(和諧世界)'를 이루기 위해 국제사회에서 통용되는 규범과 제도를 수용하면서 자국의 이익에 근거한 숙련된 대외행위를 전개하고 있다. 이 과정에서 중국의 잠재적 소프트 파워 자원을 실질적인 파워로 전환시키기 위한 노력을 점진적으로 시도하고 있다. 대미정책에 있어서 중국은 미국의 세계 패권적 지위가 당분간 지속될 것이라는 점을 인정하고 있고, 중국의 세계적인 영향력 확대가 미국패권에 대한 도전은 아니라는 점도 끊임없이 강조하고 있다.

따라서 중국은 기존의 하드 파워적인 기반은 유지하면서도 국제규범에 대한 강조, 다자주의에 대한 중시, 문화적 영향력의 확대 및 개발도상국·주변국과의 관계 개선 등을 통해 국제무대에서의 소프트 파워를 점진적으로 확대해 갈 것이다. 또한 중국은 이러한 강대국화 과정에서 미국을 배제한 새로운 국제정치경제신질서를 모색하기보다는 미국중심의 기존질서를 수용한 후 차츰 그 영향력을 확대해 나갈 것으로 보인다. 이러한 경향성은 글로벌 금융위기 극복과정에서 나타난 미·중 양국의 협력기조 유지 추세를 보면 잘 드러난다. 즉, 미·중 양국은 9·11테러 이후 지역적·글로벌 차원의 전략적 협력관계를 유지해 왔고, 2009년 7월 개최된 1차 '미·중 전략·경제대화'를 통해 양국은 기후변화, 북핵문제, 무역과 환율 등과 같은 문제로까지 상호 협력 의제를 확대했고, 오바마 대통령 역시 방중기간(2009. 11)에 "중국은 미국과 함께 시급한 범세계적 문제들을 해결해 나가는 핵심적 협력국"임을 강조하였다. 물론 미·중 간 갈등요인(대만문제, 티베트문제, 통상마찰, 민주·인권문제 등)이 상존하고, 양국 간 전략적 불신 역시 여전히 해소되지 않고 있지만, 그러나 중국은 미국이 주도하는 국제질서를 인정하는 범위 내에서 자국의 평화적이고 안정적인 부상을 도모할 것이고, 국제적 이슈나 의제설정 과정에서 자국의 역할을 확대할 것이다.

V. 결론: 한·중 관계에 대한 함의

중국 소프트 파워의 전방위적 확대에 따른 국제적 위상 제고와 영향력 확대로 인해 그동안 미국이 주도해 온 동북아시아 힘의 질서가 새로운 형태로 변화할 가능성을 예고하고 있다. 특히 한반도를 둘러싼 주변 강대국 간 국가이익의 극대화를 위한 치열한 경쟁이 전개될 가능성이 높아지고 있다. 이 과정에서 많은 요인들이 새로운 동북아 국제 질서의 구축에 영향을 줄 것이다. 예를 들면, 미ㆍ중 양국의 협력 기조 유지로 대표되는 'G2'체제의 등장, 일본 민주당 정권 출범 이후 미ㆍ일동맹관계에서 나타나고 있는 균열 조짐, 중ㆍ일 상호협력시대 도래의 가능성, 중ㆍ러 군사협력관계 강화 추세 지속, 북핵문제 해결을 위한 6자회담 틀의 변화 가능성 등이 있다. 또한 중국의 부상에 대한 주변국의 우려가 어느 정도 불식되느냐도 매우 중요하다.

1992년 한ㆍ중수교 이후 양국관계는 초기의 '선린우호관계'에서 '협력동반자관계', '전면적 협력동반자관계'를 거쳐, 현재는 '전략적 협력동반자관계'로 격상되었다. 한ㆍ중 '전략적 협력동반자관계'로의 발전은 중국의 '다극화' 및 '강대국화' 전략 추진과정에서 한국의 전략적 가치가 증대되었다는 점이 반영된 것이고,[24] 중국의 대외관계에서 미국이 차지하는 비중이 증대됨에 따라 한국의 전략적 중요성 역시 증대된 측면도 존재하고 있다.

중국의 대한반도 정책 기조와 관련하여, 후진타오 총서기는 2007년 17차 당 대회 보고를 통해 중국의 경제발전을 위해 필요한 주변국 관계의 안정과 협력강화를 외교정책 기조로 설정했다. 또한 중국은 한반도 문제와 관련하여 기존의 전통적인 지정학적인 관점에서의 남북한에 대한 전략적 균형정책을 유지하는 것은 물론 북핵문제를 포함한 한반도상황이 중국의 경제발전을 저해하지 않도록 관리하는 것을 정책목표로 설정하였다.

후진타오를 비롯한 중국지도부는 북한의 핵실험을 기점으로 하여 북한에 대한 인식변화와 함께 한국의 전략적 가치를 높게 평가하고 있다. 즉, 한반도의 평화와 안정 유지 여부는 중국 주변의 평화환경에 직

---

24) 반면, 냉전시기 중국은 북한을 한반도의 유일한 합법정부로 인식함에 따라 한국과의 관계보다는 북한과의 '혈맹' 관계를 더 중시했다. 이러한 북-중 간 '특수'관계는 탈냉전과 한중수교를 계기로 점차 약화되었으며, 특히 2002년에 촉발된 북핵위기 및 2006년 북한핵실험을 계기로 더욱 현저하게 나타났다.

접 영향을 미치고, 동북아와 전체 아시아-태평양 지역의 평화와 안정에 영향을 미치는 것으로 인식하기 때문에,[25] 한반도의 평화와 안정 유지를 중국이 한반도 문제를 처리하는 근본 출발점으로 삼고 있는 것이다. 이 밖에도 중국의 한반도 정책 기조로는 "한반도에서 중국의 영향력 우위 유지", "한반도 비핵화", "대화와 협상을 통한 한반도 문제해결" 등을 들 수 있다.

2008년 한·중 양국정상이 합의한 '전략적 협력동반자 관계'의 함의는 "협력의 범위를 지역적·세계적 차원의 현안으로 확대하고, 협력의 분야 역시 군사·안보분야까지 포괄하는 다양한 영역으로 확대"시키는 것이다. 이명박 정부 출범 초기 한·미동맹 강화와 한·중 간 대화채널 부재 등으로 인해 한·중 '전략적 협력동반자관계'의 실질적 진전은 더디게 진행되어 왔다. 그러나 2009년 양국 지도자의 상호방문 및 금융위기에 대한 공동대응 등을 통해 '전략적 협력 동반자관계'의 내실화를 위한 노력이 구체화되기 시작한다. 이미 후진타오(胡錦濤) 국가주석(2005.11, 2008.8)과 원자바오(溫家寶) 총리(2007.4) 및 시진핑(習近平) 국가부주석(2009.12)이 방한했으며, 2010년 11월에 개최되는 '주요 20개국 정상회의(G-20)'에 후진타오 중국 국가주석의 방한이 예정되어 있다. 또한 이명박 대통령(2008.5, 2008.8)과 한승수 총리(2008.9, 2009.6) 역시 이미 각각 두 차례 방중했으며, 2010년 5월 상하이 엑스포 행사에 이명박 대통령이 참석했다.

중국이 경제분야에서의 국제적 위상 제고와 영향력 확대를 위해 적극적인 FTA 전략을 추진하고 있다는 점에서, 동아시아 국가간 본격적인 FTA 추진 및 한·중·일 3국 간 동아시아(경제)통합 논의가 구체적으로 논의될 가능성이 높아지고 있다. 이에 따라 시진핑 국가부주석 방한시 양국은 한·중 FTA 산·관·학 공동연구의 조속한 마무리 및

---

25) 2003년 8월 제1차 6자회담 중국 측 수석대표인 왕이(王毅) 외교부부부장의 발언. 『人民日報』, 2003年 8月27日.

한·중·일 FTA 산·관·학 공동연구의 원활한 진전을 위해 노력해 나가기로 합의했던 것처럼,[26] 한·중 FTA 논의가 더욱 활발하게 진행되는 등 양국 간 경제협력 기조가 더욱 강화될 것이다.

북핵문제의 해결과 관련하여 중국은 6자회담 의장국으로서 적극적이고 건설적인 역할을 수행한다는 기존의 입장을 유지하고 있다. 또한 중국은 북핵문제의 악화 방지를 위해서는 6자회담의 재개를 통해 북핵문제를 안정적으로 관리하면서 장기적·포괄적으로 해결하는 것이 좀 더 현실적인 대응이라고 판단하고 있다. 향후 한반도비핵화와 평화체제 및 동북아다자안보 등과 같이 양국 간 긴밀한 협력을 필요로 하는 현안이 증대할 것으로 전망됨에 따라 북핵문제의 해결과정에서 6자회담의 재개를 위한 한·중 양국의 입장조율이 활발하게 진행될 가능성이 높다.

그러나 미국과 중국이 갈등속에서도 전략적 협력 기조를 유지하고 있다는 점에서 북핵문제의 평화적 해결에 있어서도 '기회'와 '위협'이 공존하고 있다. 즉, 미·중양국이 모두 6자회담의 중요성을 인정하고, 한반도 비핵화 노력을 천명했으며, 동북아의 평화와 안정 유지 원칙에 동의하고 있다는 점에서는 '기회'요인이다. 그러나 북핵해결이 교착상태에 처할 경우 미·중 양국은 북핵문제를 포함한 소위 '북한문제'가 양국관계에 장애가 되지 않도록 조율하고 타협함으로써 현상유지적인 대북정책을 선호할 가능성이 높고 한국 정부는 소외될 가능성 높다는 점에서 '위협'요인이다.

현재 중국은 개혁개방 이후 연평균 9%대의 경제성장을 통한 '종합국력'을 기반으로 하여 유럽의 강대국(英, 佛, 獨)과 일본 등을 제치고 세계 2위의 경제·군사대국으로 변모함으로써 미국과 함께 새로운 국

---

26) 시진핑 국가부주석은 2009년 11월 방한 시 "한·중 양국 간 FTA가 체결되면 2013년까지 한중 무역규모가 2배로 증가할 것"이라며 한중 FTA 협상의 적극적인 추진을 강조하였다.

제질서의 중심축으로 부상하고 있다.[27] 특히 두 차례(2009년 4월, 9월) 열린 '주요 20개국(G-20) 정상회의'를 계기로 국제사회에서의 '중국역할론'이 확산되기 시작하였다.[28] 물론 중국은 자국의 위상이 아직까지는 미국과 대등할 정도가 아님을 강조하고 있으나,[29] 국제적 위상 제고와 영향력 확대 및 국가이익 보호를 지속적으로 강조하고 있다.

향후 중국경제에 대한 예측은 대체적으로 낙관적인 전망이 우세한 편이다. 글로벌 금융위기 이후 미국을 비롯한 선진국 경제가 침체를 벗어나지 못한 상황에서 중국 경제는 빠른 회복세를 보이며 세계 경제성장의 엔진 역할을 담당할 것으로 기대되고 있는 것이다. 이를 위해

---

27) 중국이 세계경제에서 차지하는 비중은 1978년에 1.8%였으나, 2008년은 7.1%로 美·日에 이어 세계 3위를 기록하였다. 대외교역 역시 개혁개방 이후 대규모 외자유입과 해외진출(走出去)을 통해 현재 세계 3위 무역대국으로 부상했고(세계교역의 8%), 1979~2008년간 외국인 직접투자액 역시 8,526억 달러로 세계 1위를 차지했다. 1979~2008년간 중국의 연평균 GDP 성장률은 9.8%, 연평균 1인당 GDP 성장률은 6.5%, 외환보유고는 2010년 1월 현재 2조 3,992억 달러로 세계 1위를 기록했다. 물론 개혁개방 이후 덩샤오핑(鄧小平)의 "선부론(先富論)" 전략의 실시로 인해 동부 연해지역은 발전했지만 동부와 중서부지역의 격차가 확대되는 문제는 여전히 해결되지 않고 있다. 이러한 지역격차 해소를 위해 중국정부는 서부대개발(西部開發), 동북진흥(振興東北), 중부굴기(中部崛起) 등과 같은 지역균형발전전략을 추진하고 있으나 그 효과가 아직은 미미한 수준에 그치고 있다.

28) 'G-20' 정상회의는 2008년 미국에서 촉발된 세계 금융위기로 인해 'G-7'의 국제경제분야에서의 리더십이 크게 약화된 상황에서 중국, 인도, 브라질, 러시아 등 개발도상국들의 국제경제체제에 대한 참여와 협력의 필요성이 제기됨에 따라 개최되었다. 중국은 'G-20' 체제가 개발도상국의 참여와 협력이 반영되는 새로운 국제경제체제로 인식하였고, 신흥강대국으로서의 위상에 걸맞는 역할을 수행해야 한다고 주장하였다. 김흥규, "중국외교와 G-2 및 G-20: 한국에 대한 함의와 더불어," 『주요국제문제분석』(외교안보연구원), No. 2009-36(2009.11.23) 참조.

29) 중국지도부는 다양한 요인(인구, 낮은 사회기초 수준, 지역 간 불균형 발전, 낮은 현대화 수준 등)으로 인해 국제질서 주도국으로서의 능력이 여전히 부족하다는 점을 강조함. 또한 실제로 '중·미 양강체제' 형태의 국제질서가 형성된다면, 개발도상국은 물론 EU, 러시아, 일본, 호주 등의 반대로 중국이 고립될 수 있다는 점을 우려하고 있다.

중국은 국내경제발전의 지속을 위한 평화적이고 안정적인 주변안보 환경을 중시할 것이고, 이 과정에서 한국에 대한 전략적 가치를 재평가함으로써 한중 협력관계를 유지·강화하고자 할 것이다. 특히 2010년은 한국전쟁 발발 60주년, 한일합방 100주년, 광복 65주년, 6.15공동선언 발표 10주년, 북·미 공동선언 발표 10주년이 되는 해로서, 한반도문제 및 남북한관계의 근본적인 변화가 예상되는 시기이다. 따라서 기존의 한·미동맹 강화뿐만 아니라 한·중 '전략적 협력동반자관계'의 내실화 역시 매우 중요한 과제로 대두될 것이다.

한·중 양국관계의 실질적 진전을 위한 협력을 강화하기 위해서는 먼저, '전략적 협력동반자관계'의 실질적 진전을 위한 노력이 중요하다. 이를 위해서는 국가지도부 간 인적교류의 지속 및 확대, 고위급 및 1.5트랙 차원의 전략대화 추진, 민간전문가를 활용한 상호이해와 소통 채널 확보 등이 중요하다. 또한 한·중 '전략적 협력동반자관계' 격상에 걸맞는 지역적·지구적 의제에 대한 우선순위 설정 역시 매우 중요하다. 중국은 현재 미국이 제안한 북한 급변사태 대책(북한 핵무기 안전 확보, 국경지대의 난민 통제, 중·미 군대 충돌 방지 포함)에 대해 공식적인 입장표명을 거부하고 있지만, 향후 한반도에서 발생할 수 있는 위기상황 관리 및 동북아다자안보체제 구축에 대비한 한·중 간 긴밀한 공조체제 유지가 필수적이다. 또한 북핵문제를 포함한 북한요인과 관련된 한·중 양국의 협력 확대방안을 모색해야 한다. 중국은 북핵문제에도 불구하고 여전히 북한체제의 유지·안정을 선호하고 있다. 따라서 남북 긴장완화는 물론 북·미대화와 6자회담 재개 등의 과정에서 중국의 적극적이고 건설적 역할을 주문해야 할 것이다.

경제적인 차원에서는 중국이 우리나라의 최대무역국이자 흑자국이며, 대미·대일 교역 총액을 능가하는 제1의 경제파트너라는 점을 감안하여, 한·중 경제협력 확대방안을 마련해야 할 것이다. 특히 중국이 FTA를 소프트 파워 증대의 수단으로 적극 활용하고 있다는 점에서, 한·중 FTA 체결 협상을 본격적으로 논의하고, 양국 간 상호협력 가능한 산업분야 발굴 및 이에 대한 전략적 협력관계를 구축해야 한다.

한·중 양국의 민간영역에서의 상호이해와 신뢰 강화 노력을 통해 갈등요인이 표출되지 않도록 사전에 관리해야 한다. 이를 위해서는 민간 주도의 '쌍방향' 문화교류 활동 강화, 한·중관계와 관련한 중국인들의 의식변화에 대한 정기적인 모니터링 시스템 구축, '인터넷 외교' 전개를 통한 상호간 정보제공 및 교류의 장을 마련할 필요성이 있다.

지방정부차원에서도 교류와 협력의 확대를 통해 한·중 '전략적 협력동반자관계'의 내실화에 기여해야 하며, 양국 지방정부 간 정례적인 '전략대화'를 실시할 필요성이 있고, 지방정부 지도자 간 상호 네트워크의 구축 및 청소년 교류의 확대, 중국 낙후지역에 대한 재정 지원 확대, 성(省)단위 중하위급 공무원 초청 프로그램 강화 등이 필요하다 하겠다.

이 밖에도 중국의 소프트 파워 증강을 통한 영향력 확대가 개발도상국을 중심으로 나타나고 있다는 점에서 이들 지역에서 중국과의 경쟁구조 출현에 대비할 필요성이 있다. 특히 중국의 발전모델에 대해 긍정적으로 평가하고 있는 중남미·아프리카 지역에 대한 우리 기업의 진출을 확대하기 위해서는 우리의 경제사회적인 상황을 반영한 경제발전 경험을 전수할 필요성이 있고, 대외원조분야에서도 우리가 강점을 가진 농업, 건강, 교육, 인프라(도로, 전력, 철도, 항만, 공항 등) 사업 분야에 집중할 필요성이 있다.

| 참고문헌 |

김애경. "중국의 부상과 소프트 파워 전략: 대아프리카 정책을 사례로." 『국가전략』 제14권 2호. 143-167. 2008.

김흥규. "중국외교와 G-2 및 G-20: 한국에 대한 함의와 더불어." 『주요국제문제분석』(외교안보연구원). No. 2009-36(2009.11.23).

동아시아연구원(EAI)·BBC·한국리서치 국제현안조사 (http://www.eai.or.kr/ 검색일: 2008년 10월1일). 2008.

문흥호·신종호. "중국의 對중남미 정책과 중미관계." 『中蘇研究』 제30권 제3호. 113-144. 2006.

신종호. "후진타오체제 중국 경제외교와 대외전략적 함의." 『중국연구』 제47권. 397-425. 2006.

이동률. "유엔에서의 중국 외교행태에 대한 실증 연구: 안보리 표결행태를 중심으로." 『한국과 국제정치』 제23권 3호. 95-128. 2007.

이욱연. "중국의 문화대국 전략: 그 내용과 한국에 대한 영향을 중심으로." 『東亞研究』 제56집(2009년 2월). pp.5-39.

정재호 편. 『중국의 강대국화: 비교 및 국제정치학적 접근』. 서울: 도서출판 길, 2006.

조영남. "중국의 연성권력과 외교적 함의." 손열 엮음. 『매력으로 엮는 동아시아』. 서울: 지식마당, 2007.

조지프 S. 나이 지음, 홍수원 옮김. 『소프트 파워』. 서울: 세종연구원, 2004.

Armitage, Richard L., and Joseph S. Jr. Nye. *Smart Power: a smarter, more secure America*. CSIS Commission. 2007.

Cohen, Michael A. "The New Colonialists." July/August(http://www.foreignpolicy.com/story/cms.php?story_id=4351). 2008.

Craddock, General Bantz J. Posture Statement of General Bantz J. Cradock before The 109th congress House Armed Services Committee, 9 March (http://www.ciponline.org/colombia/050309crad.pdf). 2005.

CFR Independent Task Force. *More Than Humanitarianism: A Strategic U.S.*

Approach Toward Africa (Council on Foreign Relations). 2005.

CRS. "China's 'Soft Power' in Southeast Asia." January 04, 2008.

Foo, Lam Pin. "Only the Tang Dynasty Came Close to Having Influence." *The Straits Times*. 26 October 1996.

Gill, Bates, and Yanzhong Huang. "Sources and Limits of Chinese Soft Power." *Survival*, Vol.48, No.2(summer). 2006.

Haass, Richard N. "The Age of Nonpolarity." *Foreign Affairs*. April 16, 2008.

Hakim, Peter. "Is Washington Losing Latin America?" *Foreign Affairs*. January · February 2006.

Kurlantzick, Joshua. "China's Charm: Implications of Chinese Soft Power." *Carnegie Endowment Policy Brief*, No.47, June 2006.

_____. "The Decline of American Soft Power." *Current History*. December 2005.

Lombard, Louisa. "Africa's China Card." *Foreign Policy*. 11 April. 2006.

Medeiros, Evan S., and Fravel, M. Taylor. "The Changing Face of Chinese Diplomacy." *The Asian Wall Street Journal*. November 25, 2003.

Michel, Serge. "When China Met Africa." *Foreign Policy*. May/June. pp. 39-46. 2008.

Noriega, Roger F. "China's Influence in the Western Hemisphere." Statement Before the House Subcommittee on the Western Hemisphere. Washington, D.C. April 6 (http://www.state.gov/p/wha/rls/). 2005.

Nye, Joseph S. Jr. *Bound to Lead: The Changing Nature of American Power*. New York: Basic Books Inc. 1990.

_____. *The Paradox of American Power: Why the World's Only Superpower Can't Go It Alone*. NewYork: Oxford University Press, 2002.

_____. "The Rise of China's Soft Power." *The Wall Street Journal Asia*. 29 December 2005.

_____. 2007. *Soft Power: The Means to Success in World Politics* (New York: Public Affairs, 2004).

Pew Research Center. "Global Unease with Major Powers." *The Pew Global Attitude Project*. June (http://pewglobal.org/reports/pdf/256.pdf). 2007.

Ramo, Joshua Cooper. *The Beijing Consensus*. London: The Foreign Policy Centre, 2004.

Thornton, John L. "Long Time Coming: The Prospects for Democracy in China." *Foreign Affairs*. January/February. 2008.

"UN approves peacekeeping force for Haiti." *The New York Times*. April 30, 2004.

Wang, Jisi. "China's Search for Stability With America." *Foreign Affairs*. September/October 2005.

陳琴嘯. "論軟實力与中國外交." 『江南社會學院學報』第2期. 2005.

陳志强. "和平崛起與中國的外交轉型." 『保定師範專科學校學報』第3期. 2004.

楚樹龍. 『國際關係基本理論』. 北京: 清華大學出版社, 2003.

賀 穎. 周際翔. 項玫. "淺析國家‘軟權力’理論." 『國際關系學院學報』第2期. 2005.

李 捷. "提升軟權力對實現我國和平崛起戰略的作用." 『太平洋學報』第12期. 2005.

李曉明. "國家形象与軟權力: 論運用非軍事手段維持增進國家的對外影響力." 『太平洋學報』第4期. 2002.

李少軍主編. 『國際戰略報告』. 北京: 中國社會科學出版社, 2005.

李希光. 周慶安主編. 『軟力量与全球傳播』. 北京: 清華大學出版社, 2005.

劉德斌. "軟權力說的由來与發展." 『吉林大學社會科學學報』第4期. 2004.

劉志强. "軟權力研究的角度及中國特色探討." 『西安建筑科技大學學報』第1期. 2006.

倪世雄等. 『当代西方國際關系理論』. 上海: 復旦大學出版社, 2001.

門洪華. "中國軟實力評估報告(上, 下)." 『國際觀察』第2, 3期. 2007.

龐中英. "國際關系中軟力量及其他." 『戰略与管理』第2期. 1997.

_____. "發展中國軟力量." 『瞭望新聞周刊』2006年 1月 2日.

上海社會科學院世界經濟与政治研究院編. 『國際体系与中國的軟力量』. 北京: 時事出版社, 2006.

孫相東. 岳占菊. "國際競爭中的‘軟實力’." 『前線』第3期. 2006.

王滬宁. "作爲國家實力的: 軟權力." 『復旦學報(社會科學版)』第3期. 1993.

王義桅. "經濟外交展現中國魅力." 『環球時報』2004年 12月 3日.

王逸舟主編.『中國國際關系研究(1995-2005)』. 北京: 北京大學出版社, 2006.

吳建民. "多邊外交是构建和諧世界的平台: 重新認識多邊外交."『外交評論』第4期. 2006.

閻學通. "從和諧世界看中國軟實力."『环球侍報』2005年 12月 19日.

_____. "中美軟實力比較."『現代國際關係』第1期. 2008.

約瑟夫‧奈. 吳曉輝. 錢程譯.『軟力量: 世界政壇成功之道』. 北京: 東方出版社, 2005.

俞可平等主編.『中國模式与 "北京共識": 超越 "華盛頓共識"』. 北京: 社會科學出版社, 2006.

俞新天主編.『在和平, 發展, 合作的旗幟下—中國戰略机遇期的對外戰略縱論』. 北京: 中共中央党校出版社, 2005.

張劍荊. "北京共識与中國的軟實力的提升."『当代世界与社會主義』第5期. 2004.

張曉慧. "軟實力論."『國際資料信息』第3期. 2004.

張幼文‧黃仁偉等著.『2008 中國國際地位報告』. 北京: 人民出版社, 2008.

張小明. "重視軟權力因素."『現代國際關係』第3期. 2004.

_____. "約瑟夫‧奈的'軟權力'思想分析."『美國研究』第1期. 2005.

鄭必堅. "中國和平崛起進程中面臨着三大挑戰."『人民日報』, 2006年 4月 10日.

中非合作論壇. "中國對非洲政策文件"(http://www.fmprc.gov.cn/zflt/chn/zt/zgdfzzcwj/t230478.htm). 2006.

鍾龍彪. 王俊. "中國對聯合國維持和平行動的認知和參與."『當代中國史研究』第6期. 2006.

朱 峰. "淺議國際關系理論中的軟權力."『國際論壇』第2期. 2002.

제10장

중국의 인권과 인권외교

최지영

I. 들어가며

프랑스 혁명 이후 개인이 인간으로서 가지는 천부적 · 생득적 권리로서의 근대적 '인권'사상은 동서양을 막론하고, 오늘날 입헌국가의 보편적 명제로 수용되고 있다. 그러나 인권의 개념과 해석에 있어서는 자본주의나 사회주의와 같은 이념, 기독교나 이슬람교 및 유교와 같은 종교 혹은 문화, 그리고 보편주의와 상대주의와 같은 세계관의 차이에 따라 적지 않은 인식의 차이가 존재한다. 그리고 이는 대부분이 서구 국가와 비(非)서구 국가(혹은 제3세계 국가) 간의 인권에 대한 갈등으로 드러나고 있다. 이와 같은 인권의 본질에 대한 인식의 차이에 근거하여, 국제관계에서 인권외교를 둘러싼 갈등은 오랜 역사를 지녀왔다. 최근에는 세계화 흐름의 확산에 따라, 재스민 혁명에서 촉발된 리비아 사태나 미국의 대 이라크 전쟁에서와 같이 전통적으로 국제법의 한계

(즉 인권 범위의 한계)로 여겨진 주권도 현실 국제정치에서 인권을 매개로 한 외부적 개입과 변형이 어느 정도 가능하다는 단계에 이르게 되었고, 인권의 본질과 인권외교를 둘러싼 국제적 논쟁은 더욱 첨예하게 진행되고 있다.

국제관계에서 인권을 둘러싼 논쟁이 가지는 중요성은 그것이 주권국가 간 체제라는 현대국제체제에서 "국가 간 상호실체와 정당성 인정"이라는 매우 중요한 지점에 맞닿아 있다는 데 있다. 자주 논쟁거리가 되는 인권의 범위(humanitarian intervention), 즉 "국제사회가 인권이라는 보편적 이념하에 어느 정도까지 타국의 내정에 간섭할 수 있는가?" 혹은 "한 국가의 주권 범위하에서 벌어지고 있는 인권에 대한 억압은 어느 정도까지 용인될 수 있는가?"라는 질문은 한 국가가 주권범위를 넘어서 다른 국가의 물리적 영토 내에서 벌어지고 있는 일에 대해 어느 정도 간여할 수 있는지에 대한 근거를 묻고 있는 것이다.

국가의 존재 이유를 자국민의 인권을 보장하고 증진하는 데 있다고 보는 '자유주의적 인권관(국가관)'에 따를 경우, 국민을 억압하고 기본적 인권을 탄압하는 정권은 국제사회의 정당한 주체로 인정받을 수 없다는 결론에 이르게 된다. 왜냐하면 그러한 정권의 국제적 공인은 바로 그 나라 국민의 인권과 생존권에 대한 위협이 될 것이 분명하기 때문이다. 이는 서구 인권외교의 철학적 바탕으로, 자국의 인권을 유린하는 국가들의 경우, 대부분이 비(非)민주주의 체제이기 때문에 미국을 위시한 서구 자유민주주의 체제에 잠재적인 위협이 될 것이라는 "민주평화론"이 그 배경임은 주지의 사실이다.

따라서 이를 그대로 현실 대외정책에 대입할 경우, 국제사회(혹은 자유주의적 인권 관을 수호하는 국가들)는 자국의 안보와 국제평화를 위해 타국의 인권상황 개선을 위해 노력해야 할 것이며, 자국민의 인권을 탄압하는 억압적 정권에 대해서는 해체를 진행할 수 있으며, 이를 위해 경제적 봉쇄나 물리적 붕괴와 같은 급진적 수단의 사용까지 용인하게 되는 것이다.

이와 같은 정치철학적 · 역사적 배경하에 자유주의적 인권관을 보편적 명제로 수용하고 있는 서구 자유 민주주의 국가들이 '중국 특색의 사회주의 체제하의 인권담론' 즉 그들이 보기에 비(非)민주주의 체제 하의 중국 인권에 대해 회의적 시각을 가지는 것은 일견 당연하다 하겠다. 소련과 동구 사회주의권이 몰락한 오늘날 중국이 세계 2위 경제대국으로 성장하여 미국과 G2 체제를 논할 정도의 정치경제적 파워를 가지게 된 지금, 중국의 인권문제는 미국과 유럽 등 서방진영과 관계개선에 있어 핵심 쟁점으로 남아 있다. 특히 국제사회에서 중국의 영향력이 커질수록, 천안문 사건과 반체제 인사문제, 파룬공(法輪功)과 같은 종교탄압, 티베트 · 신장 등 소수민족 인권탄압 등 기본적 인권문제에 중국과 미국의 날카로운 대립은 여전히 진행 중인 상황이다.

인권정책(Foreign policy in human rights) 혹은 인권외교(Human Rights Diplomacy)란 "국제관계에서 타국의 인권상황이나 정책에 관여하여 그 정책의 실행에 영향을 끼치는 것"[1] 혹은 "자유주의적 정치철학에 근거하여 자국의 안보와 국제사회의 평화를 위해 각종 수단을 사용하여 타국의 인권상황을 개선하려는 정책적 노력" 등으로 정의할 수 있다. 이러한 인권정책과 인권외교 개념은 양차 세계대전을 겪으면서 미국과 서유럽 등 자유민주주의 국가 체제에 폭넓게 받아들여졌고,[2] 무엇보다 미국의 외교에서 미국적 가치(사실상 보편적 가치)의 하나로 받아들여짐에 따라 양자 · 다자 관계에서 정책적으로 운용되기 시작하였다.[3]

---

1) Peter R. Baehr, *The Role of Human Rights in Foreign Policy* (New York: Palgrave Macmillan, 2004), pp. 3-5.
2) Jack Donnelly, *International Human Rights* (Westview Press, 1998), p.3; Costas Douzinas, *The End of Human Rights: Critical Legal Thought at the turn of the Century* (Oxford: Hart Publishing, 2000), p. 11.
3) 대부분의 경우, 비(非) 서구권 국가들의 비민주주의 체제에서 인권 남용이 이뤄졌다고 보았기에, 지난 반세기 서구의 인권외교는 상당부분 비(非)서구권 국가들과의 관계에서 진행되어졌다.

이 글은 인권을 둘러싼 중국과 미국(서방)의 대립에 대한 올바른 이해와 국제사회에서 인권담론의 실질적 구현을 위해, 다음 두 가지 전제하에 "중국의 인권과 인권외교"에 대한 고찰을 목적으로 하고 있다.

첫째, 중국의 인권에 대한 인식이 정치적 · 이데올로기적 차이를 감안하더라도 인식론적 기반에서 서구와는 다른 차이가 존재한다는 가정이다.[4] 중국은 1949년 중화인민공화국 수립 이후 인권의 본질과 해석에 있어서 서구와는 끊임없는 인식의 차이를 보여 왔다. 덩샤오핑(鄧小平)의 "피부가 없는데 털이 있을 수 있는가? 국가의 독립적 주권이 없다면 인민의 생존과 발전은 있을 수 없으며 인권이란 존재할 수 없다"[5]는 발언은 중국과 중국인의 인권인식을 잘 보여주는 언급이라 하겠다.[6] 이에 이 글에서는 근대 중국이 서구 중심의 국가 간 체제에 편입되는 과정에서 겪은 특수한 사회 · 역사적 경험이 중국의 서

---

4) 이는 인권이라는 개념 자체가 고정 불변하는 사실(fact)이 아니라 구체적인 역사 · 사회적 배경하에서 '구성(construct)'된 개념으로 현재에도 여전히 다른 관념들과 상호 경쟁과 작용을 통해 끊임없이 구성, 재구성되는 열린 개념으로 보고 있음을 전제한다. 개념에 대한 구성주의적 시각에 관해서는 다음을 참조. Thomas J. Biersteker and Cynthia Weber ed., *State Sovereignty as Social Construct* (Cambridge University Press, 1996).

5) 鄧小平, 『人民日報』(1991.5.11).

6) 근대 역사 속에서 중국은 서구의 보편적 인권주의에 따른 팽창정책의 피해자였다고 할 수 있다. 보편적 인권이라는 미명하에 서구 국가의 개인의 자유와 재산권이 외부로 무한히 확대되는 상황에서 중국의 주권과 그 국경 내의 인권은 보호받지 못하고 무참히 유린당하는 상황이었던 것이다. 이와 같은 근대의 경험 하에서, 중국은 현재 미국을 위시한 서구 국가들의 인권외교 혹은 인권정책이라는 것이 인권을 구실로 한 사실상의 내정 간섭, 즉 주권침해이자 타국 인권에 대한 침해이고, 이는 결국 중국의 부상을 무력화시키고(和平演變) 서구 중심의 패권을 영속화시키기 위한 시도라는 입장을 보이고 있다. 따라서 중국은 자국의 인권에 대한 문제제기 자체가 중국 정부의 정통성에 대한 도전이라 하여 강한 반발을 보이며, 이러한 정부의 입장은 민족주의적 정서와 연계되어 대다수 중국 인민들에 의해 지지되는 상황이다. 최지영, "주권과 인권: 인권담론을 통해서 본 중국의 주권에 대한 인식 연구," 『중소연구』제28권 제4호(2004/2005), pp. 67-68.

구 인권 개념 수용과정에 영향을 끼쳤다고 보고, 이와 같은 중국의 인권 개념에 대한 인식을 "중국의 인권인식 혹은 인권관념(China's perception(or ideas) on Human Rights)"이라 정의한다.[7] 중국의 인권인식 과 이에 기반한 인권입장에 관해서는 II 절에서 살펴보도록 할 것이다.

두 번째 전제는 중국 인권외교의 존재에 관한 것이다. 중국이 실질 적으로 서구적 의미의 '인권외교' 혹은 '인권정책'을 일정한 목표 하 에서 특정 의도와 수단을 가지고 진행하는지에 대해서는 논란의 여지 가 많다. 특히 인권의 경우, 힘의 정치(power politics)가 지배하는 국제 관계에서 다양한 현안과 연계되어 중층적 · 복합적으로 나타나기 때 문에 구체적인 모습을 그려내기 또한 쉽지 않다. 그러나 '인권외교'를 국제관계에서 인권문제를 둘러싸고 보여주는 일련의 정책적 입장과 대응이라고 보다 광범위하게 정의할 경우, 중국의 인권외교는 분명히 존재한다고 보아야 할 것이다.[8] 이에 이 글은 중국이 서구의 인권외교 에 대하여 취하는 전략 혹은 정책을 '중국의 인권외교(China's Human

---

7) 이 글은 "개념"을 특정 시공간에서 공유되는 경험을 추상화 한 것으로 동시대 상 호경쟁하는 여러 관념들이 고도화, 추상화된 것이라 본다. 인식주체가 현실을 대 상으로 파악하는 과정에서 '인식 작용'이 일어나게 되며, 그러한 인식작용은 인식 주체가 당시 처한 사회 역사적 배경의 영향을 받게 된다고 할 수 있다. 따라서 중 국의 인권인식 혹은 인권관념은 서구의 인권개념에 대한 중국적 인식과 구성이라 하 겠다.

8) 실제로 기존 연구들의 상당수가 중국의 인권외교 및 정책의 존재를 전제하고 있 다. Andrew J. Nathan, "Human Rights in Chinese Foreign Policy," *China Quarterly* 139 (september, 1994), pp. 622~643; Ann Kent, *China and the United Nations, and Human Rights: The Limits of Compliance* (Phildaelphia: University of Pennsylvania Press, 1999); Elizabeth Economy and Michael Oksenberg, eds., *China Joins the World: Progress and Prospects* (New York: Council on Foreign Relations Press, 1990); James D. Seymour, "Human Rights in Chinese Foreign Relations," Samuel S. Kim, ed., *China and the World: Chinese Foreign Policy Faces the New Millennium* (Boulder, Colo: Westview, 1998); Ming Wan, *Human Rights in Chinese Foreign Relations: Defining and Defending National Interests* (University of Pennsylvania Press, 2001).

Rights Diplomacy)'[9]라 정의하고, III절에서 그 양태를 중국과 서구의 인권문제에 대한 갈등, 특히 미국과의 갈등과 마찰에 대한 고찰을 통해 분석해 보도록 하겠다.

II. 중국의 인권 인식

1. 근대 중국의 서구 인권 개념의 수용

서구의 인권 개념은 19세기 후반부터 중국의 근대적 지식인들에 의해 산발적으로 진행되어 왔다고 할 수 있다. 물론 일부에서는 모든 사회에는 인권에 상응하는 개념이 존재했으며, 전통 중국 역시 그러하였다는 "인권 개념 자생론"을 주장하기는 하지만, "근대적인 개인의 권리"로서 인권은 서구로부터 소개·수용되었다고 보아야 할 것이다.[10]

---

9) 이 글에서는 개념적으로 인권외교와 인권정책을 구분하도록 하겠다. 인권외교는 인권문제를 둘러싸고 타국과의 외교관계에서 드러나는 정책이라 한다면, 인권정책은 대외적, 대내적으로 자국의 인권 상황을 증진시키기 위해 취하는 정책들의 모음이라 정의하도록 하겠다.

10) 근대 이전 중국은 영어의 개인(individual) 혹은 권리(rights)에 해당하는 어휘가 존재하지 않았다. 예를 들어 "권리"라는 개념은 19세기 일본이 서구 근대 사상을 소개하는 과정에서 조합된 단어이다. 전통적으로 중국에서 권리(權利)란 1) 권세와 재화, 2) 권력과 힘을 가진 이, 3) 이해관계를 조율하다 등의 의미이다. 이와 같이 단어의 부재는 개인 혹은 권리 등과 같은 개념이 중국에서 자생적이지 않았다는 것을 보여준다. 물론 "개인"이나 "권리" 등의 단어가 존재하지 않는다고 해서 "개념" 그 자체가 존재하지 않았다고 할 수는 없겠다. 이는 설사 그 개념과 동일한 단어 자체가 존재하지 않았다 해도 복합적 어휘를 통해 실질적 내용을 지칭할 수도 있기 때문이다. 그러나 유교 사상과 윤리 체계에는 근대 서구의 자유주의에서 가정하는 개인 중심의 평등적 인권관이 발전되어 나오지는 않았다고 보는 것이 일반적 견해이다. 설사 유교적 윤리 이론 체계 속에 "권리와 의무"의 유

1895년 옌푸(嚴覆)의 『論世變之』에서 서구의 천부인권사상이 처음으로 소개되었고, 그 후 프랑스 계몽주의 사조와 자유민주주의 사상에 심취했던 마젠중(馬建忠) 등의 학자들에 의해 널리 알려졌다. 청조 말기 〈흠정헌법대강(欽定憲法大綱)〉에서는 신민(臣民)의 기본 권리를 구체적으로 명시하고 있는데, 이는 서구의 인권 개념이 제도적으로 수용되기 시작하였음을 의미한다.[11]

다만 중국 근대 사상의 주류적 흐름에서 보면, 근대 중국이 서구의 사상과 제도를 수용한 것은 민족적 위기에 처한 중국을 구하고 부강하게 만들 최적의 수단으로 인식하였음에 유의해야 할 것이다.[12] 서구의 인권 개념의 수용 또한 같은 맥락에서 이해할 수 있는데, 이는 중국의 근대 지식인들의 인권에 대한 수용과 이해를 보면 보다 분명해진다.

캉유웨이(康有爲)는 대동세계(大同世界)나 남녀평등 등 시대의 제약을 뛰어넘는 인권의 보편성을 이야기하였으나, 인권의 궁극적 보장은 입헌군주제의 틀 속에서 헌법에 명시된 권리를 통해 실현된다고 보았다.[13] 이러한 시각은 량치차오(梁啓超)의 국가와 개인을 바라보는 관점에서도 잘 드러나 있다. 그는 "인간이 인간이기에 가지는 생득적 권

기적 관계가 존재했다 하더라도 이것이 곧 유교사상과 윤리 체계 속에 평등한 개인주의적 서구 근대 인권관이 내포되어 있다는 것을 의미하는 것은 아니다. 개인으로서 가지는 권리와 사회관계 중 그와 상응하는 이익을 누리는 것은 다른 차원의 문제이기 때문이다. Henry Rosemont, "Why Take Rights Seriously?" Leroy S. Rouner, ed., *Human Rights and the World's Religions* (Notre Dame: University of Notre Dame Press, 1988), pp. 167-182.

11) 청 정부가 유신변법을 하는 과정에서 발표한 〈흠정헌법대강〉은 중국 역사상 최초의 헌법적 문건이라 할 수 있는데, 그중 "신민의 권리의무"부문에 처음으로 법률적 범위 내에서 모든 언론, 저술, 출판, 집회, 결사의 자유를 보장하고 법률적 근거에 의거하지 않고서는 모든 신민이 구속이나 구금 등을 받지 않을 권리가 있음을 명시하였다.

12) 문화와 도덕에 근거를 둔 중국적 전통 질서가 19세기 말 경쟁과 힘의 논리가 지배하는 유럽 중심의 국가 간 체제와 조우하면서 생존을 위해 부강한 국민 국가와 민족주의 형성이 절대 절명의 시대적 과제로 받아들여지게 된 것이다.

13) 鄭杭生 主編, 『人权新论』(北京: 中国青年出版社, 1993), pp. 264-265.

리"로서 인권을 논하였으나, 인민이 주체가 되는 그의 민권(民權)적 구상은 대외적으로 제국주의 열강의 압력이 거세지고 중국이 분열적 상황으로 치달으면서 유보적인 길을 걷게 된다. 결국에는 중국이 쇠약하게 된 근본 원인은 군권(君權)에 비해 턱없이 약해진 민권으로 보아 천부적 권리로서의 인권보다는 "국가의 구성원이자 토대"로서의 민권으로 해석하는 경향을 강하게 보이게 된다.[14] 특히 그의 '국가유기체론'은 사회진화론적인 세계관에 근거하여 일치단결하는 부강한 민족과 국가만이 개체의 생존을 담보할 수 있다고 보았다.[15] 또한 블룬체리, 보뎅, 루소 등 국가 그 자체를 최고의 목적적 존재로 보는 국가이론에 동의하며,[16] 집단 혹은 국가와 개체의 이익이 충돌되었을 때 집단의 이익을 우선해야 하고 불가피할 경우 국가는 개개 국민의 목숨조차 요구할 수 있다고 보았다.[17] 사실상 이러한 개체의 권리에 대한 국가(혹은 민족) 우위적 인식은 량치차오뿐 아니라 당시 중국의 지식인들에게서 보편적으로 나타나고 있다.[18]

---

14) 梁啓超, "西學數目表后序," 栽夏曉虹編, 『梁啓超文選』(北京: 中国广播電視出版社, 1992), p. 374.
15) 양계초(량치차오, 梁啓超)의 경우, 자연계의 경쟁이 불가피한 것이며 집단을 이룬 군체의 능력이 개체의 존망을 결정짓는다는 "合群原則"을 피력한다. 이에 따라 개화되고 보다 문명화된 민족이 미개화된 민족을 딛고 역사의 발전에 살아남는다 하여 개체의 생존을 위해 유기체적인 집단으로서 국가와 민족의 중요성을 두드러지게 강조한다. 張灝, 崔志海, 葛夫平 譯, 『梁啓超与中國思想的過渡(1890-1907)』(南京: 江蘇人民出版社, 1997), p. 70.
16) 양계초는 국가를 개인이나 정부, 이민족, 그리고 더 나아가 세계 그 자체보다 상위에 있는 최고의 존재로 규정한다. 권리와 의무는 통일되어야 하며 의무를 전제로 하는 권리가 존재한다는 그의 관점은 그의 단체주의(집단주의) 사상에 잘 드러나 있는데 여기서 단체주의란 가장 최고의 집단이라 할 수 있는 국가를 본위에 두는 국가주의의 또 다른 표현이라 할 수 있겠다. 羅玉中, 万其剛, 『人權与法制』(北京大學出版社, 2001), pp. 223-224.
17) 張灝, 崔志海, 葛夫平(1997), p. 184.
18) 刘禾, "跨语际的实践: 往来中西之间的个人主义话语," 载许纪霖, 『二十世纪中国思想史论』(东方出版社, 2000), p.232; 張灝, 崔志海, 葛夫平(1997), pp. 143-144.

청말(淸末)의 양무운동(洋務運動), 유신변법(維新變法), 자강운동 등 제도권 내의 정치개혁이 실패로 돌아간 후 근대 중국에서는 정치·경제·사상·도덕 등 사회문화 저변의 문제를 근원적으로 제기하는 "신문화 운동"이 전개된다. '민주'와 '과학'의 기치 아래 진행된 신문화 운동이 인간에 대한 모든 속박을 깨뜨리고자 하는 인권의 전파와 불가분의 관계인 것은 자명한 일이다. 다만 "구국(救國)과 구망(救亡)이 계몽을 압도했다"는 리저호우(李澤厚)의 진단[19]에서 알 수 있듯이 개인의 권리는 전통적 群體(유교의 낡은 공동체주의)를 비판하는 수단에 불과했을 뿐이다. 결국에는 이를 통해 부강한 근대국가를 재건하고자 했기에, 개인의 권리(인권) 역시 국가(혹은 민족)와의 관계 속에서 파악되는, 자기 목적적인 개체담론으로 진행되었다 하겠다.

초기 민주주의 신봉자로서 "억울한 대우를 받는 모든 개체의 해방"을 주장하며 "국가권력 존재의 타당성을 인권보장"에서 찾았던 천두씨우(陳獨秀)조차도 결국에는 인간이 가질 수 있는 존엄과 가치를 국가와의 관계 속에서 찾고 있다. 신문화운동 시기 민주주의의 신봉자였던 천두씨우는 집단과 단체, 그리고 그 지도자에게 절대적인 복종을 강요하는 민주집중론을 주장하는 공산주의자가 되었는데, 이는 곧 인권관의 후퇴를 의미하는 것이기도 했다.[20]

> "개인의 독립과 자주적 인격을 존중하고 타인의 부속품으로 여기지 않는다. 사람이 모여 국가를 이루니 개인의 인격이 높으면 그 국가의 인격도 역시 높아지는 것이다. 개인의 권리가 공고하면 그 국가의 권리 역시 공고해지는 것이다."[21]

---

19) 李澤厚, 『中國近代思想史论』(合肥: 安徽文艺出版社, 1994).
20) 김창규, "인권개념의 중국적 수용과 변용," 『민주주의와 인권』 제8권 3호, pp. 46-50.
21) 陈独秀, 『青年杂志』第一卷 五号, 罗玉中, 万其刚(2001), p. 184.

"인권은 국가에 우선하여 존재하는 것이다. 국가가 인권을 탄생시키는 것이 아니라 인권을 인정해야 하는 것일 뿐이다"[22]고 하여 서구의 천부인권사상에 근접한 관점을 보였던 후쓰(胡適), 루어룽지(羅隆基)의 경우에도 궁극적으로는 국가가 주체가 되는 헌법을 통한 인권 보장을 대안으로 제시하였다.[23]

쑨중산(孫中山)의 인권에 대한 인식 변화 또한 유사하다. 신해혁명과 〈중화민국임시약법(中華民國臨時約法)〉을 제정하여 "중화민족의 모든 권력은 전국의 모든 인민에게 속한다"라는 주권재민(主權在民)의 원칙을 수립한 쑨중산의 경우 초기에는 천부인권설의 영향을 받아 "인권의 신성함"과 "개인 자유의 수호"를 신봉하였으며, 인민의 민주적 권리에 대한 세세한 규정을 통해 기본적 인권을 보장하고자 하였다. 그러나 신해혁명 실패 후 당권 투쟁과 불안한 정국 속에서 인권에 대한 그의 이해와 인식은 개인의 권리와 자유 중심의 인권관에서 국가(혹은 집단)의 이익과 질서 수호를 전제로 하는 인권관으로 바뀌게 된다.

"개인의 자유가 궁극적인 목적이 될 수는 없다. 이는 다만 민주혁명과 국가부강을 실현하는 수단인 것이다. 중요한 것은 국가의 자유와 독립이며…중국 혁명은 (개인의) 자유를 쟁취하기 위한 것이 아니라 "한줌의 모래"와 같은 상황을 극복하기 위한 것이다."[24]

쑨중산의 국가와 민족, 개인에 대한 사상이 그의 사후에 후계자들에 의해 상당히 변질되었다는 것은 많이 알려진 사실이지만, 그의 경우에도 궁극적으로는 친족의 유대를 확장하여 혈통에 기반을 둔 국가 정치를 구상했다. 그에게 있어 국가는 수백만 가족으로 구성된 인민 대

---

22) 郑杭生(1993), pp. 275-276.
23) 罗玉中, 万其刚(2001), p. 224.
24) 孙中山, 『孙中山全集』第11卷(中华书局, 1981), p. 267.

가족으로 인식되고 있었던 것이다. 신문화 운동과 5·4 운동의 정신을 이어 받은 마오쩌둥 사상에서도 자유는 개인(individual)보다는 인민(people)의 자유로서 관념화된다.[25]

이와 같이 근대 중국의 인권에 대한 수용에서는 "국권우위, 민권하위(強國權, 輕民權)"적 인식이 강하게 드러나는데, 이는 결국 근대 중국이 찾고자 했던 것은 민족적 위기에 빠진 중국을 구하고 부강하게 만들 '수단으로서의 인권'이었기 때문이다. 초기 연안의 개혁파 관료들로부터 양무운동, 유신파의 무술변법과 입헌군주제 주장, 그리고 신민주주의 혁명에 이르기까지 서구 천부인권사상의 수용이 광범위하게 진행되었으나, 궁극적으로 중요한 것은 개령(改令)과 변법(變法), 그리고 혁명을 통해서 중국의 정치제도를 개혁하고 서방제국주의의 침략으로 민족적 위기에 빠진 중국을 구하는 것이었다.

따라서 근대 중국의 인권에 대한 수용은 보다 구체적으로는 국가의 존망에 책임을 지는 국민이 되기 위한 권리로서의 '민권' 개념으로, 궁극적 목표는 '국가 주권'의 수호였기에 개인의 권리와 자유의 가치를 바탕으로 하는 생득적이고 천부적인 권리로서의 인식보다는 국가와 민족 범주하에서 '집체의 권리'로 인식되는 면이 컸다 하겠다.

2. 현대 중국의 인권에 대한 기본 인식과 입장

현대 중국[26]의 인권에 대한 기본 인식과 입장은 크게 두 가지 틀에서 조명해 볼 수 있다.

첫째는 일반적으로 (현실) 사회주의 국가들이 인권에 대해 가지는

---

25) 조경란, "유교, 민족, 인권-중국의 근대성 문제: 개인과 국가를 넘어서," 『철학연구』 제53집, pp. 60-61.
26) 이 글에서는 1949년 중화인민공화국 수립 이후의 중국을 의미한다.

입장과 인식이다. 사회주의 국가들의 경우, 인권을 포함하는 모든 권리는 궁극적으로 법적 보장 장치를 전제로 하기에 필연적으로 국가를 전제할 수밖에 없다고 본다.[27] 따라서 특정 사회 유형(예를 들어 자본주의 생산양식)에서 국가란 피지배 계급에 대한 억압의 도구일 수밖에 없고, 이러한 국가와 정부가 규정하는 권리로서의 인권이란 결국 통치계급의 이익을 반영할 뿐이다. 결국 진정한 계급해방이 이뤄진 사회주의 국가에서만이 모든 계급의 권리가 비로소 법에 의해 평등하게 보장될 수 있는 것이다. 따라서 1949년 사회주의 중국 건국 후 구축된 법률과 법제는 모두 사회주의 생산양식을 반영하고 있기에 자국민의 인권이 기본적으로 보장되고 있다 보았다.

개혁개방 이후 인권에 대한 논의가 잠시 활성화되기도 하였으나, 여전히 중국에서는 사회주의 국가의 인권관이 강하다고 할 수 있다. 인권은 여전히 "자산계급의 구호"이며 "자산계급의 사유화된 특권을 보호하기 위한 도구", "무산계급 혁명과는 양립하기 어려운 허위의식"이다.[28] 즉 자연권에 기초한 생득적 권리로서 인권은 자본주의하에서 파생된 부르주아적 개념으로, 그것이 당과 국가의 권한과 권위에 제한을 가하게 될 때 새로운 사회주의 중국 건설을 위협하는 반(反)혁명이라 보는 시각이 여전히 존재하는 것이다.[29] 따라서 오로지 중화인민공화국 공민으로서 국가헌법과 법률을 준수할 때만이 이에 상응하는 권리와 자유를 누릴 수 있으며, 개인의 권리 행사는 국가, 사회, 집

---

27) 서구와 사회주의 국가들의 기본적 인권개념에 대한 차이에 대해서는 다음을 참조할 수 있다. H. Gros Espiell, "The Evolving Concept of Human Rights: Western, Socialist and Third World Approaches," B. G. Ramcharan, ed., *Human Rights: Thirty Years after the Universal Declaration* (Martinus Nijhoff: 1979); Richard P. Claude and Burns H., *Western Human Rights in the World Community: Issues and Actions* (Pennsylvania University Press, 1989.

28) 叶立煊, 李似珍, 『人权论』(福建人民出版社, 1991), pp. 185-192.

29) John F. Copper, *Defining Human Rights in the People's Republic of China*(1988), pp. 10-13.

단의 이익에 해(害)가 돼서는 안 되는 것이다.

또한 진정한 계급해방이 이루어진 사회주의 국가에서 자국민의 기본적 인권이 충분히 보장되고 있다고 보았기에, 국민들의 인권요구와 인권상황 개선 그 자체에 대해서도 무관심하였다. 무엇보다 건국 초기, 국내적으로 대약진, 문화대혁명 등 극좌의 사상이 압도하는 상황에서 인권은 무산계급혁명의 방향에서 어긋나는 것으로 더욱 교조주의적으로 해석되어 아예 논의조차 되지 않았다.[30] 따라서 개혁개방 이후에도 한참 후인 2002년 16차 당대회와 2004년 10기 전인대 2차 회의에 이르러 '국가의 인권보장' 문구가 비로소 헌법에 삽입되었다는 것은 중국적 상황에서 하등 이상할 것이 없다.[31]

물론 개혁개방이 상당히 진행된 오늘날에는 "착취 계급 소멸을 위한 투쟁"이 인권해방을 위한 궁극적 수단이라는 주장이 점차 구시대의 관념으로 취급되고 있기는 하지만, 인권보장에 대한 구호 그 자체를 사회주의 사회의 퇴보로 인식하거나, 국가나 정부에 대한 우회의 불만표출로 우려하는 인식은 여전히 뿌리 깊다 하겠다.

두 번째는 중국 정부나 주요 지도자, 학자들이 인권에 대해 표명하

---

30) 그러나 "모든 계급의 해방을 이룬 국가" 속에서 "법에 의한 인간 권리의 보장"은 그 실질적 내용에서 자체 논리만큼 이상적이지 못했는데, 수십 차례에 걸친 극좌 정치운동 속에서 당 간부로부터 일반 인민에 이르기까지 실정법에 의한 인권보장은 거의 이뤄지지 못했다고 보아야 할 것이다. 예를 들어, 국내정치 투쟁 속에서 수정된 〈1975년 헌법〉에서는 건국 초기 〈공동강령〉과 〈5.4 헌법〉에서 보장하고 있던 "공민의 권리와 자유에 관한 국가의 보장" 장절(章節)까지 삭제되게 된다. 그 후 〈78년 헌법〉에서 공민의 권리와 자유에 관해 일부 수정이 이뤄졌으나, 보다 완전한 의미에서 공민의 권리가 법적으로 확보된 것은 개혁개방 이후 〈82년 헌법〉(제33조)에서라고 할 수 있다. 그러나 특정한 자유(예를 들어, 언론 집회 결사의 자유나 주거이전의 자유 등)를 보장하는 것은 사회주의 건설과는 배치된다는 관념이 여전히 압도적이었으며, 권리 또한 국가로부터 부여된 것이기에 그것이 언제나 국가의 이익에 종속되어야 한다고 보았다.

31) Ann Kent, "Waiting for Rights: China's Human Rights and China's Constitutions, 1949~1999," *Human Rights Quarterly*, Vol. 13, No. 2 (May 1991), pp. 170-201.

는 입장과 그 속에 드러난 상대주의적 인식이다. 개혁개방 이후 중국의 인권에 대한 새로운 인식과 입장을 정리한 이는 덩샤오핑이다.[32] 덩샤오핑은 이를 '중국 특색의 인권관'으로 정립하였는데, 현재 중국 정부와 대다수 학자들의 인권에 대한 입장과 인식은 기본적으로 이를 따르고 있다 하겠다. 공식적으로 중국 정부의 인권 입장과 인식은 1991년부터 거의 매년 발간되는 『인권백서』에 잘 드러나 있으며,[33] 중국 정부가 개별 국가들과 진행하는 인권대화(Human Rights Dialogue),[34] 그리고 북경 및 상해에서 몇 차례 개최된 인권담론 논쟁을 통해서도 현대중국, 특히 개혁개방 이후 중국의 인권에 대한 인식과 입장을 유추해 볼 수 있다. 이를 간략히 정리하면 다음과 같다.

우선, 공식적으로 인권을 국제사회의 보편적 개념으로 인정한다. 이는 인권을 "자산계급의 이데올로기"로 규정했던 과거와는 분명 다른 차이점이다. 즉 인권이 국제사회의 보편적 원칙이자 〈UN 헌장〉이 모든 구성원들에게 구속력을 가지는 국제적 규약임을 인정하며, 〈UN 헌장〉 및 인권관련조약을 체결한 국가들은 그 취지와 원칙을 준수하여야 한다고 본다. 이는 중국의 국제사회의 편입에 따라 진행된 인식의 변화라 할 수 있는데, 이에 따라 중국은 1990년대 이래 상당수 인권 관련 주요 국제조약에 가입한다.[35]

---

32) 덩샤오핑은 "인권이란 무엇인가? 우선적으로 명확히 해야 할 것은 얼마나 많은 이들의 인권인가 하는 점이다. 다수자들의 인권인가 아니면 소수에 국한된 인권인가? 아니면 전국 인민의 인권인가? 서구에서 말하는 '인권'과 우리가 생각하는 인권은 다르며 이를 바라보는 관점도 틀리다"라 하여 중국이 인권에 대해 서구와는 다른 인식을 가졌음을 피력한 바 있다. 鄧小平(1993), p.125.

33) 人民网(中國政府白皮書), http://www.people.com.cn/GB/shizheng/252/2229(검색일: 2010.08.22).

34) 중국과 유럽의 인권대화의 내용과 진행과정에 관해서는 다음을 참조. Philip Baker, "Human Rights, Europe and the People's Republic of China," *The China Quarterly*, no.169 (March 2002).

35) 중국의 국제인권규약과 레짐에의 참여에 관해서는 다음을 참조. 中國人權發展基金會 編, 『中國签署批准的國際人權公約』(新世界出版社, 2002).

다음으로, 그럼에도 불구하고 인권을 인식함에 있어 인권의 보편성이 특수한 시대와 지역이라는 구체적 상황과 분리될 수 없다고 본다. 중국에서 인식되는 인권의 보편성이란 각국의 특수한 역사적 배경, 사회제도, 정치·경제적 발전 수준, 문화적 전통 등의 구체적 맥락 속에서 비로소 실현될 수 있는 것이며, 이는 '인권의 역사(人權史)'로 파악되어질 수 있다. 이와 같이 "구체적 맥락 속의 인권"이라는 전제하에 중국은 자국의 상황(國情)에 맞는 인권을 주장한다. 중국이 가지는 구체성, 즉 '국정(國情)'에 대한 덩샤오핑의 언급은 다음과 같다.

> "두 가지 점이 반드시 논의가 되어야 할 듯한데, 우선 중국은 가지고 있는 자원이 적다는 것이다. 두 번째는 중국 인구가 많고 경작지가 적으며…인구 대비 생산이 충분치 못한 상황에서 '먹고 사는 것'은 매우 중요한 문제가 아닐 수 없다."[36]

등소평의 해석에 따르면 중국은 인구는 많으나 자원이 부족하여 경제적 인권 즉 생존권이 우선시되어야 한다는 것이다. 이는 결국 배고픔을 해결해야 하는 단계에서는 서구인이 주장하는 정치적 인권이 불가피하게 뒤로 밀려날 수밖에 없음을 말한 것이다. 이에 이르러 세계 각 국 및 인민들의 인권에 대한 관념과 인식에는 어느 정도는 차이가 있을 수밖에 없으며, 중국의 경우 국정에 맞는 인권관을 수립하는 것이 필요하다는 논리가 자연스럽게 성립되는 것이다.

끝으로, 중국의 인권관이 가지는 독특한 내용은 무엇인가? 이는 간략하게 "인권 수호를 위한 국가주권 수호"라 요약할 수 있다. 중국적 특수성(혹은 國情)과 관련하여 『인권백서』는 "중국의 특수한 역사적 경험", "현대 중국이 처해있는 국내외적 어려움," 즉 개도국으로서의 발

---

36) 鄧小平(1983), pp. 149-150.

전수요 등을 주요하게 들고 있는데,[37] 그중에서 인권에 대한 구체적인 인식은 우선, 무엇보다 "생존권"이 가장 중요하며 모든 인권의 전제가 되고 있다고 보고 있는 것이다.[38] 다만 중국이 인식하는 생존권은 개체보다는 국가, 민족을 단위로 하는 집단의 생존권을 의미하며(集團 人權), 개체의 생존은 궁극적으로는 집단의 생존 속에서 확보될 수 있다고 본다. 결국 중국 정부가 인식하는 인권은 소수의 혹은 개체 단위의 인권이기 보다는 다수의, 집단 단위의 인권이라 하겠다.[39]

> "정확히 말하자면 국가의 권리(國權)가 인권보다 훨씬 중요하다. 가난하고, 약한 국가, 제3세계 국가들의 국가의 권리는 언제나 침범당하고 있다. 인권, 자유, 민주 등의 미명하에 강국이 약소국의 내정에 간섭하며 자국의 안보와 이익을 도모한다."[40]

일국의 국가 주권이 확보되지 않은 상황이라면 가장 기본적인 개체의 인권도 확보될 수 없으며 결국 국가 주권의 확보가 인권보장의 가장 중요한 전제 조건이 된다. 이와 같은 주권 우위적 인식에 의해 인권

---

37) 國務院新聞辦公室. "中國的人權狀況," 董云虎, 佟唯眞 主編, 『世界人權叢書: 中國 人權白皮書總覽』(新華出版社, 1998), p. 1, pp. 6-7.

38) "중국에게 있어 가장 중요한 것은 생존권의 문제이다. … 무수한 혁명 선열들이 피를 흘리며 희생을 했다. 그 이유가 무엇 때문인가? 바로 국가의 독립권을 쟁취하기 위함이었으며 중국 인민의 생존권과 발전권을 확보하기 위함이었다." 江澤民, 『人民日報』(1991.4.15), (1991.5.11).

39) 중국 중앙 지도부는 개체주의적 권리 주장에 대해 오히려 경각심을 가지고 있는 듯 하다. "인민을 위해 봉사하는 것은 사회주의 도덕의 표현이다. 사회주의 시장 경제의 발전 속에서 전 인민은 더욱 더 인민을 위한 봉사에 매진하여야 할 것이며 집단주의 정신을 드높여야 한다. 인간을 존중하고 관심을 가지며 집단에 애정을 보내며 공익을 생각하고 어렵고 가난한 이웃을 도와 인민과 사회주의를 위해 봉사한다. 배금주의와 개인주의와 향락주의를 경계한다. 〈中共中央關于社會主義 精神文明建設若干重要問題的決議〉(1996).

40) 鄧小平(1993), p. 345.

은 '국내 문제'로 그 범위를 제한받게 되고 특히 개체 중심적 인권은 생존권과 발전권의 중시에 의해 집단적 국가이익의 하부에 놓이게 된다. 또한 『백서』에 따르면 국제적으로 패권주의(覇權主義)와 강권주의(强權主義, power politics)가 세계의 평화와 발전을 저해하고 있으며 인권에 대한 근원적 저해 요인이라 보고 있다.[41] 인권에 대한 위협을 국가 권력이 아닌 타국의 주권으로 보는 것이다. 이 역시 인권을 개체 중심이 아닌 민족 국가 단위로 파악하는 인식을 보여준다 하겠다. 주권과 인권의 관계에 대해 덩샤오핑은 다음과 같이 명확한 결론을 내린바 있다.

> "우리가 관심을 가지는 것은 (인권보다는) 우리의 국가이다. … 피부가 없는데 털이 있을 수 있는가? 국가의 독립적 주권이 없다면 인민의 생존과 발전은 있을 수 없으며 인권 역시 존재할 수 없다."[42]

> "국가의 주권과 안보는 무엇보다 중요한 것이다. 이 점에서 우리는 과거 어느 때보다 분명하게 느끼고 있다. 서구 몇 몇 국가들은 인권이네 사회주의 제도의 불합리성이네 하는 등의 근거 불분명한 이유를 들어 떠들어대고 있지만 사실상 그들이 노리는 것은 우리의 국권에 대한 침탈이다. 패권(覇權)정치를 추구하는 나라들은 인권을 말할 자격이 없다! 그들이 세계 얼마나 많은 이들의 인권을 침해하였는지를 생각해 보라!"[43]

결국 중국에게 있어 국가는 국제법의 주체이며 인권을 보호하고 보장하는 주체로서 책임과 의무를 가지고 있으며 동시에 인권 보장의 기

---

41) 李云龍 (1999), pp. 122-123.
42) 鄧小平, 『人民日報』(1991.5.11).
43) 鄧小平(1993), p. 348.

본 전제가 된다. 따라서 각국이 각각의 구체적 상황에 근거하여 자국인들의 인권을 보호해야 한다는 논리가 성립되는 것이다.[44] 이는 인권이란 인간이기 때문에 당연히 가지는 권리로서 그 존엄성을 보장받을 권리는 국가나 실정법에 의하여 부여되는 것이 아니므로, 그래서 일국의 국경(주권)을 넘어서는 인권의 세계화 방안에 대한 논의가 자연스럽게 진행되는 자연법사상에 바탕을 둔 서구의 인권에 대한 인식과는 분명 차이가 있다. 또한 생득적이고 절대적인 보편가치로서의 인권 보장을 위해 타국의 주권 국가 범위를 넘어설 수도 있다는 서구 국가들의 인식과 필연적으로 충돌하는 지점이라 하겠다.

III. 중국의 인권외교

1. 국제관계에서 중국의 인권외교

1) 1949년~개혁개방 이전 시기: 소극적 탐색

이 시기 국제관계에서 중국은 국제사회의 인권문제뿐 아니라 티베트 인권 등과 같은 자국 인권에 대한 비판에 대해서도 적극적인 대응을 자제하고, 국제적 활동의 장(場)이라 할 수 있는 UN에서도 기능적 활동은 거의 하지 않는 등[45] 인권외교라 할 만한 것이 없었다. 이는 다

---

44) 중국은 인권을 국내인권과 국제인권으로 분류하고, 개인은 국제법의 주체가 될 수 없기에 국내법에 의해 보호를 받아야 하며, 국제인권은 국제법 규정에 의한 集體人權으로만 주장하고 있다. 따라서 개별적 인권은 국내 사무에 속한다 라는 논리가 도출된다. 叶立煊, 李似珍(1991), pp. 309-321.

45) 이 시기 중국은 UN인권위원회의 활동에도 참여하지 않았으며, 인권과 관련한 국제조약에도 가입하지 않았다.

음과 같은 상황적 원인에서 연유하였다 볼 수 있다.

우선, 중국 내부의 국내정치적 상황이다. 대약진 운동, 문화대혁명 등으로 이 시기 중국 국내정치 상황이 혼란스러웠던 것이 주지의 사실이다. 당시 외교를 맡고 있던 저우언라이(周恩來)조차도 공공연하게 우경화 비판에 직면하는 상황에서 혁명외교가 아닌 다른 외교 무대의 장에 적극적으로 참여하기는 어려웠을 것이다. 이러한 상황은 1978년 개혁개방 이전까지 계속되었다.

둘째, 인권에 대한 인식과 더불어 UN 등 국제인권 레짐의 운영 메커니즘에 대한 중국의 낯설음이다. 앞서 살펴본 바와 같이, 사회주의 혁명을 통해 건국한 중국은 인권을 자본주의적 유산으로 치부하여 부정적으로 인식하였다. 마찬가지로 그러한 인권을 보호하는 국제기구나 외교적 활동에 대해서도 부정적 인식을 가지고 있었다. 또한 UN 등과 같은 국제기구의 초기 멤버가 아니었기에 운영 메커니즘에 대해서도 서서히 적응해 가는 기간이 필요했다고 할 수 있다.

마지막으로 대외환경 관련, 중국이 인권 관련하여 국제적으로 별다른 압박을 받지 않았기 때문이다. 즉 이 시기 중국은 서구 인권외교의 대상이 아니었다는 것이다. 기실 중국의 인권이 국제적으로 이슈가 되고 미국과 서유럽 국가들의 공세에 직면하게 된 것은 1980년대 들어서이다.

카터 정부(1977~1981)시기 미국이 전 세계적으로 인권외교의 기치를 드높였을 때도 중국은 예외였다.[46] 서유럽 국가들의 경우에도 프랑스 정부나 런던에 본부를 둔 앰네스티(AI: Amnesty International, 국제사면위원회) 등과 같은 몇몇 국제기구가 개별적으로 중국의 인권상황을 거론

---

46) Robert Cohen, "People's Republic of China: The Human Rights Exception," *Human Rights Quarterly*, Vol.9, No.4 (Nov. 1987), pp. 475-480. 물론 79년 미 국무원의 인권연례보고서가 중국의 정치적 망명자, 가족계획, 티베트 정책을 거론하기도 하여 미중 간 갈등이 빚어지기도 하였으나 이 시기 인권은 미중간의 중요한 외교적 이슈는 아니었다.

한 것 외에 외교와 연계된 인권이슈로 중국을 압박하지는 않았었다. 이는 당시 중국의 인권상황에 대한 정보 부족, 제국주의적 과거에 대한 죄의식, 중국문명에 대한 우호적 감정 등 여러 가지 이유가 있을 수 있겠으나,[47] 무엇보다 냉전 시기 미국과 그 동맹국들이 소련 봉쇄에 중국이 필요하였기 때문이다. 이는 중국이 미국에 혁명수출을 자제하는 한 미국은 중국의 내정에 간섭하지 않겠다는 것을 명시한 1972년 미·중 간 〈상하이 코뮤니케〉에서도 잘 드러나 있는 바, 소련 봉쇄라는 전략적 이익의 공유로 서구는 중국의 인권상황을 편의적으로 해석하고 외면하였다 할 수 있다.[48]

그럼에도 불구하고 1970년대 몇 가지 사건은 중국 인권에 대한 서방사회의 경각심을 불러일으킨 적이 있었는데, 먼저, 1974년 12월 광저우(廣州)에서 발생한 '리이져(李一哲) 대자보 사건'을 들 수 있겠다. 즉, 리졍텐(李正天), 첸이양(陳一陽), 왕시져(王希哲)가 각자의 성(姓)을 딴 리이져(李一哲)라는 가명으로 광저우(廣州)에서 〈사회주의 민주와 법제-毛주석과 4기 인대에 바침〉이라는 대자보를 통해 사인방이 마오쩌둥을 신격화하고 개인숭배를 자행하며, 특권계급으로 인민을 압박하고

---

47) 이 시기 중국에 관한 정보가 제한된 상황에서 일부에서는 중국 문화대혁명을 매우 긍정적이고 낭만적으로 묘사하기도 하였다. Federick C. Teiwes, "Before and After the Cultural Revolution," *China Quarterly,* no.58, April-June 1974, pp. 332-348.

48) 미국의 예를 들면, 카터정부는 인권을 외교정책의 주요 원칙으로 내걸었음에도 불구하고, 실제운용에 있어서는 선택적 편리함을 보였는데, 주요하게는 중남미 국가가 대상으로, 소련을 견제하기 위해 전략적으로 필요했던 중국에 대해서는 간단하게 넘어가는 모습을 보였다. 카터의 후임이었던 레이건 또한 전통적 국가이익의 기치 아래 중국의 인권을 양자관계의 주요 의제로 다루지 않았다. 서유럽의 주요 국가 또한 유사한 양태를 보였는데, 유럽의회 의원이기도 했던 아일랜드의 Ruairi Brugha 대통령은 1979년 유럽의회에서 중국이 마오 이후 4개 현대화라는 막중한 짐을 진 상황에서 인권에서의 실정은 이해할 수 있다는 실언을 하기도 하였다. 辛翠玲, "从中国人权看国际人权团体的影响力,"『政治科学论丛』, 第19期 (2003), p. 193.

있음을 비판하였다. 이 후 당사자 3인은 체포되거나 도망쳤는데, 이 사건을 계기로 중국의 인권상황이 잠시지만 서구 언론의 주목을 받았다. 또 다른 사건은 1976년 4월5일 천안문에서 발생한 민주화 운동이다. 당시 고(故)저우언라이(周恩來)총리를 애도하기 위해 천안문에 모인 수만 명의 노동자, 학생, 농민, 청년들이 반(反)마오와 4인방 독재에 대한 반발시위로 확대되었고, 중국 정부에 의해 무력진압을 당하게 된다. 중국 정부의 강경 진압은 외신들의 보도에 의해 알려지고 중국의 인권상황이 또다시 국제적 관심을 끌게 된다.[49]

그러나 그 후에도 일부 인권 관련 국제단체(NGO)들이 중국의 인권상황에 관해 지적한 것 외에,[50] 이 시기는 전반적으로 중국의 인권이 국제적 의제로 등장하지는 않았다고 할 수 있다. 따라서 국제인권 레짐에 대한 중국의 참여와 외교 또한 그 자체로 제한적일 수밖에 없었다. 1955년 저우언라이 총리가 인도네시아에서 개최된 아시아·아프리카 회의에 참석하여 〈아시아·아프리카 선언〉에 서명하면서 〈UN헌장〉의 취지와 원칙을 준수하겠다는 의사를 밝힌 것이 그나마 있었던 인권외교 활동이라 하겠다. UN에서도 1971년 상임이사국 지위를 획득한 후, 인권상임위 활동, 국제인도법 처리 지지, 인도적 지원 참여 등 활동이 있었으나, 소극적 의미에서 기본적 인권 존중에 대한 피상적 보장 의지를 표명한 것 이외에는 거의 별다른 언급이나 참여를 찾아볼 수가 없었다.[51]

---

49) 辛翠玲(2003), pp. 191-192.

50) 70년대 중국의 인권문제에 주목하기 시작한 국제인권기구는 AI이다. 1978년 AI 연도보고서 아시아편은 중국의 반인권상황, 특히 정치범에 대한 탄압을 비교적 자세히 나열하고 있다. *Amnesty International Report*(London, 1978), pp. 174-179. 또한 낭만적으로 중국을 바라보던 시각에서 탈피하여 일부 학자들이 중국의 인권을 바라보기 시작한다. Susan J., Shirk J., "Human Rights: What about China?" *Foreign Policy*(1977), 29:109-127.

51) UN에서의 인권문제에 대한 중국의 기능적 참여 분석에 관해서는 다음을 참조할 수 있다. Ann Kent, *China, the United Nations, and Human Rights*(University of

2) 1980년대~1990년대 중반: 제한적이나 주도적인 인권외교로의 선회

이 시기는 인권을 둘러싼 서구, 특히 미국과의 갈등이 점진적으로 증폭되면서 이에 대응하는 과정에서 중국 또한 인권외교를 개시하게 되는 시점이다. 1980년대 초반까지 별다른 이슈가 되지 못했던 중국의 인권은 1980년대 중반 이래 미·중 간 주요 이슈로 등장하게 된다. 미국의 중국 인권에 대한 정책 변화는 1985년 미·소 정상회담을 거치면서 중국의 전략적 가치에 대한 감소에 상당 부분 기인한다고 볼 수 있다. 또한 개혁개방 이후 중국 국내 상황이 점차 공개되고, 국제사회에 편입된 중국의 인권에 대한 보다 높은 기준치가 생겼기 때문이라고도 볼 수 있다. 물론 미·중 간 인권을 둘러싼 갈등은 다소 증폭되었으나 덩샤오핑과 중국 개혁개방에 대한 기대감으로 인권문제는 서구와 중국에게 있어 아직까지 주요 현안은 아니었다.[52] 즉 중국은 아직까지 미국 인권외교의 주요 대상국은 아니었던 것이다.

그러나 1986년 팡리지(方勵之) 사건과 티베트 민중봉기, 1989년의 천안문 사태,[53] 그리고 동유럽 사회주의 국가의 붕괴와 냉전 종식이라

Pennsylvania Press, Philadelphia, 1999), pp. 56-60.

52) 1983년 레이건 행정부의 중국 테니스 선수 후나의 정치적 망명 승인, 87년 중국 정부의 인권기록(티베트 인권 상황, 낙태 등 가족계획)에 대한 수정법안 통과 등 80년대 중국의 인권은 미국 내 주요한 논쟁거리가 되기 시작했다. 그러나 Ming (2001) pp. 41-42.

53) 1979년 개혁개방 이후 89년 6·4까지 중국은 5·4운동과 76년 제1차 천안문 사건의 정신을 계승하여, 민주와 자유, 인권을 요구하는 지식인의 열기가 그 어느 때보다 뜨거웠던 시기였다고 할 수 있다. 이 시기 반체제 시위를 주도했던 인물들이 현재까지 해외와 국내에서 중국의 민주와 인권의 흐름을 직간접적으로 주도하고 있다 할 수 있다. 주요하게는 79년 〈민주인가 독재인가〉라는 글로 체포되었던 魏京生, 86년 안후이 허페이과기대 민주화 시위를 주도했던 혐의로 부총장직에서 면직처리된 方之사건, 그리고 이에 동조하여 당적이 박탈된 王若望, 刘宾雁 등이 있으며 89년 민주화 시기 당시 덩샤오핑에게 공동서한을 보내는 등 공개적 민주화 요구에 동참한 北島, 吳祖光, 冰心, 金觀濤, 蘇紹智, 王若水, 于浩成, 李洪林, 張顯揚 胡績偉, 王炎, 嚴家其 등의 지식인과 베이징대 시위를 주도한 王丹 등이 있다. 周玉山, "兩次天安門事件,"『中國大陸研究』第44卷 第3期(2001), pp. 60-69.

는 일련의 사태를 겪으면서 중국의 인권은 미국 등 서구 국가들의 인권외교의 첨예한 대상으로 부각된다. 이 시기부터 인권문제는 중국 외교에서 가장 복잡하고 어려운 문제의 하나로 등장했다 해도 과언이 아닐 것이다. 양자관계에서뿐 아니라 앰네스티(Amnesty International: AI), Human Rights Watch(HRW) 등 비정부기구(NGO)에서도 중국의 인권상황이 핵심 의제로 부상했을 뿐 아니라, 中國人權(Human Rights in China) 등과 같이 중국 인권문제만 집중적으로 다루는 NGO도 등장하기 시작하였다.[54]

1989~1994년 미·중 간 인권 갈등의 최대 초점은 중국 인권문제와 무역에 있어 최혜국(Most Favored Nation: 이하 MFN) 대우와의 연계문제에 집중되어 있었다. 천안문 사건 이후 미 의회와 여론이 중국 인권개선을 위해 MFN을 이용하라고 요구함에 따라 매년 중국의 MFN 지위 갱신은 인권을 둘러싼 미·중 갈등의 첨예한 쟁점으로 떠올랐다. 구소련과 동구 사회주의권의 붕괴에 따라 전략적 가치를 상실한 중국이 새롭게 미국과 서유럽 인권외교의 우선순위에 오른 것이다. 그러나 천안문 사건 1주년인 1990년에도 중국의 MFN 지위는 우여곡절을 겪으면서 갱신되었으며, 1992년 선거공약에서 중국의 인권문제를 내걸었던 클린턴 행정부에서도 MFN과 인권의 연계정책은 1년도 안되어 번복되었다. 1994년 클린턴 행정부는 중국과의 무역과 인권상황을 연계시킨다는 1993년 행정명령 No.128590을 철회함으로써 MFN 지위를 이용한 미국의 대 중국 인권외교는 일단락을 짓게 된다.

결과적으로 이 시기 경제라는 정책적 수단을 사용해 중국의 인권상황을 개선시키고자 했던 미국의 인권외교는 별다른 성과를 거두지 못

---

54) 中國人權은 1989년 3월 중국의 일련의 학자와 학생들이 조직한 비정부기구로서 중국의 정치범 문제를 주로 다루고 있으며, 최근에는 천안문어머니운동 등을 진행하며, 6·4 천안문 민주화 운동 과정에 대한 무력진압과 학살에 대한 중국 공산당의 재검토를 꾸준히 요구하고 있다. http://iso.hrichina.org/(검색일: 2010.08.25).

했다고 할 수 있다.[55] 의회와 행정부, 기업계의 로비 등이 교차하면서 중국의 인권문제에 대한 일관적인 기준을 도출해내는 데 실패하였으며,[56] MFN과의 연계정책을 포기한 클린턴 행정부에서는 의회, 행정부 위원회 등을 통해 중국에 대한 압박은 계속하였으나 소기의 목적은 달성하지 못하였다. 반면 MFN과 인권의 명시적 연계는 철회되었으나, 미·중 간 인권갈등은 계속 증폭되고 미국의 인권외교는 계속되었다. 1995년에는 중국에서 강제노동 문제를 조사하던 중국계 미국인 해리 우(Harry Wu)가 체포되었다가 미국의 압력에 의해 석방되었고, 웨이징 성(魏京生)이 체포되어 하루만의 재판에서 15년형을 선고받았다 망명이 허용되기도 하였다.[57] 미국은 경제적 관계와의 연계를 통한 직접적 압박은 해오지 않았지만, 양자 혹은 다자관계에서 중국의 인권문제를 겨냥하였으며, 미·중 관계는 별다른 진전이 없는 상황에서 일진일퇴를 거듭하였다.

이 시기 미국의 중국에 대한 직, 간접적 인권외교가 어느 정도 성과를 거두었는지는 알 수 없으나, 분명한 것은 그러한 미국에 대응하는 과정에서 중국이 인권외교, 즉 '국제관계에서 타국의 인권상황이나 정책에 관여하여 그 정책의 실행에 영향을 끼치고자 하는 행위'에 눈을 뜨기 시작하였다는 것이다.[58] 동시에 미국이 대외정책으로 인권을 내걸었지만 국가안보나 경제적 이익을 더 중요하게 고려한다는 인권 외교의 본질이 드러났다고 할 수 있다.[59] 이와 같이, 1989년 천안문 사

---

55) 韩云川, 『中美人权之争』(银川: 宁夏人民出版社, 2003), pp. 45-51.

56) Robert F. Drinan and Teresa T. Kuo, "The 1991 Battle for Human Rights in China," *Human Rights Quarterly*, Vol.14, No.1 (Feb. 1992), pp. 37-40.

57) Ming (2001), pp. 42-43.

58) 洪国起, 董国辉, 『透视美国人权外交(内部发行)』(世界知识出版社, 2003), pp. 193-238; 周琪 主编, 『人权与外交』(时事出版社, 2002); 朱锋, 『人权与国际关系』(北京大学出版社, 2000). 중국 인권정책 변화의 국내외적 요인과 관련해서는 다음을 참조. 운영덕, "개혁개방 이후 중국의 인권관과 인권정책," pp. 213-220.

59) Peter Van Ness, "Addressing the Human Rights Issue in Sino-American Relations,"

건 이후 상당 기간 미국과 서유럽 국가의 인권외교에 수세에 몰렸던 중국은 제한적이나 나름의 대응을 시작하였는데, 이는 다음 두 가지 방향으로 진행된다.

우선, 국제적으로 UN 등 국제 인권 레짐에의 적극적 참여를 바탕으로 제3세계 국가들과의 이데올로기적 공동전선의 구축이다. 80년대 들어 중국은 기존의 소극적 태도에서 탈피하여 적극적으로 국제 인권 레짐에 참여하기 시작한다. 이는 천안문 사건 이후 미국 등 서구 국가들의 대 중국 인권외교가 양자관계뿐 아니라 UN, 국제노동기구(ILO), 세계은행(World Bank) 등을 통해 동시에 진행되는 상황에서 국제적 고립과 압박을 보다 심각하게 느꼈기 때문이다. 인권이 부수적 수단으로 전락할 위험이 있는 양자관계보다는 국제레짐의 다자적 압박이 중국에게 더욱 효과적으로 작용한 것으로 볼 수도 있겠다.[60]

중국은 1978년~81년 UN 인권위에 옵서버를 파견하기 시작하여, 82년부터는 대표단을, 84년이래로는 UN 산하 인권위에 전문가를 추천하고 선출되기도 하는 등 점차 UN 인권레짐에 대한 기능적 참여범위를 확장시켜 왔다.[61] 1988년 9월 UN 총회에서 첸지천(錢其琛) 전(前) 외교부장의 UN 인권레짐에 대한 공개적 지지발언은 중국의 인권에 대한 정책적 태도의 전환을 나타내는 이정표라 할 것이다. 동시에 중국은 서구의 보편 이데올로기에 대항하는 '문화 상대주의'를 바탕으로 제3

Journal of International Affairs, vol.49, no.2 (winter 1996), pp. 309-301.

60) Ann Kent, "China and the International Human Rights Regime: A Case Study of Multilateral Monitoring, 1989~1999," *Human Rights Quarterly,* Vol.17, No.1 (Feb. 1995), pp. 44-47.

61) 혹자는 중국이 인권레짐에 참여하면서 평소 주장하는 주권원칙과 달리 자국의 이익증대와 관련하여 타국의 인권문제에 보다 적극적으로 간여하기 시작하였다고 본다. 일례로 84년 아프가니스탄, 85년 칠레에 대한 UN 상황조사도 적극 지지하였을 뿐 아니라 87년 12월 베트남의 캄보디아 침공 시 사면초가에 놓인 크메르 루즈(Khmer Rouge)를 지원하기 위해 인권위에서 적극 개입하였다고 본다. Ming (2001), pp. 109-110.

세계 국가들과 연대하기 시작한다. 개인보다 공동체의 집단적 이익이라는 인권의 특수성을 강조하는 문화상대주의적 시각은 미국이나 국제사회로부터 비(非)인권 국가로 간주되어 인권외교의 대상이 되어왔던 다수의 아시아 국가들에게 1990년대 이후 폭넓게 받아들여지기 시작했다.[62] 이는 다시 '아시아적 가치의 재발견'이라는 입장과 결합하여 중국과 아시아 국가들이 미국과 서구의 인권외교를 제국주의와 정치적 개입으로 규정하고 대항하는 데 이데올로기적 연대의 수단을 제공하게 된다.

둘째, 국내적으로 인권 이데올로기의 강화이다. 1980년대 말 이후 국내외적으로 수세에 몰리게 된 중국은 인권문제에 대한 이론(논리)개발에 착수해, 자국의 인권 상황을 단순히 변호하는 기존의 수동적 입장에서 탈피하여 서구의 인권 공세에 적극적으로 대응하고자 하였다. 1990년 9월에 베이징에서 개최된 '인권이론토론회(人權理論硏討會)'는 인권연구에 있어서 중국정부의 공식적 입장 전환을 보여준다 할 수 있는데, 그 후 인권 관련 연구들이 쏟아져 나오기 시작한다. 물론 대부분이 서구 자본주의의 계급적 인권이론을 비판하고 이에 대한 중국적 대항논리를 구축하는 정치적 목적에서였다.[63] 또한 1991년부터 정기적으로 발간되는 『인권백서』는 자국의 인권정책을 적극적으로 알리고 공개화 시키고자 하는 중국 정부의 입장과 의지를 보여주고 있다. 무엇보다 국내적으로도 일반 국민들에게 중국 인권 상황에 대한 기본적

---

62) 朱锋(2000), pp. 231-263; 이재호, "동북아시아의 인권담론—보편인권과 특수인권, 그리고 동북아 인권체제를 위하여," 『한국동북아논총』 제44집(2007), pp. 60-63.

63) 이 시기에 나온 인권이론 관련 서적은 다음과 같다. 中國社会科学研究院法学研究所 編, 『当代人权』(中国社会科学出版社, 1992); 叶立煊, 李似珍, 『人权论』(福建人民出版社, 1991); 喻权域, 『人权问题纵横谈』(沈阳: 辽宁出版社, 1994); 夏旭东 等 主编, 『世界人权纵横』(北京: 时事出版社, 1993); 郑杭生 主编, 『人权新论』(北京: 中国青年出版社, 1993); 黄木丹森, 陈志尚, 董云虎 主编, 『当代中国人权论』(北京: 当代中国出版社, 1993); 李云龙, 『人权问题概论』(四川人民出版社, 1999); 夏勇, 『人权概念的起源-权利的历史哲学』(中国正法大学出版社, 2001).

이해와 중국 정부의 입장을 명확히 이해시킴으로써 인민들의 광범위한 지지를 바탕으로 서구의 인권 공세에 대응하고, 중국 정부의 입지를 굳건히 하려는 것을 목적으로 하고 있다.[64]

이 시기 미국과 서구 유럽 인권외교의 주요 대상이 된 중국은 첨예한 갈등을 겪으면서 국제관계에서 인권외교의 필요성에 눈을 뜨기 시작한다. 무엇보다 1989년 천안문 사건 이후 서구의 인권압박에 대해 이데올로기적 반박을 시작하고, 국제적으로도 UN의 인권 레짐을 수용하면서 다른 아시아 국가들과 연합하여 서구의 인권을 비판하고 국내적으로 정치개혁을 가속화하는 등 기존과 다르게 제한적이나마 적극적으로 선회하기 시작하였다고 평가할 수 있다.

3) 1990년대 중반 이후: 중국적 인권외교 구축

1996년은 천안문 사건 이후 극단의 갈등으로 치닫던 미·중 관계에 있어 매우 중요한 전환점이 되었다. 리덩후이(李登輝) 대만 총통의 미국 방문과 총통직선제 실시, 그리고 이에 대한 중국의 미사일 대응, 미국의 대만해협에의 두 척의 항공모함 파견 등 해협 양안의 위기가 최고조에 이른 시기였다. 그러나 동시에 미·중 양국 모두 극한적 대립

---

64) 1991년부턴 현재까지 중국 정부가 발간한 『인권백서』는 다음과 같다. 『中国人权状况』(1991.11.1); 『中国改造犯罪状况』(1992.8.10); 『西藏主权归属与人权状况』(1992.9); 『中国妇女的状况』(1994.6); 『中国知识产权保护状况』(1994.6); 『中国的计划生育』(1995.8); 『中国人权事业的进展』(1995.12); 『中国的儿童状况』(1996.4); 『中国的环境保护』(1996.6); 『中国的粮食问题』(1996.10); 『1996年中国人权事业的进展』(1997.3); 『中国的宗教信仰自由状况』(1997.10); 『西藏自治区人权事业的新进展』(1998.2); 『1998年中国人权事业的进展』(1999.4); 『中国人权发展50年』(2000.2); 『西藏文化的发展』(2000.6); 『中国的禁毒』(2000.6); 『中国21世纪的人口与发展』(2000.12); 『2000年人权事业的进展』(2001.4); 『中国的农村扶贫开发』(2001.10); 『西藏的现代化发展』(2001.11); 『中国的劳动和社会保障情』(2002.4); 『新疆的历史与发展』(2003.5); 『2003年人权世界的进展』(2004.3). 그 외 1999년부터 미국의 인권상황에 관한 백서 『美国人权记录』도 정기적으로 발간하고 있다. 中國政府白皮書(人民网), http://www.people.com.cn/GB/shizheng/252/2229(검색일: 2010.08.22).

을 피하고 협력하고자 하는 전략적 파트너십에 대한 공감대를 형성한 시기이기도 했다.

1996년 5월 중국은 파키스탄에 핵 관련 물질 판매 중단을 약속하며 미국에 화해의 손짓을 했고, 1996년 11월 크리스토퍼 당시 미국무부 장관의 북경 방문은 클린턴-장쩌민의 상호 국빈방문의 길을 터놓았다. 같은 해 11월 APEC회의에서 조우한 미중 정상은 1997년 장쩌민의 미국방문과 1998년 클린턴의 중국 방문을 확정지으면서 1989년 천안문 사건 이후 경색되었던 미중관계의 물꼬가 트이기 시작한다.

이에 국내적으로도 미·중 양국 간 화해의 분위기를 지지하는 정책이 잇따랐다. 1997년 미 하원이 중국의 MFN 지위를 승인하면서, 인권에 대한 정치·경제적 조건부 연계 논란은 일단락을 짓게 된다. 같은 해 미 국무부의 연례보고서에서도 이례적으로 중국의 인권에 관해 긍정적인 평가를 내리고 있다. 1997년 개최된 중국 공산당 제15기 전국 대표대회의 정치보고에서 최초로 "인권보장"에 관한 내용이 등장하였으며, 같은 해 10월 장쩌민의 미국 방문 직전 중국은 〈시민·정치적 권리에 관한 규약〉(ICCPR) 가입을 결정한다. 1998년 중국을 답방한 클린턴은 "실용적인 간여정책(pragmatic policy of engagement)"을 표방하고 미·중 간 건설적인 전략적 파트너십을 제안한다. 같은 해 중국은 웨이징성의 미국 방문을 허용하고, 미국 종교계 인사들의 중국 방문을 허용하였으며, 미국이 유엔인권위원회에서 중국 인권문제 결의안을 추진하지 않겠다고 발표하자 중국은 〈경제·사회문화적 권리에 관한 규약〉(ICESCR)에도 가입하게 된다. 1998년 클린턴 방중 시 매우 이례적으로 베이징대에서 인권과 민주에 관한 연설의 생중계를 허용할 정도로 '북경의 봄'이 오는 듯 했다.

그러나 1998년 클린턴의 중국 방문 이후 미·중 관계는 다시 경색되게 된다. 같은 해 중국계 과학자들의 첩보활동을 조사한 〈콕스 보고서(Cox Report)〉가 발표되며 미국 내 반중 감정이 거세지고, 중국 또한 반체제 인사들에 대한 탄압을 다시 강화하는 등 실제 인권정책에 질적 변화가 없음을 보여주었다. 1999년 1월11일~12일 미·중 간 인권대화(Human Rights Dialogue)가 진행되었으나, 상호 공방과 비방으로 입장차이만을 확인한 채 끝나고 말았다. 이와 같은 상황에서 1999년 5월7일 베오그라드 주재 중국대사관에 NATO 전투기에 의한 폭격 사건이 발생하고 반미(反美)정서가 증폭되는 가운데 인도주의적 간여에 대한 중국 내 반발은 더욱 커지게 된다.

경색되었던 미중관계는 약 4개월의 냉각기를 거쳐 1999년 9월11일 오클랜드 APEC정상회담에서 클린턴과 장쩌민과의 고위급 접촉이 재개되면서 다시 완화되기 시작한다. 중국의 WTO 가입과 관련한 미중 간 협상이 재개되었으며, 2000년 미국은 중국에 대한 PNTR(항구적 정상무역관계)을 승인하고 중국이 2001년 말 WTO에 가입하게 됨에 따라 미국의 경제적 압박을 통한 대 중국 인권외교는 사실상 일단락을 짓게 된다.[65] 그 후 2001년 부시 행정부에서 유엔인권위의 중국 인권문제 결의안을 추진하고 달라이라마와 회동하는 등 중국의 인권문제가 간헐적으로 제기되기는 했으나, 같은 해 9·11 테러사건을 계기로 미중 간 관계는 다시 "건설적 관계(constructive relationship)"로 전환되고, 테러와의 전쟁에 대한 중국의 협력약속과 함께 중국의 인권문제는 다시 수면 아래로 가라앉게 된다.

이와 같이 천안문 사건 이후 약 10여 년간의 일련의 대립과 화해의 반복을 거치면서 미·중 간에는 인권 갈등에 대한 허용가능한 범위와 룰이 형성된 듯 보인다. 1998년 클린턴은 중국 방문 직전, 공개적으로

---

65) WTO에 가입한 각 회원국은 다른 회원국의 수입상품에 대하여 조건 없는 PNTR(항구적 정상무역관계)를 부여하도록 되어 있다. 그동안 미국은 냉전법에 의해 공산국가인 중국의 관세지위를 매년 갱신해왔는데, 중국이 WTO 회원국의 의무를 수용함에 따라 다른 회원국들에게와 마찬가지로 똑같은 시장접근을 허용하는 PNTR을 부여하지 않을 수 없었던 것이다. PNTR 부여는 1980년 이후 매년 갱신해 오던 MFN 지위를 영구 갱신하는 의미라 할 수 있다. 서재진, "미국의 중국에 대한 인권정책,"『통일정책연구』, pp. 64-69.

대만에 대한 3불정책(Three No Policy)[66]을 표방했는데, 이는 주권 범위 내 인권이라는 중국적 요구를 수용한 것이라 할 수 있다. 2000년 중국에 대한 PNTR 부여 또한 미국 정책의 우선순위는 중국과의 경제·무역관계이며, 인권문제는 부차적이라는 것을 보여주었으며, 2001년 중국의 WTO 가입은 경협과 인권을 연계하는 미국의 인권외교정책의 견제력이 사실상 상실되었음을 보여주고 있다.

이와 같이 1990년대 중후반 이후 중국 인권은 더 이상 미국 인권외교의 주요 목표가 아니었으며, 국제사회의 초점에서도 멀어졌다고 할 수 있다. 이러한 상황은 베이징 올림픽 개최를 둘러싸고 더욱 분명하게 나타난다. 2008년 올림픽을 앞두고 미국 의회는 중국의 정치범 등 인권문제를 강력하게 제기하고,[67] 티베트 운동연맹(Free Tibet Campaign, FTC) 등도 중국의 인권상황을 들어 올림픽 유치를 강력하게 반대하였으나, 국제올림픽위원회(IOC)에 받아들여지지도, 〈베이징 올림픽계획서〉에 구체적 규범항목으로 삽입되지도 않았다. 결국 2008년 3월 티베트에서 대규모 시위와 유래없는 탄압이 진행되었지만, 당해년도 올림픽은 성공적으로 개최되었고, 국제사회는 더 이상 중국 인권을 거론할 수도 없었고, 거론하지도 않았다.

중국에 대한 미국과 서구의 인권외교가 힘을 잃어가는 상황과 달리 중국의 인권이론과 정책, 입장은 구체적 틀을 갖추기 시작했고, 공식화되기 시작한다.[68] 2002년 개최된 공산당 제16기 전국대표대회의 〈정치보고〉는 "인민이 광범위한 권리와 자유를 향유하도록 하며, 인권을 존중하고 보장한다"는 내용을 담아 인권 문구의 헌법 삽입을 결정한다. 그 결과 2004년 3월의 10기 전인대 제2차 회의에서 통과된 헌

---

66) 미국은 대만의 독립을 지지하지 않을 것이며, 대만의 국제기구 가입을 지지하지 않고, 대만의 '하나의 중국, 하나의 대만(一中一臺)' 정책을 지지하지 않는다.

67) http://usinfo.state.gov/regional/ea/uschina/senolymp.htm(검색일: 2011.3.28).

68) 王立行, 『人权论』(山东人民出版社, 2003); 徐显明 主编, 『人权研究』(山东人民出版社, 2002).

법 수정안 제33조 제3항에서는 "국가는 인권을 존중하고 보장한다"는 문구가 삽입되어, 인권은 헌법적으로 보장받는 권리로 공식화된다. 중국적 인권이론과 관련해서도, 2002년 중국인권발전기금회(中國人權發展基金會)는 중국 인권에 관한 총괄적 입장을 발표하였는데, 〈중국이 가입한 국제인권규약〉, 〈중국인권법률문건〉, 〈중국인권사업의 진전〉, 〈중국의 인권에 관한 기본입장과 관점〉, 〈서구의 인권관과 인권외교〉, 〈인권과 주권〉으로 나누어 그동안 논의되었던 중국의 인권입장을 최종 정리하였다.[69] 인권외교 또한 그동안의 경험을 통해 나름의 양태를 갖춰가기 시작했다 할 수 있는데, 이에 관해서는 다음 절에서 자세히 살펴보도록 하겠다.

2. 중국의 인권외교의 특징과 함의

앞서 살펴본 중국과 서구, 특히 미국과의 인권 갈등을 통해 드러난 중국의 인권외교의 양태적 특징은 다음과 같다.

첫째, 중국의 인권외교는 기본적으로 능동적이라기보다는 수동적 모습을 보이고 있다. 이는 기본적으로 인권외교라는 개념자체가 서구의 자유민주주의 이데올로기(혹은 관념)에 바탕을 둔 개념이고, 사회주의 체제인 중국에서 자생적으로 발생한 것이 아니기 때문이다. 또한 중국의 인권관념 자체가 서구에 대한 '대항 이데올로기'로서 발전되어 온 면이 크기 때문에 수동성이 주요한 특징으로 부각되었다 할 것이다. 즉, 중국의 인권외교는 서구, 무엇보다 미국의 인권정책에 수동적으로 대응하는 과정에서 발전해 온 면이 크다 하겠다.

---

69) 中国人权发展基金会 编, 『中国人权文库之一~六』(北京:新世界出版社, 2002). 이는 다음과 같다. 『中国签署批准的国际人权公约』, 『中国人权法律文献』, 『中国人权事业的进展』, 『中国人权的基本立场和观点』, 『西方人权观与人权外交』, 『人权与主权』.

둘째, 중국은 인권외교를 전통적인 서구열강의 힘의 정치(power politics)의 일부 혹은 도구로 파악하고 있다. 즉 미국 등 서구가 부상하는 중국을 견제하기 위해 사용하는, 즉 원칙 없이 상황에 따라 변할 수 있는 수단적 정책이라고 보는 것이다. 이는 앞서 살펴본 바와 같이, 미국이나 서유럽, UN 등에서 중국 인권에 대해 보이는 기존 태도에서도 상당수 확인되고 있다. 따라서 미국 등 서구의 인권외교로 갈등과 마찰을 빚는 과정이 중국의 인권 자체의 중요성에 대한 인식 수준을 제고하는 방향으로 영향을 끼치는 것이 아니라, 중국이 이러한 서구 국가들의 압박을 어떻게 방어하는가에 기술적 이해를 높이는 쪽으로 기능하게 되었다. 따라서 실제 중국의 인권 상황 개선에는 별다른 영향을 끼치지 못하게 되고, 오히려 서구에 대한 대항 이데올로기로서 자국의 인권 논리를 강화하는 방향으로 발전해 오게 되었다 할 수 있다.

셋째, 중국의 인권외교는 실제 정책 운용에서는 정부의 발언수위보다는 '타협적'이고, '융통성'이 있는 것으로 파악된다.[70] 두 차례의 천안문 사건을 겪은 후 인권에 대한 서구의 압박이 거세지는 상황에서 중국 정부는 단순히 자국의 인권 상황을 변호하는 것이 아니라, 실제 인권에 대한 각종 법률법규를 제정하고 반체제인사들을 석방하며, 국제 인권규약에 가입하여 국제인권레짐을 준수하려고 노력하는 등 보다 타협적이고 융통성 있는 자세를 보여주었다. 〈비엔나 인권선언〉(1993), 〈시민·정치적 권리에 관한 규약〉(ICCPR)(1997), 〈경제·사회문화적 권리에 관한 규약〉(ICESCR)(1998) 등 서명 시 주권 및 내정간섭과 관련하여 일부 유보조항이 있기는 하지만, 국제인권규약에 속속 서명하였으며, 국내적으로도 형사소송법, 국가배상법, 감옥법, 인민경찰법 등 공민권 보장을 강화해 나갔다. 정기적으로 발간되는『인권백서』는 개선되는 중국의 인권 상황을 지속적으로 홍보하고 있으며, 그 덕분인지는 몰라도 천안문 사건 이후 서구의 인권압박을 무난히 버텨

---

70) Ming (2001), p. 23.

내고 대부분의 국가들과 정상적인 관계를 회복할 수 있었다. 1998년 클린턴 미 대통령의 중국 방문 시 인권과 민주에 관한 연설의 생중계 허용은 중국의 인권상황에 대한 자신감을 보여줌과 동시에 서구의 인권공세가 중국의 주요 이익을 위협하지 않을 경우에는 이에 대해 타협할 수 있는 유연한 자세를 보여주었다 하겠다.

넷째, 중국은 양자, 다자간 관계에서 인권외교를 일정하게 구별하여 진행하고 있으며, 그 가운데 인권갈등을 점차 주변화시키고 있는 것으로 보인다. 일부 연구에 따르면 중국의 인권외교는 국가별로 차이를 보이는데, 서유럽과의 인권관계에서는 미국 보다 더욱 유연하고 많은 양보를 하는 것으로 나타나고, 양자관계보다는 국제인권기구 등 다자관계에서 훨씬 유연하고 타협적이라는 것이다.[71] 또한 이 과정에서 인권문제를 점차 부수적 사안으로 만들고 있다. 예를 들어, 인권대화 등을 적절히 활용하여 서구 국가들의 요구사항을 일정 정도 충족시켜 줌으로써 중국의 인권상황에 대한 비판을 완화시키는 효과를 달성하는 것 등이다. 즉 인권대화가 유지되는 한에서는 인권문제는 양자 · 다자관계에서 특별한 상황이 발생하지 않는 한 핵심 사안으로 부각되지 않으며 이와 같은 상황을 십분 활용하여 양자 · 다자 관계에서 유연한 자세와 대화창구 유지 등을 통해 인권갈등을 점차 주변화 시키고 있다 하겠다.

마지막으로 중국의 인권외교는 수동적 대응에서 시작되었으나, 최근에는 적극적이며 연대적 성격을 띠어가고 있다. 최근 중국은 경제적 성장을 배경으로 유럽과의 관계에서는 상업적 인센티브를 제공하며 개별적으로 접근하기도 하고, 때로는 경제적 불이익을 차별화시킴으로써 통일된 전선의 형성을 방해하기도 한다. UN에서의 활동도 초기의 소극적 · 제한적 참여에서 벗어나 비(非)서구 국가들과 아시아적 인권이데올로기의 공감대를 형성하며, 국제인권 레짐의 구축에도 적극

---

71) Ming (2001), pp. 6-7.

적이다. 일례로 1993년 유엔인권회의에서 등장한 인권에 대한 문화상 대주의적 시각 등을 들 수 있다. 이는 서구 국가들의 연대적 인권외교에 대해 보다 이데올로기적으로 강하게 맞서고, 조직적 대응에 유리하게 작용하고 있다.

IV. 글을 맺으며

두 차례 세계대전의 참화를 겪으면서 주권 범위를 넘어서는 보편적 인권이 국제적으로 주목을 받게 되었다. 그러나 국제관계에서 인권은 사실상 중요한 외교적 이슈는 아니었다. 중국의 인권에 대한 서구의 정책적 접근 또한 기실 1989년 천안문 사건 이후의 몇 년을 제외하고는 실제로 강력하게 진행된 적은 없었다.

냉전 시기에는 서방 진영의 사회주의권에 대한 공격 수준을 넘지 못했으며, 소련 봉쇄라는 전략적 이익의 공유에 따라 주권 범위를 넘어서는 중국의 인권 상황에 대해서는 거론하지 않는 모종의 합의가 이뤄졌다. 개혁 개방 직후에는 중국에 대한 잠재적 기대, 그리고 그 이후에는 정치적, 경제적 필요성에 의해 중국에 대한 미국의 인권외교는 레토릭과는 달리 실효성 있게 관철되지는 못했다. MFN 등 경제 문제와 조건부 연계를 공공연하게 주장했던 클린턴 행정부 시기에도 결과적으로 연계되지 않았으며, 미국의 대 중국 인권 공세는 양자관계를 고려하여 UN 등 국제기구를 통한 다자적 관계를 통해 보다 많이 이루어졌다. 특히 2000년대 들어 중국 인권에 대해서는 미국 또한 더 이상 적극적 제기를 하지 못하고 있는 바, 이는 인권을 자국의 이익 증진을 위한 지렛대로 사용한 당연한 귀결이라 하겠다. 이제 인권은 중국과 미국 등 서구와의 관계에서 여러 외교적 이슈 중의 하나일 뿐이다.

반면 중국 정부는 개혁개방 이후 국내 인권에 대한 요구를 민족주의와 경제발전에 대한 열망으로 대체하면서 성공적으로 여론을 조성할 수 있게 되었고, 국제적으로는 자기 목적적 인권외교를 진행하고 있다. 지난 세기 미국 등 서구와의 인권 갈등을 빚으면서 중국의 인권에 대한 인식과 관념·정책은 본질적으로 변화하지 않았고, 오히려 이데올로기적으로나 정책적으로는 더 세련되고 공고해졌다. 정치적 이견(異見)을 가진 이들은 여전히 억압당하고 있으며, 기본적 인권의 신장은 아직도 갈 길이 멀다 하겠다.

이에 중국의 인권외교는 초기의 수동적·반응적 접근에서 보다 적극적이고 자신 있게 나아가고 있다. 미국과 서구 유럽, 일본 등을 분리시켜 개별적으로 대응하는가 하면, 제3세계 개발도상국과의 반(反)서구 인권 연대를 통해 공동의 대응을 모색하기도 한다. 인권문제를 대하는 태도도 보다 유연하고 타협적이다. 인권문제로 인한 갈등이 불거질 경우, 중국은 이데올로기적으로 강력하게 비판하나, 동시에 국내의 반체제 인사들을 풀어주고, 국내 인권 상황 개선에 노력하는 듯한 모습을 보이기도 한다. 그러나 서구의 인권외교를 국제관계의 힘의 정치(power politics)의 일환으로 인식하기에, 일정 정도 기간이 경과하여 마찰이 누그러질 무렵에는 다시 원래의 정책을 고수하는 면을 보여주고 있다. 대표적 사례로서는 미·중 간 인권 마찰에 따른 중국 국내 반체제 인사들에 대한 '풀어주기-조이기(放一政策)' 정책을 들 수 있겠다.

따라서 지난 수십 년간 서구의 대중국 인권외교는 실제 중국의 국내 인권 상황 개선에는 크게 영향을 끼치지 못한 것으로 보아야 할 것이다. 중국의 인권 상황이 상대적으로 개선되었다면, 이는 서구의 인권외교의 직접적 결과라기 보다는 중국 자체의 국내 정치개혁에 따른 결과로 보는 것이 더욱 타당할 것이다. 이 점에서 지금까지 서구의 대중국 인권외교의 효과는 한계가 명확하다 할 수 있다.

그렇다면 이와 같이 서구의 인권외교가 중국의 인권상황에 큰 영향을 끼치지 못하는 상황에서, 향후 중국의 외교정책에서 인권은 어떠한 함의를 가질 수 있는가? 이는 크게 국내와 대외, 두 측면으로 나누어 검토해 볼 수 있다.

우선, 국제적으로 가지는 함의이다. 2008년 글로벌 금융위기 이후 세계적 위상이 약화된 미국은 국제문제 해결에 있어 신흥 경제대국으로 부상하는 중국의 협력이 필요하다. 이에 따라 미국 및 서구와 중국의 관계에서 중국인권의 중요성도 더욱 힘을 잃어가고 있다. 그러나 중요한 것은 인권은 그 자체가 가지는 중요성도 있지만 다른 현안들과 복합적으로 연계되어 작용한다는 것이다. 1990년대 중반 이후 미·중 관계가 새로운 전략적 이익의 공유 하에 관계 정립을 시도하려고 하였으나, 바로 인권문제로 인해 그 과정이 더딜 수밖에 없었다.[72] 또한 일정 기간 양국 간 전략적 관계가 유지된다 하더라도, 1999년 NATO의 오폭 사건이나 2001년 미 정찰기 추락 사건에서 볼 수 있듯이 이는 쉽사리 '깨지기 쉬운 관계(fragile relationship)'일 뿐이다. 인권에 대한 시각과 입장 차이가 좁혀지지 않는 한, 서방국가 입장에서 중국은 여전히 비(非)민주적 체제일 것이며, 비민주주의 국가인 중국은 미국과 동맹국들에게 잠재적 위협이라는 전략적 불신이 상존하고 있기 때문이다. 중국의 저렴한 제품의 미국 시장 진출로 인한 무역마찰도 언제든지 죄수·어린이 등의 노동력 착취라는 명목으로 서구 인권외교의 공격대상이 될 수 있으며, 중국의 지적재산권 보호가 미흡한 것도 비민주적이고 투명하지 못한 사회제도의 문제로서 제기될 수 있다.[73] 인신 구속, 사형제도의 남발, 인터넷과 언론 등 표현에서의 자유문제, 거주 이전 및 학문적 자유 등에 대한 억압, 종교 탄압 등[74] 중국에서 여전한 비인권적 행위는 언제든지 미국과 국제사회의 관심을 끌며 양자, 다자

---

72) 상하의원의 강력한 반대에 부딪혀 고위급 관료의 상호방문은 자제하는 상황이었으며, 정상회담은 98년에서야 재개되었다.

73) "中 선전, 어린이 노동 눈감은 비정한 경제특구," 『한겨레신문』(2011. 3. 28).

74) 박기철, pp. 424-429.

관계에서 갈등의 요인이 될 수 있다.

인권은 또한 중국이 전략적으로 최우선 순위에 두는 현안 중 하나인 대만문제와도 연계될 수 있다. 대만의 민주화와 미국이 지향하는 가치에 대한 존중은 미 의회와 미디어, 대중들 사이에서 대만 인권에 대한 지지와 동정을 충분히 이끌어 낼 수 있기 때문이다. 심지어 미·중 간의 갈등의 골이 깊어지면 대만은 미국과 서구가 지원하는 새로운 민주주의의 가치의 표상으로 등장할 가능성이 얼마든지 있다. 이와 같이 최근 중국의 인권이 서구 인권외교의 직접적 대상이 되지는 않더라도, 언제든지 다른 사안과 복합적·중층적으로 작용하여 갈등을 증폭시킬 수 있기에 중국의 외교에 부담으로 부상할 수 있다는 점에 유의해야 할 것이다.

둘째, 중국 국내적으로 가지는 함의이다. 앞서 살펴본 바와 같이 1989년 천안문 사건 이후 서구 국가들의 집단적 대중국 인권외교는 오히려 중국 국내의 인권에 대한 요구를 잠재우고 민족주의적 단결이라는 결과를 초래했다고 할 수 있다. 본질적으로 무원칙이던 서구의 인권외교는 중국 대중의 민족주의적 정서를 자극하였고, 이에 지식인들조차 보수적으로 변화하게 된 것이다. 무엇보다 중국 경제의 괄목할 만한 성장은 정치적 보수주의와 민족주의 정서의 결합을 가져와, 이제 중국의 대다수 민중은 자유보다는 사회질서와 안녕을, 정치적 권리보다는 경제적 발전을 더 선호하고, 반체제 인사들에 대한 강력한 공권력의 핍박을 목도하면서도 열심히 일하고 부자되기에만 매진하고 있는 것으로 보인다. 그러나 이러한 중국 인민의 정서는 어디까지나 중국 정부가 부국강병이라는 목표를 잘 수행했을 경우에만 해당한다는 것이다. 그러기 위해서 중국 경제는 계속 성장해야 하며, 중국은 대외적으로 계속 굴기(崛起)하여야만 한다.

또한 중국 정부가 제도적으로 심혈을 기울이고는 있지만, 성장하는 국가규모와 국제사회에 대한 영향력에 비해 반부패 및 인권보장 수준은 실제로 여전히 낙후되어 있다. 한 국가의 자유도를 나타내는 FR

은 2008년 6.5로 세계 평균 3.26에도 한참 떨어진다.[75] 2010년에는 노벨평화상을 수상한 류샤오보(劉曉波)[76]를, 2011년에는 인권운동가이자 설치미술가인 아이웨이웨이(艾未未)[77]를 체포·구금하는 등 지나친 사상관리와 표현, 결사의 자유에 대한 인권침해가 자행되고 있다.[78] 그러나 1999년 파룬공 사건이나 2008년도 자유민주주의에 기초한 정치개혁안을 골자로 하는『08헌장』에서 알 수 있듯이, 경제적 욕구와는 별도로 신앙과 종교의 자유, 민주와 인권에 대한 인간 본연의 욕구는 중국 내에서도 여전히 잠재되어 있음을 알 수 있다.[79] 높아지는 교육열은 더 많은 식자층을 생산하고, 정치적 권리에 대해 눈을 뜨게 할 것이기 때문이다.

한편 경제의 고속 성장과 사회의 빠른 변화 속에서 계층별, 지역별,

---

75) FR은 프리덤하우스(Freedom House)의 자유도(Freedom Ratings, FR)로 각국의 민주주의 정도를 측정하여 인권 수준을 경험적으로 평가하는 기준 수치라 할 수 있다. 중국의 FR은 1995년 '7'로 '자유롭지 못한 국가'에 속했으며, 2008년 '6.5'로 다소 개선되었으나 여전히 '자유롭지 못한 국가'라 할 수 있다. 이상환, "연성권력론에서 본 중국의 국제적 위상: 국제적 반부패 및 인권 측면을 중심으로,"『중국연구』제44권, pp. 269-273.

76) 중국 정부가 분류한 대표적 반체제 인사인 류샤오보는 2008년 12월10일 세계인권선언 발표 60주년 기념일, 중국의 민주화를 주장하는 '08헌장' 발표를 주도하였으며, 2009년 11년형을 받아 구금된 상태에서 2010년 노벨평화상을 수상하였다. 이민자, "중국 민주화와 류샤오보,"『중소연구』제34권 제4호(2010/2011), pp. 61-65.

77) 아이웨이웨이는 쓰촨대지진 당시 희생된 학생의 수를 상징하는 책가방 9,000개를 화폭에 그려 지진으로 무너진 학교의 부실건축을 고발하였고, 2010년 11월 발생한 상하이 화재사건에 대해 시민적 조사를 전개하기도 하는 등 대중예술을 통한 사회운동을 전개한 대표적 반체제 인사이다. 2011년 4월 경제범으로 공안에 체포된다. "예술가 잡아둔 中정부의 협량,"『경향신문』(2011. 4. 12).

78) "중국 대학생들 기습 재스민 시위,"『한겨레』(2011. 3. 23); "베이징대 극단적 사상관리 논란,"『한겨레』(2011.3. 23).

79) 이동윤, 천자현, "중국의 인권과 종교, 그리고 파룬궁 탄압,"『세계지역연구논총』26집 1호, pp. 102-109; 정재호, "파룬공, 인터넷과 중국 내부 통제의 정치,"『한국정치학회보』35집 3호, pp. 310-312.

민족별 격차가 심화되고 소외계층이 급속히 확산되고 있다. 2010년 중국을 휩쓴 '우리 아버지가 리깡이다(我爸是李剛)' 사건이나 중국의 부(富)와 관(官)의 세습을 꼬집는 '富二代, 官二代, 貧(窮)二代' 등 신조어에서 알 수 있듯이,[80] 현재는 경제발전과 부국강병의 '강국몽(强國夢)'에 가려져 있다 해도 빈부격차 등 국내적 불만이 더 이상 경제발전과 민족주의에 의해 잠재워지지 않는 상황이 올 수도 있다. 이 경우 인권문제는 국가의 안녕과 발전, 통합, 나아가 체제의 정당성을 좌우할 수 있는 정치개혁의 문제이기에 단순히 미국 등 서구의 인권외교에 대응하는 것과는 차원이 다르다 할 수 있다.

중국은 2002년 WTO 가입이후 2008년 베이징 올림픽, 2010년 상하이 엑스포 등 굵직굵직한 세계대회를 치러내며 국제사회에 성공적으로 안착하였다. 특히 2008년 세계 경제위기를 겪으면서 G2라 불릴 정도로 국제적 위상이 높아지고 있다. 이에 국제관계에서 미국과 서구의 인권외교에 대응하는 차원이 아니라, 부상하는 세계의 주요국으로서 지위와 역할에 걸맞은 인류 보편적 가치로 자국의 인권과 인권정책에 대한 더욱 더 깊은 성찰이 필요하다 하겠다.

---

80) http://pinglun.eastday.com/p/20110401/u1a5818762.html (검색일: 2011.01.23).

| 참고문헌 |

김창규. "인권개념의 중국적 수용과 변용." 『민주주의와 인권』 제8권 3호.

박기철. "세계화 시대의 중국 인권의 미래에 대한 담론." 『중국학연구』 제36집.

박종귀. 『중미인권분쟁』. 서울: 새로운 사람들, 2001.

이재호. "동북아시아의 인권담론." 『한국동북아논총』 제44집. 2007.

윤영덕. "개혁개방 이후 중국의 인권관과 인권정책—저항과 개입에 대한 국가의 대응." 『민주주의와 인권』 제8권 2호.

서재진. "미국의 중국에 대한 인권정책." 『통일정책연구』.

이동윤 · 천자연. "중국의 인권과 종교, 그리고 파룬궁 탄압." 『세계지역연구논총』 제26집 1호.

이민자. "중국 민주화외 류사오보." 『중소연구』 제34권 제4호. 2010/2011.

이상환. "연성권력론에서 본 중국의 국제적 위상: 국제적 반부패 및 인권측면을 중심으로." 『중국연구』 제44권.

이재호. "동북아시아의 인권담론-보편인권과 특수인권, 그리고 동북아 인권체제를 위하여." 『한국동북아논총』 제44집. 2007.

전성흥. "천안문 사건 이후 중국 외교정책: 지도부의 상황인식을 중심으로." 『중소연구』 제15권 2호. 1991.

정재호. "파룬공, 인터넷과 중국 내부 통제의 정치." 『한국정치학회보』 제35집 3호.

조경란. "유교, 민족, 인권-중국의 근대성 문제: 개인과 국가를 넘어서." 『철학연구』 제53집.

최지영. "주권과 인권: 인권 담론을 통해서 본 중국의 주권에 대한 인식 연구." 『중소연구』 제104호. 2004/2005.

鄧小平. 『鄧小平文選(第三卷)』. 北京: 人民出版社, 1993.

國務院新聞辦公室. "中國的人權狀況." 董云虎, 佟唯眞 主編. 『世界人權叢書: 中國人權白皮書總覽』. 新華出版社, 1998.

韩云川. 『中美人权之争』. 银川: 宁夏人民出版社, 2003.

洪国起, 董国辉. 『透视美国人权外交(内部发行)』. 世界知识出版社, 2003.

黃東治, 丘思慈. "運動, 人權和北京2008年奧運會." 『国立体育學院論』18卷 3期. 2007.

黃木丹森, 陈志尚, 董云虎 主編. 『当代中国人权论』. 北京: 当代中国出版社, 1993.

李云龙. 『人权问题概论』. 四川人民出版社, 1999.

李泽厚. 『中国近代思想史論』. 合肥: 安徽文藝出版社, 1994.

梁啓超. "西學數目表后序." 裁夏曉虹編. 『梁啓超文選』. 北京: 中国广播电视出版社, 1992.

劉禾. "跨語際的實踐: 往來中西之間的个人主義話語." 許紀霖編. 『二十世紀中國思想史論』. 東方出版社, 2000.

羅玉中, 万其剛. 『人權与法制』. 北京大學出版社, 2001.

孫中山. 『孫中山全集(第11卷)』. 中華書局, 1981.

石之瑜, 周嘉辰. "超越普遍主義与相對主義人權觀有關辨論的省思." 『中國大陸研究』第44卷 第11期. 2001.

王立行. 『人权论』. 山东人民出版社, 2003.

夏旭东 等 主編. 『世界人权纵横』. 北京: 时事出版社, 1993.

夏勇. 『人权概念的起源-权利的历史哲学』. 中国正法大学出版社, 2001.

辛翠玲. "從中國人權問題看國際人權團体的影響力." 『政治科學論叢』第19期. 2003.

徐显明 主編. 『人权研究』. 山东人民出版社, 2002.

叶立煊, 李似珍. 『人权论』. 福建人民出版社, 1991.

喻权域. 『人权问题纵横谈』. 沈阳: 辽宁出版社, 1994.

張灝, 崔志海, 葛夫平 譯. 『梁啓超与中國思想的過渡(1890-1907)』. 南京: 江蘇人民出版社, 1997.

鄭杭生. 『人權新論』. 北京: 中国青年出版社, 1993.

中國人權發展基金會 編. 『中國签署批准的國際人權公约』. 新世界出版社, 2002.

_____. 『中國人权文库之一~六』. 北京: 新世界出版社, 2002.

中國社会科学研究院法学研究所 編. 『当代人权』. 中国社会科学出版社, 1992.

周琪 主編. 『人权与外交』. 时事出版社, 2002.

周玉山. "两次天安門事件." 『中國大陸研究』第44卷 第3期. 2001.

朱锋.『人权与国际关系』北京大学出版社, 2000.

Baker, Philip. "Human Rights, Europe and the People's Republic of China." *The China Quarterly* 171. 2002.

Bauer, Joanne R., and Daniel A. Bell, eds. *The East Asian Challenge for Human Rights.* New York: Cambridge University Press, 1999.

Biersteker, J. Thomas, and Cynthia Weber, eds. *State Sovereighty as Social Construct.* Cambridge University Press, 1996.

Chen, Dingding. "Explaining China's Changing Discourse on Human Rights, 1978~2004." *Asian Perspective* 29-3. 2005.

Chen, Jie. "Human Rights: ASEAN's New Importance to China." *Pacific Review* 6-3. 1993.

Claude, P. Richard, and H. Burns. *Western Human Rights in the World Community: Issues and Actions.* Pennsylvania University Press, 1989.

Cohen, Robert. "People's Republic of China: The Human Rights Exception." *Human Rights Quarterly* 9-4. November 1987.

Copper, F. John. "Defending Human Rights in the People's Republic of China." In Yuan-li, Wu, eds. *Human Rights in the People's Republic of China.* Westview Press, 1988.

Davis, Michael C., ed. *Human Rights and Chinese Values: Legal, Philosophical, and Political Perspectives.* Hong Kong: Oxford University Press, 1995.

Donnelly, Jack. *International Human Rights.* Colorado: Westview Press, 1998.

_____. *Universal Human Rights in Theory and Practice.* Ithaca, N.Y.: Cornell University Press, 1989.

Douzinas, Costas. *The End of Human Rights: Critical Legal Thought at the turn of the Century.* Oxford: Hart Publishing, 2000.

Drinan, Robert F., and Teresa T. Kuo. "The 1991 Battle for Human Rights in China." *Human Rights Quarterly* 14, 1. February 1992.

Edwards, R. Randle, Louis Henkin, and Andrew J. Nathan. *Human Rights in China.* New York: Columbia University Press, 1986.

Espiell, H. Gros. "The Evolving Concept of Human Rights: Western, Socialist and Third World Approaches." In B. G. Ramcharan, ed. *Human Rights: Thirty Years after the Universal Declaration*. Martinus Nijhoff, 1979.

Federick, C. Teiwes. "Before and After the Cultural Revolution." *China Quarterly* 58. April-June, 1974.

Goldman, Merle. "Politically-Engaged Intellectuals in the 1990s." *The China Quarterly* 159. 1999.

Harding, Harry. *A Fragile Relationship: The United States and China Since 1972*. Washington, D. C.: Brookings Institution Press, 1992.

Henry, Rosemont. "Why Take Rights Seriously?" In Leroy S. Rouner, ed. *Human Rights and the World's Religions*. Notre Dame: University of Notre Dame Press, 1988.

kent, Ann. *China, the United Nations, and Human Rights: The Limits of Compliance*. Philadelphia: University of Pennsylvania Press, 1999.

_____. "China and the International Human Rights Regime: A Case Study of Multilateral Monitoring, 1989~1994." *Human Rights Quarterly* 17-1 February, 1995.

_____. "Waiting for Rights: China's Human Rights and China's Constitutions, 1949~1989." *Human Rights Quarterly* 13-2. May, 1991.

Kolodner, Eric. "Religious Rights in China: A Comparison of International Human Rights Law and Chinese Domestic Legislation." *Human Rights Quarterly* 16-3. August, 1994.

Kim, S. Samuel. "Human Rights in China's International Relations." In Edward Friedman and Barrett L. McCormick, eds. *What If China Doesn't Democratize?: Implications for War and Peace*. Armonk: M. E. Sharpe, 2000.

Nathan, Andrew J. "Human Rights in Chinese Foreign Policy." *China Quarterly* 139. September 1994.

R. J. Vincent. *Human Rights and International Relations*. New York: Cambridge University Press, 1986.

Seymour, James D. "Human Rights in Chinese Foreign Relations." In Samuel S. Kim, ed. *China and the World: Chinese Policy Faces the New*

Millennium. Boulder: Westview Press, 1998.

Shih, Chih-yu. "Contending Theories of Human Rights with Chinese Characteristics." *Issues and Studies* 29-11. November 1993.

Shirk, Susan J. "Human Rights: What about China?" *Foreign Policy* 1977.

Van Ness, Peter. "Addressing the Human Rights Issue in Sino-American Relations." *Journal of International Affairs* 49-2. Winter 1996.

Wan, Ming. "Human Rights and Sino-U.S. Relations: Policies and Changing Realities." *Pacific Review* 10-2. 1997.

_____. *Human Rights in Chinese Foreign Relations: Defining and Defending National Interests.* University of Pennsylvania Press, 2001.

Zhong, Wenhui. "China's Human Rights Development in the 1990s." *The Journal of Contemporary China* 4-8. 1995.

색인

:: 필자 소개 (원고 게재 순)

❖ 김흥규 (金興圭, Heungkyu Kim)

성신여대 정치외교학과 교수 겸 학과장으로 재직하고 있다. 미국 University of Michigan에서 정치학 박사학위를 취득하였다. (전) 외교안보연구원(현 국립외교원) 교수를 역임하였고, 현재 외교부, 국방부, 통일부 정책자문위원 및 한국 정치학회 이사로 활동하고 있다. 주요 논문 및 저서로는 "중국의 대한반도 정책결정과정"(2008), "21세기 변화중의 미중관계와 북핵문제"(2011), "From a Buffer Zone to a Strategic Burden"(2010), "Principles and Practices in Chinese Foreign Policymaking"(2012) 등이 있다.

❖ 이동률 (李東律, Dong Ryul Lee)

1997년부터 동덕여자대학교 중어중국학과 교수로 재직하고 있으며, 1996년 중국 북경대학교 국제관계학원에서 정치학 박사학위를 취득하였다. 2005년 미국 컬럼비아대학 방문교수, 2010 현대중국학회 편집위원장을 역임하였고 현재는 통일부 정책자문위원을 맡고 있다. 최근 연구로는 "Chinas policy and influence on the North Korea nuclear issue"(June 2010)와 『중국의 미래를 말하다(편저)』(동아시아연구원, 2011) 등이 있다.

❖ 이정남 (李正男, Jung-Nam Lee)

고려대 아세아문제연구소 교수 겸 중국연구센터 센터장으로 재직하고 있다. 북경대학교에서 정치학 박사학위를 취득하였다. 주요 전공분야는 중국의 동아시아정책과 한중관계, 정치개혁과 민주화 등이다. 주요 연구성과로는 『민주주의와 중국(편저)』(아연출판부, 2012), "민주주의에 대한 중국의 인식: 비교 역사적 관점을 중심으로," 『아세아연구』(2011), "Dilemma of Korea-China Relations with the Emergence of the G2 Era"(2012), "Outlook on Chinese Foreign Policy in the Coming Era of Xi Jinping from China's Perspective"(2012) 등이 있다.

❖ 김애경 (金愛慶, Aekyung Kim)

명지전문대학 중국어과 교수로 재직 중이다. 북경대학교 국제관계학원에서 박사학위를 취득하였고, 서울대 국제문제연구소 선임임연구원, 국민대 중국연구소 연구원을 역임하였다. 주요 논문 및 저서로는 "중국의 국가이익 재구성 분석: 대 개도국 정책을 분석을 중심으로"(2013), "시진핑시대의 대외전략과 대한반도 정책전망"(2012), "영토와 영해의 분규: 한중 간에 존재하는 잠재적 영토 및 해양경계 획정문제"(2011) 등이 있다.

❖ 김예경(金禮慶, Yeikyoung Kim)

현재 경희대학교 학술연구교수, 중앙대학교 정치국제학과 강사로 활동 중이다. 북경대학 국제관계학원에서 박사학위를 취득하였다. 주요 논문 및 저서로는 "South Korea and China Relations: Arguing for Change (Asian Perspective, 2013, forthcoming)", "The Relationship between Local Governments in South Korea and China: A Step toward Regional Integration"(Issues & Studies, 2011), "Assessing China's Influence on Southeast Asia: The Taiwan Issue"(Korean Journal of Defense Analysis, 2011) 등이 있다.

❖ 전병곤 (田炳坤, Byoung-Kon Jun)

현재 통일연구원 선임연구위원으로 활동 중이다. 한국외국어대학에서 정치학 박사학위를 취득하였다. 중국 현대국제관계연구원 객좌연구원, 하얼빈사범대 초빙교수, 대만국립정치대 방문교수를 역임하였다. 주요 논문 및 저서로는 "중국의 한반도 관련 정책연구기관 및 전문가 현황분석", "중국의 북핵 해결전략과 대북 영향력 평가", "양안교류협력이 남북관계에 주는 함의" 등이 있다.

❖ 황재호(黃載皓, Jaeho Hwang)

현 한국외대 국제학부 교수로 재직 중이다. 영국 런던 정경대(LSE) 국제관계학과에서 박사학위를 취득하였다. 전 한국국방연구원 안보전략연구센터 선임연구원, 한국국제정치학회 이사, 중국외교학원(中國外交學院) 방문학자 등을 역임하였다. 최근 주요 논문으로는 "The Concept of China as Responsible Stakeholder: Seen from Washington, Beijing, and Seoul"(2010)와 "The Political and Strategic Implications of Sino−Russian Joint Military Exercise"(2010) 등이 있다.

❖ 박병광 (朴炳光, Byung Kwang Park)

현재 국가안보전략연구소 연구위원으로 재직 중이다. 상해복단대학(Fudan Univ.)에서 정치학(중국정치 전공)으로 박사학위를 취득하였다. 주요 경력으로는 동경대학 동양문화연구소 초빙연구원(1998~1999), 대만외교부초청 타이완펠로십(2012) 방문학자 등을 역임하였다. 최근 논문으로 "South Korea-China Security Cooperation: Focusing on the North Korean Opening/Reform and Contingencies"(2012), "중국의 우주군사화와 한반도안보"(2012), "중국의 항공모함 건조에 관한 소고"(2011) 등이 있다.

❖ **신종호 (申鍾浩, Jongho Shin)**

경기개발연구원 통일동북아센터 연구위원으로 재직하고 있다. 중국 북경대
학교에서 정치학 박사학위를 취득하였고, 국회 입법조사처에서 전문위원으
로 활동하였다. 주요 논문 및 저서로는 "중국공산당 제18차 당 대회와 중국
의 대외정책 전망"(2012), "중국의 국제위기관리 행태 및 미중관계에 대한 함
의"(2010), "중국의 소프트파워외교의 전개와 국제정치적 함의"(2009), 『한중
관계 2.0: 국가를 넘어 지방정부로(공저)』(2012) 등이 있다.

❖ **최지영 (崔志暎, Jiyoung Choi)**

한림대학교 국제학부 부교수로 재직 중이다. 중국 북경대학교 국제관계학원
에서 정치학 박사학위를 취득하였다. 주요 논문 및 저서로는 "중국의 간부제
도개혁과 정치안정," 『국방연구』(2012), "재한중국유학생의 한국에 대한 의식
과 민족주의성향연구," 『국제정치논총』(2011), "티베트 망명정부의 정치적 노
선갈등과 중국의 정책," 『국제정치논총』(2010), "Chinese Nationalism in
Sino-Japanese Relation"(2010) 등이 있다.

[중국 외교안보독서회 총서 제3권]

중국 신외교전략과 당면한 이슈들

인   쇄 ∣ 2013년 2월 23일
발   행 ∣ 2013년 2월 28일
엮은이 ∣ 김흥규
발행인 ∣ 부성옥
발행처 ∣ 도서출판 오름
등록번호 ∣ 제2-1548호 (1993. 5. 11)
주   소 ∣ 서울특별시 서초구 서초동 1420-6
전   화 ∣ (02)585-9122, 9123   팩 스 ∣ (02)584-7952
E-mail ∣ oruem9123@naver.com
URL ∣ http://www.oruem.co.kr

ISBN   978-89-7778-394-2   93340

※잘못된 책은 교환해 드립니다.
※값은 뒤표지에 있습니다.